CONSTITUINTE E CONSTITUIÇÃO

A Democracia
O Federalismo
A Crise Contemporânea

PAULO BONAVIDES

CONSTITUINTE E CONSTITUIÇÃO

A Democracia
O Federalismo
A Crise Contemporânea

3ª edição

MALHEIROS EDITORES

CONSTITUINTE E CONSTITUIÇÃO
© PAULO BONAVIDES

1ª edição, 1985; 2ª edição, 1987.

ISBN 978-85-7420-956-2

Direitos reservados desta edição por
MALHEIROS EDITORES LTDA.
Rua Paes de Araújo, 29, conjunto 171
CEP 04531-940 — São Paulo — SP
Tel.: (011) 3078-7205
Fax: (011) 3168-5495
URL: www.malheiroseditores.com.br
e-mail: malheiroseditores@terra.com.br

Composição
PC Editorial Ltda.

Capa
Criação: Vânia Lúcia Amato
Arte: PC Editorial Ltda.

Impresso no Brasil
Printed in Brazil
01.2010

SUMÁRIO

CONSTITUINTE E CONSTITUIÇÃO 11

1. TEORIA DA CONSTITUIÇÃO E CONSTITUINTE

1.1 *Constituinte aberta: a revolução sem armas* 15
1.2 *Constituinte e Constituição, um problema de legitimidade* 24
1.3 *Constituinte congressual: a anticonstituinte* 31
1.4 *A evolução constitucional do Brasil* 37
1.5 *A Ordem Econômica e Social nas Constituições do Estado Social* 47
1.6 *O Congresso e a Constituinte* 57
1.7 *O Poder Militar na crise do Estado Constitucional* 59
1.8 *Constituinte e democracia* 66
1.9 *Constituição e normatividade* 81
1.10 *O Poder Constituinte* 87
1.11 *A Constituinte que não se convocou* 88
1.12 *A necessidade de uma Constituição* 91
1.13 *A Constituinte e a legitimidade* 93
1.14 *Constituição e realidade* 95
1.15 *Constituição e educação política* 97
1.16 *Ordem constitucional e inflação* 98
1.17 *"Brasil, Sociedade Democrática": acervo auxiliar do futuro constituinte* 100
1.18 *Um debate sobre a Constituinte* 106
1.19 *A destinação constitucional das Forças Armadas* 110
1.20 *Será possível legitimar a Constituição de 1987? Crise constituinte e crise constitucional* 114

2. PARLAMENTARISMO, PRESIDENCIALISMO E TECNOCRACIA

2.1 *O "Manifesto Parlamentarista"* 125

2.2 O Parlamentarismo e a decadência das instituições 127
2.3 Afonso Arinos e o Parlamentarismo 137
2.4 O plebiscito e o Parlamentarismo 139
2.5 Parlamento com responsabilidade 141
2.6 O futuro dos Parlamentos 143
2.7 Os Parlamentos de fachada 145
2.8 As comissões do Parlamento 147
2.9 O Parlamento e a Oposição 149
2.10 O bicameralismo e a democracia 151
2.11 O bicameralismo e a estrutura do Parlamento 152
2.12 Os ministérios presidencialistas 153
2.13 O presidencialismo irregenerável 156
2.14 O presidencialismo e as lições de agosto 157
2.15 O presidencialismo e as falas presidenciais 159
2.16 Tecnocracia "versus" Congresso 161
2.17 O contra-humanismo da tecnocracia 166
2.18 O ocaso da tecnocracia 168
2.19 O "Sr. Computador", um bezerro de ouro 170
2.20 Controle parlamentar e tecnocracia 171

3. DEMOCRACIA, NACIONALISMO E OLIGARQUIA

3.1 A democracia-substantivo 175
3.2 A salvação na democracia 177
3.3 A superioridade da democracia 178
3.4 Democracia e Estado de Direito 180
3.5 Democracia e voto vinculado 182
3.6 A democracia como solução 184
3.7 O plebiscito e a democracia 186
3.8 "Socialismo militar" e "democracia de direita" 188
3.9 A eleição direta 190
3.10 O voto do analfabeto 192
3.11 O voto distrital e a reabertura 194
3.12 O Poder Moderador 195
3.13 Monarquia e República 198
3.14 As lideranças liberais do Poder 200
3.15 As prerrogativas do Congresso 202
3.16 O povo e a realidade política 204
3.17 O poder das oligarquias 206
3.18 A abdicação de um sistema 208
3.19 Reflexões antiburocráticas 210
3.20 Os caprichos da História 211

SUMÁRIO

3.21 *O povo e o autoritarismo* 213
3.22 *O equívoco de 1964* 215
3.23 *O atraso ideológico* 217
3.24 *O decurso de prazo* 219
3.25 *O Partido Popular* 221
3.26 *A doença do nacionalismo* 222
3.27 *Contra o nacionalismo xenófobo* 224
3.28 *A Sociedade, o Estado e a Igreja* 226
3.29 *A Fundação Getúlio Vargas e a Ciência Política* 228
3.30 *Uma batalha perdida* 230
3.31 *A maré de contradições* 232
3.32 *Até quando sobreviveremos?* 234
3.33 *O estado de sítio e a ditadura* 235
3.34 *Depois de novembro* 237
3.35 *A teoria da Oposição* 239
3.36 *A força da Oposição* 240
3.37 *O sesquicentenário do Ato Adicional* 242
3.38 *A tragédia da autonomia municipal* 250
3.39 *A separação de Poderes* 252
3.40 *Atualidade do Federalismo* 253
3.41 *Cinqüenta anos de retrocesso* 256

4. **FEDERALISMO DAS REGIÕES (A QUESTÃO NORDESTINA)**
   4.1 A Regionalização Política do Brasil e a Nova República
       4.1.1 A abertura de um caminho constitucional que introduza a regionalização como nova modalidade de descentralização política 259
       4.1.2 Da criação dos Partidos Regionais no Brasil à adoção dos Estatutos de Autonomia 263
       4.1.3 O problema do regionalismo tanto na forma unitária como na forma federativa e a impossibilidade de um Estado Regional fora da União ou Sistema Federativo (não há um "tertius", salvo o Estado Regional como Estado-Membro, pois o chamado Estado Regional no ordenamento unitário é o próprio Estado Unitário descentralizado em grau máximo) 267
       4.1.4 Regionalismo e separatismo 269
       4.1.5 A Autonomia Regional na Itália 273
       4.1.6 A Autonomia Regional na Espanha 278
           4.1.6.1 As Comunidades de Autonomia Mínima 283

4.1.6.2 As Comunidades de Autonomia Plena 285
4.1.7 A Autonomia Regional com a Nova República 287
4.2 O Nordeste, um "Terceiro Mundo" 289
4.3 A crise do ICM e o retorno à forma federativa 291
4.4 Medidas objetivas em defesa do Nordeste 293
4.5 Humanismo no desenvolvimento do Nordeste 295
4.6 O Nordeste Autônomo e o Nordeste Colônia 296
4.7 Se Brasília fosse no Nordeste 299
4.8 O Nordeste e as eleições 301
4.9 O Nordeste e os empresários 303
4.10 A consciência regional 304
4.11 A seca e o Nordeste 306
4.12 O Nordeste e a revisão federativa 308
4.13 Justiça para o Nordeste 310
4.14 O lugar do Nordeste 312
4.15 O caminho para um federalismo das Regiões 314
    4.15.1 O princípio e a teoria da organização federativa .. 315
    4.15.2 As bases históricas do federalismo no Brasil 317
    4.15.3 Do projeto de República Federativa ao Estado
           unitário de fato 318
    4.15.4 As três distintas fases do federalismo brasileiro ... 320
    4.15.5 O federalismo das regiões, uma das saídas para a
           crise federativa 321
    4.15.6 Disparidades inter-regionais e intra-regionais 323
    4.15.7 A SUDENE e os reflexos de sua atuação regional 325
4.16 Até quando o Nordeste? 327
4.17 O Nordeste e a crise constituinte 329

5. TEMAS AVULSOS DA CRISE CONTEMPORÂNEA
5.1 Viagem à Alemanha (1952-1953) 337
    5.1.1 Guerra, tema esquecido 338
    5.1.2 Povo ordeiro e obediente 338
    5.1.3 Trabalho contra a desordem 339
    5.1.4 Progresso, sem escravidão do homem 339
    5.1.5 Em busca da unificação 340
    5.1.6 Ressentimento: as relações da Alemanha com a
          França 340
    5.1.7 A questão do desemprego 341
    5.1.8 Trabalho e honestidade 342
    5.1.9 O contraste brasileiro 342
    5.1.10 Brasil, esse desconhecido 343

5.1.11	O grande prejuízo	344
5.1.12	Insulamento caviloso	345
5.1.13	O começo do milagre	345
5.1.14	O drama da moradia	346
5.1.15	A despedida num dia de eleição	347
5.1.16	A questão racial e a reconciliação com os judeus	347
5.1.17	A reconstrução principiou nas universidades	349
5.1.18	Heidelberg, palco de um confronto do materialismo com o idealismo	350
5.1.19	O neokantismo, um duelo de universidades	351
5.1.20	A volta dos estudantes às universidades	351
5.1.21	As entidades estudantis universitárias	352
5.1.22	A violência na escola primária alemã	353
5.1.23	A necessidade de centros de estudos luso-brasileiros	354
5.1.24	A presença do tecnicismo e a marcha para o existencial	355
5.1.25	As cinzas da decadência: a aflição existencialista e o desastre tecnicista	356
5.1.26	A vocação filosófica do alemão	357
5.1.27	Ciência e metafísica, um contraste e um desafio	357
5.1.28	A vitória final do humanismo sobre o tecnicismo	358
5.1.29	O estudante estrangeiro na Universidade de Heidelberg	359
5.1.30	Entrevista ao "Diário de Pernambuco"	360
5.2	Viagem aos Estados Unidos (1944-1945)	363
5.3	A população e o vaqueiro	369
5.4	A mãe do escritor	371
5.5	A Inglaterra da mudança e do trabalhismo	372
5.6	A integração latino-americana	374
5.7	O Japão	377
5.8	A Espanha democrática e constitucional	382
5.9	O pesadelo da segurança	384
5.10	Um Brasil de 250 milhões de habitantes	387
5.11	Teoria da segurança nacional	390
5.12	A co-gestão	393
5.13	O futuro do Ocidente	395
5.14	A redemocratização na Espanha e no Brasil	397
5.15	O futuro da Europa	399
5.16	Reflexões sobre a Espanha e o Brasil	402
5.17	O Papa da misericórdia	404

5.18	A "dívida social" e a crise do milagre	406
5.19	As causas da violência	409
5.20	A Igreja, a política e a questão social	411
5.21	Sionismo e anti-semitismo	413
5.22	Mais um povo sem terra	416
5.23	O declínio do Direito Internacional	419
5.24	O destino da Polônia	421
5.25	O "Times" de Londres	423
5.26	As armas da morte	425
5.27	O Estado social e os fundamentos da liberdade	428
5.28	A abertura econômico-financeira	430
5.29	Duas baixas no Senado	433
5.30	Compreensão para as mãos estendidas	436
5.31	A Alemanha	439
5.32	"O Ano do Nego"	442
5.33	A palavra do Cardeal	445
5.34	O universo humano das cartas	448
5.35	O controle das multinacionais	451
5.36	A crise no ensino jurídico	454
5.37	A crise do ensino é crise social	457
5.38	A crise das técnicas de representação	459

CONSTITUINTE E CONSTITUIÇÃO

Pertence este livro à bibliografia do constitucionalismo brasileiro em razão de retratar um dos momentos mais graves, turbulentos e aflitivos da crise presidencial do sistema.

Com efeito, o funesto presidencialismo, enquanto forma de governo, gerou, e nos fez atravessar, em menos de oito décadas, desde a queda do Império até ao advento da Nova República, nada menos que seis ditaduras, das quais três ostensivamente militares e três aparentemente civis, mas todas sob a garantia, a proteção e a guarda dos quartéis.

Façamos breve seqüência histórica desses períodos. A rememoração é imprescindível por fixar o quadro das tensões entre o poder presidencial, de ingênito teor autocrático, caudilhesco e centralizador e a Constituição, cujo profundo substrato político, ético e emancipatório tem sido, na trajetória da liberdade e da justiça, a grande esperança dos cidadãos brasileiros, desde o colapso do Império e, principalmente, a partir do magistério constitucional de Rui Barbosa.

Autor de considerações que eternizam perante a nação o exemplo e a grandeza da fé em verdades fora das quais nenhum Estado é república, nenhum regime distribui justiça, nenhum governo exerce na ordem social o poder legítimo, Rui Barbosa é o maior paradigma cívico do País e a maior personificação moral da nacionalidade; é a sentinela da Constituição, o açoite das ditaduras, a estética da liberdade, a imagem do Estado de Direito. Debaixo da inspiração do seu discurso patriótico nas tribunas da imprensa, no foro, no parlamento e na praça pública, o povo resistiu, durante os interregnos ditatórios da nossa história política, ao arbítrio dos ditadores de farda e casaca que dissolveram a legitimidade federativa e, atentando contra a natureza republicana do regime, enodoavam o País, oprimiam a nação e retardavam o advento do Estado de Direito sob o signo da liberdade, da justiça e da democracia bem compreendida e bem exercitada.

Tivemos assim ditaduras militares e civis execráveis. Tais foram, inquestionavelmente, as de Deodoro e Floriano ao começo da República e a dos generais que golpearam a Constituição em 1964 e se mantiveram no poder por cerca de duas décadas. E também, sob o beneplácito das armas, três ditaduras civis governaram o País: duas de Getúlio Vargas: a primeira após a Revolução de 1930 e a segunda após o golpe de Estado de 1937; e uma de José Linhares, a saber, a ditadura togada, a mais próxima do modelo romano, e que nos regeu desde a queda do Estado Novo, em 29 de outubro de 1945 até a posse do Presidente da República em 31 de janeiro de 1946.

Constituinte e Constituição buscou fazer e colocar no centro de suas reflexões uma análise judiciosa das idéias do momento político em que se concretizou a transição da ditadura militar de 1964 à nova ordem constitucional estabelecida em 1988. Essa nova ordem assinalou, assim, a passagem do governo dos decretos-leis ao governo das leis, compendiado na "Carta Cidadã" de Ulysses Guimarães.

A Lei Maior da Nova República se legitimou graças à obra de renascença constitucional num país dolorosamente sofrido, que atravessou décadas de arbítrio, com negação das liberdades públicas, privação da legitimidade representativa nas duas Casas do Congresso e proscrição participativa do povo no exercício da soberania de que é titular legítimo.

Diante desse quadro circulam ponderações feitas no debate constituinte da época preconizando mais democracia, mais verdade, mais grandeza, mais compreensão e mais lealdade na adoção dos princípios e na execução das tarefas de uma assembléia.

As páginas deste livro intentam desse modo proporcionar o ensinamento de que, fora das regras democráticas de governo e dos princípios e valores que as regem e inspiram, doravante com a força normativa da Constituição, já não há espaço político senão o da legitimidade para um regime estabelecer o mando sobre o povo e a nação, debaixo do Estado de Direito.

Este só será republicano, democrático e social se for do mesmo passo Estado de justiça que congregue nas instituições, no governo e na cidadania os direitos fundamentais pertinentes à liberdade, à igualdade e à fraternidade.

Este lema perpétuo, herdado da grande Revolução do século XVIII, ainda afervora a alma e sensibiliza o coração dos publicistas cuja fidelidade à democracia e ao Estado social não arrefece, transcorridos já dois séculos da Queda da Bastilha.

A atualidade desta obra fica, de conseguinte, marcada, entre outras razões, pelo desmoronamento de mais uma Bastilha, a do neoliberalismo; esse imperialismo de idéias, que pereniza e dissimula um projeto de poder, tão falso e tão efêmero e tão nocivo às conquistas sociais da terceira geração dos direitos fundamentais, quanto o Terceiro Reich de Adolfo Hitler e o império soviético de Stalin o foram para a liberdade de seus povos. Mas outras Bastilhas, igualmente demolidas figuram na história do povo brasileiro, passando atestado da fibra, da heroicidade e da determinação com que esse povo tem sabido porfiar por suas franquias e seus direitos.

Assim aconteceu em 1945, com a queda do Estado Novo e a deposição de seu ditador; o mesmo ocorreu em 1937, quando Getúlio derrubou uma Constituição e outorgou outra, nunca cumprida.

Dantes, esse mesmo povo, no Império, pusera abaixo com a Abolição a pior das Bastilhas sociais: a das senzalas.

Por conclusão, convém assinalar que as lições de cidadania, os mecanismos de luta e resistência e o uso dos instrumentos constitucionais de oposição à instalação de governos de fato, em geral aparecem com mais força e com maior presença e préstimo, quando a reflexão histórica, debruçada sobre o passado, busca extrair deste verdades indubitáveis sobre as épocas de crise já atravessadas. Tais verdades servem, por sem dúvida, de caminho e norte à prevenção de erros e desvios à marcha democrática e republicana do regime.

Teve esse livro, urge reiterar, a inspiração das grandes batalhas políticas feridas doutrinariamente na década de 1980, ao ensejo de um fecundo debate constituinte, por onde emergiram propostas de restauração do sistema representativo, destroçado durante as décadas do poder absoluto instaurado pelo golpe de Estado de 1964.

Temos, por conseguinte, a firme convicção de havermos escrito algumas páginas que ajudam a compreender a história constitucional do Brasil, tendo por ponto de partida a insurreição do elemento popular que foi às ruas retomar o fio de sua tradição libertária, filha da Inconfidência Mineira, da Revolução Pernambucana, da Confederação do Equador, da Farroupilha, da Abolição, da Proclamação da República, dos dois 5 de julho, da Revolução de 30, do levante constitucional de São Paulo de 1932, da Força Expedicionária Brasileira, do Petróleo é Nosso e das Diretas-já.

A par do quadro em que se fixam idéias relevantes da jornada restauradora, alusivas direta ou indiretamente ao estabelecimento dos rumos constitucionais seguidos naqueles momentos cruciais, são parte também do texto desta obra artigos diversos e esparsos, que lavram a certidão ideológica do autor, traçando-lhe a linha inflexível do pensamento democrático e da crença inarredável nos valores da liberdade e da justiça social.

PAULO BONAVIDES

1
TEORIA DA CONSTITUIÇÃO E CONSTITUINTE

1.1 Constituinte aberta: a revolução sem armas

Deve convocar-se a Constituinte como órgão de soberania e não como órgão de representação, conforme acontecerá se o futuro Congresso Nacional, da legislatura de 1986, exercitar a função constituinte. Uma Constituinte legítima totaliza o poder político da coletividade nacional numa ocasião histórica em que se faz mister definir os fundamentos institucionais da organização jurídica de um povo. Fruto das deliberações daquele colégio, essa organização aparecerá formalmente fixada em documento que será a ata do novo pacto político.

Limitando poderes, estabelecendo competências e declarando direitos, toda Constituição, segundo o sentido em que a tomamos, é, em primeiro lugar, um sistema de valores. Serve de base ao Estado social, que ela provê de um denso teor democrático. A Constituinte e a Constituição significam passos fundamentais no processo de legitimação do poder em cada sociedade democrática.

Nesse momento em que se fere o debate sobre a Constituinte, há, pelo menos no País, uma consciência já formada em grande parte do povo de que a futura Constituição não deve ser o artefato de elites privilegiadas nem de uma classe política desmembrada da vontade popular.

Joaquim Nabuco, ao tempo da monarquia, se queixava do divórcio entre a Constituição e a realidade, entre o país legal e o país real. Foi ele o autor da frase célebre, que hoje circula com aparência de novidade, de que somos um império e não uma nação. A novidade existe, sim: é que depois de tanto tempo já decorrido, da monarquia à república, ainda somos um império de desigualdades e de profundas injustiças sociais, ainda temos a ossatura institucional de um Estado unitário e não a diversidade autônoma de uma união federativa, ou, após mais de cem anos de textos constitucionais republicanos, continuamos oscilando, ao sopro da instabilidade política, entre a ditadura e as formas de um sistema representativo que não chegou nunca a consolidar-se.

Todo o problema de uma nova Constituição será o de pôr termo a esse abismo entre a lei e a realidade, entre a forma e o conteúdo, entre o que a nação pensa e sente e o que apenas pensam as suas elites, as quais, no passado, sempre fizeram nossas Constituições debruçando-se sobre modelos estrangeiros.

O conceito de Constituinte aberta, como um meio de evitar o fechamento elitista das Constituintes passadas, abre espaço à intervenção de todas as camadas sociais. Não vemos, por conseguinte, como excluir o analfabeto da eleição à Constituinte numa sociedade que caminha para a plenitude democrática. Uma coisa é essa participação, outra coisa coibir a instrumentalização do voto do analfabeto pelas oligarquias. Aí, a função fiscalizadora da Justiça Eleitoral sobe de importância, e será ela que vai proporcionar tecnicamente a proteção do livre exercício da vontade política do cidadão analfabeto, o qual, tendo também deveres e obrigações com a coletividade, não pode assistir indiferente à mutilação de seu direito participativo no processo de formação da vontade nacional soberana.

Faz-se mister que os candidatos avulsos também concorram, a fim de atenuar o fenômeno da ditadura dissimulada da classe política profissional, quando ela envereda no seio das organizações partidárias, através de suas cúpulas, para o monopólio interno e oligárquico das candidaturas.

A candidatura avulsa, quem sabe, poderia ser admitida para constituir pelo menos um terço dos componentes da Constituinte. Com isso, forças como a Igreja, os sindicatos, a universidade, que são categorias da sociedade, membros de um poder extrajurídico e extrapolítico que, não raro, atua indiretamente sobre a formação da vontade pública, deixariam de representar um poder constituinte de fato, percebido apenas por sociólogos e cientistas políticos, mas desprezado pelos juristas do formalismo normativista clássico, para se transformar em poder constituinte de direito, como órgão de soberania no plano político.

Tais forças se acham aptas a contribuir extraordinariamente no plenário constituinte para fazer da Constituição o coroamento daquela aspiração de converter a representação soberana da nação numa autêntica e legítima representação da nação soberana, pondo termo, tanto quanto possível, ao imenso divórcio que separa a Constituinte da realidade.

O problema constituinte no Brasil, após duas décadas de ostensivo desacato à soberania popular, não é tanto o de fazer uma Constituição – que esta, quando se ignoram as bases de legitimidade, não oferece lá maiores dificuldades formais, como a Junta Militar usurpadora de 1969 demonstrou –, mas o de fazer uma Constituição legítima e popular, condensando as aspirações profundas e renovadoras da sociedade brasileira, isto é, uma Constituição que seja o instrumento consagrador da transformação, da modernização e da reforma democrática.

Todo esse processo se deverá cumprir, portanto, em obediência a um sentimento de revalorização da liberdade, que ora se expande no seio da opinião nacional e que há de refletir-se, em futuro imediato, sobre as instituições, fazendo-as mais democráticas, mais republicanas, mais federativas.

O combate pela Constituinte foi em 1984 uma positiva manifestação de consciência política do povo brasileiro. Em 1985, o mesmo combate se transforma em algo mais: quantitativa e qualitativamente é um passo à frente. Hoje, em toda parte, a batalha pela legitimidade da Assembléia Constituinte mostra como o povo amadureceu, como a Nação não está disposta a aceitar qualquer colégio constituinte que possa promulgar uma nova Carta, onde os anseios mais profundos do País, voltados todos para a mudança e a renovação social, e sobretudo para a estabilidade de um pacto de convivência, fundado na imediata concretização de postulados de justiça, hão hajam sido devidamente atendidos.

Um processo constituinte legítimo não pode discriminar coletividades, pessoas e esferas de opinião, não pode ignorar a vontade política de 10 milhões de analfabetos da área rural do Nordeste, não pode mutilar a participação política do povo brasileiro, não pode ser o egoísmo das elites nem o instrumento da espoliação de direitos políticos, não pode tampouco se fazer sem audiência daqueles que, à míngua de benefícios materiais e do cumprimento de um dever social da parte do Estado, foram até há pouco excluídos das urnas pelas atuais estruturas do poder, mediante uma legislação eleitoral lesiva, que atenta contra a justiça, a igualdade e a democracia, ao mesmo tempo que ofende e contraria a vocação política do século XX.

Quando o povo principia a questionar a constituinte – não o instrumento, mas a possível composição social e política da assembléia – em verdade o que está questionando é a própria classe política, na medida em que ela, concorrendo a um novo desafio, não adverte que durante o passado sua contribuição tocante à reforma institucional ficou deveras aquém das expectativas do povo e da cidadania.

Não padece dúvida que a constituinte é compromisso ou pacto e que a Constituição será a ata desse pacto, dessa congregação soberana de vontades. Mas para alcançar a constituinte com legitimidade ou para a Constituição ser legítima, não apenas pela forma senão também pelo conteúdo – porque é isto o que importa primacialmente – para que se chegue a tal resultado faz-se mister toda uma conjugação de esforços volvidos para o exame das forças que vão intervir nesse processo, esforços sobretudo voltados para aqueles pressupostos que darão a essas forças e aos seus representantes na cadeira constituinte o direito de exprimir a soberania da vontade nacional.

Todos os temores e apreensões que neste momento invadem a alma do povo brasileiro e se apoderam de sua consciência são temores justificados, com raízes históricas ponderáveis, mostrando que no passado nem a Constituição nem a Constituinte puderam plenamente desatar-se dos laços impostos pela servidão subdesenvolvimentista da nossa sociedade. Muito menos foi possível ao País desfazer-se da herança oligárquica, que na mesma hora de promulgação das Constituições já as desatualizam para o gênero de sociedade a que deveriam servir de fundamento jurídico e institucional.

Várias soluções têm sido propostas à remoção da crise constitucional acarretada pelo regime autoritário de 1964.

A primeira, de todo ultrapassada, pretendia ministrar poderes constituintes ao atual Congresso para uma ampla reforma institucional, com o propósito de levantar o edifício da nova república escorado nas paredes do velho casarão da ditadura. Viu-se logo, porém, a inanidade de semelhante projeto, embora ela transcendesse a Carta vigente e nos desse uma nova Constituição. Mas que legitimidade teria tal Constituição se seus autores não haviam recebido poderes para tanto? Se o presente Congresso, convertido em constituinte, não poderia desmembrar de sua representação a bancada dos senadores biônicos? E ainda que o fizesse internamente, por um ato de força, pouca legitimação acrescentaria ao processo, insanavelmente viciado desde suas origens.

Perempta a proposta dessa via, buscou-se outro caminho, que parece concentrar as preferências do poder recém-investido na tarefa de recompor as bases representativas do atual sistema de governo. Trata-se de dar ao futuro Congresso – o da legislatura de 1987 – os sobreditos poderes constituintes, a fim de que ele cumpra a tarefa de elaborar a Constituição pela qual toda a Nação suspira.

Essa segunda fórmula aparentemente – e só aparentemente – não esbarra em obstáculos e teria antecedências históricas na infância da nacionalidade. Vejamos, porém, se isso procede.

A constituinte de 1823 foi a um tempo assembléia constituinte e assembléia legislativa ordinária. Acumulou duas funções, infringindo o preceito teórico de sua separação em dois órgãos distintos. Tampouco realizou tarefa normal, tanto que, envolvida numa crise política oriunda precisamente de poderes que congregava, acabou soçobrando à violência do primeiro golpe de Estado desferido no Brasil, fruto da crise militar de que se valeu o Imperador para dissolver a primeira constituinte soberana desta Nação.

Mas, poder-se-ia argumentar também, folheando os capítulos da crônica imperial, com o artigo 176 da Constituição do Império, que fazia mais rígido, mais democrático e mais legitimo, sob certos aspectos, o processo de reforma constitucional do que todos os textos ulteriores do nosso constitucionalismo republicano-oligárquico de 1891, ou seja, quando fazia passar pelos canais da vontade eleitoral da cidadania ativa a proposta de alteração de matéria constitucional. Essa passagem se ultimava por força do sobredito artigo, cujas normas determinavam que os eleitores dos deputados à legislatura seguinte deveriam conferir-lhes a especial faculdade de reformar a Constituição, que assim ganhava considerável rigidez, não podendo nunca ser modificada durante a mesma legislatura.

Da rigidez que o freio popular e democrático trouxe ao poder de reforma constitucional e que prevaleceu na Carta do Império, arredou-se, porém, a tradição do constitucionalismo republicano. O constituinte de 1891 fez o processo reformista mais flexível, ao omitir a exigência de cunho plebiscitário da Constituição do Império. Desvinculava-se, portanto, da audiência à vontade eleitoral o processo de revisão da Constituição.

O caminho que a preferência oficial ora indica, como forma legitimadora, traz de certo modo a reminiscência daquela técnica. Intenta aplicá-la, desta feita, não à reforma da Constituição, a exemplo da Carta de 1824, mas à sua elaboração mesma, dotando o Congresso eleito de poderes constituintes originários.

Não nos apraz essa solução. Não é a mais legítima. Muito menos aquela que o povo queria, quando saiu às ruas, subiu às tribunas e ocupou o espaço cívico da Nação durante os comícios pelas Diretas.

Naquela ocasião o povo fez ressuscitar diante do autoritarismo intimidado o seu poder de arregimentação e fez também crescer a força do sentimento democrático neste País, demonstrando assim a inviabilidade dos mecanismos da ditadura e lançando os alicerces a esta república recém-erguida.

O terceiro caminho para a solução do problema institucional é finalmente a convocação de uma assembléia constituinte que ocupará todo o espaço político para o exercício do poder constituinte originário.

A assembléia é o órgão mais adequado ao desempenho dessa função, conforme recomendam as tradições mais sólidas e democráticas do constitucionalismo moderno.

Mas, na conjuntura que atravessamos, o acesso à constituinte é ainda uma estrada pavimentada de obstáculos. Houve entre nós uma espécie de compromisso tácito de fazer a mudança do autoritarismo à liberdade sem comoções profundas na ordem política e jurídica: com aquela prudência que caracterizou na Espanha a estratégia das reformas institucionais, ou seja, mediante um processo de transição, coroado ali de absoluto êxito e cuja fórmula tem sido, por analogia, também a que se busca aplicar ao Brasil e cujos resultados já se fizeram sentir há algumas semanas quando instalamos no Planalto, sem abalos nem colapsos, o primeiro governo da Nova República.

É no quadro dessas reflexões prévias e expectativas confiantes que se coloca todo o problema da convocação de uma casa constituinte, para levar a cabo o projeto de refazer e legitimar a ordem jurídica fundamental desta Nação. Temem alguns o teor revolucionário que por natureza possui toda constituinte, e se não o possuísse, como titular que é de um poder soberano em ação e marcha, não seria constituinte.

Tomados desse receio vacilam em ter recurso a um tal instrumento, que as nações democráticas sempre utilizam nas ocasiões maiores de confronto com a história e o destino. Afigura-se-nos porém que semelhantes apreensões são descabidas, não se justificam.

A profundidade da desorganização e do caos institucional no Brasil é tamanha que só o colégio constituinte do povo tem o grau de legitimação suficiente para estabelecer com toda a força da adesão social as novas bases do sistema republicano. Devemos porém insistir, para desfazer o receio da faixa política conservadora, que a assembléia constituinte, pelo seu mero funcionamento, não terá uma presença que altere a normalidade da ordem pública ou que possa embargar a livre ação dos mecanismos reguladores de governo.

Vingando, pois, a opção política por uma assembléia nacional constituinte, resta examinar se o processo constituinte transcorrerá paralelamente ao funcionamento do Congresso Nacional ou sem o Congresso Nacional.

Caso funcione ao lado do Congresso, o aspecto político jurídico se tornará mais complexo pela dualidade de poderes, porquanto o Congresso também é dotado de poder constituinte, embora esse poder seja derivado e limitado e na essência muito mais jurídico do que político.

E a indagação pertinente que se levanta é a de saber se o sobredito poder ficaria ou não suspenso, enquanto a assembléia executasse sua tarefa constituinte. Na primeira hipótese, ou seja, a de suspensão, que órgão seria competente para fazê-lo? O próprio Congresso, voluntariamente, por Resolução, que lhe autolimitasse as prerrogativas constitucionais, suspendendo temporariamente o exercício da atividade constituinte de segundo grau, de que é dotado, ou a Assembléia Nacional Constituinte, por decreto soberano, como poder que se superpõe ao Congresso Nacional e é fonte legítima de atos de império e decisões políticas de ilimitada abrangência?

Por Resolução não é possível, pois esse ato não tem força para alterar o texto da Constituição. Resta então o decreto constituinte ou, em último caso, a Emenda Constitucional que suspenderia temporariamente, enquanto durasse o mandato dos membros daquela assembléia, o exercício da função constituinte.

Suspenso ou contido de maneira temporária o poder de reforma constitucional do Congresso enquanto funcionasse a Assembléia Nacional Constituinte, é óbvio que tudo se processaria normalmente, sem a simultaneidade de ação constituinte de dois órgãos distintos, removendo-se assim ao mesmo tempo uma contradição e uma fonte potencial de conflitos políticos e jurídicos.

Desde aí é de prever a convivência tranqüila e harmônica dos dois colégios democráticos: um exercitando, por mandato da Nação, a função constituinte em toda a sua latitude, sem correr o risco de colisões desestabilizadoras; outro entregue ao desempenho ordinário da função legislativa; e ambos, num trabalho paralelo e profícuo, servindo à concretização das esperanças que o povo deposita no advento da Nova República.

A efetivação do processo constituinte por essa estrada suscita também o problema da composição da constituinte.

Seria legitimo, por exemplo, consentir que os representantes do Congresso Nacional exercessem cumulativamente, se eleitos para tanto, dois mandatos diversos: o de deputado ou senador e o de constituinte? Ou a Assembléia Nacional Constituinte seria composta única e exclusivamente de convencionais desatados de qualquer vínculo com o Congresso ordinário, não podendo, portanto, ser também, ao mesmo tempo que constituinte, deputado ou senador a uma das duas casas da representação parlamentar?

Em favor da primeira solução, ou seja, do concurso de mandatos, milita o precedente histórico e político dos autores das Leis Constitucionais da Terceira República Francesa, na qual, sem dúvida, poderíamos nos inspirar. Foram eles a um tempo legisladores ordinários e membros de uma constituinte. Mas por esse aspecto nos aproximaríamos deveras de uma recaída no fórmula do futuro Congresso provido de poderes constituintes, como parece ser a inclinação dominante entre os atuais detentores democráticos do poder.

Os adversários da constituinte sem o Congresso se estribam no argumento de uma vacância legislativa, que obrigaria o Governo, para evitar a paralisação da máquina administrativa e da normalidade no exercício dos poderes públicos, a legislar por decreto-lei, de tal maneira que engendraríamos o paradoxo, segundo se infere dessa posição, de estabelecermos, ainda que por breve período, um intervalo de exceção, com a ditadura do executivo e a quebra da ordem constitucional vigente.

Os que destroçaram as bases democráticas de legitimação do poder na sociedade brasileira são agora os arquiinimigos da restauração constitucional. Ninguém se engane: vivemos uma revolução sem armas e é em nome dessa revolução, que reflete idéias e interesses legítimos da nacionalidade e da cidadania, que a Assembléia Nacional Constituinte poderá exercitar breve sua espinhosa tarefa.

A Constituição mais legítima e razoável, dentro do quadro social, político, econômico e financeiro que se desenha neste País em crise é, inquestionavelmente, a da terceira opção, com o Congresso ou sem o Congresso, mas num e noutro caso a constituinte, como órgão autônomo do reencontro nacional da Sociedade com o Estado, em ocasião de retomada da identidade democrática, sem a qual não há instituições livres, legítimas e representativas.

Mas, advirta-se que a constituinte não obrará milagres, ainda que a convoquemos com todo esse potencial de legitimidade, o qual só se completará, por aspectos formais e substanciais, se dermos também ao povo o direito soberano de referendar a Constituição.

Assembléia Constituinte e *referendum* constituinte, eis o binômio insubstituível que há de coroar, em termos de legitimidade formal, a ação constituinte em vias de concretizar-se.

Dissemos legitimidade formal, porque não ignoramos o poder do fato sociológico, a intensidade normativa do social, a força de compulsão dos interesses estabelecidos, a dependência política e ideológica do constituinte numa sociedade de classes e sobretudo o nó de instituições que representam um passivo histórico, impossível de desfazer-se com tinta e papel, mediante decreto constituinte, por mais poderosa que seja a vontade daquela assembléia ou por mais ilimitados que sejam teoricamente as suas faculdades de reforma e os seus poderes de intervenção e criatividade institucional.

O exercício eficaz do poder constituinte para elaborar uma Constituição aberta e pluralista começa com o povo como força de opinião – em verdade, aquele poder já foi convocado pela vontade popular –, passa pelo grande canal da Assembléia Nacional Constituinte e, finalmente, completando o ciclo da legitimação fundamental, termina com o *referendum* constituinte do povo soberano.

A Nova República emerge por conseguinte como símbolo de liberdade e democracia, em contraste com a Velha República, que foi símbolo de um autoritarismo fascistóide, que fez o País retroceder durante 21 anos a condições políticas de arbítrio sem paralelo, só comparáveis àquelas que perduraram durante as comoções absolutistas e repressivas do Primeiro Reinado.

Naquele período negro o rancor do Imperador verteu o sangue dos heróis da Confederação do Equador e a reação imperial, de Norte a Sul, prendeu e fuzilou os nossos patriotas, buscando em vão, com as Comissões Militares, abafar o sentimento federativo, constitucional e representativo de Pernambuco e das Províncias confederadas. Ontem o desfecho foi a Abdicação e a Regência, hoje a Nova República. Nela confiamos com a certeza de que se cortar os abusos que a Nação conhece e lhe custaram o ônus de uma dívida externa de cem bilhões de dólares, sangrando os trabalhadores e a classe média, terá preparado já os alicerces a um futuro de confiança e credibilidade, que é o fundamento de poderes estáveis e legítimos, pelos quais todo o País anseia. Vamos aguardar assim as reformas e a sinceridade das bandeiras programáticas. O povo, como dizia Rosseau – e não vemos como deixar de invocá-lo a esta altura –, o povo poderá ser enganado, corrompido jamais. E se a classe política da Nova República, enganar o povo, pagará caro o crime de sua deslealdade às instituições livres.

1.2 Constituinte e Constituição, um problema de legitimidade

O problema da legitimidade é basicamente um problema de consenso: pelo menos em se tratando de estabelecer uma ordem democrática e pluralista, onde o consenso aparece como a "categoria central", o eixo de toda a normatividade, o liame da juridicidade com a facticidade, o traço de união do constitucional com o real.

Toda crise determina uma separação ou hiato entre a vontade constitucional – aquela posta pelo constituinte – e a vontade dos grupos e da coletividade geral, representando assim necessariamente um enfraquecimento das bases consensuais do poder, com graves reflexos sobre a normatividade dos textos constitucionais. Lassalle em fins do século XIX e Lowenstein e Hesse no século passado tiveram a aguda percepção dessa verdade.

Há um conspecto real por onde as normas constitucionais se podem observar como auferidoras de eficácia ou juridicidade, fora portanto dos quadros de vigência meramente formal ou nominal. Foi com a crise e o fim do Estado liberal que os constitucionalistas do ocidente reformaram alguns conceitos fundamentais acerca do Direito Constitucional. Do ponto de vista do jurista, a Constituição é norma, enquanto do ponto de vista do cientista político ela é instrumento de governo, uma proposta de ação e exercício do poder, em consonância com as idéias e os interesses fundamentais da coletividade. Sem o Estado social, porém, a Ciência Política não teria ingresso no debate sobre a Constituição.

O Estado liberal sempre patrocinou uma compreensão estritamente jurídica da Constituição, vazada talvez na crença de que a solução do problema da liberdade fora alcançada com as revoluções do liberalismo, não havendo, por conseguinte, razão de questionar a legitimidade dos valores estabelecidos, desde que o direito natural – o da ideologia dos liberais – compunha toda a base axiológica de conteúdo dos códigos e das constituições.

A legitimidade se subsumira, por inteiro, na legalidade, de sorte que, ultrapassada a sociedade feudal e vencido o poder da realeza absoluta, já não havia lugar desde o Estado liberal para o jusnaturalista da época do absolutismo, para o jurista filósofo, para o constituinte de primeiro grau, cujas funções, concluída a tarefa institucionalizadora, expirara após a queda do sistema onde o poder não se limitava e onde o homem, pelo aspecto político, não era sujeito, mas coisa, e não se alçando à cidadania se conservara súdito, ou seja, não se pudera afirmar como agente, governante ou partícipe na formação da vontade estatal.

Acabou, pois, o liberalismo por consagrar uma concepção fundamentalmente estática de Constituição, eliminando o problema dos pressupostos ideológicos e sócio-econômicos indispensáveis ao entendimento dos próprios conteúdos constitucionais.

Durante o período liberal concebia-se a Constituição qual um feixe de normas repartidoras de competências e acompanhadas, em geral, de uma declaração de direitos individuais. A Constituição cabia toda no Direito Constitucional e por ele se explicava. Mas um Direito Constitucional de natureza técnico-formal, mero acervo de regras que o jurista freqüentava e que delas se servia, para aplicá-las a cada situação concreta. Era a idade de ouro e de apogeu do positivismo.

A concepção liberal de Constituição traçara uma fronteira entre o Estado e a Sociedade, fazendo dessa separação dogma tão prestigioso e festejado quanto aquele que desmembrou o Estado em três esferas nitidamente distintas, a saber, os chamados três Poderes – o legislativo, o executivo e o judiciário – da sugestão constitucional de Montesquieu.

Com o advento, porém, da sociedade industrial, que corresponde à fase do baixo capitalismo ou do seu entardecer, o Estado moderno e suas Constituições entra numa profunda crise de legitimação, esta que ora atravessamos, após a queda do Estado liberal.

A crise de legitimidade nos surpreende com mais força aqui no Brasil pelas seguintes razões: primeiro, pelos retardamentos políticos de nossa evolução constitucional; segundo, por sermos uma sociedade atada a estruturas patriarcais e oligárquicas, que nos obstruem a entrada plena na democracia participativa; a seguir, pelos retardamentos do processo econômico, em virtude dos óbices para remover as estruturas da sociedade subdesenvolvida e, finalmente, em comum com todo o ocidente industrializado, pelas dificuldades inerentes à natureza mesma do sistema capitalista, qual ele se apresenta contemporaneamente, impregnado de contradições e incertezas.

A literatura política contemporânea é toda ela uma literatura de crise. Com toda razão, aliás, visto que as formas políticas de ordem constitucional ou envelheceram, ou não se renovaram ou permaneceram indefinidas.

Que é a crise? Ninguém excedeu em clareza o pensador marxista que demonstrou como ela se instala, ou seja, com a velhice que está morrendo e com o futuro que não pôde ainda nascer; nesse interrégno da porfia do novo com o velho, acrescenta ele, toda uma seqüência de sintomas mórbidos acometem o corpo social: fazem, portanto, a enfermidade das instituições.[1] Pode a crise trazer a um tempo morte e ressurreição. Premidos da necessidade, os governos da crise tendem sempre a antecipar e acelerar – com erro ou acerto, não importa – os atos decisórios fundamentais, os de maior importância e potencialidade de risco, sem os quais não se debela o estado de crise, invariavelmente um estado de emergência e excepcionalidade, pois a crise é, em si mesma, a antevéspera da revolução, da mudança ou da reforma.

No caso brasileiro estamos diante de uma crise constitucional, crise histórica de legitimidade, de que resultará, com certeza, o ocaso da sociedade liberal, conforme as Constituições subseqüentes à Carta da Primeira República estão desde 1934 profetizando de forma inequívoca. Todas elas documentam a instabilidade política e social desta república, em busca de reforma e renovação.

À luz de três teorias ou formulações, podemos explicar talvez a crise contemporânea de legitimidade que se abate sobre os sistemas constitucionais da sociedade ocidental, inclusive o nosso.

Partindo do pressuposto de que esta crise existe, de que vivemos numa sociedade capitalista e de que a Constituição tanto é um veículo de conservação como de mudança e transformação, surgem os seguintes caminhos, propostas ou opções com que preparar o futuro: o caminho dos conservadores, que não conhecem o Estado social ou, se o admitem, é tão-somente como um complemento às estruturas do Estado liberal, para manter o *status quo*, a rígida distinção de poderes, a separação entre o Estado e a Sociedade, o culto clássico do Estado de Direito individualista, cujos valores de propriedade, e de liberdade sem igualdade, ou quando muito com um mínimo igualitário, aprovam e consagram por hegemônicos; a seguir, o dos que pugnam por um Estado social com base na legitimidade da Constituição aberta, de revolução participatória, das mudanças democráticas profundas, dos direitos sociais básicos, da marcha rumo à identidade de governantes e governados, da estatização da Sociedade com a correspondente réplica da societização do Estado, dos mandatos imperativos tanto quanto possível, da dialética dos elementos estáticos e dinâmicos da Constituição, da economia de mercado

---

1. "The crisis consists precisely in the fact that the old is dying and the new cannot be born; in this interregnum, a great variety of morbid symptoms appear" (A. Gramsci, *Selections from the Prison Notebooks*, New York, 1971).

como uma opção política sujeita à tutela e intervenção do Estado em nome do interesse social maior, jamais como uma categoria jurídico-constitucional rígida e intangível, ou seja, como valor supremo com o qual a própria Constituição se venha a identificar; do consenso constitucional sobre o dissenso político, com pluralidade de partidos e império do princípio majoritário de decisão; da Constituição como instrumento e plano de construção da democracia ou como regra de solução dos conflitos sociais, e, finalmente, a terceira e última via de legitimidade, a saber, aquela que desceria mais fundo nas bases da Constituição para alterar tanto a forma de governo como a forma de Estado, de modo a introduzir uma nova economia, um novo regime, uma nova ideologia, um novo estatuto do poder, em suma, concretizar o socialismo nas instituições e abolir a ordem capitalista da sociedade burguesa.

Em se tratando do Brasil e do exame de sua presente realidade, vista além de toda a ficção e utopia, a que se presta a eleição de novos rumos institucionais, afigura-se-nos que o País, em questão de legitimidade, busca o segundo caminho, do qual aliás não nos acercaremos sem primeiro romper graves dificuldades, como as que, em matéria de confiança e legitimação, já se antepõem à Constituinte vindoura, cuja carência de apoio e credibilidade popular lhe poderá ser fatal.

A legitimidade da Constituição no Estado social da democracia pluralista tem por elementos formais: o acordo em discordar, ou seja, o *agreement to disagree* de Locke, ou, numa versão mais moderna, o consenso sobre o dissenso, seguido também do acordo sobre as bases, isto é, do *agreement on fundamentals* daquele mesmo filósofo; em seguida, o princípio essencial e paralelo, segundo o qual não se governa uma sociedade democrática complexa sem administrar conflitos; depois, o princípio majoritário de decisão pertinente aos processos mediante os quais se forma a vontade política e que entram como um dos componentes básicos formais do consenso democrático e, de último, o reconhecimento de que o conflito sobre as bases e a forma da Constituição é inerente à própria Constituição, que o institucionaliza e absorve. Nesse último caso, a Constituição coroa aquela "sociedade livre" de Dahrendorf, que outra coisa não é senão a sociedade do conflito consentido, resolvido e regulado.[2]

Os elementos materiais que fazem, por sua vez, a legitimidade da Constituição nessa nova idade do constitucionalismo não são menos

---

2. "Gesellschaft ist Konflikt um menschliche Lebenschancen. Freie Gesellschaft ist gestatteter, ausgetragener, geregelter Konflikt", Ralf Dahrendorf, *Konflikt und Freiheit*. Auf dem Weg sur Dienstklassengesellschaft, München 1972, p. 7.

importantes que os formais. Pela sua maleabilidade, concretude e variedade não se exaurem em um *numerus clausus*. São perante a realidade brasileira, na caminhada rumo ao Estado social pleno, entre outros: a função social da propriedade, a gratuidade do ensino, a educação, a cultura, a qualidade do padrão de vida, a pluralidade sindical, a autonomia dos sindicatos, a previdência social, a casa própria, o salário mínimo, o salário-família, o direito de greve, o seguro-desemprego, a participação do trabalhador nos lucros das empresas, a co-gestão, a intervenção do Estado no domínio econômico para reprimir abuso de poder, a saúde pública, a proteção da família, a salvaguarda dos bens nacionais, a defesa do patrimônio ecológico, a justiça tributária como corretivo das desigualdades sociais, o combate à pobreza, ao subdesenvolvimento e aos desníveis regionais, e a promoção da prosperidade econômica.

A concretização desse programa material posto pela Constituição para fundamentar a justiça social e legitimar os poderes do Estado dentro de uma forma mais apurada de consenso exige obviamente um volume de participação do povo como nunca ocorreu em nossa história, ao mesmo passo que uma presença do Estado na Economia e na Sociedade, de todo distinta daquela feita ainda há pouco pelas vias compulsivas do arbítrio, expressão do poder pessoal e absoluto da ditadura.

A crise constitucional da legitimidade se instaura exatamente quando ocorre uma perda ou déficit de capacidade do Estado para responder às demandas e expectações econômicas, políticas e sociais dos governados e para promover reformas profundas na Sociedade, ou seja, quando o Estado corre o risco de descumprir o mandato que recebeu do povo para fazer e acelerar a evolução social.

Ela também ocorre quando as forças de conservação, as forças estáticas do poder e do corpo social se movimentam para uma alternativa de resistência e luta em prol da imobilidade e do *statu quo*, retardando e obstaculizando a vocação programática de mudança, inerente às Constituições do Estado social

O problema de legitimação constitucional oriundo do excesso de *inputs*, a saber, de exigências que o Estado acolhe, mas não pode materialmente atender, conduz com freqüência, em determinados sistemas, a soluções de força, como o golpe de Estado, o autoritarismo da repressão, as leis de segurança, os decretos antipopulares, antidemocráticos e antinacionais. Dificulta ou impede desse modo a consolidação do Estado social de bases democráticas.

Não raro são os próprios elementos conservadores e reacionários os arquitetos da crise constitucional quando fomentam, por via indireta, oblíqua e provocativa o aumento desmedido das postulações sociais, que sabem, de antemão, não podem ser satisfeitas ou despachadas pelo Estado, porquanto lhe excedem a capacidade distributiva e diretiva. Determinam assim a desestabilização do sistema, abrindo caminho às soluções de força e exceção, cuja maior vítima é sempre a liberdade, a democracia, o Estado de Direito. Efetivamente, quanto mais se pede ao Estado, mais ele intervém e quanto mais intervém mais sujeito fica a abusar do poder. Se o ato intervencionista não logra os fins programados, por inépcia de quem o executou ou por absoluta carência de meios e recursos, a Sociedade então se expõe à queda e sacrifício das franquias populares.

Uma das teorias reacionárias da crise, mais importantes da atualidade, é aquela que, para tolher a mudança e a reforma, fala da "ingovernabilidade" do Estado atual, ou seja, da inviabilidade da ação de governo dentro dos quadros formais do consentimento, fora portanto do arbítrio repressivo, em razão das reivindicações sem limites com que os governados, exercitando pressão sobre os poderes oficiais, acabam vendo dinamitadas as estruturas democráticas da ordem estabelecida.

A Constituição do Estado social deve ser basicamente o código do consenso e do pluralismo e não a bíblia de uma ideologia ou o programa de planejamento de um sistema centralizador que estatize ou tenda a estatizar todos os poderes decisórios da Sociedade.

Sem o *consensus constitutionis* não há normatividade constitucional. Esse *consensus*, por exemplo, faltou às Constituições outorgadas no Brasil em 1937, 1967 e 1969, e poderá faltar completamente em 1988, se a Constituinte nascer materialmente ilegítima das urnas de 15 de novembro vindouro, contaminada pelos vícios e corrupções do poder econômico, que para tanto já se mobiliza.

O ingresso do social nas Constituições foi, portanto, o maior fenômeno político do século XX, um fruto da criatividade e sensibilidade do constituinte, um princípio de reconciliação da ordem constitucional com a ordem fática, um elemento novo de racionalidade material e substantiva, que não pertence às formas, mas aos conteúdos, que substitui a Constituição *in abstracto* pela Constituição concreta, que muda de certo modo o perfil, a estrutura e a função das Constituições, as quais, deixando de ser concebidas unicamente como norma jurídica ou como regra de limitação da competência e do poder do Estado, se transmutam em norma social, em instrumento de um programa de mudança e renovação.

Diante da nova modalidade ou categoria de Constituição, o próprio Direito Constitucional se politiza ao extremo e unido à Ciência Política só tem razão de ser em função do preenchimento de fins sociais, seletivamente estabelecidos e catalogados no interesse supremo de sua concretização social.

Enfim, faz parte ainda destas reflexões derradeiras sobre o constitucionalismo de nossa época, o exame da chamada "revolução participativa", que dá força e legitimidade ao Estado para desincumbir-se da missão social do poder.

Essa revolução consagra sobretudo formas diretas de participação popular, que transcendem os mecanismos representativos tradicionais de sufrágio, em ordem a consentir uma ação ou influxo imediato da cidadania ativa e mobilizada sobre a formação e o exercício da vontade governativa, democratizando assim e legitimando, com mais intensidade, os atos de governo, por via dos partidos, dos movimentos sociais, das organizações do poder sindical, bem como da iniciativa dos cidadãos. Se a Sociedade não absorve esses meios novos de explosão participativa de nosso tempo, fazendo-os veículos do consenso e não do dissenso, as bases de legitimidade democrática do sistema político estarão irremediavelmente minadas.

À intervenção do Estado na Economia, corresponde por igual a intervenção do Estado na Sociedade, que é uma Sociedade cada vez mais politizada, heterogênea, diferenciada e complexa. Intervindo como cidadão, contribuinte e consumidor, o homem do Estado social é o homem do grupo, do sindicato, da Igreja, da profissão, que busca organizar-se para manter sobre o processo decisório, com toda a eficácia possível, a representação autônoma de seus interesses.

Essa distinta instância de poder, que são os grupos sociais ou o cidadão neles encaixado, faz parte hoje das esferas constitucionais e fundamenta uma nova legitimidade, inclinando as instituições para o modelo e as formas ativas da democracia direta.

Quem convocou a Constituinte congressual nem de leve percebeu o alcance dessa revolução silenciosa, revolução sem armas, sem sangue, sem dor, revolução das idéias e dos interesses nacionais, revolução do povo soberano que havia sido humilhado, excluído e discriminado até o dia em que se apoderou da praça pública, a praça que lhe pertence, segundo o canto de Castro Alves, e fez o comício das diretas para fundar uma República, cujas lideranças não compreenderam o sentido da mudança.

Nova não é a República que aí está, mas a força e a legitimidade de que se arma o ente popular para reivindicar o exercício de suas prerrogativas. A Constituinte, da maneira como foi convocada, é tão-somente um episódio da história constitucional em que as oligarquias, buscando sobreviver, evitaram o encontro do povo com sua própria soberania.

Mas a crença messiânica numa Constituinte do povo mesmo e não da classe política dará forças à Nação para convocar e congregar o colégio da legitimidade, onde a vontade nacional, mais cedo do que se cuida, promulgará a sua verdadeira Constituição.

1.3 Constituinte congressual: a anticonstituinte

É sobremodo honrosa a ocasião de estar mais uma vez no Espírito Santo e participar de um projeto de estudos sobre a Constituinte e a Constituição. Esta terra tão acolhedora, tão fidalga, tão cativante, realmente nos comove. Comove-nos por igual neste ensejo a palavra eloqüente e sincera e admiravelmente partida do coração que é a palavra do professor Afonso Arinos de Melo Franco, nosso mestre.

O tema fundamental deste projeto gira ao redor da Constituinte e da Constituição. A pergunta capital que se levanta é a de determinar que Constituição, e que Constituinte. Em verdade, nós, contemporaneamente, estamos em presença de uma crise no conceito de Constituição. Já não estamos diante da Constituição que serviu de modelo às estruturas clássicas de organização do poder do século XIX e a perplexidade aumenta quando nos volvemos para uma interrogação crucial acerca da natureza da Constituinte que vai reger a estruturação normativa do quadro institucional da sociedade brasileira.

Há, por conseqüência, ao redor da temática da Constituinte uma pergunta que preocupa e de certa forma atormenta os juristas-publicistas, as elites e principalmente o povo brasileiro, a sociedade por todas as suas formas expressivas de organização: Constituinte congressual ou Constituinte exclusiva? Eis o ponto que toca no cerne de toda a questão constitucional presente. Devo, antes de passar às considerações diretamente vinculadas a esta interrogação, afirmar o meu ponto de vista de que sou por convicção adepto da Constituinte livre, exclusiva, soberana. Contra a Constituinte congressual, por duas ordens de razões.

A primeira ordem é relativa à impossibilidade que se me afigura de justificar e legitimar formalmente a existência e a ação do Congresso Nacional como um poder constituinte de primeiro grau. Do ponto de vista formal, parece-me que o Congresso Nacional é poder constituído. E poder constituído não pode, em rigor, ser poder constituinte; quando muito, dentro de uma moldura que limita juridicamente o raio de ação desse poder constituído que é o Congresso Nacional, poder-se-ia argumentar que ele é dotado de poder constituinte. Mas que poder constituinte? Um poder constituinte derivado, um poder constituinte de segundo grau, um poder constituinte para fazer a reforma da Constituição, nunca para fazer a própria Constituição. Se o Congresso Nacional faz a Constituição, ele desfere contra si mesmo um verdadeiro golpe de Estado. Formalmente, do ponto de vista da teoria constitucional, não se justifica que um poder constituído, como o Congresso Nacional, se converta em poder constituinte de primeiro grau. Que haja exemplos históricos em contrário, nem por isso a história poderá derrogar a validez e o rigor conceitual da teoria do poder constituinte, senão violentando-o. Este o aspecto, a meu ver irretorquível, que nos faz menosprezar a possibilidade da utilização do Congresso Nacional como Poder Constituinte de primeiro grau, em toda a sua plenitude, E como vamos seguindo historicamente, nesta ocasião, no sentido da solução inadequada, da solução inconveniente, o que teremos em breves anos, em dois ou três anos, talvez, não será rigorosamente uma Constituinte – e nem teremos rigorosamente uma Constituição, mas tão-somente uma reforma constitucional. E com isto, o povo brasileiro será mais uma vez vítima de um engodo histórico de suas elites.

Mas não vou cingir-me ao aspecto formal. Admitamos que esta trilha errônea seja seguida até o fim. Eu quero colocar a questão também pelo aspecto material. E definir para a sociedade de nossos dias a existência de uma Constituição que pelo seu conceito deve corresponder a uma novidade imposta pela evolução mesma do Estado moderno, do Estado contemporâneo, na sua forma de Estado social.

Há três modelos básicos de Constituição: a Constituição jurídica, que é a Constituição do liberalismo; a Constituição social e a Constituição socialista.

Se nós pretendermos, como devemos pretender na conjuntura política do país, a formação de uma Constituição que seja o instrumento da mudança, o instrumento da concretização dos direitos sociais, teremos que admitir, reconhecer e asseverar que o papel da Constituição não será o de fazer o Estado, pois o Estado entre nós já está feito desde muito. E o Estado entre nós tem pesado deveras sobre as liberdades públicas. Através das formas autoritárias, em menos de cinqüenta anos nos conduziu a dois trágicos intervalos de autoritarismo absolutista, de conseqüências deploráveis; conseqüências que fizeram precisamente isto que provocou de vossa parte os aplausos à afirmativa do professor Afonso Arinos quando disse que os nossos partidos estão desintegrados.

E quando disse que os partidos políticos estão desintegrados, inculpou ao mesmo passo a decadência das lideranças políticas, a decadência do processo político nas suas bases tradicionais, clássicas. Por quê? Porque voltadas para o patronalismo, voltadas para os velhos vícios políticos do passado, como é hoje a Constituinte, como é a Constituição que se fizer ou que se promulgar.

A Constituição deve estar voltada não para o Estado, mas para a Sociedade. Organizar a Sociedade é, efetivamente, a grande responsabilidade que pesará sobre os constituintes. Nós estamos com todas as nossas vistas, com todos os nossos anseios voltados para reestruturar a Sociedade brasileira. Ela é que é o objeto maior, capital, de uma Constituinte e de uma Constituição. Ora, que foi que modificou a natureza, o caráter da Constituição? É o que – diante das perplexidades – nos faz verificar que a Constituição hoje é conceito que já não corresponde ao conceito da Constituição jurídica do modelo clássico liberal. E nem poderá ser a Constituição de um Estado de força, porque Estado de força, Estado totalitário, não tem Constituição, porque não tem representação, como muito bem disse o professor Afonso Arinos. Se a convergência é para a Sociedade, ela é decorrência de uma crise na estrutura da Sociedade industrial contemporânea. Crise que, vinculada ao nosso País, mostra precisamente que nós estamos enfrentando dificuldades maiores porque não somos apenas uma Sociedade incipientemente industrial ou industrializada. Somos uma sociedade em via de transpor os problemas magnos contidos no desafio do subdesenvolvimento.

Ora, a que espécie de Sociedade aspiramos? A uma Sociedade pluralista, a uma Sociedade aberta, a uma Sociedade democrática? Para tanto, precisamos de uma Constituição aberta. Que é uma Constituição aberta? A Constituição aberta resulta precisamente da impossibilidade de fazermos uma regulação normativa que seja ilimitada, que seja perfeita, que seja completa. De necessidade ela será limitada demais. A Constituição não poderá contemplar todos os aspectos problemáticos que a Sociedade coloca perante o legislador ou perante os administradores. De sorte que em aberto fica sempre uma faixa amplíssima, sobretudo a da Constituição econômica, a parte econômica, por conseguinte.

A abertura da Constituição decorre também dos condicionamentos históricos, das injunções, que impõem a necessidade de uma flexibilidade constitucional e de uma Constituição que se possa amoldar às crises e às transmutações que a Sociedade constantemente está a padecer.

De modo que a Constituição aberta vale realmente como aquela que nos desafia, aquela que nos coloca diante de problemas gravíssimos porque são os problemas de fazer a Sociedade ser livre, ser democrática, ter a democracia e a liberdade devidamente institucionalizadas, sem o emprego de atos de força, de atos institucionais, de decretos-leis, que representam a hegemonia do poder sem representatividade. Mas que este fim – a democracia e a liberdade – seja alcançado por via do poder parlamentar, do poder congressual, daquele que congrega representatividade para enfrentar o problema da aplicabilidade da Constituição, problema vinculado à eficácia desta mesma Constituição.

Qual é, por conseguinte, a necessidade de nós fazermos uma Constituição dotada de representatividade social extrema? Sabe-se que a democracia não é, em nossos dias, uma democracia de indivíduos, mas uma democracia de grupos – de grupos sociais e associações –, que democracia é fenômeno associativo. Nós não empregaríamos aqui as palavras sobre o fenômeno corporativo da sociedade contemporânea porque o termo corporativo se acha inteiramente desacreditado pelas suas conotações históricas de teor fascista, de teor autoritário. Mas a verdade é que a sociedade, ainda a sociedade pluralista, a sociedade democrática, nos oferece a imagem de grupos sociais de uma diversificação e heterogeneidade extrema, e esses grupos atuam sobre o processo político.

Durante a década de 1960 pensou-se na possibilidade de uma Sociedade democrática pluralista em que o processo da satisfação dos legítimos interesses sociais se faria por um equilíbrio espontâneo da ação dos distintos grupos. Mas bem cedo nos arredamos desta concepção porque ela, apesar de sua pretensão realista, se afastava por inteiro desta grande verdade sociologicamente comprovada que é a desigualdade dos grupos sociais, da sua capacitação de luta e afirmação e reivindicação, pois há grupos mais fortes e há grupos mais fracos. Há interesses que se podem organizar corporativamente, socialmente, mas há também interesses relevantes que muitas vezes dizem respeito a toda a comunidade e encontram dificuldades até de ordem técnica para se organizar.

É dentro deste mosaico que grupos mais fortes, poderosamente organizados, dispondo de recursos econômicos superiores, podem perfeitamente sufocar a manifestação legítima da vontade democrática, da vontade social e da atuação de outros grupos. Grupos que não têm sua participação política, seu desempenho, submetido a um julgamento eleitoral. Grupos cuja influência política, muitas vezes desmedida, escapa por inteiro a todo controle ou a toda prestação de contas.

Então há decisões políticas resultantes de duas categorias de titulares: os poderes estatais, de uma parte, e os grupos sociais, de outra parte. Grupos sobretudo econômicos, normalmente os mais atuantes, disfarçados, dissimulados, mas que às vezes atuam de maneira ostensiva. De sorte que, em nossos dias, faz-se mister distinguir os titulares da decisão política, que são os órgãos estatais, doutros titulares, que são os grupos sociais.

Na medida em que tais grupos atuam, a decisão política tomada pode resultar de uma simbiose deles com os órgãos estatais. E então já não podemos mensurar as responsabilidades nem tampouco as quotas de participação que eles têm. De modo que esse entrelaçamento grupal ocorre na sociedade contemporânea e dificulta o processo de formação de uma vontade estatal legitimamente democrática dentro do conjunto de grupos, ou seja, dentro da pluralidade que oferece formas de participação não absorvidas pelo processo democrático.

Encontramos assim graves interrogações para conduzirmos o País à formação de uma Constituinte e de uma Constituição que sejam legitimamente democráticas.

Podemos dizer que o grande objeto de uma Constituição contemporânea é esse valor material que se chama a justiça social. Uma justiça social obviamente não despreza a herança dos valores contidos nos direitos de resistência ao Estado, objeto de uma ação revolucionária até que se institucionalizaram graças aos códigos constitucionais. Mas a esta altura o fundamental para fazer a sociedade democrática é institucionalizar, em bases de livre participação, a presença do povo e a satisfação dos interesses e das necessidades maiores da coletividade.

E se a Constituição não responde à solução do problema da questão social, esta Constituição há de soçobrar, há de malograr, não terá eficácia, não terá normatividade, não terá, juridicidade. A teoria democrática da Constituição é uma teoria material voltada para satisfação de valores e de interesses. De sorte que se examinarmos atentamente o quadro presente em que se desdobra toda a vida política do País, verificaremos que os movimentos sociais são movimentos de opinião ponderáveis e esses movimentos sociais tanto podem partir das classes empresariais, como têm partido também de outras classes, a Igreja, os sindicatos, as universidades, os profissionais liberais, os advogados.

O interesse social se reparte, fora das estruturas partidárias habituais, ou no sentido positivo pelo bem social como nós o compreendemos, debaixo da inspiração da justiça social, ou de uma forma egoística, como fazem os titulares portadores de interesses econômicos que intervêm no processo político de forma abusiva. E não há, meus senhores, como deixar de fazer uma opção diante desta realidade manifesta e ostensiva se tivermos que eleger que interesse há de prevalecer, que interesse corresponde legitimamente ao princípio da justiça social.

Eu creio que a consciência da Nação está com seus sacerdotes, com seus juristas, com seus trabalhadores, com seus estudantes E esta opção é da maior importância, e é aí que eu encontro uma resposta do ponto de vista material para invalidar a Constituinte congressual. Parece-me que ela é mais representativa de uma estrutura partidária decadente, de uma classe política que está em desarmonia ou em contradição com as aspirações mais sentidas do corpo social brasileiro. E se nós fizermos, como estamos fazendo, se caminharmos como estamos caminhando, e como tudo indica que caminharemos para a Constituinte congressual, ela já, de início, do seu ponto de partida, se divorciou das aspirações maiores da coletividade brasileira. E não haverá desastre maior do ponto de vista institucional do que se a sociedade brasileira – nos seus fundamentos, nas suas bases sociais, nas suas classes mais sofridas, mais injustiçadas, mais esmagadas pela espoliação econômica –, se estas massas, se estes elementos sociais derem as costas à Constituição e à Constituinte. E eu creio que elas já estão de costas voltadas para a Constituinte congressual que ai se prepara. E nesse dia, nessa ocasião, não haverá possibilidade, por mais esforços que se faça, por mais diligências que se empreguem, de arregimentar o povo; nada se poderá fazer no sentido de dar a credibilidade e legitimidade indispensáveis ao consenso. Consenso que é a base da eficácia e da normatividade da Constituição.

De modo que, colocando a questão capital, a questão prévia, a questão, a meu ver, crucial da opção da Constituição, eu inculco da parte da sociedade brasileira, de uma parte ponderável que não pode ser marginalizada, uma resposta negativa à iniciativa do Poder, à forma como se está convocando a Constituinte. De sorte que isto não é acadêmico, não é formal, não é metafísico, não é abstrato; é perfeitamente concreto. Se os trabalhadores brasileiros, se os estudantes brasileiros, se consideráveis partes da comunidade nacional não tiverem fé na Constituição que se vai fazer, todo este esforço que se busca será perdido e a Constituição vindoura reproduzirá a de 1967 com esta única diferença: é que ali se trabalhou debaixo do atropelo de prazos fatais e se trabalhou debaixo da coação das armas e do regime autoritário.

Mas 1987, vinte anos depois, pouco terá inovado em favor da participação popular em relação ao passado. E que passado? Passado em que o povo esteve ausente do processo constituinte. Mil novecentos e oitenta e sete poderá encontrar já a Nação dividida, a Nação descrente, a Nação unânime, sem condições de prosseguir na liberdade, pelo desalento, pelo desânimo, pela falta de confiança naquela classe política que está tão mal-estruturada do ponto de vista partidário. E a grande responsabilidade do nosso dever político, do nosso pensamento crítico é de conjurar este desfecho deplorável.

Meus senhores, muito obrigado.

1.4 A evolução constitucional do Brasil

O Sr. Presidente (Deputado Dalton Canabrava). A Presidência vai conceder a palavra ao Dr. Paulo Bonavides, que proferirá sua conferência sobre a Evolução Constitucional do Brasil. O senhor conferencista proferirá suas palavras no prazo de 40 minutos.

O Sr. Professor Paulo Bonavides. Exmo. Sr. Presidente desta sessão, Deputado Dalton Canabrava; Exmo. Sr. Deputado José Bonifácio Tamm de Andrade; Exmo. Sr. Dr. Almir de Oliveira; Exmo. Sr. Dr. Patrus Ananias de Souza; Exmo. Sr. Deputado Fernando Rainho; Exmo. Sr. Prof. Machado Horta; Exmo. Sr. Dr. Alberto Teixeira.

É das mais honrosas a incumbência que recebi da Assembléia Legislativa do Estado de Minas Gerais para falar sobre a evolução constitucional do Brasil. Quero, de antemão, agradecer, comovidamente, as palavras amáveis e generosas do Deputado Tamm de Andrade. Quero, por igual, assinalar a alegria de estar, mais uma vez, em Minas Gerais, que tem, tanto quanto o Nordeste, uma tradição precursora dos movimentos libertários da nacionalidade: Minas da Inconfidência, o Nordeste da Revolução Republicana de 1817 e da Confederação do Equador; Minas, que pugnou pela Independência e o Nordeste, que se bateu de armas na mão pelo respeito aos princípios constitucionais no ato político de insurreição, que foi o movimento confederativo de 1824.

A evolução constitucional do Brasil principia, em verdade, antes da formação do Estado e da Nação. Principia com um mineiro que esteve presente à Revolução Pernambucana de 1817 e elaborou um projeto provisório de bases constitucionais que não foi, em rigor, uma constituição, mas uma lei orgânica precursora, de 28 artigos, onde certas conquistas do pensamento liberal já vinham consignadas.

A Constituição do Império é o marco inicial da constitucionalização do País, mas esse marco foi precedido de um grande esforço constituinte malogrado: a obra da Constituinte dissolvida por um golpe de Estado, o primeiro de nossa História, a 12 de novembro de 1823, quando a Assembléia votava livre e soberanamente o projeto de Constituição.

A Constituição outorgada teve uma certa base de legitimidade no poder dos Municípios, cujas Câmaras serviram de legitimação, contestada nas Províncias do Nordeste, legitimação à obra da Lei Magna outorgada em 1824. Nasceu, portanto, nossa primeira Constituição de um equívoco e de uma intervenção militar. Equívoco, que foi o golpe de Estado e intervenção militar, que deu a base autoritária ao poder do Primeiro Reinado.

Podemos analisar a evolução constitucional brasileira, ou por via das Constituições, ou por via de uma divisão teórica que vai da implantação do Estado liberal aos esforços que ora se fazem para concretizar uma modalidade de Estado social.

Poderíamos ainda, por uma terceira base de acesso, chegar à compreensão constitucional do País, tomando insuladamente as formas políticas capitais de nossa organização estatal. Haja vista, por exemplo, o Estado unitário, a forma republicana, a forma federativa, a forma presidencialista etc.

Vamos seguir em cada uma destas linhas aspectos que possam ser relevantes. Com respeito à Constituição de 1824, Constituição de 179 artigos, nós assinalaríamos a importância da consagração do princípio liberal da separação de poderes. E todavia ele se afastou do modelo clássico das Constituições européias e do pensamento político de seu autor, o autor desse princípio, que foi Montesquieu. Perfilhamos a separação de poderes, mas partindo de 4 poderes: o Poder Legislativo, o Executivo, o Judiciário e o Moderador. O Poder Moderador, pela letra da Constituição era entendido como a chave de toda a organização política e foi delegado privativamente ao Imperador, Que era o Chefe da Nação, inviolável e sagrado, no exercício dessa função; o Imperador, que devia velar, incessantemente, pela manutenção da independência, do equilíbrio e da harmonia dos poderes políticos.

Tivemos duas infrações a esse preceito fundamental do sistema liberal, como ele fora filosoficamente concebido. A primeira descaracterização do princípio esteve em que o Poder Moderador fora conferido ao príncipe em termos que se arredavam por inteiro da fórmula do inspirador e criador desse quarto poder constitucional. Ele, Constant, o queria como um poder neutro, poder acima dos poderes, poder judiciário dos demais poderes políticos. E isso não se fez. A história imperial está a desmenti-lo com as intervenções abusivas do poder pessoal do Imperador na formação dos Ministérios. A segunda infração ao princípio da separação era que nós tínhamos dois poderes basicamente conjugados na pessoa do Imperador.

Outro aspecto que nos fascina dentro da Constituição imperial, pela sua originalidade e que nos convida a reparos críticos, é a existência de uma Constituição a um tempo flexível e rígida. A rigidez material da Constituição do Império representa para a teoria constitucional contemporânea uma precursora novidade, quando se busca fundar entre os constitucionalistas europeus uma teoria material da Constituição.

Pelo texto imperial só era constitucional o que dizia respeito aos limites e atribuições respectivas dos poderes políticos e aos direitos políticos e individuais dos cidadãos. O mais poderia estar na Constituição, poderia tomar forma constitucional e reger-se nas suas alterações por uma via flexível equiparável à via de elaboração das leis ordinárias. De modo que o texto de 1824 combinava os dois aspectos: o da rigidez e o da flexibilidade.

Um terceiro aspecto que honra esta Constituição outorgada, a despeito das controvérsias sobre sua legitimidade, é que ela foi, até certo ponto, precursora de um Estado social, porque avançando mais que a Constituição republicana de 1891, ela garantia os socorros públicos. Instituía também a instrução primária gratuita a todos os cidadãos, algo que se suprimiu na Constituição liberal republicana de 1891.

Do ponto de vista da aplicação, a Constituição de 1824 foi um alicerce para a unidade nacional. Essa Constituição promoveu por igual o advento surpreendente de uma forma de parlamentarismo genuinamente brasileiro. No continente republicano, no continente democrático, nós tínhamos a sobrevivência pelo instrumento da monarquia constitucional de um Poder que, pela própria Constituição, poderia, numa fase autoritária, se prestar ao exercício de abusos.

Prosseguindo no quadro de nossa evolução constitucional chegamos a 1891, a uma Constituição relativamente concisa de 91 artigos e 8 disposições transitórias. É a Constituição que institucionaliza a forma federativa de governo, que nos traz a República, que faz a opção histórica por um regime presidencial e que já abre caminho para o controle jurisdicional da constitucionalidade das leis e dos atos normativos. É uma Constituição liberal, é uma Constituição que, na sua declaração do direitos, representa alentador avanço em relação ao liberalismo tímido da organização constitucional do Império.

Consagra, a declaração, a queda dos privilégios da nobreza, a extinção das ordens honorificas e dos títulos nobiliárquicos, seculariza os cemitérios e só reconhece o casamento civil, laiciza o ensino, separa a Igreja do Estado, faz a abolição da pena de morte e institui o *habeas corpus* como uma proteção eficaz contra a violência ou coação por ilegalidade ou abuso de poder. Ora, esta Constituição fora, em verdade, precedida de um verdadeiro ato fundamental, de uma Constituinte de fato, que foram os decretos do Governo Provisório, onde algumas daquelas conquistas já apareciam.

A Constituição de 1891 foi obra da Comissão dos Cinco: Américo Brasiliense, Rangel Pestana, Santos Werneck, Magalhães de Castro e Saldanha Marinho, em suma, aqueles que haviam sido incumbidos de elaborar um Projeto Constitucional que serviria, e serviu, de base à Constituição republicana de 1891.

Eu aqui indagaria também se o presidencialismo e se a Federação representaram, em rigor, uma conquista capital para a sociedade política brasileira. Teria sido o presidencialismo avanço ou teria sido retrocesso, recuo? Afigura-se-me, de um ponto de vista puramente pessoal, que a melhor solução para a crise da última década do Império teria sido a monarquia constitucional federativa, como fora propugnada por Rui Barbosa e Joaquim Nabuco.

O presidencialismo foi, na verdade, surpresa, mas unicamente na medida em que não constituíra matéria de debate, pois impressiona a coincidência com que os Projetos da Comissão dos Cinco o consagravam.

A forma presidencial de governo tem tido, em nosso País, uma linha de continuidade que chega até estes dias, sendo a história do presidencialismo a história da nossa própria crise republicana.

A solução parlamentarista se viu, por conseguinte, duas vezes invalidada; primeiro, com o golpe republicano de 15 de novembro de 1889; segundo, pelo Ato Adicional de 1961, quando se malogrou uma experiência parlamentarista que já nascera deficiente e fadada ao malogro. Experiência curta, experiência que, em verdade, representou mais um dos crimes que o presidencialismo cometeu contra a Nação. O apóstolo mesmo da causa parlamentarista – Raul Pila – não aderiu de coração àquela Emenda, porque sabia que não era a fórmula do seu parlamentarismo, mas a solução híbrida de um parlamentarismo para resolver uma crise do próprio sistema presidencial de governo. E a História demonstrou que Raul Pila estava com a razão.

Quanto ao sistema federativo, nossas tradições históricas são muito significativas. Fomos federalistas em 1817, em 1824 e em 1831, no Ato Adicional. Fomos também federalistas no Segundo Reinado, mas nunca conseguimos implantar no País a forma federativa, e ela só veio com a Proclamação da República.

Tivemos desde aí um federalismo que chega até aos nossos dias, gerando graves problemas políticos e comprometendo a própria representatividade do sistema político.

A Federação, como nós a temos, deve ser ultrapassada. Precisamos de renová-la, precisamos de retocar esse modelo.

Dizia Tancredo Neves que a solução de uma Nova República passaria pela solução da questão nordestina, Nós dizemos: o problema da forma política do País passa necessariamente pelo sistema federativo.

O que nós temos verificado é que, dentro da atual organização de poder federal, se nos deparam distorções gravíssimas que afetam a representatividade política do País. Como? Somos uma federação em que há uma representação paritária dos Estados-membros na Câmara Alta, mas ao mesmo passo temos um problema de ordem política gravíssimo, que é o da representação política que pesa sobre o sistema democrático e sobre a própria comunhão federativa.

Verificamos que, durante os últimos anos, o casuísmo do Poder Central, se refletindo sobre a ordem constitucional, determinou um certo afastamento da forma como se alterava o mapa político-territorial-administrativo na criação de Estados e Territórios Federais.

Nós vimos que na história constitucional do País a representação do Território passou de 2 deputados para 4 deputados. A representação mínima dos Estados hoje é de 8 deputados. E a criação de novos Estados, por via unicamente de Lei Complementar e não de uma Emenda à Constituição, afeta consideravelmente o equilíbrio federativo, porquanto a maioria maciça de interesses casuísticos pode, no interesse oligárquico, ampliar a representação política, mediante a criação de novos Territórios e de novos Estados. Já criamos o Acre, já criamos Rondônia e estamos às vésperas de criar o Estado de Tocantins e podemos criar também muitos Territórios Federais.

Hoje, essa questão, que é tão política, tão fundamentalmente política, está sendo tratada por um órgão executivo, subordinado, como subordinados são todos os Ministérios, à autoridade do Presidente da República.

Constituiu-se uma Comissão do Ministério do Interior para examinar projetos que visam a alcançar essa alteração e esses Projetos já se elevam a 10. Afigura-se-nos que o Congresso Nacional é que deve estar à frente desse processo. A interferência federativa ocorre em áreas rarefeitas de população ou de quadros eleitorais, regiões essas que passam a ter uma representação na Câmara dos Deputados que, quantitativamente, acaba por reforçar o poder político das oligarquias.

De sorte que este é um dos aspectos mais dignos de nossa reflexão, de nosso estudo, de nossa consideração. A par disso temos que pensar também numa revisão básica de todo o sistema federativo. Devemos, se possível, partir para a concretização de novos níveis de autonomia, porque federalismo é anti-ditadura; é sobretudo solidariedade, cooperação, liberdade, descentralização. Quanto mais se descentraliza o poder mais ele é antiarbítrio ou mais canais de participação política se abrem.

Somos uma Nação-continente, uma Nação em que precisamos de reconhecer novos níveis de autonomia e reforço à tese federalista. Em nossa história constitucional, em nossa evolução política, a célula maior foi inicialmente o município. Que é hoje o município no sistema federativo propriamente dito? Nada. Que é a região? Nada. Temos pois que conduzir o município para a essência da própria estrutura federativa. Temos que reconhecer também a autonomia dos entes regionais na esfera política e por conseguinte elevar ao grau federativo a regionalidade política, a autonomia municipal e a autonomia metropolitana.

Três níveis de descentralização devem constituir pois a preocupação fundamental, quando a futura Constituinte se ocupar dos problemas da revisão federativa. Temos que nos preocupar muito com aquelas questões que foram levantadas, o ano passado, em Fortaleza, pelo eminente jurista mineiro, Professor Raul Machado Horta, quando ele disse que o problema federativo é um problema de redistribuição de competência, entre os componentes da União Federativa e quando mostrou a necessidade de fazer a opção por um federalismo de inspiração européia – austríaca, alemã –, e nos arredarmos do clássico modelo do federalismo americano; por um federalismo com mais força para a execução de atos administrativos e atos executivos por parte das entidades membros dessa união de ordenamentos, ou dessa união de Estados, que é a Federação.

De modo que o sistema federativo no País está enfermo; enfermo em virtude da herança pesada, dura, de centralismo, de um poder que, sendo o Poder da União, atuava sobre áreas regionais em nome de um federalismo denominado cooperativo. Mas embora teoricamente irrepreensível, este federalismo cooperativo na sua aplicação brasileira foi durante os anos de arbítrio a negação mesma da cooperação livre e se converteu portanto – e a expressão seria até pleonástica, cooperação livre – se converteu num federalismo cooperativo autoritário, de cima para baixo; um federalismo que semanticamente abusava do elemento cooperação e em verdade instrumentalizava o domínio centralizador da União sobre as regiões.

É de lembrar a triste experiência da SUDENE ao ser fundada e ao ter seu primeiro Superintendente, Celso Furtado. Foi ela, acima de tudo, um órgão de grandes esperanças de planejamento autônomo para a Região Nordeste. Mas logo perdeu toda sua disponibilidade de ação, todo o seu espaço político, administrativo, autônomo e independente para se converter afinal num órgão secundário, vítima de promessas descumpridas pelos governantes da República autoritária de 1964. A ditadura fez dessas regiões e desses órgãos de superintendência de desenvolvimento social e regional, um fantasma da redenção do Nordeste.

Trago-vos, pois, a preocupação nordestina pela autonomia. Já se forma ali um sentimento poderoso a esse respeito; já se forma uma consciência nesse sentido e ela tende a revitalizar a participação popular, inclusive contra as formas anacrônicas de dominação política, de um coronelismo que mantém intacta a estrutura oligárquica da região.

O federalismo nordestino é patriótico e se inspira na bandeira libertária de Frei Caneca. De modo que eu iria até longe, eu pediria o partido regional, que não seria um retrocesso. O partido de âmbito nacional pode perfeitamente conviver com os partidos regionais, porque a causa regional é uma causa nacional. E materialmente está implícito no partido regional a defesa de interesses que dizem primacialmente respeito à unidade nacional.

Regionalismo não é separatismo; regionalismo é descentralização, é autonomia, é faculdade de autodeterminação. E, finalmente, aproximando-me de considerações sobre os rumos constitucionais de nossa história, que nos conduzem à atualidade, eu quero assinalar que me acho em presença de um amplíssimo tema que me obriga, como me obrigou, a uma opção um tanto restritiva, que foi a de considerar fundamental o problema federativo. Mas eu não encerraria essas reflexões sem primeiro fazer um comentário sobre a atualidade político-institucional deste País.

Estamos às vésperas de transformação histórica deveras profunda. E isto ocorre no momento em que a própria Constituição, pela sua natureza, pelos seus fins, pelas suas funções é em verdade um instrumento político-jurídico acerca de cuja eficácia tem pesado graves apreensões. Por quê? Porque parece que a Constituição mudou de natureza, mudou de fim, mudou de função.

Qual a determinante histórica desta ocorrência? A Constituição nasceu das estruturas burguesas da sociedade liberal e clássica do século XIX, por obra de movimentos revolucionários, que os senhores sobejamente conhecem. E o século XIX não é o século do Estado social.

A Constituição do Estado liberal era intrinsecamente a Constituição da legalidade; a Constituição do Estado social é fundamentalmente a Constituição da legitimidade. Por que? Por uma razão evidente: a Constituição do Estado liberal, sendo a Constituição da legalidade, estava assentada sobre um pedestal de pressupostos políticos que eliminavam a contestação, o debate, a controvérsia política sobre seus fundamentos históricos. Era a Constituição que parecia haver parado a humanidade num determinado momento de sua história, como se a sociedade humana não fora dialética nem dinâmica por natureza; como se a legalidade perpetuamente coincidisse com a legitimidade; como se os valores do liberalismo, apartados de sua dimensão histórica, fossem intangíveis. Supunha-se que todo o problema da legitimidade havia encontrado já a sua solução. As lutas sociais do século XIX e do século XX mostraram porém que não era assim, mostraram a inanidade, a fraqueza dessa conclusão ou desse sonho dos liberais.

Os movimentos sociais, os movimentos operários, os movimentos ideológicos do século XIX, estavam minando aquelas bases, aparentemente sólidas, aquele estado de poder tranquilo dos constitucionalistas liberais e nós chegamos ao século XX com o problema crucial, que é o problema da legitimidade. Esta legitimidade se vincula a uma sociedade de todo distinta da sociedade basicamente agrária do século XIX ou ainda daquela sociedade industrial incipiente. Nós estamos vivendo, na contemporaneidade da segunda metade deste século XX, um momento extraordinário, rico de conseqüências políticas que podem vir para o bem ou para o mal.

A crise das Constituições ocorre também na sociedade capitalista, na sociedade industrial ou pós-industrial do capitalismo da última fase, do baixo capitalismo, e ocorre ainda, com muito mais profundidade, com muito mais agudeza, nas sociedades subdesenvolvidas que se defrontam cumulativamente com a recepção e a consolidação de preceitos que são da tradição clássica liberal e, com mais força ainda, com os preceitos novos da justiça social, para fazer então a travessia do absolutismo, das ditaduras e do poder pessoal.

Fizemos neste País, programaticamente, um Estado social, desde 1934; aliás desde os anos anteriores, desde a ditadura do Governo Provisório, após a Revolução de 1930. Até mesmo a reforma constitucional da Primeira República, a de 1926, já tinha uma ligeira sensibilidade para o que estava por acontecer. Mas em 1934 e 1946, se nós nos adiantamos muito, se criamos ou inserimos nos textos das Constituições capítulos básicos sobre a ordem econômica e social, sobre a família, a educação e a cultura, se demos passos muito largos e significativos a esse respeito, nós observamos, por outra parte, que aquelas conquistas eram meramente formais e não se concretizavam nas expectativas da sociedade brasileira.

Vou unicamente destacar um preceito constitucional, porque ele partiu de um constituinte do nosso Nordeste, um constituinte que foi meu amigo pessoal e meu mestre de imprensa, o Senador Paulo Sarasate. Em 1946, ele introduzia por sua iniciativa, e com a aprovação do Congresso Constituinte, a participação dos trabalhadores nos lucros das empresas. E que foi que se alcançou a esse respeito? Praticamente nada. Muitos outros preceitos de ordem programática figuram na Constituição e não têm eficácia na realidade. De sorte que o povo brasileiro já está, em matéria constitucional, cansado de promessas programáticas, de preceitos que se arredam da realidade.

Nós temos vivido, sob o aspecto do Estado social, dois grandes momentos constitucionais de intervenção econômica. No primeiro momento a intervenção era meramente feita para reprimir o abuso do poder econômico, para debelar os efeitos das calamidades; voltada tãosomente para conjurar e absorver crises, de modo que parecia ser ainda um instrumento de assistencialismo transitório.

No segundo momento, fase que estamos a viver, a intervenção econômica do Estado tem um alcance e uma responsabilidade muito maior, porque o Estado é chamado a fazer e a sustentar a promoção do progresso econômico. O Estado é chamado, por conseguinte, a manter as estruturas que favoreçam a seguridade social, e, por conseqüência, é ele que alarga e tende a fazer permanentes os seus meios de presença e de ação no domínio econômico.

É esse o ponto de vista constitucional que conduz à outra categoria de reflexões que se centralizam na ação daqueles poderes empresariais, sindicais, econômicos, a par dos poderes das ordens profissionais, os poderes dos movimentos sociais, da Igreja, das Universidades, das chamadas classes liberais etc. Todo um poder maciço, um poder considerável. Como poderá uma Constituição absorver, senão por via de um pacto social e político muito profundo e eficaz, tantas correntes heterogêneas e conflitantes? Então, o Estado para manter a prosperidade econômica precisa também de manter a continuidade do crescimento econômico, promover o desenvolvimento da economia, fazer a economia sadia, fora do estado permanente de crises. A sociedade é hoje, porém, do ponto de vista econômico, uma sociedade quase que permanentemente predisposta às crises.

A ação desses movimentos sociais precisa de convergir para a Constituinte, para a futura Constituição, a fim de que a Constituição não seja obra de um parlamento, onde o Congresso e os Partidos Políticos atuem como instâncias cada vez mais carentes de prerrogativas e desfalcadas de poderes decisórios.

A Constituição da realidade, que está fora dos textos, mostra um processo de simbiose entre os poderes decisórios dos órgãos estatais e o poder decisório das associações e organizações e, sobretudo, os poderes mais fortes e mais organizados, pelo seu teor e alcance econômico, que são o poder, dos meios empresariais internacionais. Ora, os senhores sabem perfeitamente do que eu estou falando; de grupos, empresas e composições de interesses transnacionais que atuam de forma desnacionalizadora sobre a economia brasileira.

A Constituinte será um campo de batalha para nós afirmarmos se amanhã seremos uma sociedade livre ou uma sociedade escrava. A Constituinte – e aqui vai a conclusão das minhas palavras –, qual está sendo conduzida, já se apartou, já se alienou de uma considerável parcela dos movimentos sociais brasileiros.

Ela me parece uma Constituinte que no seu ato convocatório e na forma como será institucionalizada para operar a mudança fundamental não congrega hoje a força do consenso, a força de legitimação para dar à futura Constituição os pressupostos de legitimidade e normatividade e juridicidade de que a Constituição precisará. E isso porque se fizermos uma Constituição marginalizando o povo, se fizermos da Constituinte uma convergência abusiva do poder econômico, para unicamente trazer de maneira monótona as linhas programáticas e vazias das Constituições passadas, das Constituições que remontam à Lei Maior de 1934, nós não alcançaremos o objetivo fundamental que seria, por via da Constituição, por via do pacto político-social, obter a confluência e adesão de todos os poderes interessados e patrióticos, de todos os interesses maiores da nacionalidade brasileira. Nós não lograríamos ter o instrumento de libertação que deverá ser esta Constituição.

De modo que a Constituição precisa de um pressuposto, e este pressuposto para fazê-la compatível com as exigências tão conscientes hoje da sociedade, esta Constituição e esta Constituinte precisam de estar em harmonia com a vontade nacional, em harmonia desde o seu princípio e desde os seus fundamentos. E a distância entre a sociedade brasileira e a Constituição que está por vir, parece-me a mais grave ameaça da realidade política e institucional contemporânea. Muito obrigado. (*Palmas*).

1.5 A Ordem Econômica e Social nas Constituições do Estado Social

Com o Capítulo da Ordem Econômica e Social, a definição nas Constituições em favor de um Estado social tem sido ostensiva. Até onde vai ou pode ir em sistemas democráticos essa opção do constituinte e como concretizá-la numa sociedade capitalista, eis o problema que desafia juristas, publicistas e homens de Estado.

Toda Constituição moderna, que se confessa instituidora do Estado social, levanta necessariamente o debate ideológico e filosófico mais profundo de saber dentro de que limites tal projeto pode ser levado a cabo, se ele é ou não revolucionário em face da organização social e econômica estabelecida e se existem ou inexistem instrumentos concretos de governo ou administração que possam servir aos dirigentes políticos para fazer o mandamento constitucional compatível com a realidade e sobretudo com a função que no desempenho desse objetivo deve necessariamente assumir o legislador ordinário.

A clara opção constitucional de alguns sistemas pluralistas por um Estado social tem levado a fazer da ordem econômica e social senão o mais importante capítulo da Constituição, pelo menos aquele onde se escreve a verdadeira essência e finalidade de um novo modelo de Estado que, adotando a fórmula de consenso, pretenda lograr a consecução de objetivos sem os quais, princípios da importância fundamental da igualdade ficariam consideravelmente deficitários ou desfalcados de seus componentes democráticos. Nesse caso a liberdade seria privilégio ou ilusão de teoristas; uma fábula para diletantes acadêmicos.

A ordem social e econômica fez primeiro sua estréia ideológica nos grandes debates da filosofia política do século XIX. Mas quase toda confinada a simplória alternativa de eleição entre o capitalismo e o marxismo. Todo o peso e agudeza do argumento socialista se abatiam então sobre as cruéis injustiças e contradições do sistema capitalista, cujas colunas políticas e institucionais de sustentação estavam todas fincadas na modalidade do Estado liberal, forma neutra, indiferente à utilização do próprio Estado e de seu aparelho coercivo para retificar, dentro do reino econômico e social, as distorções e desigualdades maciças que pareciam ser o ônus necessário da expansão e concentração de riqueza trazida pela revolução industrial, e sua apropriação privada dos meios de produção.

É truísmo asseverar que as noções de liberdade e igualdade já são demasiado conhecidas. Quem quer que esteja familiarizado com a publicística filosófica e racionalista do século XVIII, bem como com os textos constitucionais então produzidos pelas assembléias revolucionárias da sociedade burguesa emergente, em busca do primado político, social e econômico, sabe de antemão como o princípio da igualdade foi materialmente preterido ou como a ênfase da liberdade somente saía do círculo teórico para a esfera de aplicação concreta, em termos de garantia e proteção participativa a um corpo político que ainda se poderia dizer numericamente diminuto e privilegiado, em razão de restrições impostas ao sufrágio, por onde resultava a supremacia do poder burguês com suas personalidades de escol.

Dominação tipicamente de classe, sacrificava ela consideráveis camadas populares e sociais, nomeadamente quantas se inscreviam no quadro deslembrado ou excluído das chamadas classes obreiras.

Quem fez a verdadeira questão social e provocou a segunda grande revolução política da idade moderna não foi a monarquia absoluta, nem as elites feudais, nem, tampouco, os titulares da nobreza privilegiada, removida com a Revolução Francesa, mas precisamente a burguesia mesma, que primeiro se serviu do direito natural para pôr abaixo o absolutismo e depois se valeu do direito positivo para manter de pé e incólume, com os Códigos e com as Constituições promulgadas, uma hegemonia de que não tencionava abdicar, e da qual somente se desfez, com alguma lentidão, depois que o martelo ideológico lhe golpeou a filosofia do poder e o farisaísmo de suas declarações de direitos. Compeliu assim a forma de Estado que adotava – a do chamado Estado liberal – a um recuo estratégico, cuja resultante foram as largas revisões e modificações introduzidas tanto nas órbitas formais como materiais da nova realidade constitucional.

Em verdade, o alcance, a repercussão, a irrevogabilidade, a expansão e a latitude com que tais alterações ocorreram para tolher processos revolucionários, colapsos institucionais, conflitos desestabilizadores, queda de sistemas estabelecidos, ditaduras e rupturas políticas de toda a ordem, evidenciam ao atento analista o rigor com que transcorreram ou ainda transcorrem em determinadas formas ou sistemas da sociedade pluralista, consumando nada mais nada menos que uma terceira revolução.

Ao contrário das duas revoluções antecedentes, utiliza ela meios pacíficos e persuasivos de captação de consenso para levar a efeito uma mudança substancial de valores e princípios, assentados sobre o binômio liberdade e igualdade, que em última análise lhes confere um teor novo de proteção e garantia, com abrangência de todos os direitos humanos fundamentais.

A terceira revolução é portanto a do Estado social. Como se vê, ela irrompe silenciosa e irreprimível na segunda metade do século XX, com o socialismo ou sem o socialismo. Mas necessariamente é uma revolução pluralista, democrática, que não derrama sangue nem acende labaredas, inspirada menos na referência *indivíduo* do que no valor *pessoa humana*, enquanto principio cuja inserção não se pode separar do grupo ou da categoria coletiva. Ocorre sob a égide de uma liberdade que tanto há de ser material como também formal, ficando, porém, fora do alcance e do golpe intruso de uma vontade eventualmente usurpadora, como é a vontade do Estado, quando se move além do raio de limitações que só a Constituição pode traçar com legitimidade.

Sem Estado social e sem Constituição, não há como criar a ordem econômica e social de uma democracia pluralista, mormente na sociedade de massas do século XX. É mais fácil falar de Constituição do que de Estado social. Acerca deste último as ambigüidades são maiores, embora as mais modernas Constituições do ocidente, como as da península ibérica, ou seja, as de Portugal e Espanha, de 1976 e 1978, não trepidaram em adotar essa designação para qualificar ideologicamente a nova inspiração democrática do estatuto fundamental, seguindo a esse respeito a mesma trilha formal da *Grundgesetz* alemã de 1949.

Apesar de haver sido promulgada como estatuto provisório, teve ela a fortuna de compendiar debaixo daquela rubrica os princípios cardeais de uma organização social e econômica de surpreendente elasticidade e fecundidade, graças principalmente às aplicações jurisprudenciais de sua corte suprema.

O Estado social é hoje a única alternativa flexível que a democracia ocidental, a nosso ver, ainda possui; a aspiração máxima dos juristas da liberdade perante a opção negativa e fatal de uma sociedade repressiva e totalitária.

Mas o Estado social – tornamos a insistir – se acha rodeado de inumeráveis obstáculos, menos talvez quanto à definição de seus conceitos básicos do que tocante aos meios e fins indispensáveis a sua efetiva implantação. Todavia, se até o socialismo marxista atravessa de último uma crise, depois de haver sido posto em suas bases teóricas com a pretensão de um rigor científico máximo e incontrastável, crise decorrente da força maior de criatividade, resistência e revisão ideológica ínsita nos atos concretizadores com que o realismo fático atua e reage sobre a ideologia, consoante as necessidades e os condicionamentos humanos mais profundos de cada povo, nem por isso vamos recuar e desistir de analisar as possibilidades que tem o Estado social, como projeto melhor e superior, para estabelecer o compromisso de um pacto político, social e econômico.

É com esse pacto que se pretende resguardar e ao mesmo passo aperfeiçoar a opção jurídico-constitucional em proveito de uma ordem econômica e social mais justa e mais humana, indissociavelmente atada a dois princípios que ninguém pode derrogar sem fazer infeliz e cruel o destino de uma nação: a liberdade e a igualdade.

Houve copiosas resistências à aceitação da expressão *Estado social*, particularmente quando ela foi introduzida em nosso País. Nunca li na literatura jurídica brasileira referência a esse Estado, antes da aparição do trabalho intitulado *Do Estado Liberal ao Estado Social*,[3] de minha autoria, publicado em 1958, ao conquistar uma cátedra de Direito na Universidade Federal do Ceará. Expus e defendi naquele ensejo a tese de uma nova forma de organização para as instituições básicas da sociedade, tomando por ponto de partida e de apoio o novo direito constitucional positivo da Alemanha, a saber, o Estado social da Carta de Bonn de 1949.

Lembra-me agora com toda a nitidez a objeção de um colega que indagava, irritado com a nova designação, por afigurar-se-lhe aquilo um neologismo inconseqüente do vocabulário político, fadado a nunca prosperar. Fez ele, pois, esta exclamação: qual é o Estado que não é social? Morreu, aliás, sem nunca poder desatar-se da convicção cética, do juízo apertadíssimo, literal e etimológico do Estado social, por entender que, com sua redundância, a expressão não introduzia nenhum valor básico ou substancial, nenhuma ordem nova de idéias, nenhum conceito, senão que se prestava a uma especulação abstrata, imprecisa, vaga, contraditória e até mesmo anticientífica e anticonstitucional.

Em outros publicistas, tanto nacionais como estrangeiros, comprometidos a fundo com o liberalismo, o Estado social provocava de inicio a mesma atitude crítica, a mesma desconfiança, a mesma suspeita. Via-se nele, quando muito, um complemento verbal vazio ou de ocasião, para fazer mais elegantes ou mais atraentes as promessas contidas no léxico programático das Constituições, ou seja, para adornar sobretudo os capítulos da Ordem Econômica e Social, ou as Declarações de Direi-

---

3. *Do Estado Liberal ao Estado Social*, 9ª ed., São Paulo, Malheiros Editores, 2009.

tos, ou os Preâmbulos, onde figurava como um entorpecente retórico e ideológico com que frear e abafar o ímpeto e a rebeldia das inquietações sociais mais agudas.

Dessa crítica ou posição negativa com respeito à natureza e ao significado do Estado social, como base ideológica de um constitucionalismo pluralista e revisor, se passa ao campo teórico positivo, onde se nos deparam os que admitem e professam que há realmente nas Constituições lugar para o sobredito regime político e que sua função deve preencher valiosos fins. Variam, contudo, de maneira considerável, os níveis relativos ao reconhecimento de seu alcance e eficácia em sistemas onde teve ou poderá ter ingresso.

Toda ordem econômica e social das Constituições contemporâneas revela, todavia, de modo confessado ou implícito, como já se tem sobejamente observado, um certo grau de adesão ao princípio da estatalidade social. Mas tudo de acordo com os limites postos à intervenção do Estado na sobredita ordem.

O ato intervencionista, consoante os fins a que possa servir, será um aferidor tão importante para descerrar a natureza encoberta do Estado social e sua inarredável presença na estrutura da Constituição, quanto a ausência ou abstencionismo da intervenção sê-lo-ia para marcar a medida liberal das instituições, do ponto de vista dos que se apegam ou se abraçam às posições mais conservadoras com relação ao quadro de desigualdades imposto pelo sistema capitalista contemporâneo, nomeadamente quanto aos corretivos e meios de removê-lo ou atenuá-lo, quer em sociedades subdesenvolvidas ou em desenvolvimento, quer em sociedades com nível mais alto de desenvolvimento.

A ordem econômica e social durante a primeira fase de aceitação positiva do princípio do Estado social nas Constituições do século XX corresponde em grande parte a uma pauta meramente programática, que ainda se poderia também examinar traçando o perfil constitucional dos avanços e mudanças que houve a esse respeito em relação ao Brasil e suas instituições fundamentais.

Antes porém de cunhar-se a designação Estado social, semelhante forma de poder já se desenhara com a nitidez de uma promessa revolucionária, vazada nas Constituições do México e da Alemanha de Weimar, sem que fosse sequer necessário reportar-se ao influxo que teria também, com a Constituição soviética, sobre os modelos supervenientes antiliberais ou antiburgueses do próprio constitucionalismo ocidental.

Esse influxo concorreu sobremodo para ultrapassar a crise institucional do capitalismo durante a primeira metade do século XX.

Mas o eixo do debate acerca do Estado social reside verdadeiramente em saber se ele é ou não, perante o sistema capitalista, uma forma política de conservação, transformação ou remoção do *statu quo,* ou seja, de um sistema que tem por base a ordem econômica e social do próprio capitalismo. Guiar-se-ia para tanto, em todas as três hipóteses consideradas, pelo preenchimento dos valores da igualdade e da liberdade, sobretudo o primeiro, o mais considerável, o mais denso nas aspirações de massas desse século e o mais sujeito a entrar em antagonismo com o segundo, pelo temor de ocasionar sacrifícios humanos, sociais e econômicos de perfil estrutural, não raro inaceitáveis, em razão de seu teor desestabilizante do quadro e da composição das relações ordinárias da sociedade burguesa.

A teoria do Estado social se acha direta e imediatamente vinculada nas Constituições de nosso tempo ao capítulo da Ordem Econômica e Social e, portanto, à extensão e verticalidade dos preceitos que se relacionam com essa ordem, fazendo-a ora mais apartada, ora mais convizinha dos interesses sociais incorporados à realidade constitucional e às condutas respectivas pertinentes a grupos e indivíduos.

É óbvio que aqui se trata de determinar tão-somente a esfera abstrata e teórica, produzida pelo constituinte ou obrigatoriamente inferida da realidade concreta pelos intérpretes e aplicadores daqueles valores referentes à igualdade e à liberdade, para saber até onde vai ou até onde é possível chegar tocante a semelhante gênero político de Estado social.

Pelo que acima expusemos, a primeira categoria de Estado social, a mais tímida e hesitante que se conhece, não agrada nem aos reformadores de vanguarda nem aos revolucionários do anticapitalismo.

É, por conseguinte, o Estado social, conservador. Faz da Constituição e da lei instrumento de amparo tanto ao trabalhador como ao empresário. Quando as dificuldades estalam, é ele que patrocina com mais recursos e com mais ímpeto e vigor a causa do empresariado, vendo ironicamente na sobrevivência do capital agredido pelas crises econômicas a garantia mesma do trabalho. Faz da economia anti-recessiva e de pleno emprego, se possível, o meio de trazer saúde ao capitalismo enfermo.

Tacitamente essa espécie branda e moderada de Estado social desenvolve uma estratégia onde o realismo cru e o espírito das medidas de governo se apresentam primacialmente volvidas para a proteção do capital e do lucro e só indiretamente do trabalhador. Este se limita a colher, das deliberações econômicas e financeiras postas em execução, o reflexo positivo que possam ter para a solução de seus problemas de salário e emprego ou para a aplicação mais generosa e munificente de princípios contidos na caixa de promessas do texto programático da Constituição.

A eficácia e positividade das normas constitucionais respectivas vai depender em larga parte da boa vontade e sobretudo da capacidade do legislador, a quem cabe a tarefa complementar de fazer efetivas e concretas as promessas sociais da Constituição. Mas esse legislador quase sempre se acha tolhido no campo da ordem econômica e social pela estreiteza do espaço material onde a realidade adversa comprime, obstaculiza e impede sua liberdade de movimentos, sua ação legislativa eficaz, seu poder de mudança e acima de tudo sua capacidade de subjugar interesses e conter forças de oposição e de resistência passiva a uma intervenção social mais profunda.

Mas ainda nesse Estado social, preso com certa rigidez fática ao *statu quo* da sociedade capitalista e à sua herança institucional básica, que cimentou o poder dos privilégios econômicos burgueses, hoje deslocados para esferas minoritárias e monopolistas, nem por isso cessam de intensidade os conflitos sociais mais agudos.

A estabilidade do sistema não é sem sobressaltos ou despreocupações, pois justamente aí o Estado social oferece um mínimo de garantia à existência do indivíduo e à proteção de seus direitos sociais.

O legislador ordinário se acha continuamente convocado nos termos da Constituição a efetivar a justiça social e a trasladá-la do papel e dos textos para a realidade de situações existenciais objetivas e palpáveis, podendo a porfia de interesses entre o capital e o trabalho determinar graves comoções. Mediante estas se reflete todo o poder de pressão da classe trabalhadora e das organizações sindicais e profissionais insatisfeitas.

Um Estado social desse feitio não tem, porém, condições de sobreviver a uma crise. Logo se vê compelido a definições drásticas de rumos: quer para revelar-se instrumento de manutenção do interesse mais forte da classe dominante, pelo compromisso de apoio que assume com a elite empresarial; quer para desfazer o equilíbrio precário que pouco beneficiava os interesses do quarto estado e, a seguir, sem romper as dificuldades da crise, mas primeiro a fazê-las mais graves ou intransponíveis, resvalar definitivamente para o plano inclinado das medidas repressivas, cujo desfecho político acaba sendo a ditadura, o autoritarismo e o arbítrio das cúpulas opressoras.

Há no quadro do pluralismo democrático uma segunda concepção de Estado social que faz da igualdade e da justiça social postulados de criação e sustentação de um modelo deveras humano de convivência, assentado sobre conquistas básicas e reais no terreno da educação, da saúde, da previdência, da garantia salarial, dos direitos da família, da casa própria, da cesta de alimentos, da merenda escolar, do seguro-desemprego, da cultura, dos benefícios sociais da lei trabalhista, da participação obrigatória e direta do trabalhador nos lucros da empresa, da co-gestão empresarial, mudando desse modo, por inteiro, a face cruel do capitalismo, para fazer da união do trabalho com o capital o alicerce de todas as instituições, de todos os interesses e de todas as liberdades públicas, num regime constitucional de consenso, reconciliação e quebrantamento de antagonismos sociais; um regime que faça, portanto, a paz social prosperar e a estabilidade reinar no universo de conflitos, até ontem aparentemente inarredáveis fora das soluções ditatoriais e revolucionárias.

Esse Estado social, ao contrário daquele, tem um teor menor de neutralidade diante da chamada luta de classes ou do confronto do capital com o trabalho, porquanto, em verdade, se apresenta muito mais ativo e participante, muito mais enérgico e inclinado à tutela e proteção dos trabalhadores do que dos senhores e donos do poder econômico. Bem compreendido e bem executado, tanto favorece estes quanto aquele, e se olharmos a uma distância maior pelo prisma do tempo e das conseqüências históricas, lograremos talvez a conclusão de que seu proveito superior é ainda em reforço do capital, à medida que tolhe a depressão, previne a catástrofe e extingue a crise, cortando-lhe os efeitos mais ruinosos depois que rebentam.

É o Estado social que subvenciona e incentiva a empresa privada da mesma forma que institui o salário-desemprego e, se necessário, aquele que enfrenta, como Estado empresarial ou entreposto regulador, as crises de abastecimento, combatendo por essa via manobras altistas e especulativas, com a finalidade de conter ou reprimir os índices disparados da pressão inflacionária.

É o Estado social comprometido com o desenvolvimento e que tem por inimigo mortal as formas recessivas, ditadas por uma política financeira e econômica de inspiração rigidamente monetarista e tecnocrática.

É por igual o Estado social comprometido a executar a reforma agrária de bases democráticas, sem quebra do instituto da propriedade privada, que busca afiançar mediante a lei da terra a justiça social nos campos.

Passemos a seguir, a expor, numa análise sumária, a terceira modalidade de Estado social, aquela que, sem violentar as estruturas da sociedade pluralista, faz a clara e inequívoca opção por um socialismo democrático, valendo-se de regras constitucionais, que interpretadas, compreendem o Estado social como instrumento substitutivo e transformador, e não meramente conservador do *statu quo* da sociedade capitalista.

A esse último ramo conceitual aderem até mesmo expoentes do pensamento social marxista, como é o caso do jurisconsulto Abendroth, da República Federal da Alemanha, bem como alguns publicistas daquele país, vinculados a uma tese mais ousada de interpretação do texto da Constituição de Bonn.

Afigura-se-lhe que os preceitos pertinentes ao Estado social são, de natureza, dinâmicos. Propiciam não a imobilidade, mas exatamente a variação institucional até mesmo em seus fundamentos, desde que naturalmente se respeitem, para levar a cabo ou intentar a mudança, os pressupostos democráticos de combate ou a inviolabilidade do consenso e da livre aliciação de vontade, como vias de acesso a uma nova estrutura do poder econômico e social. Constrói-se assim a estrada que conduz a uma distinta ordem de relações de produção, que podem até deixar de ser as do habitual modelo capitalista, possibilitando desse modo o advento de um sistema socialista ou de uma comunhão igualitária de classes, a partir de postulados democráticos de justiça social.

Fazem os arautos desse Estado social assim concebido uma crítica acerba aos arestos jurisprudenciais da Corte de Karlsruhe, repreendida com toda a veemência por haver lavrado não raro sentenças sociais de teor dúbio e contraditório, sobre as quais se apoiou também, pelo lado oposto e extremo, um positivista da reação, o celebrado Forsthoff, para comprometer e minar o teor vocacionalmente reformista daquele Estado e ao mesmo passo abalar a autoridade dos juízes do sobredito tribunal.

A corrente marxista acoima os magistrados da lei magna alemã de não haverem percebido o real alcance e espírito que deve animar as inferências hermenêuticas concernentes a uma mudança de base do suposto compromisso representado pela Constituição; mudança sem a qual não se chegará nunca a promover uma política igualitária de justiça social, apta a redimir, por inteiro, as vítimas do privilégio e das iniqüidades inerentes à estrutura capitalista da ordem estabelecida.

O Estado social socialista dos teóricos do marxismo admite pois conviver em abertura pluralista com outras correntes de opinião, adversas a semelhante modelo, mas faz da estatização empresarial ampla e do intervencionismo rigoroso e permanente a mola-chave de seu funcionamento e o cartão político de identificação do regime, ao mesmo passo que proclama sua aderência e fidelidade aos direitos humanos fundamentais e à preservação das liberdades públicas bem como à livre competição participativa de acesso ao poder.

Há de último – e aqui estamos a concluir a parte teórica de nossa intervenção – uma quarta e última modalidade de Estado social, mas esta já perdeu as amarras com as regras e estruturas de uma organização pluralista razão por que não vamos ocupar-nos de tal modelo, por achar que ele revoga o pacto democrático, ao vincular-se irremissivelmente com formas autoritárias, ditatoriais ou totalitárias de monopólio do poder político, sem nenhuma abertura para o livre consenso que congrega a vontade participante da cidadania.

Sua ordem econômica e social está toda encarcerada no arbítrio do Estado, de tal maneira que a Constituição é, quando muito, uma duvidosa e suspeita Declaração de Direitos Sociais, não havendo nela lugar para resguardar, manifestar e proteger os direitos humanos da participação democrática, ou seja, os direitos políticos da liberdade, da mesma forma que as Cartas ou Constituições do Estado liberal, preocupadas apenas com a injustiça da sociedade feudal, mas indiferentes à injustiça social do sistema capitalista, omitiam e ignoravam as franquias do trabalho e do trabalhador em suas pomposas Declarações de Direitos. Quando se aparta da liberdade, o Estado social das ditaduras se converte em Estado anti-social.

A Ordem Econômica e Social não pertence ao Estado, mas à Sociedade. Sem esta divisa filosófica, de feliz inspiração humanística, jamais as Constituições contemporâneas lograrão incorporar aos seus textos e à sua juridicidade, o princípio da paz social e o axioma da livre participação política. Em verdade, resta-nos dizer antes de finalizar: queremos a democracia do homem-cidadão, enquanto recusamos a democracia do homem-súdito.

Em suma, compendiando todos os conceitos expostos, de natureza histórica e ideológica, que gravitam ao redor da Ordem Econômica e Social nas Constituições do pluralismo democrático, logramos a seguinte conclusão: assim como o Estado liberal foi a revolução da burguesia e o Estado socialista a revolução do proletariado, o Estado social é a terceira revolução da idade moderna: a revolução da sociedade.

Já não se trata, portanto, da revolução de uma classe, como vinha acontecendo em épocas políticas antecedentes, mas daquilo que poderá vir a ser talvez a última das revoluções: a revolução final pelo estabelecimento de um poder democrático legítimo. Com o movimento político de todas as classes, sela-se o pacto da convergência e solidariedade econômica e social, resultante de uma revolução sem sangue, nascida do consenso, da realidade e dos fatos, e assentada sobre um constitucionalismo social, que não precisa de dogmas, de teorias ou de frases; um constitucionalismo que se prende menos ao poder constituinte formal que aos poderes constituintes materiais.

1.6 O Congresso e a Constituinte

O atual quadro constituinte que o País vive é o mais singular e complexo de toda a nossa história constitucional. Pela vez primeira, um poder constituinte primário emerge dentro da esfera do sistema representativo vigente, à sombra de uma Constituição que não foi derrogada e que serve ainda de instrumento convocatório desse poder.

Mas a singularidade não reside tão-somente em o ato convocatório não haver sido precedido da queda da ordem institucional em vigor. Embora se trate de aspecto inédito, em verdade a convocação se justifica, porquanto a realidade política fez cair materialmente a velha República, instituindo uma nova estrutura de poder que precisa de estabelecer as regras fundamentais que lhe definam a natureza e identidade.

Com efeito, houve já uma revolução nos fatos e no campo de opinião, mediante a qual se pôs abaixo a ordem autoritária, cuja continuidade ameaçava reduzir-nos a um povo de súditos vassalos. Não precisava pois de haver a derrubada formal do passado. Deste, vantajosamente já nos desfizemos, sem o golpe de Estado, sem o decreto-lei, sem o derramamento de sangue. A convocação da Constituinte é legítima – o que não foi, porém, legítimo na dimensão propugnada foi o ato convocatório, o conteúdo constituinte da Emenda encaminhada pela mensagem do Executivo ao Congresso Nacional.

Vamos, portanto, expor sumariamente os pontos capitais de divergência em que nos colocamos diante da maneira como se tratou a mais grave e profunda das fórmulas que dão configuração básica ao ordenamento institucional de uma sociedade: a fórmula constituinte.

Razões políticas de legitimidade aconselhavam que a iniciativa de convocação daquela assembléia partisse do Congresso Nacional mesmo, porquanto nenhum ramo da soberania se viu mais duramente atingido, mutilado e desprestigiado que o Legislativo durante os últimos 20 anos de arbítrio e exceção que atravessamos: expurgo de mandatos, recesso e confisco de prerrogativas.

Coube ao Executivo da Nova República, dando mais uma vez a nota da ascendência presidencial do regime – fonte de grandes amarguras políticas para o País – tomar a iniciativa da Emenda. Mas o erro maior não residiu nisso, senão em dar poderes constituintes ao futuro Congresso Nacional, ao invés de convocar-se uma Assembléia Nacional Constituinte paralela e específica, fadada a dissolver-se, uma vez cumprida sua tarefa de elaborar a Constituição, que somente se deveria promulgar depois de referendada pelo povo.

Sem o referendum constituinte não há verdadeiramente Constituinte livre e soberana, pois um povo não pode alienar sua vontade suprema numa representação exposta e vulnerável às mais poderosas e subjugantes pressões daquelas forças capazes de concretizar o suborno eleitoral, se não reprimirmos o abuso do poder econômico sobre as urnas da Constituinte.

Não teremos, porém, com a Emenda, nem Constituinte paralela, nem *referendum* constituinte, nem candidaturas avulsas, nem representação profissional de um terço de constituintes eleitos pelo sufrágio universal, capaz de compor uma corrente de elevada representatividade social contra as bases oligárquicas das atuais estruturas partidárias, nomeadamente as da Região Nordeste. Que é que vamos ter, porém, com a proposta de Emenda remetida ao Congresso pelo Executivo da Nova República?

Em primeiro lugar, repetiremos o vício de 1823, ou seja, o da Constituinte que acumulou o poder constituinte originário com o poder legislativo ordinário. A experiência, historicamente mal-sucedida, acabou na dissolução e no golpe de Estado. Acontece que em rigor o legislativo constituinte de 1987 não acumulará nem concentrará apenas dois poderes senão quatro: o poder constituinte originário, o poder constituinte derivado (o poder de reforma constitucional), o poder legislativo ordinário e o poder um tanto invisível, mas sempre presente, que é aquele de natureza federativa, incorporado à composição da Constituinte pela representação igualitária dos membros do Senado Federal.

Haverá, por conseguinte, uma confusão e concentração tão formidável de poderes que nenhum teorista clássico do princípio representativo poderia admiti-lo, muito menos um adepto do formalismo democrático global, que entende por constituinte todo colégio soberano de uma nação, desvinculado do exercício de funções representativas limitadas, quais aquelas peculiares às assembléias legislativas ordinárias, como vem a ser o Congresso Nacional, ainda quando atua na qualidade de poder constituinte derivado apto a reformar, dentro dos limites constitucionais estabelecidos, a própria lei magna.

Mas o problema da composição da Constituinte ainda mais se agrava, do ponto de vista da legitimidade, se examinarmos o papel que nela poderão desempenhar os 23 senadores eleitos em 1982. Se dela participarem, não terão título legítimo para fazê-lo e, se deixarem de participar, somente poderão ser removidos por um ato de cassação branca do mandato que exercem.

O mal está feito. Resta unicamente atenuá-lo. Como proceder então? Não há mais saída para o Congresso senão emendar a Emenda da proposta presidencial, adotando medidas para um duplo referendum constituinte: a primeira medida importa em plebiscitar a Emenda mesma, para retirá-la da crise de legitimidade em que se acha engolfada; e a segunda, em determinar que o futuro projeto de Constituição seja também submetido à sanção popular soberana.

Não temos dúvida quanto à constitucionalidade do primeiro *referendum*, pois o poder constituinte menor, a saber, o poder de reforma constitucional, estaria apenas recorrendo diretamente ao poder constituinte maior – o da soberania popular – para dissipar todas as dúvidas que decerto poderão ainda pairar sobre a legitimidade da Emenda convocatória.

Mas uma verdade sobre-resta: o futuro Congresso Nacional não será em rigor uma Constituinte como não o foi o de 1967.

1.7 O Poder Militar na crise do Estado Constitucional

A fase mais civil da história constitucional do País foi, aparentemente, a do Império, sobretudo a partir da Abdicação, atravessando a Regência e as primeiras décadas do Segundo Reinado até a Guerra do Paraguai: é a mais civil naturalmente se a cotejarmos com a das varias repúblicas que tivemos desde 1889.

Contudo, esse período não é lá tão isento de graves comoções militares, convulsões políticas, guerras civis e rebeldias regionais, nem tampouco se pode afirmar serenamente constitua o Império a imagem exemplar de predomínio do poder civil e muito menos que nossa Independência haja nascido apenas do aceno de um lenço branco ou vermelho às margens do Ipiranga, quando a face do Imperador se ruborizou de indignação contra as ordens e instruções arrogantes provenientes das Cortes de Lisboa.

Em verdade, se descermos aos trágicos episódios da história deste País em busca das raízes da identidade nacional, não precisamos de nos distanciar muito para retroceder ao cadafalso de Tiradentes; basta que fiquemos em duas tragédias: as de 1817 e 1824. Nelas se derramou o sangue dos heróis da Revolução Pernambucana e da Confederação do Equador.

Foram duas tragédias ou dois martírios de pendor civil, constitucional e, até certo ponto, republicano, que se desenrolaram em cadeia de reação do espírito brasiliense em antagonismo ao absolutismo e à servidão colonial. Se pudéssemos falar a esse respeito de espírito civil ou civilista, diríamos que ele esteve presente em subido grau com Tristão de Alencar Araripe e Filgueiras quando comandavam tropas na retirada constitucional pelos sertões e tabuleiros do Nordeste e só se perdeu depois que Frei Caneca teve o peito varado pelas balas do pelotão imperial de fuzilamento. Desbaratada a causa dos confederados e vitoriosa a reação do trono, a Independência nasceu sob o signo das armas conservadoras e absolutistas. Inaugurou-se com o Império a primeira fase indisfarçável de uma expressão militar do poder institucionalizado, provido de consideráveis reflexos políticos, desde a dissolução da Constituinte, por um ato de força.

O Primeiro Reinado foi nossa primeira ditadura militar encabeçada por quem aliás não vestia uniforme. Do golpe de Estado contra o Colégio Constituinte de 1823 à Abdicação transcorreu uma época de hegemonia militar a que D. Pedro presidiu, da mesma maneira como Vargas, decorrido mais de um século, presidiria a outra ditadura de igual teor compressivo. Ambas formalmente amparadas em Cartas outorgadas, mas ambas regendo a Nação à sombra das baionetas, com todo o poder civil em estado de sítio ou recesso; ali, com as Comissões Militares, que atemorizavam a Sociedade; aqui, com a sombra do Estado, trazendo para as instituições a escuridão do absolutismo. O Estado Novo, tanto quanto o Primeiro Reinado, teve por base de seu poder os quartéis e não a vontade civil da sociedade.

Mas a ditadura militar propriamente dita só se instalou, e por sinal de maneira um tanto fugaz, com Floriano. Se aprofundarmos a análise da época, dos acontecimentos, da transitoriedade do absolutismo republicano, do temor de um contragolpe imperial, do sistema oligárquico fomentado pela própria Constituição, dos focos anárquicos imperantes nas ex-Províncias com o clima de guerra civil que lavrava durante o mandato daquele Presidente, chegaremos talvez à conclusão de que o elemento civil republicano não perdera a supremacia, sendo talvez mais forte que os próprios militares, cuja interferência se exauria praticamente na vontade do chamado "marechal de ferro", muito sujeito também ao influxo das manipulações civis.

No Brasil, em rigor, somente se pode falar a respeito de uma direta responsabilidade militar do poder, em bases totais, e partir do movimento de 1964 e dos seus Atos Institucionais.

As cinco presidências militares, desde Castelo Branco a Figueiredo, definem com efeito a institucionalização de uma república fardada e tecnocrática, ou seja, um ciclo de sucessões presidenciais dominadas internamente pela vontade da tropa e referendada pelo Congresso Nacional. Mas este atuou sempre, durante o período de arbítrio, como assembléia-satélite das resoluções do Palácio do Planalto. Nunca como órgão de legítima representação popular, como constitucionalmente lhe incumbe.

A república dos generais e tecnocratas malogrou em seus objetivos. Todavia, não se pode dizer que tenha sido ela, no transcurso de duas décadas, o símbolo ou a expressão política de um poder pessoal ininterrupto, como o das ditaduras militares do clássico padrão latino-americano, encarnado na pessoa do general aventureiro ou bem sucedido em golpear a Constituição e o poder civil.

Nesse ponto a experiência brasileira se apresenta talvez singular e provavelmente originalíssima, embora não tenha dado certo. Os militares não lograram consolidar como sistema seu projeto unidimensional de hegemonia, atraiçoados em grande parte pela incompetência tecnocrática e pela insensibilidade que os órgãos vitais da burocracia governante sempre manifestaram ao redor da questão social, bem como pela corrupção e escândalos que minaram a credibilidade do regime.

Um dos erros capitais em que incorreram foi, por conseguinte, o excesso de confiança depositada nas possibilidades do elemento tecnocrático a que já nos reportamos; sobre ele se escoraram, com o vão intento de despolitizar o poder e perpetuar uma dominação de aparência neutra, que nas regiões da pura teoria manifestava um ambíguo pendor científico e racionalizador, reminiscência eventual daquela geração de militares republicanos e positivistas, aferrados ao dogma autoritário de uma sociedade de deveres, em substituição de uma sociedade de direitos, este último da melhor vocação do quadro normativo que sempre inspirou nossas Constituições.

É a Nova República perante a crise do Estado constitucional brasileiro uma restauração civil? Não possuímos dados nem elementos suficientes para uma resposta afirmativa, a esta altura dos desdobramentos políticos da nova ordem estabelecida. Não resta dúvida porém que durante o apogeu do primado militar alargou-se como nunca na história republicana o hiato entre o Estado e a Sociedade. O Poder Executivo onipotente e centralizador se mostrou a ilustração mais inequívoca da primazia do Estado, ao passo que o Congresso Nacional, debilitado e diminuído de prerrogativas, estampou invariavelmente a inferioridade e sujeição dos poderes marginalizados. A classe política viveu até há pouco sem autonomia, com futuro incerto. O legislativo, sem força e sem influência, quase não pesava como prato de equilíbrio nas relações entre os poderes da nação.

Passando como passou o Brasil por várias intervenções militares, em nenhum momento de nossa História fomos uma reprodução servil do modelo das quarteladas latino-americanas, quase ignoradas por inteiro, se considerarmos que o elemento civil, durante a queda dos governos, ainda por obra ou ação executiva do braço militar, nunca perdeu o poder latente, ínsito às oligarquias, de forma direta ou indireta. A sociedade patriarcal sempre condicionou o comportamento de nossos governantes, fossem eles quais fossem, fazendo, por conseguinte, inalteráveis as estruturas sociais e embargando toda diligência idônea ou responsável de mudança e variação institucional.

Fora da realidade nacional, façamos agora, com toda a amplitude possível, uma análise do poder militar no quadro da crise contemporânea, da qual ele é também um dos componentes avulsos, não raro o mais importante quando a determinada forma de legitimidade do poder se lhe deparam obstáculos intransponíveis, ficando ela sujeita a um colapso irremediável.

É de admirar que o fenômeno militar sendo de importância crucial na condução dos destinos políticos de tantos países dos três mundos em que se reparte a geografia do poder, haja sido tão subestimado de publicistas e sociólogos, os quais dele não se ocupam com a atenção e a freqüência que está a exigir para consentir uma compreensão clara e veraz do funcionamento das estruturas institucionais, sobretudo da maneira real como o poder se condiciona entre distintas e recíprocas esferas sociais de influência.

O poder militar se liga com mais assiduidade histórica às ocasiões de crise, não importa o gênero de sociedade. É desses totalizadores da vida institucional que surgem no topo das emergências, como se fora a saída única para romper dificuldades toda vez que o corpo social precisa de se armar em face de contingências críticas inarredáveis, perante as quais seriam inúteis ou impotentes aquelas soluções concebidas em níveis de normalidade do processo político, tanto interno como externo. Tal observação se corrobora com mais força, explicando talvez a elevação do grau de interferência militar nas instituições, desde que se tenha em conta a realidade de crise, configurada em termos quase permanentes, em sociedades onde a ordem política, de bases civis, não logrou estabelecer-se nem alcançar, uma vez criada, a desejável sustentação ou estabilidade, em virtude principalmente da agudeza dos problemas econômicos e da massa de compromissos e interesses em competição. O golpe de Estado desferido por militares, nomeadamente em países subdesenvolvidos, se converteu no ópio da inviabilidade política com que se mascara a permanência ou a continuidade de instituições sociais gravemente enfermas ou fadadas à morte ou à desaparição.

A função intervencionista do poder militar quase sempre corta, mas não desata, o nó das dificuldades institucionais. Ela tanto se revela conservadora como reformista e até mesmo revolucionária.

Mas se examinarmos as estatísticas das intervenções ocorridas no século XX em vários continentes, verificaremos que o poder militar assume um caráter sociológico mais propínquo à conservação social dos sistemas vigentes, à preservação do *statu quo*, à defesa radical e extrema de valores tradicionais e crenças estabelecidas e somente quando uma ideologia de libertação o move – o que tem sido raro – se investe ele do efetivo exercício da reforma e mudança dos quadros institucionais, podendo até em fase mais avançada constituir o braço armado das revoluções ou dos movimentos de força volvidos para alterar a distribuição do poder na sociedade.

O poder militar traz porém consigo, em algumas formas de sociedade, grave doença, às vezes de todo incurável. A impossibilidade de cura decorre de um fator que intensifica a dependência e a escala de sujeição econômica externa e interna de tais sociedades: o militarismo.

A essa anomalia ou enfermidade se vêem sujeitos todos os modelos históricos conhecidos de organização social, não ficando a ela imunes as nações altamente desenvolvidas da chamada sociedade pós-industrial. A militarização de economia tem sido o ultimato da era nuclear. Impõe aos países daquela órbita, os países desenvolvidos, a formação de um complexo de poder que une e associa, com a indústria armamentista, poderosas massas de interesses do capitalismo.

A convergência desses interesses faz do *establishment* a chave-mestra do sistema social, onde tudo é manipulável, onda toda a sociedade e toda a economia, direta ou indiretamente, se militarizavam ou onde o militarismo tende a se revelar a expressão de forças retrógradas, incompatíveis com a democracia, com o pacto social de classes, com as saídas conciliatórias, com a defesa dos interesses nacionais mais autênticos e legítimos, resvalando ordinariamente para o anti-humanismo, a antidemocracia e o antinacionalismo.

Quando se incorpora o poder militar ao conceito clássico de repartição dos poderes do Estado, cabe inseri-lo na órbita executiva, como um dos componentes de organização da sociedade mesma, a cujos fins de manutenção e defesa deve servir, sujeito às regras constitucionais de obediência ao poder civil em seu conjunto, do qual, numa acepção lata, menos preconceituosa e de legitimação mais abrangente, é também parte constitutiva, pois a força militar, nomeadamente a tropa de linha, surge como a expressão armada da nação ou do povo, e não como "o Estado dentro do Estado".

A distorção somente ocorre quando os fins do poder militar se desvirtuam ou quando se perverte a missão que lhe incumbe de guardião das instituições e de mantenedor de todos os interesses de defesa e da independência nacional. Quanto mais diversificada a origem social da oficialidade no Estado democrático, pluralista e constitucional, mais sólidas serão as estruturas do poder civil e menos marcante a linha divisória entre as milícias armadas e a sociedade global.

Do ponto de vista interno, com a crescente participação do estamento militar no campo político, tem-se constatado até uma perversão léxica das funções que cabem legitimamente às corporações de armas, sobretudo em Estados vulneráveis às estratificações do poder autoritário e antidemocrático. Neles o pesadelo das agressões ideológicas ameaça introduzir dentro da sociedade um clima convulsivo permanente. Nesses Estados as decretais do absolutismo são os *ukases* e os atos institucionais que substituem as Constituições; são também as leis obsessivas de segurança nacional.

Em se tratando de Constituições outorgadas é freqüente deparar-se-nos aí o emprego reiterado de expressões familiares ao discurso autoritário, de que é exemplo já referido a segurança nacional, utilizada com vigor expansivo, fadada a abafar e a comprimir as franquias do cidadão e a fazer da razão de Estado a *ratio* suprema do ordenamento normativo.

Nas sociedades pluralistas o fenômeno do poder militar se atenua consideravelmente, em razão de estabelecer-se, fora das ocasiões de crise, um controle de contrapesos de ação neutral quase espontânea, reflexo da diferenciação e da complexidade de estrutura do corpo social.

O pluralismo de base, derivado da diversidade profissional de classes, tem uma importantíssima raiz econômica, determinando acomodação mais fácil e menos marcada de arestas, ao contrário do que sói acontecer em sociedades onde a divisão de trabalho se apresenta rudimentar ou exibe baixo grau de diferenciação estrutural.

Toda crise é abertura potencial à intervenção política do poder militar. Principalmente quando as crises deixam de ser de governo e se transferem para as instituições, ou seja, se trasladam do órgão executivo do poder para o reino da própria sociedade, acabando por apagar definitivamente as linhas essenciais que separam o social e o estatal.

Em verdade, o pressuposto observado de politização contemporânea de toda a Sociedade fez com que a separação clássica de Estado e Sociedade diminuísse bastante ou desaparecesse por completo. E quando isso ocorre em formas autoritárias de exercício da ação governativa, quem sai fortalecido e privilegiado com a titularidade da hegemonia é invariavelmente o Estado, havendo nesse caso tendência para introduzir a ditadura militar, ou fazer permanentes os valores autoritários, em nome da conservação nacional, tornando todo o sistema político deveras repressivo ou fechado a modalidades de participação democrática livre e consentida.

A politização global da sociedade em regimes abertos, com prevalência dos componentes democráticos de sufrágio, se torna exeqüível ou fácil, desde que a ordem econômica e social faça baixar o nível das desigualdades sociais mais agudas, tornando possível a remoção das crises, que nunca descem então a profundidades maiores nem alcançam o risco de desestabilizar as instituições. Em tal hipótese, a ingerência militar raro se faz sentir ou tende a declinar com a profissionalização das forças armadas. Dentro do âmbito constitucional elas se colocam normalmente adstritas aos quartéis ou distanciadas da cena ativa onde se exercita a direção política e administrativa do País.

A base econômica da sociedade, a diferenciação de classes, o pluralismo de interesses, a livre competição de grupos, a confluência dos canais representativos na organização partidária sólida, bem como a possibilidade efetiva de combater e quebrantar formações oligárquicas ou estratificações reais de privilégios, fatores são estes todos de suma importância para obstar e desfazer as crises políticas, tolhendo-lhe os efeitos desestabilizadores.

Em organizações mais frágeis, onde inexistem tais pressupostos – as sociedades dos países subdesenvolvidos, por exemplo – os sobreditos efeitos acabam produzindo a solução de continuidade do processo de legitimação política dos governantes, ou determinando, por via de conseqüência, o recurso ao golpe de Estado ou à intervenção militar ostensiva.

Todo vácuo de legitimidade na sociedade civil tem por epílogo uma aplicação de meios coercivos que sempre engordam a estatística dos "putsches" e golpes de Estado, como vem sendo o exemplo da Bolívia desde a Independência. Ali já ocorreram mais de 150 derrubadas de governo, com o emprego da violência e da intervenção militar.

Depois dessas ligeiras digressões acerca da questão militar na teoria do Estado constitucional contemporâneo, faz-se mister, em conclusão, assinalar a importância que assume para a consolidação da Nova República no Brasil a destinação constitucional das forças armadas, essencialmente obedientes ao poder civil, como tem sido da tradição formal de nossos textos básicos.

A garantia dos poderes constitucionais, da lei e da ordem faz parte literalmente das atribuições que a Nação lhes tem conferido em nossa história constitucional. O artigo 14 da Constituição republicana de 24 de fevereiro de 1891 é exemplar a esse respeito, bem como insubstituível na limpidez de conceitos e na regra prescritiva com que outorga missão constitucional as forças armadas, ao defini-las como "instituições nacionais permanentes, destinadas à defesa da Pátria no exterior e à manutenção das leis no interior".

O primeiro texto constitucional da República acrescentava ainda, com proficiência: "A força armada é essencialmente obediente, dentro dos limites da lei, aos seus superiores hierárquicos o obrigada a sustentar as instituições constitucionais".

Obediência à lei, hierarquia e sustentação da lei magna compendiam, por conseguinte, com inteira atualidade para o Estado constitucional contemporâneo, todos os deveres fundamentais da organização armada no campo interno em que o estamento militar poderá assinalar sua presença estabilizadora do modelo democrático.

1.8 Constituinte e democracia

O problema constituinte suscita reflexões de toda a ordem acerca do Estado, da forma de governo, da ideologia, do exercício dos direitos políticos, da natureza da sociedade e de seu grau de desenvolvimento econômico e social. Tais considerações devem abranger e elucidar os pressupostos determinantes do caráter de uma assembléia nacional constituinte bem como as possibilidades que esta venha a ter de inovar consideravelmente a Constituição a ser promulgada. A harmonia com a realidade e com as expectativas criadas ao redor de seu poder de transformação e preenchimento das aspirações básicas da nação há de ser no caso brasileiro o primeiro compromisso da Constituinte.

Como a Constituinte e a Constituição são o ponto de convergência de um amplo debate nacional cujo propósito não é outro senão o de fixar o rumo que as instituições hão de tomar em nosso País, vamos concentrar a análise desses instrumentos de legitimação do poder debaixo de dois aspectos que possam realmente clarear a determinação daquele rumo: o aspecto formal e o aspecto material.

Se menosprezarmos qualquer desses lados, a percepção do sentido da obra constitucional ficará gravemente comprometida. De maneira que colheríamos assim uma visão tão-somente parcial, mesquinha e talvez deformada de um quadro cuja complexidade nos compele ao exame indissociável dos sobreditos aspectos.

Principiemos com a constituinte. Na região pura da teoria, a constituinte é a assembléia que congrega poderes soberanos para fazer a Constituição. Numa forma ideal e abstrata de concepção democrática do poder, conduzida às suas últimas conseqüências, essa assembléia constituinte é o povo mesmo, ou seja, a totalidade igualitária do corpo de cidadãos no exercício da vontade política soberana.

Mas como a vontade política e soberana do povo na ocasião de fazer uma Constituição não poderia funcionar por si mesma, pela impossibilidade de aplicar ao exercício dessa vontade mecanismos diretos com que exprimi-la, houve mister a utilização de um órgão de legitimidade com poderes para tanto.

Nasceu assim a assembléia nacional constituinte e, ao mesmo passo, a teoria que a amparava. Quais os autores das primeiras constituintes? É fácil responder: os americanos e os franceses que, de armas nas mãos, investiram contra as formas absolutas de poder.

Qual o autor da teoria do poder constituinte? A primeira vista, Sieyès, o abade da Revolução Francesa, o manufaturador de Constituições, que reivindicava para si soberbamente esse título, embora fosse de forma convincente contestado pelo insigne Lafayette, herói da Revolução de 1789 e comandante de tropas na guerra de independência das antigas colônias americanas. Transferiu o general francês a glória da descoberta para os redatores das Constituições americanas.

Em verdade, o sacerdote revolucionário, impugnado, fora mais longe, pois asseverava que a Ciência Política, com a nova teoria, dera um passo à frente, progredindo nas esferas abstratas. Apoiava-se em que a distinção entre poder constituinte e poderes constituídos tornava possível lançar os alicerces a um sistema representativo de bases lógicas e racionais; em suma, descerrava o mistério das formas de representação legítima.

Mas os inimigos de Sieyès entendiam que ele perpetrara no pensamento constitucional francês, com a aplicação do novo princípio, um erro capital e irreparável, ao fazer das constituintes órgãos totalizadores de poderes, nos quais o povo, como instância suprema e soberana que nunca poderia deixar de ser, se alienava, ficando privado, pois, de dar a última palavra sobre os textos constitucionais elaborados na forja da constituinte.

Com isso, diziam os adversários daquele prelado – e com toda a razão – a Ciência Política, ao contrário, dera um passo atrás, operando um lastimável recuo. Mas os americanos, como notara já Lafayette e depois Laboulaye, se mostravam mais inclinados à prática das convenções, tanto para elaborar como para emendar Constituições, dispostos quase sempre a plebiscitar-lhe os textos.

Afigura-se-nos que, de um ponto de vista estritamente democrático, a teoria do poder constituinte sem o *referendum* do povo não concretiza a legitimidade total das instituições. A referida teoria apareceu porém consorciada necessariamente com o principio representativo, que só em parte é democrático. Nesse caso a constituinte, não levando ao povo sua obra para que seja referendada pelo cidadão, terá uma dose menor de legitimidade, porquanto se poderão fazer sem remédio constituições que não correspondam aos anseios e expectativas do corpo político soberano, ou seja, a Nação mesma, o elemento popular integral, base suprema de todos os poderes.

Expusemos já a teoria do poder constituinte, como o entendemos, isto é, como gostaríamos de vê-lo aplicado formalmente nas circunstâncias presentes da grande crise nacional. Nada obsta a que se fique porém com outras variantes da concepção constituinte, advertidos sempre de que fora da doutrina exposta que professamos, a legitimidade democrática do sistema político desce um grau na escala vertical do consenso.

Cabe-nos agora examinar, ainda do ponto de vista formal, o problema da convocação de uma assembléia nacional constituinte dentro do presente quadro de legalidade, do qual deveremos partir para a consumação do ato convocatório, sem quebrantamento da ordem jurídica estabelecida.

Não padece dúvida que em meio às dificuldades políticas e institucionais que o País ora atravessa esse tem sido o problema crucial, continuamente lembrado, sobretudo por juristas: uns com justificado escrúpulo, pelo apego às fórmulas legalistas e receio de que às avessas ou contraditoriamente se venha a seguir a velha praxe autoritária, contra a qual a Nação já se insurgiu; outros, porém, maliciosamente, para espargir o descrédito sobre o primeiro passo que se vai dar rumo à concretização do novo projeto constituinte.

Admitindo com toda a boa vontade que nos movemos num círculo rígido de constitucionalidade formal, onde há preceitos legais superiores, de natureza constitucional, de cuja observância o País não se deve arredar, nem por isso nos furtaremos a uma tentativa de solução das dificuldades que têm sido lembradas como obstaculizantes do ato convocatório.

Em verdade, quem compulsa as páginas de nossa história constitucional, quem investiga os anais do Império e da República em matéria constituinte, verifica efetivamente que todas as Constituições que já tivemos nasceram de crises políticas profundas, sobretudo de rupturas com a ordem legal estabelecida, sob o precedente, portanto, do golpe de Estado ou da ação revolucionária. Sem que se violente aquela ordem, não será possível, argumenta-se, fazer hoje no Brasil uma nova Constituição.

Afigura-se-nos, porém, factível preservar o sobredito quadro legal de constitucionalidade, que vem sendo a esta altura guardado com tanto zelo e tão respeitosamente por uma serôdia conversão legalista dos autores de Atos Institucionais, aqueles que foram ontem os propugnadores de todo um sistema de leis repressivas com que a ditadura esmagou a organização de poderes legítimos na sociedade brasileira durante cerca de duas décadas.

Com efeito, um desses caminhos legais foi apontado pelo Professor Afonso Arinos de Melo Franco: o ato convocatório partiria do Congresso Nacional, mediante Resolução. Mas temos dúvidas quanto ao ato em si mesmo, porquanto o texto constitucional em vigor só se refere a Resolução do Congresso para delegar leis ao Executivo ou para elaborar o próprio Regimento.

A Resolução do Congresso Nacional, que convocasse a Constituinte, teria nesse caso por instrumento efetivo de concretização uma lei delegada. Não seria então obra única do poder legislativo, mas de uma associação de poderes, fazendo assim o Executivo co-artífice do processo convocatório, aquele mesmo Executivo sobre o qual recaiam ontem tantas suspeitas de autoritarismo, arbítrio e menosprezo dos dispositivos constitucionais.

Fora das exceções previstas, as Resoluções são privativas do Senado Federal. A constituinte porém convocada por uma única Casa do Congresso, no caso o Senado, brotaria de um ato carente de densidade representativa. Enfim, a convocação pelo Senado Federal ou pelo Congresso Nacional, não importa a hipótese, suscitaria eventualmente objeções embaraçosas respeitantes tanto à constitucionalidade quanto à legitimidade da medida convocatória. Mas a impugnação não se restringiria à legalidade formal, podendo alcançar também o processo constituinte a ser estabelecido com base na Resolução, desde que tal processo viesse a colidir com normas de natureza constitucional, cuja remoção ou supressão não se poderia fazer com aquele fundamento, mas unicamente pelo exercício da função revisora, ou seja, por meio de emenda constitucional.

A emenda à Constituição aparece, por conseguinte, como outra via formal – a mais adequada a nosso ver – para se chegar, sem quebra da ordem jurídica vigente, à convocação de uma assembléia nacional constituinte.

A emenda é incomparavelmente superior à Resolução porquanto não tropeça em obstáculos como os que acabamos de referir. O raio material de competência do órgão constitucional revisor, a saber, o poder constituinte derivado, só tem na Constituição, além de seu alcance, a república e a federação. De tal maneira que tudo mais pode ser objeto de mudança. Para efetivá-la aquele poder menor, convocando a Constituinte, estaria se valendo apenas do recurso a um poder maior, ou seja, o poder constituinte originário, numa devolução legítima de competência à fonte primária de todos os poderes.

Mas poder-se-ia objetar ainda, com o argumento da teoria constitucional, de que um poder constituinte originário não conhece limitações ao seu exercício soberano. Logo, o ato convocatório mediante Emenda teria necessariamente que impor àquele poder reservas materiais tocantes à forma republicana e federativa de nosso sistema político, tolhendo-lhe assim a competência soberana completa.

Essa dificuldade ou objeção decerto se desfaz, contudo, se a Emenda convocatória dispuser que ela mesma fica sujeita, antes da promulgação, a um *referendum* constituinte.

Desse modo, a vontade soberana do cidadão, manifestando-se livremente, confere legitimidade total ao ato de convocação. O poder constituinte daí por diante se movimentaria em toda sua plenitude como poder constituinte originário, alheio formalmente a quaisquer limitações de cunho material, como aquelas que poderiam detê-lo, caso a Emenda não houvesse sido plebiscitada.

Uma segunda ordem de problemas, também de natureza formal, mas com graves conseqüências de teor político e valorativo, de maneira alguma estranhas à adoção substantiva do princípio democrático na sociedade brasileira, se refere à origem, à espécie e ao modo de funcionamento da assembléia nacional constituinte.

Trata-se indubitavelmente de um dos pressupostos mais importantes na definição do processo constituinte, com efeitos condicionais de extrema relevância para o desfecho da tarefa imposta àquele colégio com o objetivo de pôr termo à crise constitucional de legitimidade em que se acham submersas as instituições fundamentais do País.

Cabe aqui indagar então: qual a melhor assembléia nacional constituinte? A do futuro Congresso Nacional, com poderes constituintes? Ou a Constituinte paralela, votada unicamente à tarefa de elaborar a Constituição vindoura?

As duas fórmulas, igualmente admissíveis do ponto de vista representativo e democrático, são compatíveis com os fundamentos de liberdade e participação que inspiram a Nova República. Mas o teor de representatividade e democracia da segunda é incomparavelmente superior ao da primeira, sob o ponto de vista formal e também material, como intentaremos demonstrar.

O Congresso, investido de poderes constituintes plenos, pode ser uma solução histórica e realista ao nosso grave problema institucional nos termos atuais, embora sob o açoite de forças manifestamente antagônicas que compõem ainda o resíduo material da velha ordem. Mas de modo algum será o Congresso em suas bases formais a técnica constituinte que carreia a mais elevada dose de legitimidade ou que melhor corresponde ao arraigado sentimento de confiança na possibilidade de inaugurarmos neste País uma era definitiva ou duradoura de consenso e liberdade.

Demais, a fórmula preconizada, pela qual se inclina o poder da Nova República, não deixa de trazer dificuldades teóricas quando colide com a natureza da forma representativa do Congresso e com a lição dos tratadistas clássicos do princípio liberal.

Com efeito, a técnica infringe o elementar princípio da separação de poderes, tanto dos poderes constituídos como dos poderes constituintes e só um artifício de pragmatismo, aliado a uma boa vontade interpretativa, poderá talvez dissimular esta verdade nua e crua: na constituinte do Congresso ou no Congresso da constituinte haverá, em verdade, para estranheza de Montesquieu, Locke e Constant, três poderes conjugados num só corpo – talvez quatro –, a saber, o poder legislativo ordinário, o poder constituinte derivado, o poder constituinte originário e, sob uma ótica especial, aquilo que seria também um quarto poder: o poder federativo do Senado, que entra na constituinte com a representação igualitária dos Estados-membros, exercitando, assim, como pressuposto ponderável, um influxo ligeiramente desestabilizador da plena representatividade democrática da constituinte.

Uma constituinte na plenitude formal de sua soberania e legitimidade não deve ter compromissos nem com a República, nem com a Federação, nem com nenhuma forma de Governo ou de Estado. Mas o que acontece é que a Constituinte na sua composição formal abriga deputados e senadores, trazendo já de nascença ou origem o complemento federativo dos membros da Casa Alta, de tal sorte que ao eleger-se ela respeitou um pressuposto ou condicionamento prévio de natureza federativa, equiparável a uma limitação antecedente tanto de forma como de substância. Ocorre todavia que quando se exercitar soberanamente, poderá a Constituinte acaso desatar-se daquela limitação.

A história constitucional tanto do Brasil como de outros países – e é o caso da Terceira República Francesa – apresenta exemplos em que o realismo histórico e conjuntural prevaleceu sobre o rigor das conseqüências teóricas para impor mecanismos constituintes afastados, por inteiro, da esfera pura e especulativa da legitimidade conforme sua concepção se faça unicamente por um prisma de democracia política integral e de formalismo participativo global.

Do ponto de vista da legitimidade, parece-nos que a assembléia nacional constituinte deve ser convocada para funcionar paralela ao Congresso, com a finalidade tão-somente de fazer a Constituição, desvinculada, portanto, de toda função legislativa ordinária. Dissolver-se-ia após o cumprimento da tarefa constituinte. Esta solução temo-la como a mais adequada com que remover os gravíssimos obstáculos da crise institucional que ora atravessamos.

Inumeráveis vezes ocupamos a tribuna do meio acadêmico e das associações de advogados para reiterar a opinião de que o conceito de uma constituinte soberana vem do povo, passa pelo povo e somente com o povo, última instância da vontade suprema de uma nação, pode coroar sua obra criativa, ao superintender o processo de mudança e adoção legítima de instituições cujos pressupostos originais são a liberdade e a democracia.

Logo, não deve haver assembléia nacional constituinte privada do referendo popular, o instrumento protetor da soberania democrática, que não pode nem deve alienar-se em nenhuma assembléia, posto que assim o quisessem erroneamente os aderentes da teoria clássica do poder constituinte, a saber, os publicistas burgueses da fase moderada e hesitante, peculiar ao constitucionalismo de fins do século XVIII. Mais preocupados se achavam eles em derrubar a monarquia absoluta e estabelecer o sistema representativo do chamado "terceiro estado" do que em entregar o poder, nos moldes do *Contrato Social*, à totalidade do povo e das classes sociais discriminadas.

Não se trata de um desenho utópico – o referendo – porquanto já o vimos aplicado três vezes na história constitucional da França e se viéssemos a estreá-lo agora no País, a futura Constituição encontraria nesse ato uma legitimação mais sólida e afirmativa de seu caráter irrecusavelmente democrático.

Traçamos assim o perfil formal de uma constituinte que congrega todos os aspectos essenciais de legitimidade popular. A democracia é a força que move a Nova República desde os comícios das diretas e que compõe a aspiração máxima do momento constituinte nacional. Sem o povo nas ruas jamais teríamos chegado a essa oportunidade única de refazer o modelo político da sociedade brasileira, onde jamais os governantes se divorciaram tanto dos governados como na quadra autoritária, a noite de vinte anos, um pesadelo maior que o Estado Novo da ditadura civil de Vargas em 1937.

Saímos desse ciclo de abalos para a liberdade, com a esperança de que podemos realmente criar novas bases a uma convivência democrática estável, porquanto é da índole do povo brasileiro repudiar o autoritarismo e as formas políticas e sociais de repressão organizada. A história do Brasil se apresenta cheia de exemplos admiráveis que testificam a vocação libertária de nossos antepassados, daqueles que não se curvaram nem à dominação alienígena nem ao braço subjugante das ditaduras elitistas e oligárquicas.

Mas antes de colocarmos a constituinte e a democracia debaixo do exame das realidades concretas da sociedade brasileira, faz-se mister a recapitulação do que seja um sistema democrático de governo pelo ângulo unicamente teórico.

Considerado do ponto de vista puro e formal, o governo democrático admite três modalidades básicas que correspondem respectivamente à democracia direta, à democracia semidireta e à democracia indireta. Trasladados à prática ou à esfera da experiência histórica, os três modelos indicados se sujeitam com freqüência a artifícios que são combinações e variantes teóricas, presas a imperativos ideológicos e a valores produzidos pelas realidades de cada época, trazendo obviamente ao processo participativo tanto os corretivos como as distorções suscitadas em cada experiência concreta de democratização política e social por que passa determinada sociedade.

Não vamos porém analisar tais conseqüências, pois, se o fizéssemos, estaríamos nos afastando da exposição sobre as bases teóricas da democracia.

Com o governo direto a democracia não tem intermediários, não conhece representantes, não possui partidos nem facções. É do ponto de vista teórico a forma mais estreme, pura e autêntica de democracia. Provida do mais alto índice de legitimação de vontade que o cidadão pode exprimir, o princípio democrático justifica aquela vontade suprema e coerciva que se chama a vontade do Estado.

Na democracia direta somos a um tempo governantes e governados. Como toda a produção normativa e todo o decisionismo parte ali imediatamente da cidadania soberana, um tal modelo democrático é incompatível com as formas representativas de governo e de necessidade as exclui de maneira irremediável. Foi a democracia de Atenas e ainda é aparentemente a democracia de alguns minúsculos cantões da Suíça. Entendia Rousseau não haver em essência outra forma de governo democrático que não fosse o governo direto, por afigurar-se-lhe que a introdução de qualquer mecanismo representativo de poder destroça a vontade do cidadão, impossível de alienar-se na vontade de um representante.

Mas entre a democracia direta e a democracia indireta ou representativa jaz no domínio das aplicações concretas, fora da região especulativa, uma categoria intermediária, mista ou híbrida, que em última análise se propõe a congregar de forma autônoma as vantagens dos dois sistemas entre os quais estende uma ponte de compromisso: a democracia semidireta ou semi-representativa.

Nascida nos Estados Unidos e trasladada à Alemanha de Weimar, onde, aliás, não deu certo por razões que não são de natureza teórica e que não cabem aqui perscrutar, a democracia semidireta se apóia em instrumentos constitucionais de participação popular, tais como o plebiscito, o *referendum*, o direito de revogação (o *recall* e o *Abberufungsrecht*, conforme se trate de revogar o mandato de um representante ou o mandato de toda uma representação), o veto e a iniciativa, todos eles destinados a tornar mais enérgica, mais ativa, mais decisiva a vontade do povo soberano, cuja hegemonia fica afiançada pelo sistema político, prevalecendo sobre o poder dos órgãos parlamentares e executivos.

Finalmente, se chega com facilidade à democracia representativa, que é a democracia dos tempos modernos, em plena evolução política e com sintomas visíveis de decadência. Decorre o quadro fatal da erosão de sua representatividade. Concorre talvez para tanto o emprego surrado dos clássicos veículos de expressão de que ela ainda se serve ou talvez as alterações íntimas no caráter do princípio representativo tradicional, cada vez menos uma representação de indivíduos do que de coletividades, fazendo assim em nossos dias a força dos partidos e dos grupos de interesses, de último responsáveis em grande parte pelo teor neocorporativista da sociedade política do capitalismo ocidental em sua crise de representação.

O debate contemporâneo em matéria de organização fundamental do poder político nos sistemas representativos ocorre ao redor da natureza da representação e da sobrevivência da democracia mesma, convocada a se ajustar a um Estado social de Direito, que tende a colocar na mesma tela a Igualdade e a Liberdade, o Direito e a Justiça, o Cidadão e o Estado. Seria a democracia representativa pura aquela que confere plena autonomia de vontade ao mandatário político, o modelo mais adequado de afirmar soberanamente os interesses de base tanto do povo como da Nação?

Desenhado assim o perfil teórico tanto da Constituinte como da democracia, segundo o esquema essencial dos fundamentos abstratos sobre os quais assentam, vejamos a seguir como jamais a realidade consentiu que a teoria vingasse sem padecer oscilações e variações, todas de enorme relevância, ditadas pragmaticamente pelos fatores irrevogáveis com que a história e as condições materiais concretas de cada sociedade escrevem o destino e medem o alcance das formas de governo aplicadas a um determinado povo.

Vejamos a Constituinte. Se nos volvermos para o lado material e, portanto, de conteúdo, logo verificaremos, longe das regiões teóricas, que cada constituinte toma uma feição peculiar por refletir dados da realidade.

Por mais soberano e absoluto que seja o titulo do poder de que se investiu, ela acaba, direta ou indiretamente, mediata ou imediatamente, se movendo num quadro de limitações às vezes invisíveis ou até mesmo imperceptíveis à primeira tentativa de contacto. Colocam-se assim fora do alcance do braço constituinte situações reais impossíveis de sofrer reforma e alteração súbita ou bastantemente poderosas para se converterem em fatores condicionantes da própria função constituinte, que nelas esbarram impotentes, como a história constitucional da idade moderna anda repleta de exemplos.

Não podemos nunca descurar, portanto, a força de tais elementos. Atuam eles como pressupostos dinâmicos e vivos da realidade constituinte material em concurso ou conflito com o próprio poder constituinte formal. E por essa razão que costumamos também reconhecer, por extrato da vida social e por comprovante da profundidade das águas que nela circulam, a existência de um poder constituinte material, tão importante quanto aquele que o Governo e o Congresso vão brevemente convocar.

No ato convocatório, com que se elabora a Constituição, lograríamos o ponto ideal de funcionamento da vontade política soberana se fizéssemos a tarefa de criação do pacto jurídico fundamental resultar da convergência do poder constituinte formal e do poder constituinte material, ambos distintos, ambos originários, ambos decisivos.

A ignorância do segundo, cuja inexistência muitos juristas chegam a proclamar, principalmente os redatores de constituição atados ao nefelibatismo racionalista que dominou a Europa continental durante as primeiras décadas constitucionais do século XIX, tem sido deveras funesto a textos que foram lapidares pela inspiração dos princípios, mas írritos pelo divórcio da realidade.

Não queremos uma constituição de deuses nem de sábios, promulgada para homens que ainda não existem. Nada de constituições comparáveis pela riqueza programática àquelas plataformas empunhadas nos comícios coloridos e retóricos dos candidatos à Presidência da República.

A constituinte não é feita de promessas nem a constituição é depósito de regras ou preceitos caóticos, como foi em passado recente. Não é tampouco um ato institucional casuística selado com a legitimação do Congresso ou com a outorga de um Executivo sem responsabilidade perante a Nação.

Com a teoria material da Constituição e do Direito, que postula a constituinte aberta, nessa futura constituição será, de conformidade com as esperanças que nela depositamos, sem otimismo exagerado, mas animados da vibração de forças que se arregimentam ao redor do atual processo, um ato nacional de profunda reflexão e amadurecida escolha dos caminhos opcionais de liberdade e democracia, mais compatíveis institucionalmente com a natureza e os destinos da nação.

Temos preconizado, portanto, o concurso dos dois poderes constituintes primários já referidos. Mas cumpre advertir que o poder constituinte material se sujeita também a um uso abusivo. De tamanha dimensão que poderá tornar-se até pernicioso e acarretar riscos tão graves quanto aqueles que já advieram do poder constituinte formal, poder com que estamos mais familiarizados pela nossa formação jurídica, mas que já nos deu, em épocas republicanas precedentes, copiosos exemplos de utilização inadequada, ora para sancionar o *statu quo* das oligarquias e abrigá-las sob um texto jurídico de legitimidade aparente, ora para fazer adormecer ou paralisar com promessas que nunca se efetivam reivindicações alojadas primeiro no coração do povo mas logo esquecidas e arquivadas em disposições programáticas.

Com efeito, o poder constituinte material precisa de ser revelado na sociedade. Mas urge aplicá-lo extraindo da realidade para o texto da Constituição regras que não tenham a fragilidade do teor emergencial e circunstancial. Faz-se mister preceitos que contenham a máxima substantividade anticasuística que for possível, em ordem a fazer da Constituição um instrumento estável e legítimo, de todo aberto à revisão, à mudança, ao aperfeiçoamento.

Quando se trata de consorciar o poder constituinte formal ao poder constituinte material na hora de fazer a constituição, o mais importante não é aquele forcejar pela constitucionalização excessiva e abundante das matérias que se pretendem disciplinar na lei magna; não é a quantidade de artigos, que fazendo a obesidade do texto, dará resposta afirmativa e final às exigências do real.

A Constituição não é dicionário nem código; não se mede quanto ao préstimo e eficácia, pelo número de artigos, mas pelos princípios jurídicos e pelos valores sociais que incorpora. Constituição demasiado casuística e analítica tanto pode ser um bem como um mal. É bem na medida em que erige, com a proteção da rigidez constitucional, barreiras muito altas às incursões invasoras do arbítrio, partindo naturalmente da presunção de que seu texto terá real e efetiva observância. Mas é também mal, quando um casuísmo sói arrastar outro casuísmo na aplicação das regras constitucionais e a rigidez obstaculiza a intervenção estabilizadora, adaptativa e não raro mesmo criativa dos mecanismos hermenêuticos.

A constituição que afirma mais valores e princípios do que propriamente interesses de natureza passageira, tende a ser concisa e breve.

Será ainda mais valiosa, porém, se abrir um espaço maior de flexibilidade à intervenção do braço constituinte, aquele que entrou no organismo constitucional e de que a Constituição se arma juridicamente para lograr um grau mais elevado de melhoria e atualização.

Parece-nos, porém, do ponto de vista material, que o segredo da longevidade das constituições não reside no processo de sua revisão formal fácil, mas na presença do órgão de um poder que fica muito perto dos conflitos sociais para dirimi-los: o Poder Judiciário e sua Corte Constitucional.

De constituições pletóricas ou amplíssimas, que foram um desastre, faz-se menção freqüente da Constituição de Cádis, na Espanha, com cerca de 400 artigos, tão efêmera e tão frágil politicamente que não foi além de uma legislatura. Quanto a constituições concisas ou breves não há exemplo que exceda o da Constituição dos Estados Unidos, país onde o povo já se congrega para festejar, em 1987, durante quatro anos, o transcurso do bicentenário do grande monumento de Filadélfia.

O poder constituinte material nunca deixa de atuar sobre a constituição, para conservar o que foi instituído ou para alterar o que já não tem alicerce na realidade; seu aspecto dinâmico é muito mais importante que seu aspecto estático, ao contrário do poder constituinte formal, que vive mais em repouso e quase só atua durante as crises e às vezes quando estas ocorrem, nem sempre é o mecanismo mais bem sucedido de mudança, pois, raramente, consegue amoldar a constituição aos fatos.

O poder constituinte formal, tanto o originário como o derivado, tem as ocasiões precisas de intervenção. São poderes cujo movimento se pode constatar historicamente porque atuam visíveis, com precisão de tempo e lugar, com titulares identificáveis, que podem ser no primeiro caso a assembléia constituinte e no segundo o *quorum* qualificado das casas do poder representativo e parlamentar.

Nós não vemos o poder constituinte material nem podemos tangivelmente identificar-lhe o titular, que aparece difuso, silencioso, invisível na sociedade. Mas ele só é abstrato de aparência. Se lhe buscamos os efeitos concretos, logo verificamos que ele passou pela Constituição e a modificou. De certa maneira identifica-se com a realidade e é sempre a realidade que o reflete e projeta com toda a força e energia. O poder constituinte formal que vemos é jurídico, político e livresco e opera mais com teorias e regras às vezes de eficácia duvidosa por seu caráter programático e ideológico; o outro, que não vemos, se aloja na intimidade do real e produz nas constituições efeito e normatividade superior. É o poder predileto dos sociólogos e dos cientistas políticos.

A Constituinte da Sociedade fez-se titular, pois, de um poder constituinte material e já se acha convocada pelo País todo. Em cada circulo de idéias e de interesses a opinião pública debate a futura Constituição. Ela tem por recinto a nação inteira. O fato, inédito em nossa história constitucional, demonstra em primeiro lugar a latitude da participação popular no processo constituinte.

Debater a forma de assembléia constituinte que mais convém ao País nesta ocasião histórica e querer determinar ao mesmo passo os rumos da futura Constituição já faz parte do processo constituinte material nessa acepção amplíssima em que havemos de colocar tema de tamanha importância e de tão profundo teor democrático; em segundo lugar, esse interesse transbordante da Nação na sua lei magna patenteia claramente que a sociedade brasileira em questão de cultura política deu um passo à frente e o fez de uma forma dialética que importa avanços tanto quantitativos como qualitativos; em terceiro lugar, se extrai do debate ardente sobre o estatuto fundamental o fim dos auditórios e plenários elitistas que se ocupavam com exclusividade dos temas constitucionais, quando a constituição era meramente assunto de juristas ou da classe política profissional recrutada no seio das elites privilegiadas e das oligarquias dominantes; em quarto lugar, o debate constituinte trouxe à cena nacional a voz de classes e camadas sociais que no passado jamais tiveram ocasião de transpor o raio de passividade ou saltar a cerca de insulamento que as mantinha à distância das casas constituintes; e, de último, cumpre assinalar tocante a essa admirável abertura, que produziu canais de acesso mútuo entre Sociedade e Governo, a certeza de termos o povo já a caminho de se converter em sujeito e não apenas objeto do ato constituinte.

Correntes substanciais de idéias e de opinião se puseram em marcha ou foram arregimentadas para exercitar influxo sobre a constituinte e a constituição. Mostram elas pelo aspecto material que o grande estatuto da sociedade brasileira, base de um novo pacto social, tem, como em nenhum outro momento de nossa história, o ensejo de emergir de uma mobilização da consciência nacional, de uma busca de consonância e harmonia jamais havida com os fatores dominantes da realidade, onde o povo vai medir a estatura da soberania nacional. As teses até então abstratas e negativas do seu poder defrontar-se-ão com a possibilidade positiva de fazê-lo eficaz contra o interesse das minorias empenhadas em sustentar o *statu quo* da desigualdade, da injustiça e do privilégio.

Não sabemos se o povo será vencido, se seus interesses serão esmagados, se os acontecimentos escreverão mais uma página de aniquilamento de sua vontade. Mas desde já temos a certeza de que o gigante, depois de entorpecido por vinte e um anos de autoritarismo, forceja por ter nas mãos a condução de seu próprio destino.

Com o advento da Nova República, poder constituinte material e poder constituinte formal vão ocupar o mesmo espaço, em guerra ou paz, ninguém sabe ainda, para então redigir o mais importante capítulo de nossa história constitucional; o primeiro em que o povo e até mesmo milhões de analfabetos deixarão estampados no voto constituinte, como símbolo e aurora de uma nova redenção social, as impressões de seu comparecimento.

Haverá doravante uma assiduidade de cidadania que terá sobre o futuro democrático deste País incalculáveis projeções e conseqüências. O reencontro do formal com o real, do social com o estatal, do reino da lei com o reino dos fatos, ainda que não venha a produzir uma constituição que dê ao País seus rumos definitivos ou que satisfaça plenamente os anseios e aspirações nacionais desta época de crise e mudança, significará, em termos de legitimidade, a incorporação pela esfera política de todas as co-instâncias decisórias que se haviam desgarrado da órbita constitucional clássica para seguirem trajetórias próprias e autônomas.

Dar-se-á, pois, um grande passo à frente sem o qual não se poderia concretizar a eficácia e normatividade da ordem constitucional. Fecha-se, enfim, o ciclo que degradou o formalismo da lei magna e rebaixou regras constitucionais na hierarquia jurídica a níveis inferiores ao decreto-lei e às portarias ministeriais. Os Atos Institucionais do poder usurpado valiam mais no exercício das competências do que os preceitos da Constituição – uma Constituição, diga-se de passagem, nascida do arbítrio e da arrogância da Junta Militar de 1969.

No século XX não há Constituição legítima sem povo. Mas o povo não está nos palácios nem nas antecâmaras fechadas dos poderes constituídos. O povo por enquanto ainda não saiu de casa para as urnas constituintes. Mas breve estará nas ruas, nos comícios, na praça pública, mobilizado para fazer a constituinte que lhe dará ingresso ao poder. Em verdade, nós já o sentimos na ondulação de suas vozes que freqüentam a tribuna e os meios de comunicação, por intérpretes idôneos, entrando no mesmo debate e expressando as mesmas inquietações políticas e sociais que trazeis ao plenário das Seccionais da Amazônia.

O poder constituinte material já fez sua estréia fundando a Nova República. Vamos aguardar que venha breve o poder constituinte formal. Que seja o órgão desse poder originário uma assembléia nacional digna do povo e não das oligarquias, digna de um Estado social da liberdade e dos direitos humanos e não da vontade real de um príncipe, como queria, em 1823, o rei absoluto que dissolveu nossa primeira Constituinte, com o aparato militar das baionetas imperiais, perpetrando o primeiro golpe de Estado de nossa História.

O povo que ontem foi súdito hoje é cidadão. Viva, pois, a Nova República e viva o futuro da democracia brasileira!

1.9 Constituição e normatividade

As possibilidades de institucionalizar no País um efetivo poder democrático dependem sobretudo da correspondência da Constituição com a realidade. A crise constitucional do século XX nos serve de lição, ensinando-nos com mais evidência do que nunca, a existência de duas Constituições e dois poderes constituintes: uma Constituição e uma constituinte de aspecto formal e jurídico, ao lado de outra Constituição e poder constituinte, de natureza basicamente material, sociológica e permanente.

As duas modalidades, pela forma, são objeto do Direito Constitucional, pelo conteúdo, da Ciência Política; mas ambas impossíveis de situar-se numa esfera incomunicável, pois quem pretendesse assim tratá-las estaria destruindo o fundamento e a eficácia normativa da regra constitucional. E também separando irremediavelmente, no universo jurídico, o mundo do dever-ser do mundo do ser, o *sollen,* do *sein,* não restando mais alternativa que testemunhar resignadamente a falência jurídica das Constituições, reduzidas a mera ilusão, minadas pelos casuísmos do poder.

A conseqüência é comum tanto para os que se abraçam ao formalismo jurídico extremo como para os que entronizam tão-somente a realidade sociológica: o fim da Constituição jurídica, sacrificada, num caso, pelo excesso de ficção, noutro caso, pelo excesso de realismo.

No Brasil os juristas do formalismo positivista, propugnadores da Constituição jurídica, de inspiração representativa – as Constituições de 1891, 1934 e 1946 – não foram os colaboradores da crise constitucional, de cujos efeitos têm sido, aliás, as principais vítimas, diante do caos de perplexidade e desorientação que vive a ordem jurídica. Fizeram a crise aqueles que, movidos de um zelo tecnocrático absoluto, só nos falavam até época recente em eficiência e concretização de metas, menosprezando o Direito e a Constituição. Por essa eficiência e essas metas de Faraó, o País está pagando a conta dos cem bilhões de dólares de nossa dívida externa!

Os vinte e um anos da República Velha, eufemismo mediante o qual se abranda o regime autoritário e se dissimula a fereza dos anos de ditadura, foram do ponto de vista constitucional a consagração do arbítrio vindo de uma realidade que já não se submete aos cânones normativos da constituição jurídica.

Toda Constituição tem duas dimensões: uma jurídica, outra política. Mas autores como Lassalle e Jellinek, exprimindo a fadiga e a exaustão do formalismo positivista, bem como a ineficácia da Constituição escrita perante o tático e o real, levaram seu ressentimento critico a uma extremidade oposta, ao levantarem a tese de que na origem e na essência as questões constitucionais eram e continuam sendo questões de poder e não questões jurídicas, com todas as conseqüências que deste entendimento errôneo advêm para o Direito Constitucional, tido não mais por ciência do dever-ser e do normativo (*sollen*), mas unicamente do ser, da realidade, do existencial (*sein*).

Assinalando a rebelião triunfante dos fatos, Lassalle, na conferência de Berlim, proferida em 16 de abril de 1862, se reportava às Constituições "folha de papel". O insigne Jellinek, por sua vez, não menos implacável, diria, algumas décadas depois, que "a evolução das constituições nos ministra a teoria, ainda não competentemente ajuizada em todo o seu poderoso significado, de que as proposições jurídicas são impotentes para controlar a repartição estatal de poderes" e que "as forças políticas reais se movem segundo suas próprias leis, que atuam independentemente de todas as formas jurídicas".[1]

O Brasil de 1964 elegeu, de forma deliberada, a facticidade e o decisionismo consumado que colide com os princípios democráticos e representativos de nossa tradição constitucional, pelo menos enquanto esses princípios correspondem formalmente a uma aspiração do gênio e do caráter de nosso povo, sempre inclinado de maneira generosa para as teses da liberdade e da emancipação social.

Com efeito, tudo principiou com o Ato Institucional de 9 de abril daquele ano, quando o *ukase* falseou a teoria do poder constituinte, que é do povo e da nação. O Ato depositava, com toda a arrogância, a titularidade e o exercido do sobredito poder nas mãos de um comando golpista, cuja usurpação de competência não trepidou em se dar ao desplante de pretender conferir legitimidade à Constituição democrática de 1946, que ele vinha precisamente destruir em seus fundamentos.

Dissemos, de propósito, *titularidade* e *exercício* porquanto achamos que, se houve sempre Constituição e poder constituinte na acepção mais ampla, seu sentido restrito e legitimo só se veio a formar quando a teoria do poder constituinte apareceu no século XVIII, por obra do racionalismo filosófico e jusnaturalista.

Fez ela nascer, depois, a teoria das Constituições, atada a um pensamento participativo e, portanto, democrático do cidadão na formação da vontade do Estado. Ora, não foi nessa teoria de base democrática e representativa, operadora da célebre distinção entre poder constituinte e poderes constituídos (nascente do constitucionalismo jurídico da sociedade contemporânea) que se inspiraram os autores do Ato Institucional, mas na surpresa do golpe de Estado que a seguir recusou o poder constituinte ao seu titular legitimo – o povo brasileiro.

Durante 21 anos não houve, por conseguinte, neste País legitimidade, nem na Constituição escrita, nem na Constituição real. Na Constituição escrita não houve porque ela proveio, como já dissemos, de uma usurpação do poder constituinte, padecendo ora as interferências revogadoras e suspensivas dos Atos Institucionais, criação pura do arbítrio, ora as reformas ditadas pelo casuísmo, que fazia inseguro e movediço o suposto ordenamento constitucional.

Nesta moldura autoritária a vontade do executivo tecnocrático se sobrepunha sempre à vontade do constituinte. Alargava-se assim o hiato entre a Sociedade e o Estado.

Na Constituição real tampouco houve legitimidade, visto que esta só é legítima quando as forças políticas, econômicas, culturais, militares e religiosas, cujo conjunto compõe a grande constelação do poder social, circulam livres e desembaraçadas, sob a garantia do pluralismo da sociedade aberta.

Não foi isso porém o que aconteceu entre nós naquele extenso e funesto período de travessia obscurantista, durante o qual os valores da democracia, da federação e do principio representativo caíram ao nível mais baixo.

Se a Constituição real não houvesse sido o opróbrio dos Atos Institucionais, do casuísmo na Constituição e nas leis ou a repressão institucionalizada, com o pesadelo da segurança nacional como a mais grave das enfermidades institucionais, nada teríamos que repreender, pois, em tal hipótese, os princípios constitucionais que nos deveriam reger estariam emergindo da sociedade mesma, de suas liberdades concretas, de sua base consensual, de seus valores essenciais e positivos, qual sói acontecer em países como a Inglaterra, onde a Constituição fez do costume e da tradição a força maior de sua juridicidade, ou os Estados Unidos, onde os arestos da jurisprudência, vazada em valores que penetram a consciência nacional, fazem o penhor da estabilidade e solidez do sistema constitucional.

Aqui, é óbvio, nem imperava a força normativa da Constituição jurídica, nem a eficácia da Constituição real em sua qualidade positiva de ambiência pluralista e aberta, senão que tínhamos o real e o fático na opressão organizada, na insegurança, no medo, no arbítrio.

Como se vê, a chamada República Velha ou Revolução de 1964, que não foi república nem revolução, se viu privada tanto da força normativa da Constituição jurídica como da eficácia da Constituição real. Ambas, como expressão de soberania nacional, estiveram ausentes da máquina do poder que se instaurou sobre o País, subjugando com o autoritarismo sem limites toda a Nação, paralisada em seus anseios democratizantes e libertários.

O Estado social que ela buscou construir, segundo um projeto de todo malogrado, somente poderá ser salvo com um programa de ação política e social que passa necessariamente pela promulgação de uma nova Constituição. Mas não basta redigir a Constituição para que a tarefa esteja ultimada. Qual a finalidade da nova ordem constitucional? Quem a levanta? Que forças a sustentam?

Nesse quadro de interrogações, a Constituinte e a Constituição são componentes de um todo indissociável – a sociedade brasileira, em que a Constituição jurídica e a Constituição real convergem para um objetivo comum: a formação do Estado social de direito em substituição do Estado social de arbítrio; um objetivo que se quis dantes implantar, mas que só se alcançará se a Constituição jurídica tiver força normativa plena, não padecendo a rejeição marginalizante da realidade.

O problema do Estado social no Brasil contemporâneo é assinaladamente o de sua juridicização, de sua legitimação, de sua normatividade em bases constitucionais.

A Constituição jurídica sem legitimidade não tem força para conter e conduzir o decisionismo privado dos grupos sociais que o neocorporativismo de nossa época abrange, decisionismo onde avulta principalmente a realidade econômica e financeira, porquanto traz o peso e o concurso de poderosas formações internacionais – grandes empresas, grandes bancos e grandes investidores – cujo poder político e econômico, sendo tão vasto e dilatado, habitualmente não é perante a soberania estatal um poder subordinado mas subordinante, determinado mas determinante.

O poder econômico é poder que não se despolitiza, poder cujo influxo direto ou indireto sempre se fará sentir, mas poder que não se pode interditar e que numa visão realista da sociedade precisa de legitimar-se, a fim de que a diversidade social se componha num justo equilíbrio de interesses e de participação. Tal legitimação só ocorre em nossa idade no âmbito de uma organização democrática de poder, a única que não fará o Estado dependente de estruturas econômicas decisórias contidas no seio da sociedade e volvidas às vezes, ora contra esta, ora contra aquele.

A fim de que o Estado possa mais e os grupos econômicos possam menos, faz-se mister a plena eficácia da ordem constitucional como força normativa autônoma, sem sujeição a interesses privilegiados que atuam compulsivamente sobre a sociedade por obra única de sua hegemonia financeira e econômica, não raro divorciada do bem comum.

Um Estado social só se legitima quando promove a prosperidade econômica e ultima a segurança social, quando se faz atuante na esfera material por um princípio positivo, quando diminui o nível dos conflitos sociais, quando intervém menos pelas vias coercivas do que pelas vias persuasivas, quando pune menos e incentiva mais, quando faz da negociação o instrumento hábil de seu diálogo com os entes autônomos da economia e dos interesses sociais, quando oferece a contraprestação, quando substitui a recusa e o confronto pelo consenso e pela cooperação. Mas para chegar-se a um Estado social desse teor, com tal programa de conduta e orientação, faz-se mister uma Constituição democrática e aberta, uma Constituição que só é possível se na composição da Constituinte se acharem representadas todas as forças participantes do pacto social, se for uma Constituição do povo e da nação, veículo de sua vontade soberana vontade que não se pode desconhecer sem sacrificar a legitimidade.

O quadro de legitimação do processo político nacional é deveras complicado, pela herança recebida dos 21 anos de exceção. A ditadura desvalorizou neste País a Constituição, o Congresso e os partidos políticos; humilhou-os e rebaixou-os com a ascensão tecnocrata a todos os níveis de poder, com a formação de *órgãos paraconstitucionais* de decisões, como o Conselho Monetário, o Conselho de Desenvolvimento Político e sobretudo o ministério intimo da Presidência, quais se chamam os "ministros da Casa", que desfrutam da privacidade palaciana.

Somos, portanto, um País singular onde até o advento da Nova República não havia Constituição jurídica nem Constituição real legítimas. Tudo se deslocou debaixo do regime tecnocrático-militar para o campo tático e casuístico, onde nossa lei suprema foi menos a vontade da Constituição do que a vontade do decreto-lei.

O casuísmo debilitou a fé na Constituição e nas leis, criou o oportunismo das soluções de expediente, improvisou o modelo decisório emergencial das medidas *extra legem,* fez, em suma, preponderar vantagens ocasionais, ainda que a expensas da ordem constitucional.

Ora, não há força normativa de textos legais sem o respeito à Constituição. Esse respeito é, em grande parte, a essência de toda normatividade constitucional, o segredo da estabilidade das Constituições. Sem ele a Constituição escrita perde sua juridicidade. Sem ele, a sociedade não participa; a Constituição real se demite então de sua legitimidade e de seu concurso no reforço normativo da lei suprema.

Quando a Constituinte democrática elaborar a futura Constituição, força é que os governos de amanhã, conformados a uma vocação legalista e constitucional, jamais trepidem em imolar interesses transitórios, por mais vantajosos que pareçam, ao cumprimento da regra constitucional.

A regulação executiva de interesses básicos da nação e da sociedade, através de caminhos extraconstitucionais e extraparlamentares, amolece o respeito à Constituição e abre espaço às invasões do arbítrio.

Isso acontece principalmente em épocas de crise, que, sendo épocas anormais, são aquelas em que se mede com maior rigor a eficácia normativa do texto constitucional. Em verdade, nunca entre nós houve crise histórica tão profunda quanto esta que o País ora atravessa, com as instituições arruinadas, as aspirações políticas e sociais da nação preteridas e a Nova República bracejando contra a corrente desmoralizadora do passado.

A Constituição futura será uma força ativa, um texto de eficácia normativa, um alicerce jurídico de mudança e reforma, uma força co-artífice da realidade social e política unicamente se tiver fundamento democrático, se unir a forma ao conteúdo, o ser ao dever-ser, para documentar e exprimir então os sentimentos nacionais mais profundos.

A Constituição, que é uma força entre outras forças ou co-instâncias decisórias do processo político, deve colocar-se acima de todas, como potência racionalizadora e condutora por excelência de todo o decionismo estatal.

Base da legitimidade do poder, uma Constituição respeitada será idônea para debelar crises e tolher as comoções desestabilizadoras do sistema democrático de poder.

1.10 *O Poder Constituinte*

O poder constituinte é essencialmente um poder de natureza política e filosófica, vinculado ao conceito de legitimidade imperante numa determinada época. Como tal, é sempre poder primário, de ocorrência excepcional, exercitando-se para criar a primeira Constituição do Estado ou as Constituições que posteriormente se fizerem mister.

A análise histórica e sociológica revela que uma vontade constituinte sempre existiu na vida das sociedades organizadas e é assim que se nos depara, no decurso dos séculos, a existência fática dessa vontade, tendo por nascente e titular a divindade ou o príncipe.

Observado esse fato, a reflexão formulou, pela primeira vez, no século XVIII, uma teoria do poder constituinte. Vinha exatamente acrescentar às duas titularidades clássicas – a divina e a monárquica – uma terceira: a da nação, logo seguida de uma outra, que se tornou vigente nas sociedades democráticas: a do povo soberano. Toda justificação de poder constituinte importa uma teorização vinculada aos valores fundamentais da legitimidade.

A tradição ocidental reconhece, portanto, duas fontes de legitimidade democrática do poder constituinte: a nação e o povo.

Para haver Constituição legítima, segundo essa concepção democrática, há necessidade de um poder constituinte primário emanado da vontade nacional, que hoje é a própria vontade popular.

A segunda categoria de poder constituinte é a do chamado poder constituinte derivado ou poder de reforma constitucional.

Aqui toma o poder constituinte feição jurídica e se exercita necessariamente dentro de um quadro de limitações tácitas ou expressas.

A ocorrência desse poder constituinte derivado marca teoricamente a inserção do próprio poder constituinte nos quadros de um sistema representativo.

Deferir a esse poder constituinte constituído ou derivado, com sede no órgão parlamentar ou representativo, a feitura de uma nova Constituição é, do ponto de vista da legitimidade, distanciar-se da vontade popular soberana, enfraquecendo ou fazendo equívoca a legitimidade da obra constitucional porventura produzida.

Isso acontece, por exemplo, quando um parlamento, que é poder constituído com função constituinte meramente limitada, porquanto sua competência legítima se reduz ao poder de reforma constitucional, se converte em assembléia constituinte plena. Foi exatamente o que ocorreu no Brasil com o Congresso que fez a Carta de 1967, cujas bases de legitimidade eram flagrantemente precárias.

Elaborada num clima de autoritarismo, debaixo da ditadura dos Atos Institucionais, por uma representação em fim de mandato e com seus quadros mutilados pelas cassações decorrentes da aplicação dos referidos Atos, aquela constituição bem merecia o destino que teve, ou seja, a outorga da Emenda Constitucional n. 1, de 17 de outubro de 1969, obra do poder constituinte dos ministros da Marinha, do Exército e da Aeronáutica.

Seria deplorável recaíssemos, pois, nos erros do passado com remendos a uma Constituição caótica, sem legitimidade, sem congruência, amontoado disforme de passadas usurpações. Convém, por conseguinte, abrir caminho para encetar a obra restauradora da legitimidade de nossas instituições, mediante a convocação de uma Assembléia Nacional Constituinte, eleita diretamente pelo povo. Elaborada a nova Constituição, seria essa submetida ainda ao povo, para aprovação ou rejeição, mediante um *referendum* constituinte.

Fecharíamos, assim, no processo político brasileiro, com o coroamento da máxima legitimidade, o circuito de intervenção democrática do único poder constituinte que a nação, numa hora de extrema crise das instituições, deve reconhecer para impor-lhe um modelo de organização fundamental: o poder soberano do povo.

1.11 *A Constituinte que não se convocou*

A teoria constitucional já demonstrou sobejamente a existência de duas Constituições: a Constituição formal, dos textos e das folhas de papel, e a Constituição real, assentada sobre o conjunto das forças econômicas, políticas, sociais e financeiras que estruturam uma nação. Dotadas de dinâmica própria, moldam elas as instituições e guiam a sociedade para determinados fins, só captáveis à luz de investigações sociológicas mais profundas. A Constituição real, condicionante da Constituição formal, não se faz unicamente de elementos materiais senão que abrange também as correntes espirituais portadoras de valores básicos, cuja presença marca a identidade nacional e a vocação do poder.

Durante muitas décadas, desde fins do século XVIII, as Constituições procuravam exprimir no seu anseio de perpetuidade o formalismo da razão humana, com a inquirição sobre *a* natureza das coisas, a linha mestra dos comportamentos governativos, a verdade política eterna, o *status libertatis* da dignidade institucional.

A liberdade política e a igualdade jurídica, elevadas a valores absolutos, comunicavam um ímpeto emancipativo que as elevava ao mais alto grau de prestígio. Sendo essas Constituições uma fórmula comum à maioria dos povos ocidentais, em níveis de civilização, com elas se traçava a fronteira entre a liberdade e o despotismo. Mas quando a revolução burguesa consolidou seu poder e a opressão dos privilégios feudais caiu em esquecimento, a sociedade de classes subseqüente fez esfriar o otimismo acerca da liberdade e da igualdade como valores abstratos.

A crítica das ideologias descobriu cedo as insuficiências do Estado liberal, sobretudo suas omissões, numa sociedade que permanecia tão injusta ou mais injusta que a sociedade do passado. Houve, porém, um instrumento de legitimidade que sobreviveu à queda do Estado liberal: o poder constituinte, obra do pensamento constitucional francês, festejada nos parlamentos da Revolução de 1889 como a maior descoberta da Ciência Política em todos os tempos. O gênio de Sieyès unira, pois, as formas representativas ao elemento fundamental de sua legitimidade – o poder constituinte. Estavam lançados os alicerces ao Direito Constitucional moderno.

Como todos os conceitos da escola do liberalismo, o de poder constituinte não há de furtar-se a uma análise revisionista de suas funções para saber-se como ele atua na sociedade política contemporânea ou o que ele, na essência, significa. Disse Lassalle que todas as questões constitucionais são questões de poder (*Verfassungsfragen sind Machtfragen*). As decepções com a Constituição formal fizeram a crítica descobrir a força da Constituição material, subjacente àquela, gravada em papel, segundo a ironia do reformista social fundador do socialismo alemão.

Lassalle não disse que a Constituição material possui também um poder constituinte ou que é ela mesma esse poder. Faz-se mister, porém, tal acréscimo, tomando-se o conceito da Constituição concreta à luz das teorizações do Estado social contemporâneo, de modo a examinar-lhe o alcance tocante às implicações que tem sobre a ordem estabelecida.

Foi, aliás, o que intentamos fazer em artigos estampados na *Folha de S. Paulo* (26.7.1981) sobre as microconstituintes e a figura do poder constituinte originário material em contraste com o formal. Em aditamento ao que ali escrevemos, e ainda como resultado de observações consentidas pelo exame do novo quadro resultante das eleições de 15 de novembro [*de 1987*], cabe-nos fazer mais ponderações sobre a natureza do poder constituinte.

Com efeito, temos visto a obstinação oficial em recusar a tese abraçada por quantos entendem que para alcançar o caminho normal à estabilidade definitiva das instituições é indeclinável recorrer àquele poder como titular das decisões soberanas mais legítimas. O máximo, porém, que o Governo admite é, quando muito, fazer funcionar um poder constituinte de segundo grau, limitado, derivado, revisor ou constituído, não importa o nome que lhe dêem os juristas, mas contido já na Constituição vigente, ao qual incumbiria tão-somente reformar ou remendar as paredes abaladas do edifício constitucional, como se suas rachaduras não clamassem por novos alicerces.

Em verdade, as resistências procrastinam unicamente a solução jurídica. Em rigor, um processo já se acha em curso naquilo que se convencionou chamar a abertura democrática: o poder constituinte da Constituição material.

A liberdade real do povo deu um grande passo com as eleições de 15 de novembro. O sobredito poder funcionou com lentidão invisível e progressiva, atuando como vontade decisória fundamental, na medida em que alterou a antecedente correlação de forças, entregando às Oposições uma larga fatia do poder autônomo no sistema federativo (Governos estaduais).

Houve, portanto, para as Oposições um aumento de influência com respeito ao controle autodeterminativo das unidades federadas. Nessa concepção de poder constituinte real, dinâmico, permanente, a própria operação eleitoral, quando altera um equilíbrio de forças, toma sociologicamente a forma de ato constituinte.

A vontade popular, as correntes de opinião, a presença organizada ou difusa dos grupos e seus interesses em confronto, completam com uma atuação contínua aquele quadro da realidade infra-estrutural e que repercute sobre as instituições políticas, até formar a espécie de constituinte permanente que ninguém convocou, mas que compõe a vontade profunda e decisiva da sociedade quando ela se manifesta com os governantes, ou apesar dos governantes.

O poder constituinte formal cede lugar assim a outro poder constituinte, mais real, mais eficaz, mais político e social, embora menos jurídico, que não está nos parlamentos senão na sociedade mesma. Em nome da Constituição real, ele produz resultados à primeira vista imprevisíveis na estrutura móvel do poder; produz coisas como o Brasil político saído das urnas de 15 de novembro passado.

1.12 A necessidade de uma Constituição

Todo sistema político quando funciona normalmente pressupõe uma ordem de valores sobre a qual repousam as instituições. Em se tratando de um sistema democrático do modelo que cultivamos no ocidente, essa ordem é representada pela Constituição, cujos princípios guiam a vida pública e garantem a liberdade dos cidadãos.

Nas formas democráticas a Constituição é tudo: fundamento do Direito, ergue-se perante a Sociedade e o Estado como o valor mais alto, pois, de sua observância deriva o exercício permanente da autoridade legítima e consentida. Num certo sentido a Constituição ai se equipara ao povo cuja soberania ela institucionaliza de modo inviolável. E o povo, em sua potencialidade, numa acepção política mais genérica, deixa de ser unicamente o elemento ativo e militante que faz nas urnas, de modo direto, e nos parlamentos, pelas vias representativas, a vontade estatal, para incluir no seu raio de abrangência toda a nação como um corpo de idéias, sentimentos, opiniões e valores.

A Constituição se converte, assim, na imagem da legitimidade nacional, valor supremo que limita todos os poderes e faz impossível o exercício da autoridade despótica, espancando as sombras do arbítrio sempre familiar às ditaduras e aos regimes sem participação popular.

Mas essa Constituição não é um pedaço de papel, um caderno impresso, um texto de artigos e parágrafos, um amontoado de disposições sem unidade, sem ordem, sem lógica, continuamente enxertadas por uma vontade constituinte usurpadora e casuística. Não é aquilo que vem sendo, para infortúnio nosso, neste País, há tantos anos: um diploma exaurido já do mínimo teor de legitimidade.

De uma tal Constituição a nação prescinde. Por esse aspecto o Estado Novo foi experiência mais feliz de autoritarismo: tirante a outorga do dia 10 de novembro, data histórica do golpe de 1937, nunca mais se ouviu falar da Constituição do Dr. Francisco Campos. Hoje a abertura democrática brasileira fez livre o debate, reformulou os partidos, restituiu ao povo algumas franquias fundamentais, mas tem pela frente, com a máxima urgência, o problema básico de fundar uma estrutura constitucional legítima. Como fazê-lo? Aqui está o cerne de toda a dificuldade; para o poder, bem entendido, e não para o povo.

As preferências de cima estão por um Congresso que, renovando em 1982 o mandato de sua representação, possa encetar a reforma da Constituição. Mas não é de reforma que precisamos; sendo a Carta que nos rege um tecido já puído e gasto, dificilmente comportará novos remendos, por melhor que seja a fazenda e hábeis os costureiros. O país necessita, sim, é de nova Constituição, ou seja, recomeçar tudo em matéria política e jurídica fundamental, desde as bases, com o cimento da legitimidade que no século XX só o povo fabrica.

A Constituição deverá exprimir o estado de cultura política da nação. Essa cultura enfeixa crenças capitais, interesses sólidos, valores profundos de consciência social sempre postergados nas avaliações do arbítrio, em que o grupo se arvora contra a sociedade, a parte contra o todo, a minoria contra a maioria.

Uma tarefa de tal monta não poderá ser obra de poderes constituintes constituídos, como é o Congresso Nacional, mas do poder constituinte originário, aquela assembléia depositária da vontade nacional soberana que, entregue a essa função específica, há de restaurar, com um ato de fé e confiança, os valores democráticos da sociedade, sobre os quais construirá os alicerces de uma ordem legítima.

Sem crenças válidas e arraigadas, sem o fundamento político e jurídico das instituições que somente podem derivar de uma Constituição prestigiada por suas origens no consenso nacional – Governo e Oposição estariam desfalcados do elemento valorativo à míngua do qual não se estabelece a certeza da continuidade para o regime, nem o pressuposto básico do respeito mútuo entre situacionistas e oposicionistas, nem tampouco a confiança antecipada de que o livre jogo das instituições será sempre observado, com nenhuma surpresa de comportamento depois do acesso ao poder.

A Constituição será, por esse aspecto, o denominador comum da ideologia democrática, convertida em compromisso inviolável que a legitimidade do sistema elevaria ao grau de valor supremo.

Como esse valor nos falta, o quadro político se esboça no tumulto das suspeitas de intenções: nem o Governo confia na Oposição nem a Oposição confia no Governo. E ninguém vê que tudo isso decorre da falta de uma ordem constitucional, em cujo âmago esteja a vontade da nação soberana. Enquanto ela permanecer ausente, haverá apenas instabilidade, descompromisso entre o povo e os governantes e carência de apoio responsável e participativo daqueles que fazem sólidos e estáveis os sistemas de organização do poder na sociedade contemporânea.

1.13 A Constituinte e a legitimidade

O preconceito político é dos mais soezes e daninhos obstáculos à normalidade institucional dos Estados. Conduz não raro governos e sistemas à ruína unicamente por se aferrarem a posições inabdicáveis, contra a razão e a evidência dos acontecimentos e das necessidades. A história fala eloqüente a esse respeito, com testemunhos nada desprezíveis. Tem-se dito muitas vezes que uma pequena reforma evita uma grande revolução. O tino do estadista está em saber determinar a hora da mudança, chegando com o remédio certo na ocasião precisa.

Hoje um dos preconceitos mais em voga nas regiões do poder é a resistência à reforma institucional por via da convocação de uma assembléia nacional constituinte. A oposição apoderou-se dessa bandeira, aparentemente elitista, para arvorá-la como única solução à crise que cada vez mais cinge a nação num laço de incerteza e desalento. E como não pôde assimilá-la quando ainda não pertencia a nenhum partido, mas se agitava vagamente, há uns cinco ou seis anos, entre manifestações de opinião de juristas e alvitre de parlamentares, em busca solitária dos caminhos de remoção da crise, o Governo se apartou definitivamente dessa fórmula que é hoje a última alternativa de lograrmos recompor os fundamentos democráticos do regime. E como o Governo lhe não dá apoio, a constituinte está fadada a ter o destino do parlamentarismo, que faz rir, como se fora peça de museu, a obstinação dos governistas de partido, justamente aqueles, cujo dever de filiação política haveria de impulsá-los a preconizar a receita do realismo cauteloso diante do fracasso em que cairão as reformas sem alcance e legitimidade, quais aquelas concebidas nos projetos da imaginação oficial.

Uma das virtudes da constituinte, para o próprio movimento de 31 de março, seria, do ponto de vista da responsabilidade política, o de pôr termo definitivamente ao largo período de antítese entre o regime representativo da Constituição de 46, com sua legitimidade haurida no processo de eleições diretas, e o chamado ciclo revolucionário do sistema de atos institucionais, eleições indiretas e mudanças constitucionais outorgadas.

O Congresso, na sua função constituinte ordinária de poder reformador, pouco poderá fazer para melhorar o texto que nos rege, uma verdadeira vara torta onde se enroscam vícios constitucionais inextirpáveis. Quanto mais for objeto de revisão, mais a Constituição brasileira será a mesma cousa, como no provérbio francês.

Precisamos é de Constituição nova, que reflita o estado atual das forças de opinião e sentimento do País, de sorte que as instituições tenham firmeza nos alicerces da Sociedade, e assim possamos, mediante a colaboração, o sacrifício e a solidariedade dos governados, transpor os obstáculos da crise.

Afigura-se-nos, pois, que só vantagens colheriam os círculos oficiais se enveredassem por uma solução constituinte para a crise brasileira.

Aplicando esse método, teríamos um novo ponto de partida rumo à aferição dos problemas e transformações do quadro político. Julgar com isenção as medidas de governo, pronunciar a eficácia ou ineficácia do comportamento oficial e absolver a oposição ou condená-la, se for o caso, eis o que se espera de uma restauração democrática em toda sua plenitude.

Sem constituinte, não haverá divisor entre o passado e o presente. De forma que o presente e o futuro, enquanto a crise não se resolver e a inflação continuar minando as instituições, serão vistos como um prolongamento do passado, por onde transbordam problemas institucionais insolúveis.

A insurreição de 1964 prosseguirá, assim, pagando pelo que fez e pelo que não fez. Esse quadro tenderá a perpetuar-se, enquanto a nação não for diretamente consultada nas fontes de legitimidade do processo político, ou seja, enquanto não se cumprir ao pé da letra aquele preceito democrático de que *todo o poder emana do povo e em seu nome será exercido*.

Não há razão para temer-se a constituinte. Com ela um pesado fardo no desgaste do poder viria abaixo. Se a nação permanecesse, depois, às cegas, impotente para debelar a crise, já não teria de quem queixar-se senão de si mesma. A insatisfação não estaria corroendo o poder nem operando aquilo que se poderá converter no colossal descrédito das instituições e dos governantes, sujeitos a naufragarem no mesmo barco.

Uma constituinte paralela ao Congresso Nacional, funcionando como órgão extraordinário da soberania popular com a tarefa específica de dotar o País de nova Constituição, segundo sugeriu recentemente o Professor Michel Temer, em conferência na Câmara dos Deputados, é, fora de toda a dúvida, uma das saídas honrosas que o bom senso e a boa fé democrática de quantos realmente se empenham em construir a segurança do Estado social brasileiro estão preconizando. Uma segurança com mais liberdade, mais justiça e menos desigualdade.

1.14 Constituição e realidade

A Constituição democrática é no século XX a primeira condição de um governo livre: empregando a linguagem dos constituintes franceses de 1848, atualizada e revista, teríamos a base teórica de redemocratização brasileira.

Aqui não se trata de separar poderes, como na França dos republicanos de 1848, autores da segunda revolução popular, que veio marcar a vocação social das instituições, mas de restabelecer o equilíbrio desfeito com o desfalque de competência e prerrogativas do poder parlamentar, reduzido na ordem constitucional positiva a mero apêndice do executivo.

Há um conceito lato de Constituição, de origem etimológica, que abrange todo o corpo político e institucional de uma sociedade. Não há Estado sem determinada forma de organização; logo, todo Estado que se constituiu é, nessa acepção, Estado constitucional.

Demais, a Constituição de um Estado pode também ser vista enquanto conjunto material de forças políticas, econômicas, religiosas, militares, sociais e culturais que compõem o substrato da sociedade, forças que nesta circulam como elemento decisório, ordenador e determinante de relações humanas, com toda a eficácia normativa de uma realidade tática e incontrastável. A regra constitucional é a que deriva concretamente dessa medição de forças, de existencialidade ostensiva, contra a qual em vão bracejaria a norma do legislador constituinte, aquela que se codificou na Constituição e que Lassalle, com a agudeza e o rigor de um sociólogo, reconheceu como parte das Constituições farrapos ou folhas de papel.

Essas Constituições folhas de papel existem com a aparência impecável das formas nos sistemas autoritários e ditatórios, sendo também peculiar a algumas sociedades subdesenvolvidas, quando estas se organizam exteriormente sob o modelo democrático, fazendo do estilo representativo a vaga inspiração de instituições normalmente privadas de solidez e estabilidade. Só quando a concebemos, como um instrumento de limitação e não apenas de reconhecimento e distribuição de poderes na Sociedade, é que a Constituição política serve realmente ao cidadão e não ao Estado com exclusividade, como sói acontecer com as Constituições autoritárias.

Naquela primeira hipótese é a Constituição a garantia efetiva da liberdade, o expediente de contenção ao arbítrio do Estado: em outras palavras, serve de meio com que alcançar e manter o Estado de Direito em toda a sua plenitude.

A eficácia normativa da Constituição se torna a partir daí condição insubstituível para contrabalançar o peso e a força da realidade, a saber, de um *statu quo* fático, muitas vezes rebelde à mudança e ao respeito das prescrições emanadas do consenso, tornando, assim, difícil e atropelado o exercício normal da vontade democrática num regime de liberdade e segurança de direitos.

A eficácia mínima ou nula da Constituição e o conseqüente império de realidades sociais poderosas, onde assenta a massa dos interesses compressores, transferem, sem legitimidade, o poder de reforma e justiça social do povo para o Executivo, convertendo-se este, não raro, em servo daqueles interesses que deveria arbitrar com isenção e imparcialidade.

Disso tudo resulta, nos países desconstitucionalizados pela ausência de Constituições legítimas, uma descrença mortal que abate a confiança do povo nos valores da democracia. A Constituição sem eficácia e sem normatividade é o papelucho a que se reporta Lassalle, tão irrelevante para o exercício e a garantia dos direitos quanto o parlamento o é para a expressão da vontade representativa nos sistemas de força ou no quadro das ditaduras totalitárias.

As reflexões acerca da Constituição, embora fundamentais, se acham à margem do atual processo redemocratizador. Nunca preencherá ele seus fins, nem logrará a estabilidade institucional se não pacionar as condições de uma nova ordem jurídica fundada sobre a legitimidade da nação soberana. A crença na Constituição é esteio de sua eficácia e importância. Essa crença não existe no Brasil de hoje, dificultando e tumultuando a convivência política, fazendo frágeis os alicerces sobre os quais se ergue a abertura outorgada, aquela que ainda nos deixa atados à fase incompleta da democracia de Burdeau, ou seja, a democracia governada e dirigida.

Faz-se mister passar o quanto antes para a democracia governante e diretora, a do povo e não do governo, a do cidadão e não do suserano político. Essa democracia só e possível com uma Constituição dotada de força normativa plena, derivada da confiança e do respeito assim, de governantes como de governados. Sem ela não haverá, por conseguinte, meio idôneo e legítimo de conciliar na sociedade princípios de liberdade, justiça, segurança e igualdade, que devem servir de base ao Estado de direito e à soberania do povo.

1.15 Constituição e educação política

A educação política da mocidade é defeituosíssima. A escola não educa para a democracia, nem pode fazê-lo, salvo na peleja espontânea dos grêmios e diretórios, sujeitos, todavia, à inconstância determinada pelos períodos repressivos, que não consentem se consolide esse exercício de uma atividade precursora da formação de legítimas vocações políticas.

Falta ao jovem o instrumento mais eficaz a tal preparo que é o texto de uma Constituição digna de impor-se ao respeito e à confiança da geração educanda. Somos até certo ponto um país desconstitucionalizado. Outro não foi o efeito da Emenda n. 1, que desfez a obra constituinte de 1967, já de si precária em termos de legitimidade, mas dotada, na época, de garantias suficientes para afiançar um tranqüilo trânsito à futura normalidade institucional, não fora a brutalidade da reforma imposta pelo espírito arbitrário que lavrou o AI-5 e mergulhou o Brasil num regime de exceção.

Hoje não temos, em rigor, uma Constituição, mas um corpo desfigurado de normas básicas, conflitantes, de variada origem, que não refletem a vontade nacional nem nos atualizam perante as necessidades políticas e sociais de nossa existência, quando o objeto de toda lei magna é retratar o quadro fundamental das instituições e o compromisso da sociedade com os fins e o exercício do poder.

Nos Estados Unidos e na Alemanha há o culto da Constituição que tanta falta nos faz. E melhor não praticar a ordem constitucional, como fez Getúlio durante o Estado-Novo, pondo de lado a Carta de 1937 ao adotar a plenitude do poder pessoal, do que criar uma fachada de Constituição, tão nociva como a fachada dos parlamentos, interiormente cerrados, já pela ausência de prerrogativas fundamentais, já pela mutilação da autonomia.

Estamos sem dúvida passando por uma fase de transição, a caminho de uma concretização definitiva da democracia e da liberdade. Somos, de último, livres no debate e na critica e breve na eleição direta, graças a uma promessa presidencial cumprida e honrada até agora ao pé da letra. Mas nos achamos ainda em plena viagem, fruindo franquias que compõem em larga parte uma realidade de fato, não de direito. Esta, que buscamos em nome da estabilidade e do futuro, só alcançaremos com instituições firmes e legítimas, difíceis de lograr enquanto não removermos do sistema político as contradições e o entulho de regras e preceitos autoritários remanescentes, inclusive a atual lei de segurança, cuja revisão se impõe ao sentimento e à tradição jurídica do País.

Desvalorizamos nos últimos cinqüenta anos a Constituição com a mesquinhez e a insensibilidade de bárbaros. A arma das acometidas fatais tem sido, com freqüência, o golpe de Estado. Mas já se aparelha outra, muito mais letal e sutil: a de manter o formalismo da ordem constitucional e inserir como conteúdo de competência e atribuições, no corpo da Constituição, disposições materiais de arbítrio, que fariam da lei suprema o salvo-conduto do absolutismo ou a constitucionalização da autocracia.

Com esses paradoxos não haverá nunca uma realidade jurídica para a liberdade. Debaixo da Constituição de 1824, não fora a alma e o coração do Imperador, o País poderia ter conhecido a mais rígida ditadura pessoal, sem que a Carta ficasse descumprida ou a nação pudesse invocar contra o governante os preceitos do estatuto máximo.

A lição do século XIX demonstra que o Estado liberal do Ocidente principiou a desintegrar-se com o seu Estado de Direito na ocasião em que a lei deixou de ser a versão de um axioma reformista em favor da liberdade humana contra os privilégios da velha sociedade, para se converter no receptáculo de conteúdos injustos, legislados segundo regras intangíveis de formalismo, que deslumbravam os juristas da burguesia na fase mais conservadora de seu liberalismo de resistência e oposição social.

Pressurosos sempre em asseverar positivamente que todo o direito estava na lei, ficavam eles, porém, deslembrados da mensagem naturalista e revolucionária do liberalismo da primeira fase, liberalismo de ofensiva, feito de inconformismo e mudanças substanciais na sociedade de privilégios, nascida do feudalismo.

Há muitas formas de inculcar o desprestígio da Constituição e neutralizá-la conseqüentemente como instrumento maior – que sempre há de ser – da liberdade. Uma dessas formas reside em fazer Constituições ilegítimas, conferindo-lhes uma substância autoritária ou reformá-las de maneira também ilegítima.

1.16 Ordem constitucional e inflação

Temos dado largos passos no sentido da reabertura institucional, já agora uma realidade manifesta, desde o fim do AI-5 e o advento da anistia, cuja amplitude surpreendente, em relação à estreiteza com que fora inicialmente projetada, representou um avanço na estrada da redemocratização e da reconciliação do poder com as correntes oposicionistas, sobre as quais pesara o interdito da presença e da participação no curso do processo político nacional.

Em fins da década de 60, era uma tristeza a leitura da imprensa política, cujas colunas censuradas, proibidas ou reprimidas só estampavam notícias que afligiam a classe política: a cassação de mandatos, o recesso parlamentar, a queda de imunidades, o despovoamento das cátedras, o cerceamento da oposição, o silêncio e o medo nas tribunas públicas da opinião brasileira; mas sobretudo o medo, aquele medo que faz frágil a base dos governos ou aquela desconfiança que mina a liberdade dos cidadãos, tornando a lei uma incerteza para quem obedece e o Estado de Direito uma utopia para quem participa.

Hoje, princípio dos anos 80, o povo brasileiro se acha do ponto de vista político gradativamente restituído à tradição de suas franquias liberais, franquias preservadas ao longo da monarquia, bem como durante largas faixas de nossa existência republicana, num memorável período de afirmação do sentimento nacional, ainda quando o contestavam pendores ocasionais de autoritarismo do poder institucionalizado.

Observamos, durante este primeiro ano do mandato do governo do presidente João Figueiredo, que a Sociedade, ontem brutalmente conculcada, tão intimidada pelos meios repressivos do AI-5, fez considerável progresso para a retomada da confiança democrática, do prestígio e restauração, na consciência popular, dos valores sociais e federativos de nossa formação representativa.

Verificamos, assim, um refluxo do Estado em presença da Sociedade, mas um refluxo – convém não esquecer – de todo precário, apesar da latitude das medidas oficiais democratizantes já adotadas. Decorre essa precariedade da falta de um instrumento constitucional, que sendo expressão consagrada de legitimidade, possa erguer dos seus atuais destroços o edifício da Federação inexistente, ou fazer estável nos seus fundamentos o sistema representativo, desde muito abalado.

O tumulto reformista, produto natural e evidente da euforia redemocratizadora, se traduz em 73 projetos de emenda constitucional em curso no Congresso Nacional. A Constituição decrépita da "Emenda" n. 1, apesar do rejuvenescimento que lhe têm trazido ou possam ainda trazer-lhe as transfusões liberalizantes e o enxerto de tecidos democráticos, jamais perderá a feição de um organismo anormal, de um mostrengo jurídico. Do texto constitucional vigente não se apagarão os vícios de origem contidos na outorga, que foi o ato de força de sua promulgação. O povo nunca prezará essa constituição-colcha de retalhos, nunca se reconhecerá nela pela identidade de sua vontade nacional soberana.

O texto gordo que porventura resulte das reformas previstas, por mais permissivo ou concessivo que ele seja para as liberdades públicas e para a organização do poder, dificilmente alcançará, com as modificações introduzidas, a congruência de princípios, a sistematização, o caráter orgânico peculiar a toda constituição.

Fiel às suas dimensões históricas, a constituição democrática reflete a vontade do povo e a solidariedade da nação. Ergue-se como a maior das forças com que enfrentar o desafio social, os abalos econômicos, a crise da inflação ruinosa. As conseqüências produzidas pelo meio circulante anárquico não existem apenas na imprensa, no comentário radiofônico, nas imagens da televisão, mas na angústia do homem comum, do homem de rua, do homem classe média, do "povão", que sente todos os dias o seu dinheiro valer menos no transporte coletivo, na feira, na loja, no supermercado.

Há em tudo isso, pois, um gravíssimo perigo: o perigo de a classe média, desiludindo-se rapidamente da liberdade restaurada, fazer amanhã do voto um suicídio político em proveito dos "falcões" da ditadura, antes que alcance o País a plenitude democrática ou consolide a legitimidade das instituições.

1.17 "Brasil, Sociedade Democrática": acervo auxiliar do futuro constituinte

Em *Brasil, Sociedade Democrática* um grupo de cientistas políticos de escol, encabeçados por Hélio Jaguaribe, oferece à critica e à reflexão um diagnóstico da enfermidade institucional que tem minado o organismo da Nação, sujeitando-o durante longo período a um estrangulamento autoritário, do qual poderá recuperar-se caso seja bem-sucedida a cirurgia democrática a ser concretizada com a Constituinte, para onde convergem todas as esperanças do País.

Não resta dúvida que a pesquisa feita com louvável idoneidade por Jaguaribe, Francisco Iglésias, Wanderley Guilherme dos Santos, Vamireh Chacon e Fábio Konder Comparato, nomes todos pertencentes a uma constelação de pensadores sociais, traz, conforme intentaremos demonstrar, um importante subsídio de teor material e reflexivo ao processo de mudança, legitimação e renovação das bases sobre as quais assenta o atual sistema de poder na sociedade brasileira.

Tem-se referido e debatido com extrema freqüência os pressupostos da Constituinte, que será o instrumento de formulação do pacto social para o qual a Nação caminha. Se a grande assembléia faltar à finalidade desse pacto, ela não será nem democrática nem soberana, pois debaixo de um tapete representativo ficará pisada e repisada a vontade nacional numa das mais graves ofensas e desrespeitos às correntes populares de opinião que se movem rumo à democracia do Estado social. Reportamo-nos aos pressupostos materiais da Constituinte. Quase todos os que se apontaram de último trazem não raro uma conotação preocupante e negativa, obviamente explicada e justificada em razão da necessidade de nos desfazermos dos destroços do autoritarismo, a preamar legislativa do chamado entulho ditatorial, que se não for removido perverterá ou embargará a obra criativa do constituinte, por faltar-lhe as bases democráticas indispensáveis ao exercício da função institucionalizadora.

Mas ninguém ainda cogitou seriamente de armar a futura Constituinte de um excepcional utensílio teórico como é o texto 196 da "Coleção Documentos Brasileiros", recém-saído dos prelos da Editora José Olympio, na oportunidade histórica em que o País redefine seus rumos, tendo pela frente uma tarefa gigantesca de construir com legitimidade e fé democrática a República e a Federação, dois sistemas duramente flagelados e desorganizados pelos erros, vícios e omissões de um passado bem recente, cuja remoção se impõe como dever de salvação nacional e de sobrevivência da liberdade.

A pesquisa de Jaguaribe e seu grupo é louvável sobretudo por constituir um pressuposto de que nos víamos carentes na esfera teórica. Faltava um texto inspirado na ciência política e na sociologia para fundamentar e guiar os passos dos reformadores. Se resguardarmos a posição soberana dos membros da Constituinte nos atos deliberativos de que resultará a futura lei magna, não vemos por que recusar formas positivas e concretas de colaboração, partam de onde partirem. E quanto mais diversificadas as fontes contributivas, quanto mais numerosos os pontos de partida, tanto mais abundantes e opulentos os mananciais de inspiração de que se servirá a casa do povo soberano para guiar a sociedade rumo à solução de seus destinos.

A pesquisa *Brasil, Sociedade Democracia* é, portanto, pressuposto e roteiro, caminho aberto de acesso àquelas regiões tão difíceis de conquistar como têm sido para o povo brasileiro as da democracia social. Outro exemplo estimável de pressuposto positivo, de material útil coligido na pesquisa para constituir o acervo auxiliar do futuro constituinte, foi também o inquérito de opinião levado a cabo recentemente, com objetivo mais pragmático, pela Fundação Getúlio Vargas, sob a direção do eminente professor Afonso Arinos de Melo Franco. Valiosos igualmente o anteprojeto de Constituição do professor Pinto Ferreira e o da Ordem dos Advogados do Brasil, secção do Rio Grande do Sul; o primeiro se inclinando pela instituição de uma República socialista, na versão mais branda do socialismo ocidental, e o segundo preconizando se adote a fórmula parlamentarista de governo ao mesmo passo que propõe o respectivo modelo, incomparavelmente superior a quantas se viram, de último, esboçados em emendas parlamentaristas introduzidas no Congresso ou a este sugeridas.

O projeto de Constituição, seja de uma individualidade ou de uma comissão, seja de uma entidade, como foi o da OAB do Rio Grande do Sul ou do próprio governo, como será aquele que a Nova República se propõe a introduzir, nomeando sua própria comissão, tem um limite intransponível: não pode nem se deve converter numa pauta condicionante da Constituinte, pois do contrário esbarraria no obstáculo da soberania mesma dessa assembléia, que não tem fronteiras ao seu poder decisório. Se as tivesse ou admitisse, perderia a qualidade de colégio constituinte e se converteria num mero órgão constituído de representação, algo incompatível política e juridicamente com a natureza de tal poder, depositário da *suprema potestas nationis*.

Temos aliás visto desfilar muitos argumentos de oposição à sobredita iniciativa, nomeadamente porque ela parte da esfera oficial. Mas devemos atentar que no caso da Comissão Constitucional a plêiade de juristas procede da Nova República e não da ditadura e se institui em nome de um governo democrático, cujo compromisso com a liberdade e a justiça social tem sido renovado e reiterado a cada passo, não havendo ensejo em que semelhante compromisso não ingresse no discurso político de seu primeiro magistrado.

Uma coisa foi a sobredita comissão em 1824, com o Conselho de Estado áulico de Pedro I, que trabalhava usurpadoramente em nome da Nação, imersa ainda no trauma do golpe de Estado que dissolvera nossa primeira Constituinte, ou em 1966-1967, sob o clima negativo e autoritário de governo, trabalhando para uma Constituinte mutilada e um regime militar-tecnocrático, inspirado na repressão, sem nenhuma sinceridade em seus propósitos de reconstitucionalizar democraticamente o País; outra coisa será, porém, a Comissão Pré-Constituinte na sociedade aberta e livre, sob o clima de opinião das liberdades públicas, afiançadas a todo o povo e que atuará para uma Constituinte aberta, debaixo da vigilância da sociedade civil, cujas aspirações deverá sentir, comunicar e corporificar no documento que se somará às contribuições já dantes referidas.

Mas a verdadeira Comissão Constitucional que terá eficácia e legitimidade de poderes para propor, deliberar e encaminhar ao plenário suas proposições, é a que se venha a formar no seio da própria Constituinte, desempenhando o mandato que lhe foi conferido pela cidadania soberana, a exemplo da comissão que em 1823 votava com toda a liberdade o Projeto Antônio Carlos até que a Assembléia se viu fulminada pela dissolução imperial.

Brasil, Sociedade Democrática, como pesquisa intelectual, é, em rigor, uma revisão crítica, histórica e analítica sobre o problema de organização democrática do País, principiando com uma "Introdução" e um capítulo sobre "o Experimento Democrático na História Ocidental", em que Hélio Jaguaribe debate e projeta historicamente as distintas modalidades de democracia e se fixa em três formas básicas: a democracia de notáveis, a democracia de classe média e a democracia de massas, levando em conta o sufrágio para estabelecer essa distinção.

Mas outros critérios podem ser adotados em ordem ao reconhecimento do processo democrático, segundo o publicista. E assim teremos, quanto ao exercício do poder, a democracia direta e a democracia representativa; quanto aos poderes, a democracia totalitária, a democracia consuetudinária e a democracia constitucional; e, finalmente, quanto à abrangência, a democracia regulatória ou liberal e a democracia organizatória ou social.

Aplicando essa tipologia ao Brasil, infere-se que os autores acentuam sobretudo a natureza do sufrágio, ou seja, da participação efetiva do cidadão para examinar a partir daí o desdobramento do principio democrático na sociedade brasileira. A participação varia historicamente segundo linha acessória, sujeitando-se porém a recuos e ciclos fechados de autoritarismo. Principia evidentemente com a democracia de notáveis, que ocupa o espaço mais dilatado de nossa história, atravessando o Primeiro Reinado, a Regência e o Segundo Reinado, até a queda do Império, para prosseguir ininterrupta também durante o período republicano anterior à Revolução de 1930 e, portanto, ao desmoronamento da Primeira República.

A Constituição de 1934, segundo a obra dos pesquisadores, representa uma "efêmera democracia de classe média", restaurada com a Constituição de 1946, sendo no quadro de vigência desta última, sobretudo a contar da década de 50, que se tornam manifestas as pressões conducentes à "emergência de uma democracia de massas".

A classe média que em 1930 ascendera revolucionariamente ao poder passa a ser acossada ou impelida para uma democracia de massas com a intervenção do elemento populista.

O quadro se desestabiliza, ocorre "o golpe regressivo de 1964" e já no final da década de 70 a sociedade civil se apresenta mais democrática do que o sistema político, sendo esta, segundo os autores do livro, a explicação chave para marcar o crepúsculo e a decadência do arbítrio e significativamente possibilitar, como está possibilitando, a caminhada no sentido de uma "democracia social de massas", desde 1984.

Assinala a obra a importância que teve para essa mudança do cenário político – a crise do transcurso da democracia de classe média para uma eventual democracia de massas – as transformações operadas na sociedade brasileira que, utilizando-se as palavras do texto, deixou de ser predominantemente rural para se tornar urbana e de preponderantemente agrícola se converteu em preponderantemente industrial, indicando-se as variações percentuais respectivas dos setores primário e secundário de produção.

A crise política acompanha, portanto, o fenômeno de modernização, que o recuo autoritário de 1964 forcejava por fazer "conservadora", mas que já se mostrou impotente para "assegurar o apropriado funcionamento de uma sociedade que se tornou muito complexa, policêntrica, policlassista e com muito mais ampla distribuição de áreas de poder" (p. 439).

A resposta democrática – e aqui vai a nosso ver a conclusão fundamental da pesquisa – não poderá ser outra, com o advento da Nova República, já em fase de implantação, senão "um novo pacto social, que corrija as imensas distorções de concentração de renda e de oportunidades e abra um espaço multidimensional para a negociação entre classes e grupos".

Os cientistas políticos de *Brasil, Sociedade Democrática* versando o problema institucional pelo aspecto basicamente político não elegem uma forma determinada e preferencial de governo para presidir à concretização do pacto que virá com a Constituinte e a Constituição, segundo toda a sociedade brasileira aguarda. Não se definem, por exemplo, nem poderiam fazê-lo pelos limites científicos da pesquisa, ao redor de questões crepitantes como a continuidade da forma presidencial ou a alternativa parlamentarista, mas não fogem de certo modo à questão, quando estabelecem por requisitos da revisão institucional profunda três exigências básicas: "(1) alta representatividade social do Parlamento; (2) controle parlamentar sobre a formação e atuação do governo; (3) preservação democrática da estabilidade institucional por um magistrado representativo da vontade popular, não sujeito às vicissitudes da prática governamental ou parlamentar" (p. 441).

Essas exigências básicas volvem-se para alcançar ou promover "uma revisão institucional que assegure, concomitantemente, a preservação da estabilidade das instituições e ativa promoção da mudança social e do desenvolvimento". Mas acentuam que tais exigências se sujeitam, para serem devidamente preenchidas, a um regime eleitoral fundado no sufrágio universal e secreto, num regime parlamentar e num regime constitucional.

Depreende-se das "Considerações Finais" de Hélio Jaguaribe que a pesquisa admite de certo modo uma forma de governo parlamentar racionalizado, com o Presidente da República erigido em Poder Moderador, cuja neutralidade só termina diante da crise, quando então se arma ele de competência constitucional para debelar a anormalidade no funcionamento das instituições. Inspirados talvez em algum modelo europeu, os autores conferem ao presidente a atribuição de demitir o primeiro-ministro, nomear um governo de emergência e convocar novas eleições ao Parlamento.

Aspectos globais da crise social e política do País são vistos na pesquisa por diferentes ângulos, em análises exaustivas que poderosamente contribuem para uma melhor compreensão do problema tomado em sua totalidade. Não se descura a relevância que assume na sociedade de massas a comunicação, nem tampouco se despreza o problema da segurança nem o da Sociedade e o da Nação, tomados como um todo na linha em que habitualmente foram postos pelos sustentadores habituais do *statu quo* nacional, a saber, aqueles que obstinadamente impugnam, com resistência ostensiva ou passiva, a necessidade improcrastinável de um pacto da classe média com as massas. Configura-se assim a oposição do elemento conservador, temeroso de um desfecho populista e demagógico na transição para a democracia social de massas.

Sem embargo da solidez cientifica da pesquisa conduzida por um elenco de eminentes cientistas sociais do País, há contudo pontos ocasionais de insuficiência, qual, entre outros, aliás raríssimos, o que se refere à exposição e ao debate da questão federativa. Não cabe aí senão menção passageira ao problema da regionalização do Brasil, como se este estivesse unicamente circunscrito às Regiões Metropolitanas, quando em verdade as Regiões propriamente ditas, como é o caso do Nordeste, ocupam no quadro político atual uma dimensão importantíssima, quer do ponto de vista econômico e social, como já foi plenamente pressentida e proclamada por Celso Furtado, quer do ponto de vista da natureza e da composição federativa do sistema, conforme temos exposto e debatido em considerações exaustivas há mais de uma década. Deve essa temática entrar necessariamente no debate da futura Constituinte, se a Assembléia for realmente soberana, modernizadora, refederalizante e renovadora. Havia, por conseguinte, lugar para a análise da criação da autonomia regional e da solução dos conflitos de interesses regionais, que tomam projeção e vulto nacional, tanto na ordem política como na econômica. E eles não vêm só da Amazônia e do Nordeste, mas também do Brasil Meridional, como o recente caso do Sul-Brasileiro patenteou.

Se há senões ou ligeiras omissões na brilhante pesquisa conduzida por Hélio Jaguaribe e seus colaboradores, isso em nada diminui o extraordinário valor desse livro, que é a sustentação prudente de uma tese de confiança e moderado otimismo no destino da sociedade brasileira pela via consensual. A pesquisa acena, acima de tudo, com um pacto de pacificação e progresso que fará estáveis as instituições e poderá devolver ao povo a credibilidade nos seus governantes. Afinal, o País emerge dos abalos autoritários de cerca de vinte anos de incerteza e tempestade, de arbítrio e exceção, e busca, atônito, a saída, que não poderá ser outra senão a democracia e a liberdade.

1.18 Um debate sobre a Constituinte

As análises realistas sobre o tema Constituinte foram enriquecidas com a monografia de Tércio Sampaio Ferraz Júnior,[4] professor titular do Departamento de Filosofia e Teoria Geral do Direito da Universidade de São Paulo.

Afastando-se de um tratamento meramente formalista, que tem sido o mais usual no exame de questões relativas aquela matéria, o sucessor de Miguel Reale na reflexão dos problemas filosóficos do Direito em nosso País não se omitiu perante o debate sobre os rumos políticos da Sociedade brasileira, em momento de crise tão profunda como esta, provocada pelos 20 anos do pesadelo autoritário e da desorganização institucional que a ditadura de 1964 acarretou. A monografia, como seus subtítulos indicam, se ocupa de questões pertinentes à Assembléia,

---

4. Tércio Sampaio Ferraz Júnior, *Constituinte, Assembléia, Processo, Poder*, Ed. RT, São Paulo, 1985.

ao processo e ao poder, numa linha de exposição, histórica e sistêmica, de manifesta inspiração sociológica.

As origens universitárias do professor Ferraz se vinculam naturalmente ao influxo filosófico que ele recebeu na Mogúncia, Alemanha Ocidental, onde, em 1979, ouvi dos professores Theodor Viehweg e Ottmar Ballweg, o primeiro já aposentado e o segundo em pleno exercício da função docente, um testemunho de aplauso, simpatia e respeito ao colega brasileiro.

De Viehweg, o pontífice da Tópica, Ferraz fora discípulo; de Ballweg, colega e amigo. A presença, pois, do professor paulista não poderia faltar, como não faltou na obra *Teoria Retórica do Direito* (*Rhetorische Rechtstheorie*), publicada por Ballweg e Seiber em 1982, onde Tércio faz uma análise retórico-pragmática da norma permissiva.

A projeção internacional do professor Tércio Ferraz Júnior está portanto fora de dúvida, sendo esta mais uma razão para festejarmos como das mais significativas a sua presença no debate constituinte do País. Com o professor Tércio, sentimos muitas afinidades metodológicas no campo do Direito. A maneira como ele colocou a Constituinte, fugindo aos cânones formais, só nos merece louvores.

Os reparos subseqüentes configuram, todavia, divergências, sobre certas afirmativas contidas na obra. Senão, vejamos. Primeiro, escreve Ferraz: "Para que exista poder constituinte derivado é necessário que o poder constituinte originário estabeleça limites às alterações da própria Constituição".[5] Até aqui estamos de inteiro acordo, sobretudo quando ele, a seguir, distingue tais limites em formais e materiais. No entanto, prossegue textual: "Existem ordens constitucionais, porém, como a norte-americana que não conhecem a idéia de poder constituinte derivado, pois só admitem o poder constituinte originário".[6]

A esta altura, discordamos por completo. O poder constituinte originário só se exercitou nos Estados Unidos uma única vez, há cerca de 200 anos, quando a Assembléia de Filadélfia fez talvez a mais longeva e rígida das Constituições existentes. Todas as mudanças formais ulteriores, adicionadas ao texto constitucional norte-americano, foram sempre obra de um poder constituinte derivado ou constituído ou de segundo grau, que outro não é senão o poder de reforma da Constituição, de que é dotado o Congresso dos Estados Unidos – tanto quanto o nosso, um poder constituído – tão constituído como os demais poderes,

5. Tércio Sampaio Ferraz Júnior, ob. cit., p. 31.
6. Idem, ibidem.

o Executivo e o Judiciário, estruturados segundo o modelo clássico de Montesquieu, nascido de reflexões historicamente falhas sobre a Constituição da Inglaterra.[7] Logo, os Estados Unidos, foram, em verdade, o padrão por excelência de um poder constituinte derivado, de natureza jurídica, e o foram na medida em que sua Constituição projetou as limitações formais além do Congresso (aqui quórum de dois terços das duas Casas para aprovação da emenda constitucional), ou seja, ao exigirem, também, num excesso de formalismo federativo (já em parte satisfeito com a intervenção do Senado), a ratificação da emenda por três quartas partes das Assembléias Legislativas dos Estados-membros da União Americana.

Discordância também ponderável assinalamos, tendo em vista o que Ferraz asseverou: "A república americana (...), não nasceu junto com a idéia de república".[8] Se isso fosse verdade, toda a contribuição do *Federalista*, onde escreveram os País da Constituição, viria abaixo.

Afigura-se-nos igualmente temerária ou errônea outra assertiva, com que ele dá continuidade àquela parte transcrita de seu texto: "Ao contrário, a Constituição que foi depois estabelecida na Constituição americana era uma Constituição mais do tipo parlamentar, parlamentarista, mais ou menos na esteira do que havia na Inglaterra".[9] Ora, não há nada no texto da Constituição norte-americana que invoque a forma constitucional parlamentarista, nem no texto, nem na realidade.

Desde os primeiros momentos, desde a inauguração, ali, do regime presidencial, houve, em rigor, um presidencialismo rígido, modelo da nova forma governativa, oposta ao sistema parlamentar inglês. Se a Inglaterra inspirou o presidencialismo americano, foi unicamente com a memória do rei poderoso e absoluto, sujas prerrogativas os súditos sublevados no século anterior haviam reprimido mediante o sangue real derramado sobre o cadafalso de Carlos I, ou até mesmo abolido, com a ditadura republicana de Cromwell, para finalmente restaurá-las, em bases monárquico-constitucionais, após a "Gloriosa Revolução" de 1688. Mas aí – reitere-se o entendimento inequívoco – já sob o signo restritivo e constitucional da ascensão parlamentar, que desembocou na vitoriosa hegemonia do Parlamento. Isso é, porém, uma cadeia de sucessos que transcorrem ao longo de três séculos e chegam até as primeiras décadas do século XX. Poder-se-ia ainda dizer, para invalidar aquela afirmativa

7. V. o Capítulo VI do Livro XI do *Espírito das Leis*, de Montesquieu.
8. Tércio Sampaio Ferraz Júnior, ob. cit., p. 36.
9. Idem, ibidem.

do professor Tércio Ferraz, que há dúvidas se a Inglaterra já possuía, durante a segunda metade do século XVIII, uma genuína forma parlamentarista de governo.

Com certeza, não nos consta fosse naquela época a Constituição americana "uma Constituição mais do tipo parlamentar, parlamentarista, mais ou menos na esteira do que havia na Inglaterra", pois nem na forma nem na realidade encontramos jamais nos Estados Unidos um primeiro-ministro, uma responsabilidade ministerial ou uma dissolução parlamentar, técnicas ou artefatos políticos mediante os quais se compõem a essência e a fisionomia da forma parlamentarista de governo. Tampouco poderia uma espécie híbrida de parlamentarismo ou presidencialismo dispensar jamais aqueles instrumentos, como o presidencialismo americano sempre o fez. Desde as nascentes de sua organização constitucional, os Estados Unidos consagraram, portanto, outro modelo político, de perfil autônomo e distinto, qual seja, o presidencialismo, mais perto ali de sua pureza e de sua antítese clássica ao parlamentarismo do que qualquer outro sistema político conhecido.

Quando se ocupa das Constituintes brasileiras, no Capítulo 7 da monografia comentada, o professor Ferraz escreve: "O Estado brasileiro, desde que nasceu, foi um Estado Constitucional, um Estado cujo Poder era limitado e organizado através de uma Constituição escrita". E na página seguinte: "O Brasil nasceu um Estado constitucional, em 1822, logo depois, em 24, com a Constituição do Império".[10] Ora, o Estado brasileiro nasceu formalmente com a Independência, a 7 de setembro de 1822, mas não nasceu constitucional, pois não nos consta houvesse já então uma Constituição escrita organizando e limitando-lhe o poder. A Constituinte viria em 1823. Dissolvida no mesmo ano, seria sucedida pelo ato de outorga da Constituição do Império, obra de um Conselho de Estado a que o Imperador presidira, mas em verdade fruto da vontade privilegiada e absoluta de quem tivera o poder de desferir contra e Constituinte o funesto golpe de Estado de 12 de novembro de 1823.

Não nos parece tampouco aceitável a peremptória assertiva do jurista segundo a qual "no Brasil, ao contrário, é preciso reconhecer que o ideal constituinte se implantou como um movimento no interior do aparelho do Estado". A sociedade civil poderia ser elitista, mas já existia e era atuante através de bacharéis, sacerdotes e militares. A aspiração constituinte, ainda como ideal, era facilmente identificável na rebeldia republicana da 1817, em Pernambuco, anterior ao advento do Estado, e

10. Tércio Sampaio Ferraz Júnior, ob. cit., p. 47.

com muito mais força depois, no movimento armado da Confederação do Equador, de que resultaram até esboços de Constituição. Nunca esquecer que Frei Caneca, sacerdote e mártir, foi na pregação do *Typhis Pernambucano* nosso primeiro constitucionalista.

Enfim, faltaram ao estudo *Constituinte, Assembléia, Processo, Poder*, de autoria de Tércio Ferraz Jr., a resposta e o debate sobre as seguintes questões concretas, que, a nosso ver, são de magna contextura para o momento constituinte nacional: constituinte congressual ou constituinte autônoma? (a legitimidade do processo constituinte), Constituição do povo ou constituição das elites? Estado social, com pluralismo, democracia e consenso ou Estado de Direito meramente formal, patrocinado por liberais e conservadores, debaixo de formas aparentemente progressistas, como se fez em 1946?

Não sendo o professor Ferraz um constitucionalista, mas um brilhante pensador e mestre de outras áreas do Direito, as considerações expendidas em nada desmerecem a monografia que ele publicou. Valiosa no seu conjunto e sólida na sua estrutura, nem por isso se acha ela isenta de falhas ou omissões, às quais, via de regra, nos sujeitamos todos quando enfrentamos matéria tão vasta, tão complexa e tão polêmica como esta de constituinte e constituição.

1.19 A destinação constitucional das Forças Armadas

Em *Uma Constituição para a Mudança*,[11] o professor Oliveiros S. Ferreira, cientista político da Universidade de São Paulo, reúne vários estudos que publicou sobre matéria constitucional, nomeadamente na época em que o marechal Castello Branco, já exercendo a Presidência da República, se dispunha a reconstitucionalizar o País.

Com efeito, o chefe do movimento de 1964 buscava, dois anos depois, a legitimação do poder, por via de um novo código fundamental, que refletisse a realidade do País. Tomava-se, porém, por realidade do País, ao fazer-se a Constituição, menos as históricas aspirações democráticas da sociedade brasileira do que o domínio daquelas forças que, pela intervenção armada, se haviam apoderado do governo e da Nação.

O clima constituinte era, pois, adverso a um projeto consensual, que brotasse conseqüentemente da sociedade e não do Estado. Os chefes revolucionários pretendiam no íntimo uma Constituição outorgada

11. Oliveiros S. Ferreira, *Uma Constituição para a Mudança*, Livraria Duas Cidades, São Paulo, 1986.

e não uma Constituição promulgada, quando muito uma "outorga mediante promulgação", como paradoxalmente acabou acontecendo.

Que se fez para levar a cabo a nova empreitada? Sob a égide dos Atos Institucionais, o presidente Castello Branco nomeou uma Comissão de juristas para elaborar o anteprojeto de Constituição. O anteprojeto, uma vez submetido ao Congresso Nacional, deveria ser discutido e votado no decurso de um prazo rígido, estabelecido pelo ato decisório que atribuíra poderes constituintes àquela assembléia, transformada em nossa primeira constituinte congressual; aliás, um modelo de constituinte que tem prosperado, de último, em nossa singular história constitucional!

Havia na época dois fatores de ilegitimidade conspirando contra a adoção de um pacto democrático: primeiro, a ambiência autoritária que coagia o processo político; segundo, a baixa representatividade do Congresso, mutilado em seus quadros por numerosas cassações de mandatos de deputados e senadores.

Da sociedade civil partiu, porém, em 1966, uma contribuição do Instituto dos Advogados de São Paulo, a saber, um anteprojeto elaborado por vários juristas e um cientista político.

A Comissão do Instituto, de que também fazia parte o insigne jurista Goffredo da Silva Teles Jr., naturalmente estava sujeita, tanto quanto o Congresso, às injunções adversas que empurravam o País para o maior retrocesso de sua história, numa escalada cujo ponto culminante seria o AI-5 e a Emenda Constitucional n. 1, de 1969.

Sem embargo de toda a onda repressiva que estava em curso, os membros da Comissão puderam sem graves atropelos concluir a tarefa, da qual veio a resultar um anteprojeto, com pontos positivos e pontos negativos. Vamos esquecer, porém, a crítica a estes últimos, que suscitam objeções tanto de técnica como de fundo: não se previa o modelo de reforma constitucional, não se definia a natureza da forma de Estado, não se enumeravam os poderes constitucionais, não se conservava o Poder Legislativo como tal, decomposto temerariamente num Departamento Legislativo sem origem eletiva e numa Assembléia Legislativa Nacional, desprovida da iniciativa de leis.

Assinalemos, portanto, unicamente os avanços contidos no espaço positivo do anteprojeto: o fim do matrimônio indissolúvel, a forma de reconhecimento social da propriedade, o voto do analfabeto, a plenitude do direito de greve, sem distinção entre atividades essenciais e não essenciais.

Mas o subsídio superior da monografia do professor Oliveiros não é propriamente o comentário ao anteprojeto do Instituto; é, sem dúvida, a maneira corajosa, objetiva e realista como ele enfrenta, nesse estudo, o delicado problema das relações entre poder estatal e poder militar.

Um dos dogmas clássicos do constitucionalismo republicano, que ele forceja por impugnar – e para tanto não lhe falta talvez o apoio da verdade histórica, da sociologia do poder e da normatividade fática –, é aquele que diz nas Constituições que o presidente da República exerce o comando supremo das Forças Armadas. A esse respeito, assevera Oliveiros: "Deixemos de ilusões imaginando que o presidente da República é o comandante-chefe das Forças Armadas. Depois desses 21 anos, o comandante supremo delas não existe, e cada uma das Armas singulares obedece a seu ministro. O primeiro passo, pois, para resolver o problema que se colocará na Constituinte é definir a quem elas obedecem politicamente – pois a seu ministro obedecem corporativamente".[12] E a seguir: "Sei que as posições que sustento encontram objeções fortes, mas é importante insistir nelas: as Forças Armadas são um Estado dentro do Estado, com a agravante de que têm as armas".[13]

O exame constitucional do papel das Forças Armadas mostra o que a seguir resumiremos.

No Projeto Antonio Carlos, de 30 de agosto de 1823, dizia-se: "A força armada é essencialmente obediente e não pode ser corpo deliberante".[14] O Projeto do Conselho de Estado, de 11 de dezembro de 1823, fez significativa alteração e assim dispôs: "A Força Militar é essencialmente obediente; jamais se poderá reunir, sem que lhe seja ordenado pela autoridade legítima".[15] Foi a redação que prevaleceu no corpo da Constituição outorgada, com o artigo correspondente ao mesmo número, Quando se deu a primeira grande crise da monarquia, o formalismo do texto não prevaleceu e teve por conseqüência a Questão Militar do Império.

O "essencialmente obediente" dos tempos imperiais prosseguiu nos anteprojetos republicanos e na Constituição da Primeira Repúbli-

12. Oliveiros S. Ferreira, ob. cit., p. 73.
13. Idem, ibidem.
14. Projeto elaborado pela Comissão da Assembléia Constituinte, subscrito por Antonio Carlos Ribeiro de Andrada Machado e Silva, José Bonifácio de Andrada e Silva, Antonio Luiz Pereira da Cunha, Manoel Ferreira da Câmara de Bittencourt e Sá, Pedro de Araújo Lima (com restrições), José Ricardo da Costa Aguiar de Andrada e Francisco Muniz Tavares. V. o art. 249.
15. Desse teor o art. 147.

ca.¹⁶ Houve também, com respeito às Forças Armadas, novos acréscimos, que têm sido polêmicos, ate os nossos dias: por exemplo, o de guardiãs da ordem interna, voltadas para "a manutenção das leis" no interior.¹⁷ A Constituição de 1891 também conferia às Forças Armadas a obrigação de sustentar "as instituições constitucionais", o que se nos afigura tarefa de todo distinta e perfeitamente legítima.

Em 1934, o Projeto do Governo Provisório inovou a técnica de redação, unificando no mesmo artigo o que antes estava separado: "manutenção das leis" e "sustentação das instituições constitucionais", mas conservando o "essencialmente obedientes e remetendo toda essa matéria para uma secção nova, intitulado "Da Defesa Nacional".¹⁸ A Constituição promulgada foi, todavia, além do anteprojeto, substituindo "a manutenção das leis" pela garantia da "ordem" e da "lei" e a "Defesa Nacional" por "Segurança Nacional". Com isso se aumentava a temperatura polêmica do texto finalmente adotado.

A seguir, a Constituição de 1946, afrouxando cada vez mais os laços constitucionais de sujeição do poder militar ao poder civil e aumentando o potencial de intervenção na ordem interna, expungiu do texto o "essencialmente obedientes", que ainda constava do anteprojeto do Instituto da Ordem dos Advogados do Brasil,¹⁹ ao mesmo passo que manteve a redação de 1934 no que tange "a garantir os poderes constitucionais, a lei e a ordem"²⁰ A partir da Constituição de 1946 nunca mais se falou em garantia dos poderes constitucionais, mas tão-somente em garantia dos poderes constituídos, o que não é a mesma cousa.²¹

O professor Oliveiras S. Ferreira, ocupando-se, pois, do tema, com a proficiência que lhe é habitual, e todos reconhecem, introduz

---

16. V. o art. 14 da Constituição dos Estados Unidos do Brasil submetida pelo Governo Provisório ao Congresso Constituinte e mandada publicar pelo Decreto n. 914, de 23 de outubro de 1890. Com a mesma redação e sob o mesmo número no texto publicado por força do Decreto n. 510, de 22 de junho de 1890. Sem alteração de conteúdo e de numeração na Constituição de 24 de fevereiro de 1891.

17. V. o mesmo art. 14 da Constituição de 1891.

18. Expressões constantes do art. 77 e § 17 do Projeto enviado pelo Governo Provisório à Assembléia Nacional Constituinte em 18 de novembro de 1933.

19. Art. 143 do anteprojeto elaborado peta Comissão Especial do Instituto dos Advogados do Brasil, publicado no *Diário da Assembléia*, de 29 de março de 1946. A Comissão de notáveis daquele Instituto esteve sob a presidência de Haroldo Valladão e dela faziam parte, entre outros, Sobral Pinto, Otto Gil, Arnoldo Medeiros da Fonseca, Pedro Calmon, Themístocles Cavalcanti e Raul Fernandes.

20. Art. 177 da Constituição de 18 de setembro de 1946.

21. Art. 92, § 19, da Constituição de 24 de janeiro de 1967.

na sua importante monografia uma fórmula para resolver o secular problema da destinação das Forças Armadas fora do campo específico de sua atuação na órbita externa, em que todos estão de acordo. Busca assim instrumentos institucionais novos que possam pôr termo a uma controvérsia inaugurada com a República, visto que, como diz ele, "é da Constituinte de 1891 a idéia de que as Forças Armadas não são mais obedientes à autoridade legítima, mas, sim, a seus superiores, dentro dos limites da lei".[22]

A proposta do eminente publicista de São Paulo, para acabar com as intervenções militares na política do País, consiste basicamente em fazer o exercício do comando supremo das Forças Armadas recair na competência privativa de um Conselho de Estado.[23]

A idéia, digna de acurado estudo por parte do constituinte, poderia completar-se com o aditivo constitucional que conferisse às Forças Armadas a defesa dos poderes constitucionais, ou seja, a defesa da própria Constituição, sempre que legitimada por um tribunal constitucional. Suprimir-se-ia portanto, do texto da carta magna o vocabulário equívoco de manutenção da lei, da ordem e dos poderes constituídos; uma ambigüidade constitucional que tem aberto caminho à intervenção política das Forças Armadas, o que Oliveiros Ferreira, como cientista político, bem sabe aferir o alcance que já teve e poderá vir a ter em futuro não remoto.

1.20 Será possível legitimar a Constituição de 1987?
Crise constituinte e crise constitucional

O tema ao redor do qual gravitará a exposição que temos a honra de fazer neste 11 de Agosto, data nacional dos advogados, se prende unicamente a esta interrogação, de vasta atualidade para todo o País: será possível legitimar a Constituição de 1987, ora em fase de elaboração?

A pergunta mesma já diz tudo sobre a importância do assunto; para a cidadania, para a Nação e para o povo. Melhor fora sem dúvida não ter que suscitá-la. Mas tal só seria possível se outras fossem as circunstâncias de ação democrática e de soberania do Colégio Constituinte. Como isso não acontece, é a natureza mesma da constituinte e da constituição que volta, conjuntamente, ao exame dos juristas, dos

22. Oliveiros S. Ferreira, ob. cit., p. 71.
23. Oliveiros S. Ferreira, ob cit., pp. 71 a 76 (*O Estado de S. Paulo*, 28.3.2007).

sociólogos e dos pensadores políticos ante a enormidade dos problemas e das dificuldades já surgidas, desde que aquela assembléia se reuniu.

A pergunta preliminar decorre, pois, de legítimas preocupações, volvidas no seu alcance menos para o presente do que para o futuro. Mas um futuro sujeito ao desempenho das responsabilidades políticas dos que, vinculados aos dois principais poderes do governo, regem a esta altura os destinos do País, buscando traçar a linha soberana de um regime de liberdades públicas e franquias democráticas.

A pergunta – se será possível legitimar a Constituição de 1987 – vem carregada de um imenso potencial de dúvida, porquanto acolhe implicitamente o reconhecimento de que existe uma crise.

Aqui chegamos a um ponto importantíssimo, ou seja, ninguém poderá responder àquela indagação tão crucial, se não partir desta simples e elementar verdade: atravessa o Brasil uma crise constituinte, e crise constituinte não tem o mesmo significado que crise constitucional.

Vejamos, por conseguinte, a essência e os desdobramentos conceituais da distinção que se vai estabelecer entre as duas modalidades de crise. Se não a estabelecermos, dificilmente haveremos de compreender o que ora acontece neste País, com o seu povo e com as suas instituições.

A crise constituinte, sendo um processo, não se exaure nem na outorga nem na promulgação de uma Constituição. Ela de todo se manifesta pela inadequação da nova Constituição às realidades sociais mais profundas. E ocorre naturalmente quando as instituições políticas recém-criadas, por obra do braço soberano, não alicerçam um poder legítimo, fazendo, ao contrário, perdurar, em toda a sociedade, o dissenso sobre o consenso. Nesse caso a instabilidade prossegue e a Constituição, desprovida de um substrato básico de aprovação popular, perde a eficácia, a juridicidade, a normatividade.

Para resolver uma crise constitucional basta reformar a constituição: quando muito promulgar outra constituição.

A crise constituinte, ao revés, representa a enfermidade do próprio corpo social, por isso raramente pode ser debelada. O Brasil, há mais de vinte anos, enfrenta sem êxito unia crise constituinte e não, em rigor, uma crise constitucional.

O período autoritário de 1964 transformou, desde os chamados atos institucionais aquilo que fora a crise constitucional da República de 1946, numa crise constituinte que perdura até hoje.

Veio, em seguida, a abertura, minada, procrastinada e obstaculizada em pontos fundamentais, como, por exemplo, o de não chegar nunca às eleições diretas, nem se desfazer do uso dos decretos-leis ou da aplicação da legislação autoritária.

De tal sorte que, enquanto não se resolvem esses pontos, a chamada "revolução permanente" dos juristas da ditadura acabou sendo substituída, de último, por uma espécie de "transição permanente" dos constitucionalistas da Nova República; "transição permanente" que é uma contradição em termos, na qual a realidade tem sido mais poderosa do que a lógica.

Se a Nação quer dar um passo à frente, como no caso das eleições diretas já, não fartam vozes que advertem para o perigo de um colapso da transição. Mas desse paradoxo absurdo, o da "transição permanente", a Constituição vindoura, segundo nos parece, não conseguirá nos libertar, se for ela o retrato dos Anteprojetos que a Nação já conhece.

O Brasil vê os efeitos da crise constituinte se fazerem sentir também fora das esferas governativas, desde que a instabilidade alcançou todas as formas, políticas, sociais e econômicas.

Cada campo da organização fundamental do País reflete essa crise, esses abalos de estrutura, ao mesmo passo que prepondera nos ânimos a psicologia do medo e da dúvida. Alastra-se o pessimismo por quase todos os círculos sociais, diante das flutuações do poder. A incerteza das medidas do governo, hoje decretadas, amanhã revogadas, depois de amanhã reintroduzidas, fazem o País deploravelmente instável.

Há necessidade, pois, de definições, e como nada se define, o que antes era uma crise de Estado e crise de governo, agora se converte, pela sua ampla contextura e latitude, numa crise da própria sociedade e de seus fundamentos injustos e inadequados.

Apurada assim a conclusão irresistível de que nos achamos afogados numa crise constituinte, resta saber se dela vamos sair por meio da nova Constituição em via de elaborar-se. Tudo depende, ao nosso ver, da legitimidade do novo texto. Uma constituição legítima a de 1987? Certamente que não. Poderá acaso ser legitimada? Sim, respondem os otimistas; talvez, dizem os menos céticos; não, replicam os mais pessimistas. A nossa resposta há de inferir-se da ordem de reflexões que subseqüentemente faremos a esse respeito.

Dois aspectos essenciais se conjugam para o acurado exame da questão. O aspecto formal e o aspecto material da legitimidade.[24]

---

24. A distinção entre constitucionalidade formal e constitucionalidade material não se infere necessariamente da rigidez dos preceitos constitucionais. Em verdade, a existência das Constituições rígidas até veio de certa forma invalidar ou pelo menos

Do ponto de vista formal, nenhum constitucionalista que se preze dirá que a Constituição de 1987 será legítima. A razão poucos ignoram, visto que já se debateu exaustivamente esse ponto antes e depois da Emenda convocatória. Em resumo, constituinte congressual não é constituinte, é poder constituído. Logo não pode elaborar uma Constituição, prerrogativa do poder constituinte de primeiro grau.

Contudo, o grave vício de ilegitimidade formal de que padece aquele Colégio poderia ter sido consideravelmente atenuado se a Emenda, da iniciativa do Presidente Sarney, houvesse sido plebiscitada. No ânimo de muitos resta porém a esperança de que ao cabo dos trabalhos constituintes e antes de promulgada, seja a Constituição submetida a um referendum constituinte. Cabe então inquirir se assim não haverá, *a posteriori*, uma legitimação formal por via desse instrumento soberano, de expressão da vontade popular que é o *referendum*. A primeira vista, parece que sim.

Mas nem por isso a legitimidade deixaria de sair bastante arranhada, porquanto os fatores materiais de legitimação, que residem na sociedade, teriam atuado de forma muito mais eficaz e participativa se a consulta fora executada ao ensejo do ato convocatório e o povo houvesse respondido sim à Constituinte congressual. Sua dimensão de

obscurecer a separação desses dois aspectos, pois tudo quanto entra nas Constituições é tido por constitucional, sendo, do ponto de vista estritamente jurídico, irrelevante o grau de importância do assunto regulado, que tanto pode ser um direito fundamental como um simples mandamento casuístico ou uma disposição programática.

A diferença que ainda se pode estabelecer reside tão-somente no reconhecimento de que o *formal* é uma inferência de proteção derivada da regra constitucional e que decorre de sua própria rigidez, proteção deveras superior à da lei ordinária, que se altera com muito mais facilidade. Já o *material* assinala a relevância dos conteúdos constitucionais, a importância que se lhes possa atribuir.

Há a esse respeito uma lição de fundamento teórico e prático, extraído diretamente de um texto de Direito Constitucional positivo, o do art. 178 da nossa Constituição do Império. De inexcedível rigor para a época, ele ainda guarda sólido préstimo em fazer-nos compreender a distinção, cuja necessidade sempre emerge da análise dos problemas constitucionais básicos, nomeadamente quando as Constituições contemporâneas se vêem atropeladas de casuísmos ou incham por excesso de conteúdos transitórios, regras de acabamento e pormenorização, ou preceitos de somenos importância, que melhor caberiam na esfera da lei ordinária ou no âmbito da legislação complementar.

Veja-se o primor de inferência e referência do constituinte imperial, desatando o nó das dificuldades ocasionadas pelos dois aspectos, dos quais já se fez tanta menção e que, ao nosso ver, ainda conservam doutrinariamente todo o interesse e atualidade: "E só constitucional o que diz respeito aos limites e atribuições respectivas dos poderes políticos, e aos direitos políticos e individuais dos cidadãos; tudo o que não é constitucional pode ser alterado, sem as formalidades referidas, pelas legislaturas ordinárias" (art. 178, da Constituição Política do Império do Brasil, de 25 de março de 1824).

autoridade e soberania não estaria sendo, nessa hipótese, tão impugnada ou confutada com a força e o peso dos argumentos teóricos ministrados pelo Direito Constitucional.

Referendar a futura Constituição equivale também a entrar de cheio no problema de seu conteúdo, na dimensão material de sua legitimação, aquele que agora nos vai interessar de perto. É o segundo aspecto a que nos reportamos, de inicio, sem todavia fazer-lhe a análise nos moldes daquela já feita tocante à legitimidade formal.

Do ponto de vista da legitimação material, é que se vai ferir a batalha decisiva da legitimidade da nova Constituição. Parlamentarismo, federalismo,[25] mandato presidencial, direitos sociais, tributação, ordem econômica, reforma agrária e reforma urbana, habitação, trabalho, desemprego, reserva de mercado, conceito de empresa nacional, educação e saúde, eis as matérias mais controversas e aflitivas, ao redor das quais as posições já se repartem por uma divisória de radicalização irreprimível.

Constituição liberal, conservadora, progressista – compõe assim, pelo ângulo ideológico, o tema central do debate iminente.

Entramos, pois, no domínio da chamada Constituição real, aquela que concretiza conteúdos materiais, consagra princípios, proclama valores e preenche, assim, o arcabouço da Constituição jurídica. Toda essa matéria que compõe textos constitucionais, a Sociedade acolhe ou rejeita, depois da definição jurídica, cuja eficácia e normatividade fica pendente do consenso.

Depois do desastre formal de legitimação da obra constituinte, cabe averiguar o que virá adiante, quando se aplicar a nova lei maior, fruto de pressupostos formais tão adversos e duvidosos, cuja consta-

25. Os Anteprojetos divulgados até agora em nada alteram a estrutura federativa clássica, herdada da Primeira República. O nosso sistema sempre gravitou ao redor do eixo União-Estado Membro. A criatividade constituinte a esse respeito tem sido basicamente nula, com a reflexão nos apontando o divórcio permanente entre a realidade e o conteúdo federativo das instituições. O fosso só se tem alargado, a tal ponto que o País desde muito se transformou num vasto Estado imperial unitarista. A proposta de introdução de estatutos de autonomia regional, nomeadamente como solução para a "questão nordestina", já foi conduzida ao exame da Assembléia em Emendas dos constituintes Paes da Andrade, Lavoisier Maia, Aluisio Campos, José Lins de Albuquerque e Firmo de Castro, dentre as que chegaram ao nosso conhecimento. Sobre a importância de um federalismo de bases também regionais, pelo qual batalhamos há cerca de vinte anos, vejam-se os ensaios constantes de *Política e Constituição – Os Caminhos da Democracia* (Forense, Rio de Janeiro, 1985), bem como a tese de Mestrado, de Paulo Lobo Saraiva, na Pontifícia Universidade Católica de São Paulo, intitulada *Federalismo Regional*.

tação polêmica dividiu mais do que uniu a sociedade e as esferas de opinião.

Se a Constituição for bem sucedida na elaboração das regras e preceitos fundamentais acerca daquele temário em que se concentra materialmente o núcleo de todas as nossas dificuldades contemporâneas, a legitimação poderá vir, como veio há mais de cem anos para a Constituição do Império.

Com efeito, o projeto liberal de D. Pedro I naufragara com a dissolução da Constituinte e com a outorga da Carta, bases de um absolutismo que todavia somente vingou durante o Primeiro Reinado. A pouco e pouco, a Constituição da monarquia, ilegítima pelas vias formais, em virtude de suas origens na outorga e no arbítrio, adquiriu, ao longo de sessenta anos, uma legitimação material, que não só fez a unidade do Império como tornou estáveis as instituições. Mas teve primeiro que sobreviver a dois abalos: o do Primeiro Reinado, com a Confederação do Equador, seguido logo da crise na bacia do Prata determinando a perda da Província Cisplatina, e o da Regência, marcado de episódios turbulentos e de comoções civis que antecederam a Maioridade.

Não padece dúvida, entretanto, que uma Constituição ilegítima como será a de 1987 – e ela pelo menos já o é assim formalmente, desde o berço, conforme razões há pouco expendidas – poderá ainda adquirir legitimidade pela combinação ulterior das vias formais e dos conteúdos materiais.

Tal aconteceu com a Constituição do Império, que se legitimou de certo modo pelos caminhos do formalismo com o Ato Adicional e pela via construtiva da hermenêutica constitucional com a Lei de Interpretação. Sem ambas não teria a Constituição sobrevivido nem se adequado às realidades do País mediante um lento e delicado processo de legitimação material.

O mesmo poderá acontecer com a nova Constituição que aí vem, obedecidos, porém, os seguintes pressupostos: primeiro, uma união consensual mínima ao redor da matéria mais polêmica que venha a entrar no texto – o que somente ocorrerá se não houver violência ideológica ou coação da parte de correntes conservadoras, aquelas eventualmente majoritárias, pela natureza mesma da composição do órgão de soberania: a seguir, que se adote um modelo mais conciso de texto constitucional, remetendo às leis complementares e ordinárias a matéria enciclopédica dos particularismos, tanto mais presentes quanto mais flexíveis venham a ser, de necessidade, as regras de governo, até mesmo aquelas que, em sua aplicação, assumem a feição materialmente constitucional; e, de último, para que a Constituição dê certo e tenha eficácia normativa não bastam as leis complementares, pois, mais importantes que estas – e talvez ninguém tenha dado a este aspecto o suficiente destaque – é a criação de um tribunal constitucional, de jurisdição concentrada, fadado a ser um guardião da ordem Suprema, um atualizador dos preceitos constitucionais, pelos caminhos da hermenêutica, enfim, um árbitro moderador e pacificador dos grandes conflitos de poderes que toda constituição, inevitavelmente acarreta, sobretudo no quadro de uma sociedade complexa, sujeita às mutações do progresso e do desenvolvimento, no pórtico da era pós-industrial.

Consideremos a seguir a crise desse instrumento de soberania, que é a constituinte. Tudo se prende à questão crucial da legitimidade: um princípio que não pode receber ofensa sem graves conseqüências para a natureza do regime e das instituições.

As Constituintes desprovidas de legitimidade ou sem a plenitude do mandato, isto é, sem soberania, se sujeitam à mesma crise que tem amesquinhado os órgãos de representação legislativa. Com efeito, muito se tem escrito acerca do declínio das assembléias e parlamentos no exercício contemporâneo da função política de legislar.

Toda vez que tal função espelha atos de governo e percorre as vias normativas e decisórias para expedir regras de direção social imediata, solver problemas, atalhar conflitos, tributar a riqueza, remover crises, restaurar a economia, sanear orçamentos não é o legislativo senão o executivo que, com mais assiduidade, se investe dessa hegemonia privilegiada.

Nenhuma Casa do povo respira, onde não há debate, onde falta oxigênio à livre discussão, onde o ponderado intercâmbio das idéias e a civilizada expressão dos conceitos se vêem sufocados com o grito ou abafados com a intimidação.

Sem o espaço de anuência concedido à opinião pública, à racionalidade da crítica e à presteza do debate, os parlamentos submergem sob a onda dos interesses, sob o cálculo do casuísmo, sob a deserção do plenário-vazio, sob o voto das lideranças, sob a força do que é particular, inferior, transitório, fosforescente, momentâneo.

Desterrando a vontade geral, os parlamentos desta época testificam semelhante realidade, mais atroz, sem dúvida, nos regimes presidencialistas, em que o Executivo recorre, com freqüência, ao decreto-lei para se fazer senhor de quase toda a função legislativa.

Em se tratando, porém, de assembléias constituintes, correm elas o risco cada vez mais presente de se converterem em bolsas de ações da soberania e do capital político, onde cada artigo da Constituição ou cada relatório de Comissão sobe ao pregão dos poderosos interesses em jogo.

Ao contrário do consenso, o que emerge das votações constituintes é o dissenso, é a pulverização irremediável das disposições, é sobretudo o escândalo de não se definir a lei maior em bases de generalidade. Um texto de ocasião, uma espécie de lei ordinária de quinhentos artigos e outros tantos parágrafos, um código de disposições transitórias porquanto só tem serventia para a conjuntura, uma pseudoconstituição que não se projeta para o futuro do País, para as gerações vindouras, eis a que fica reduzido o sonho constituinte de uma Nação sequiosa de perpetuar no bronze da lei as conquistas sociais da liberdade e da democracia.

Reiteradamente asseveramos que a sociedade brasileira sempre chegou tarde para os momentos supremos de sua existência política e social. Tarde para a independência, quando quase toda a América já havia sacudido o jugo da opressão colonial; tarde para a alforria dos escravos, quando éramos talvez a única nação negreira do continente; tarde também para o advento da república e principalmente para a adoção do sistema federativo; porém muito mais tarde ainda para a revolução industrial e para as transformações e avanços do Estado.

Com efeito, o Brasil tem sido atropelado pelo tempo e pela história, a saber, por uma impressionante caudal de retardamentos, dos quais, os mais recentes exprimem as vacilações, as partidas e os recuos que envolvem tanto a questão social agrária como a questão social urbana.

Faces idênticas de um mesmo problema, ambas patenteiam a indefinição ideológica, já do regime, já do lugar conferido à terra, ao capital e ao trabalho no futuro da sociedade brasileira.

A hora contemporânea tem sido de alternativas confusas, que fazem o poder mover-se, ora num sentido, ora noutro, enquanto o País perplexo, inquieto e atribulado, desconhece os rumos da navegação política.

As correntes conservadoras intentam fortalecer o argumento do Estado liberal invocando a lufada de liberdade e iniciativa que estaria passando pelo socialismo da Europa oriental, buscando com esse arrazoado invalidar a legitimidade do Estado social e decretar o fim dos freios estatais, a supressão dos setores da economia dirigida, o cancelamento da intervenção nos mercados, o ocaso do planejamento. Querem assim fazer-nos crer que toda ingerência do Estado na ordem econômica é suspeita, malsã e trágica. Suspeita, por exemplo, a Petrobrás, malsã a Itaipu, trágica a Eletrobrás e a Vale do Rio Doce.

Desejam simplesmente um retorno puro às formas liberais do passado como condição única para a Nação fruir a liberdade a que todos aspiram. Mas será possível – indagamos nós – a esta altura do Estado social brasileiro, estabelecer uma economia de mercado em toda a plenitude, sem a destruição política das grandes conquistas sociais e sindicais do trabalhador? Não seria acaso outro recuo ou outro retardamento mais nocivo talvez que todos aqueles há pouco enunciados?

Eu admito que ao Estado socialista o Brasil tão cedo ou talvez nunca chegue, ao contrário aliás do que pensa o Professor Pinto Ferreira com seu Anteprojeto de Constituição. Conservo esta opinião, pelo menos enquanto a economia permanecer quase toda desnacionalizada, em mãos do capital estrangeiro.

Mas não posso admitir que o Estado social de Getúlio Vargas e Juscelino Kubitschek, o Estado social das Constituições de 1934 e 1946, gerado pelas forças democráticas e populares nas batalhas da Petrobrás e de último na lei da informática, venha a ser aniquilado por uma Assembléia de conservadores, subitamente transformada – como aconteceu mediante um passe de mágica usurpatória – em Assembléia Nacional Constituinte.

Eu escrevi há mais de trinta anos uma tese de cátedra intitulada *Do Estado Liberal ao Estado Social*; hoje, quero poupar aos meus discípulos a amargura de escreverem eles, amanhã, tese oposta, que seda a do retrocesso, vazada portanto em termos inversos, ou seja, "Do Estado social ao Estado liberal".

Duzentos anos de anacronismo e regressão na história haverá se o plenário constituinte de Brasília adotar para a nossa sociedade algo mais retrógrado e mais obscurantista do que o Estado liberal da Primeira República e do Império, lavrando e promulgando uma Constituição que, na dimensão do tempo, nos reconduza às Ordenações manuelinas e filipinas do Brasil Colônia; o que equivale a dizer: ontem o Brasil da Coroa portuguesa, hoje o Brasil das multinacionais.

Em suma, a legitimação da Carta que se vai promulgar, decorridos já cinco meses do exercício da função constituinte, congrega ao seu redor mais elementos negativos do que positivos.

Senão vejamos. Conspiram contra a legitimação: o ato convocatório sem a sanção plebiscitaria, a natureza congressual da constituinte, a confusão das competências acumuladas, o desprestígio oriundo da legitimação de seus poderes, a dúvida sobre a extensão e o caráter das suas prerrogativas de soberania; a ruim qualidade dos Anteprojetos já oferecidos, inferiores, aliás, ao da Comissão Afonso Arinos, como é de justiça assinalar; a composição política e social da Assembléia, onde os grupos conservadores tendem a prevalecer e a impor ao País, em matéria social e de direitos humanos, uma Constituição que faria a Nação suspirar de saudades das de 1967 e 1946; o volume e a extensão do texto, transbordante, casuístico, impreciso e contraditório, onde o que é formalmente constitucional ocupa mais espaço do que aquilo que é, em rigor, materialmente constitucional e, enfim, este reparo técnico, que se colhe sem dificuldade: os constituintes dão a impressão de estar redigindo um código de direito privado e não uma Constituição.

Quanto aos fatores positivos, estes são mais esperanças do que realidades. De real tomo, há tão-somente a força pedagógica do debate constituinte como elemento de cultura política e de orientação da Assembléia, e, a par desse fator, o elevado e surpreendente grau de interesse e participação democrática externa, já concretizada na apresentação de 94 emendas de iniciativa popular.

Não resta dúvida que são fatores de ponderável legitimação material da futura Constituição, se efetivamente seu conteúdo social e jurídico, depois da intervenção do Plenário e da aprovação de um Substitutivo puder recuperá-la das taras da anormalidade já diagnosticadas e vislumbradas no corpo dos Anteprojetos apresentados.

Desde porém que a dose de ilegitimidade apontada pesa mais sobre a Constituinte e a Constituição do que os elementos de legitimação em perspectiva potencial, não temos dúvida em asseverar que a Nação, mais breve do que se possa supor, há de retornar às urnas a fim de eleger, amanhã, outra Constituinte, realmente soberana, legítima e exclusiva, e fazer a sua Constituição, a verdadeira Constituição do povo brasileiro e não das elites reacionárias. Somente então por-se-á termo à crise constituinte que, no decurso de várias gerações, tem privado a cidadania do exercício estável das liberdades públicas e mantido sobre o País o domínio do privilégio, da injustiça de classe e do egoísmo social.

Cuidar, por conseqüência, que no dia seguinte ao da promulgação da nova Carta o País terá saído da crise e volvido a níveis políticos definitivamente normais de liberdade e democracia, é ledo engano; sobre ser, por igual, carência de perspicuidade.

De que vale a legalidade constitucional, se o problema da legitimidade não ficar resolvido? A Nação em caráter provisório, poderá ter saído de uma crise menor, a crise constitucional, mas nem por isso ter-se-á livrado necessariamente da crise maior, a crise constituinte.

A primeira – a crise constitucional – é mais de forma do que de conteúdo, mais jurídica do que sociológica ou existencial; a segunda, não; é crise suprema, substantiva, estrutural, porquanto afeta a essência da sociedade e o cerne das instituições.

É esta última que não podemos perder de vista e solvê-la, quanto antes, se possível. A Constituinte que aí está, não tem, todavia, a nosso ver, estatura para cumprir essa missão histórica. Dezembro de 1987 dirá se a razão está ou não do nosso lado.

2
PARLAMENTARISMO, PRESIDENCIALISMO E TECNOCRACIA

2.1 O "Manifesto Parlamentarista"

Regressamos há pouco do Rio Grande do Sul, onde, ao lado de centenas de outros participantes, assinamos o *Manifesto Parlamentarista*, fruto do Primeiro Encontro Nacional Parlamentarista, celebrado na Assembléia Legislativa, em Porto Alegre, por representantes das mais distintas correntes políticas e ideológicas.

O *Manifesto* tinha que partir do Rio Grande, berço, que é, de uma tradição parlamentarista cujos expoentes mais altos organizaram outrora uma pregação partidária, cristalizada no verbo patriótico de um Raul Pilla ou de um Brito Velho, insignes apóstolos desta bandeira redentora para a qual se volvem as esperanças do País, já extenuado de autoritarismo e descrente das fórmulas gastas de um presidencialismo sem horizontes e sem abertura para o futuro.

A comunhão republicana e federativa coloca-nos diante de problemas consideráveis, avolumados pela incapacidade de um sistema que durante anos de arbítrio divorciou o Estado da Sociedade. Temos urgência, pois, em chegar a uma fórmula de implantação do governo parlamentar neste país.

A restauração pura e simples da normalidade representativa sob a égide do presidencialismo constitui uma volta melancólica ao passado, de modo que não nos surpreenderá se após o 15 de novembro, com as previstas vitórias da Oposição nos Estados mais poderosos da Federação, tenhamos um reencontro com todas as incertezas e perplexidades geradas por um sistema que vê as mudanças sucessórias como um rompimento do equilíbrio institucional, uma crise do Poder, um abalo da ordem estabelecida.

As fraquezas do presidencialismo, que é a ditadura sob o disfarce do recesso, sempre se convertem em golpes de Estado e aventuras armadas, pondo em sobressalto permanente a vida política, ao mesmo passo que fazem precário todo o processo democrático. Salvo o exemplo dos Estados Unidos, não se conhece estabilidade em regimes presidencialistas.

Os que argumentam contra o parlamentarismo invocam a freqüente queda dos gabinetes, mas esquecem que nos países de forma parlamentar mais instável, como a Itália contemporânea e a França da Terceira República, cada ministério que cai, como já notaram os mais percucientes observadores, é um golpe de Estado que se evita ou uma comoção institucional absorvida pela normalidade do sistema. No presidencialismo, ao contrário, sabemos como a sucessão de um presidente ou a renovação de um Congresso abalam as estruturas políticas, alimentando o clima de intranqüilidade pública, com o risco das soluções de força.

Há pouco um ex-Presidente da República se manifestou de público contrário à eleição direta para a suprema magistratura da Nação, e este homem falou com a autoridade que lhe confere o fato de haver sido o grande arquiteto da restauração democrática brasileira. No entanto, sua tese é falsa para o presidencialismo, embora verídica para o parlamentarismo. Não se concebe um governo presidencial de plena legitimidade sem o presidente nascer do sufrágio popular, da disputa plebiscitária nas urnas do regime.

A eleição indireta do presidente no presidencialismo, se não fere a essência democrática dessa forma de governo, retira-lhe, todavia, um fundamento de prestígio e legitimidade de que ele sempre se ressentirá no exercício de suas atribuições.

Mas no parlamentarismo o contrário acontece. Aí, o presidente eleito por sufrágio direto poderá converter-se num centro de convergências políticas indesejáveis, a ponto de ameaçar ou perturbar, como poder rival e concorrente a que se poderia alçar, pelo prestígio da investidura popular direta, as bases da supremacia que pertence ao Parlamento e faz legítimos seus governos.

Com efeito, recomenda-se no parlamentarismo que o presidente venha da eleição indireta, do voto do Parlamento, para o desempenho de uma função moderadora, representando, como chefe de Estado, aquela esfera superior de autoridade a que não têm acesso as paixões políticas, os conflitos ideológicos, as competições partidárias, as questiúnculas de governo, a disputa de interesses, a febre do poder, o egoísmo das facções; em suma, aquela neutralidade necessária e benfazeja de árbitro institucional, apto a presidir a Nação no verdadeiro lugar que a majestade do cargo lhe confere.

O parlamentarismo no Brasil de nossos dias é, por conseguinte, a única fórmula de evitar que, após os traumas eleitorais e as possíveis surpresas plebiscitárias, haja uma recaída da Nação nos processos autoritários de governo, produzidos pelo temor do chamado revanchismo e do retorno ao passado.

2.2 O Parlamentarismo e a decadência das instituições

Em face da crise política, social e econômica do século XX, o parlamentarismo deixou de ser simples técnica de governo, para se enriquecer de um conteúdo que lhe confere certa dignidade ideológica e o converte no instrumento por excelência de manutenção dos valores democráticos da Sociedade aberta e pluralista, ou seja, em alternativa única para as vias autoritárias de exercício do poder tão freqüentes nos países semidesenvolvidos ou subdesenvolvidos do chamado Terceiro Mundo.

A Índia, uma Nação com níveis desiguais de desenvolvimento, comparáveis aos do Brasil, e de dimensões também continentais, adotou uma Constituição parlamentarista ao sacudir o jugo colonial inglês, em 1947. A Constituição recebeu, até 1978, 44 emendas, mas é a mesma na sua índole e nos seus fundamentos. Cicatrizou com o sistema parlamentar as feridas do colonialismo. Até hoje não houve ali uma ditadura, um golpe de Estado ou uma revolução, salvo as profundas transformações morais e espirituais que se observam rumo à criação de um futuro de paz e democracia.

O argumento de que países subdesenvolvidos ou semidesenvolvidos precisam de governos fortes – em palavras mais rudes, de ditaduras – para a solução de seus problemas fundamentais, e por isso são inadaptáveis à forma parlamentar, pela suposta instabilidade congênita do parlamentarismo, é dos mais divulgados e ao mesmo passo dos mais falsos que se conhecem.

Em primeiro lugar, ditadura não ê sinônimo de governo forte, mas de governo de força. Governo forte é o governo da lei, governo de autoridade. E autoridade não se faz por obra da força, senão do assentimento, ou seja, da confiança dos governados. Ela não deriva do elemento coercivo tomado insuladamente, mas do Direito que se concretiza no poder. A legitimidade então produzida é o vínculo que prende, em estado de mútua confiança e cooperação, governantes e governados, para o pleno exercício de tarefas executivas pertinentes à condução de uma política dirigida para o bem comum da Sociedade e da Nação.

A crise dos Executivos contemporâneos é crise de legitimidade. Nunca dispuseram eles tanto quanto agora, como acontece nos regimes presidenciais, de parcela de competência mais larga com que enfrentar problemas sociais e econômicos de toda natureza. No entanto, os resultados colhidos são mesquinhos e os colocam aquém da expectativa que lhes cerca a atividade e o desempenho.

Uma das mais graves distorções do presidencialismo concentra-se ao redor de elementos que agravam habitualmente a crise do sistema, quais sejam: a ausência de confiança na competência dos quadros dirigentes, com grave dano às bases da legitimidade governativa; a elevação do grau de influência do estamento burocrático, que, ao invés de ser um braço da Administração, se transmuda na cabeça de todo o sistema de governo com o poder que o presidencialismo outorga neste País aos tecnocratas; o declínio da função parlamentar, que se mede estatisticamente pela perda de participação do Congresso na feitura das leis; o dilúvio normativo de decretos-leis e atos ministeriais que não raro arrebatam a competência constitucional do Poder Legislativo; o exercício de prerrogativas da soberania nacional, sem audiência do Congresso, pelos ministérios da área econômica, quando decidem sobre matéria econômica e financeira de caráter internacional, produzindo um ônus que compromete toda uma geração; o desprestígio da lei e da Constituição como regras jurídicas abstratas de fixação de direitos e deveres dos cidadãos; o excesso de decisionismo casuístico, refletido numa torrente de atos e medidas executivas eivados de contradições, recuos, inconstitucionalidades e surpresas, caracterizando a indecisão e a perplexidade; enfim, o divórcio entre o Estado e a Nação, o Governo e a Sociedade, o Poder e a Opinião: um fosso que o presidencialismo tem alargado, pela insuficiência de seus instrumentos participativos e pela privação do diálogo ou de formas mais eficazes de comunicação da autoridade com o povo, este grande ausente do processo político, este soberano tão sub-representado na modalidade presidencial de governo.

O presidencialismo no Brasil não resiste, pois, a uma crítica séria. Da Proclamação da República aos nossos dias a instabilidade perpetuou-se nas instituições, debaixo de governos aparentemente estáveis e que só o eram como expressão de sacrifício que nenhum povo almeja fazer: o da liberdade imolada na continuidade de um autoritarismo sujeito às recrudescências do estado de sítio (os governos de Bernardes e Floriano na Primeira República), às violações da ordem constitucional, às insurreições armadas, ao golpe de Estado, às ditaduras civis e militares.

Divórcio entre Estado e Nação

Sabemos, por dolorosa experiência, como acabam as crises do presidencialismo: na renúncia e no suicídio de presidentes, na Constituição outorgada e nos atos institucionais, no colapso da participação democrática, no silêncio das tribunas, nos *ukases* de recesso e fechamento das Casas do Congresso e na erosão dos valores representativos, sem os quais é impossível estabelecer uma ordem democrática genuína.

Se cotejarmos a República presidencialista destes dias com a Monarquia do século XIX, verificaremos, não sem um certo assombro, que ao fim do Império estávamos com o parlamentarismo e a realidade constitucional do País mais próximos daquelas três verdades gravadas na plataforma republicana, e razão de ser do novo regime e das promessas de 1889: a liberdade, a federação e a democracia. Da liberdade, num regime de opinião que fizera possíveis a campanha abolicionista e seu coroamento emancipador; da federação, não fora a fraqueza dos últimos ministérios da Coroa, quando o País já caminhava firme para as soluções descentralizadoras preconizadas pelo verbo de Nabuco e Rui; e, finalmente, da democracia, quando o regime da Constituição de 1824 garantira direitos, conferira o voto ao analfabeto e estabelecera o ensino primário gratuito, numa intuição precursora do Estado Social contemporâneo.

Até 1930 a Sociedade brasileira vivera 40 anos de presidencialismo oligárquico, com o último Presidente anterior à Revolução daquele ano propondo que se resolvesse a questão social nas chefaturas de polícia. Transitamos então para um presidencialismo de feição personalista e populista, de cunho vocacionalmente autoritário, que fez o Estado Novo e a década do AI-5, oscilando de maneira contínua para a ditadura e a supressão das liberdades públicas. Um presidencialismo, por conseguinte, de convivência difícil com a democracia e os princípios constitucionais, afeiçoado mais ao poder pessoal que às regras de limitação da vontade do Estado.

Nesse longo interregno de nossa existência temos visto o espaço político ocupado em grande parte pelas ameaças ideológicas dos extremismos de esquerda e direita, disso se valendo o presidencialismo para manter a Sociedade intimidada e o povo sem os governos legítimos que resultariam de sua efetiva participação no Poder pelas vias representativas – a saber, por um Parlamento de maiorias governantes, aptas a sustentar Executivos responsáveis.

A batalha contra o subdesenvolvimento no Brasil coincidiu desde a década de 30 com a necessidade de implantar uma forma de Estado Social, determinado pelos motivos históricos e ideológicos que nos compeliam a atualizar as instituições com o princípio da igualdade, tão em voga desde que as teses sociais do Ocidente o fizeram um instrumento de adequação da democracia aos imperativos de uma Sociedade mais justa e mais humana nos seus alicerces.

Ausente do processo político

Acontece, porém, que, enquanto as velhas democracias européias transitavam normalmente do Estado Liberal para o Estado Social, pelas vias constitucionais das novas Declarações de Direitos, inspiradas em um novo princípio de justiça e reconciliação dos membros do corpo político, desfazendo, assim, o equívoco dos que apostavam na falência global dos sistemas da democracia parlamentar e representativa, o Brasil, ao contrário, não pôde levar a cabo igual mudança, salvo impondo ao seu povo o sacrifício das liberdades democráticas e o recurso freqüente aos governos de exceção. Configurou-se, assim, em nosso país um Estado de menoridade e tutela, traduzido na espécie de presidencialismo do nosso sistema, atado invariavelmente ao intervencionismo, à tecnocracia, à estatização, à irresponsabilidade política dos ministérios, ao regime anárquico das decisões casuísticas, à falta de freios e programas. A conseqüência foi, de uma parte, o isolamento do Congresso e a descaracterização de suas funções e, doutra parte, o desprezo dos órgãos de opinião.

Um Estado social que resulta desse tumulto institucional, desdobrado ao longo de várias décadas, faz o País distanciar-se cada vez mais dos horizontes da democracia e o povo afeiçoar-se a formas sutis de sujeição política e não-participação.

Significa, evidentemente, um retrocesso para a Sociedade e o País, não sendo, por conseguinte, aquele Estado Social que estampava as convicções mais profundas de quantos mantiveram a reforma e a mudança como artigos de luta indissociavelmente vinculados à preservação da liberdade, ao enriquecimento da tradição liberal e à igualdade como acréscimo da liberdade.

Sem liberdade o Estado Social resultaria inútil, por consubstanciar a imagem mesma do despotismo prefigurado por Montesquieu: a multidão de iguais e um chefe. Desgraçadamente, o presidencialismo brasileiro nos conduz de maneia sistemática a essa modalidade de Estado Social, despolitizado em 1937 com o Estado Novo e repolitizado em 1968 com o Al-5 e a repressão antiliberal, antiparlamentar e antiparticipativa.

Não se pode nem se deve obscurecer o teor das importantíssimas conquistas sociais decretadas durante os três ou quatro períodos ditatoriais impostos à Nação pela inviabilidade do presidencialismo, mas essas conquistas teriam sido igualmente alcançadas, com menos ônus para a Nação e menos trauma para as instituições, pela via democrática do sistema representativo e parlamentar. O patrimônio liberal que fundamenta o Estado de Direito acha-se de todo destroçado, tanto na fé das gerações, inclinadas à indiferença ou à sedução das ideologias sem liberdade, como no substrato material de reverência e acatamento dos governantes aos valores constitucionais do ordenamento jurídico da Nação.

A herança do presidencialismo nos últimos 50 anos foi exatamente esse divórcio estabelecido entre o Estado Social e o Estado de Direito, entre a igualdade e a liberdade, entre a vontade dos governantes e a vontade dos cidadãos, entre o Executivo e o Legislativo, entre a decisão e a norma, entre o Estado e a Sociedade, sem embargo da onipotência que o primeiro exerce sobre o segundo, deformando o princípio democrático de concretização livre do Estado na Sociedade. Em verdade, Estado e Sociedade devem conjugar-se pela liberdade, e não pelo arbítrio, a fim de que prevaleça o interesse social como obra da legitimidade, jamais da imposição ou do decreto.

Mas, ainda em termos de Estado Social, o quadro da realidade do Brasil contemporâneo, submerso na mais grave crise econômica e financeira de todos os tempos, está a demonstrar que fizemos apenas uma modesta caminhada rumo a uma Sociedade mais humana e igualitária Esta Sociedade se achava generosamente contida em promessas de legislação, programas de governo, plataformas presidenciais, oratória ministerial e depoimentos de autoridades.

Uma estatística de 40 milhões de analfabetos, 30 milhões de menores carentes ou abandonados, 2 milhões de desempregados, na convulsão de uma crise que fecha escolas, hospitais e fábricas, empobrece a Sociedade, avilta o salário, desnacionaliza a empresa, elimina e sufoca a iniciativa privada e transfere para praças estrangeiras e organismos internacionais o poder decisório sobre as finanças do País e a conduta da economia nacional, constitui indubitavelmente a certidão de óbito do presidencialismo e sua gestão tecnocrática, que menospreza os valores encarnados na presença e fiscalização dos órgãos parlamentares. Nunca foram tão elevados neste País os níveis de desigualdade social. Um só poder há de inspirar confiança ao povo para redistribuir, pela justiça do reformismo tributário, a renda nacional, segundo novos parâmetros: esse poder é o da representação popular, organizado sob nova forma de governo – a saber, o parlamentarismo.

Mas sua tarefa não se cingirá a retomar o ímpeto da legislação igualitária, em bases de legitimidade, senão que se estenderá a essa face importantíssima e fundamental, até agora descurada, cuja privação fez malograr os anseios nacionais de uma democratização legítima da Sociedade brasileira: a consolidação constitucional do Estado de Direito, pressuposto de que depende todo o futuro da questão social no País.

Sem o Direito e sem as liberdades humanas poderemos fazer quando muito o Estado Social das ditaduras, jamais o Estado Social de Direito das democracias autênticas e legítimas, coroadas da participação livre e responsável numa Sociedade de cidadãos, e não de súditos.

A superioridade do parlamentarismo sobre o presidencialismo é manifesta. Concepção mais democrática e mais atualizada de organização da função governativa, a seu favor militam inumeráveis razões. Põe termo ao governo de um homem só, que acumula poderes e funções, como as de principal executivo, principal legislador (que assim o é, de fato), chefe de Estado, chefe de governo e chefe de partido, enfeixando três chefias nas quais se condensa um poder político quase impossível de conter-se nos limites de uma Constituição; esse governo já e de si mesmo a preparação virtual da ditadura ou o convite ao exercício absoluto do poder. Demais, suas origens plebiscitárias na eleição direta o predispõem de modo quase irresistível para as formas exacerbadas do populismo demagógico e anti-representativo, mormente numa época em que o Estado Social tem servido de pretexto para destruir as barreiras limitativas e constitucionais do Estado de Direito, do qual tende a separar-se.

Prevalecer o interesse social

A alternativa não é menos sombria quando se tem recurso à eleição indireta, como no caso brasileiro, pois diante da hipótese vertente o que ocorre é a baixa vertiginosa do índice de legitimidade do mandato presidencial, que a consciência democrática da Nação, zelando suas prerrogativas eleitorais soberanas encarnadas no voto popular, dificilmente admite.

Essa crise de último referida, ou seja, a da infralegitimidade do presidente, sagrado por um colégio eleitoral de segundo grau, inexiste no parlamentarismo.

Sem perda de substância democrática, mas com reforço da representatividade parlamentar, pode e deve o sistema parlamentarista eleger o presidente por sufrágio indireto, visto que a função deste se legitima pelo quadro das competências restritas que a Constituição lhe traça no mecanismo das instituições, como símbolo de unidade, continuidade e majestade do poder.

A desatualização do presidencialismo decorre, por sua vez, da rigidez que tolhe uma fácil comunicação dos Poderes e dificulta no exercício político do regime o relacionamento do Executivo com o Legislativo. Os dois ramos mais importantes do Poder estatal tendem a isolar-se e a hostilizar-se, conforme nos dão testemunho as grandes crises do passado. Um reflexo institucional negativo, então, se produz, patenteando a inconveniência daquela separação ou a incomunicabilidade típica do sistema presidencial, cuja resultante é sem dúvida um Legislativo vassalo, interiormente fechado, desprovido de prerrogativas básicas, a funcionar como assembléia de fachada, e não como órgão de soberania.

Poder da representação popular

No parlamentarismo os Poderes se aproximam e se coordenam para o desempenho da tarefa harmônica de governo, sem maior rivalidade ou ressentimento. De antemão já se sabe que quem governa é o ministério, sob a chefia responsável de um primeiro-ministro. E governa unicamente enquanto mantiver a confiança da maioria parlamentar. A conexidade política do governo com o Parlamento se faz tão íntima e estreita pelo instituto da responsabilidade ministerial que, embora distintos os dois Poderes, como determina a doutrina, não se acham separados por um fosso de hostilidades e ambições como no presidencialismo, mas antes predispostos a se moverem de par na unidade que a confiança majoritária lhes confere no Parlamento.

Governo de partido, de opinião, de maioria e de representação, ele se acha normalmente impregnado de alto teor de legitimidade, e basta isso para fazê-lo idôneo a enfrentar e absorver crises, repartindo por todos, sem injustiça, o ônus político, econômico e social dos sacrifícios exigidos à Nação.

Um teorista da democracia moderna disse, em esplêndida reflexão, que uma idéia simples e falsa tem mais poder no mundo que uma idéia verdadeira e complexa. Se a tese não é verídica para o mundo, talvez o seja para o nosso Continente, onde o presidencialismo se apresenta aos olhos ingênuos de muitos como aquela idéia simples, porém falsa, ao passo que o parlamentarismo, com toda sua verdade, afugenta, por complexo na aparência, o raciocínio indolente dos mais primários na concepção do poder.

Em vigor, o parlamentarismo apóia-se sobre uma base de requisitos mínimos e essenciais, cuja presença compõe a natureza do sistema. Enumerados por Klaus Stern, são esses requisitos: a presença, em exercício, do governo, enquanto a maioria do Parlamento não dispuser o contrário, retirando-lhe o apoio; a repartição entre o governo e o Parlamento da função de estabelecer as decisões políticas fundamentais; e, finalmente, a posse recíproca de meios de controle por parte do governo e do Parlamento, de modo que o primeiro, sendo responsável perante o segundo, possa ser destituído de suas funções mediante um voto de desconfiança da maioria parlamentar. No mais, o parlamentarismo oferece contextura flexível, admite variantes e configura distintos modelos, consoante os mecanismos adotados, com base, de preferência, no princípio da mais alta racionalidade institucional possível.

Poderá, assim, haver governos parlamentares em que os membros do governo sejam ou não, ao mesmo tempo, membros do Parlamento, ou em que governe apenas o partido majoritário ou, ainda, se admita a coligação de partidos. Indiferente também é a forma do sistema eleitoral, que tanto poderá ser o majoritário puro, o proporcional e o misto. Quanto ao misto, vamos encontrá-lo no exemplo clássico da Alemanha, onde se elege a representação ao Parlamento tanto pelo sistema da proporcionalidade como pelo voto distrital. O parlamentarismo valoriza sobretudo a idéia de representação nos moldes democráticos, como expressão fiel da vontade livre dos cidadãos. A função representativa do Parlamento, base de legitimidade do poder, é reconhecida por axioma entre todos os que aderem ao parlamentarismo. Reconhecem que não basta coexistirem governo e Parlamento para haver tal modelo, senão que ele assenta sobre uma filosofia democrática dos valores da representação.

Não vamos levantar problemas filosóficos de natureza política para preconizar a excelência do parlamentarismo em relação às demais formas de governo propostas aos países que aspiram a uma democracia como princípio básico de organização e exercício do Poder. Martim Kriele, na sua moderna *Introdução à Teoria do Estado*, fez, sem o confessar, uma aplicação dos métodos interpretativos da Tópica, ao justificar o parlamentarismo contemporâneo como uma forma de governo que vai além do relativismo de valores e do pluralismo de interesses, para fundar um *ethos* de objetividade, imparcialidade e tolerância, mediante o qual se abre espaço dialético ao exercício da razão humana, fundada na premissa de sua unidade e universalidade.

Esse *ethos* toma igualmente por base o *sensus communis*, que consente, mediante o argumento e o debate, pensar cada problema e avaliar e dirigir experiências, aptas, com o tempo e a persuasão, a produzir, se necessário, aquelas mudanças sensatas de opinião, graças às quais se aperfeiçoa a convivência democrática nas Sociedades livres. Em suma, diz Kriele: "O fundamento histórico do parlamentarismo se encontra – como já o sustentou Ernst Troetsch – na tradição do direito natural, entendendo por tal não um complexo de normas fixas, senão *o processo histórico de justificação dialética,* que abre a melhor possibilidade de realização da justiça no direito positivo".

O parlamentarismo, se adotado, trará ao País o pressuposto da legitimidade política e jurídica, de que ele se acha tão carente, em razão do presidencialismo autoritário das últimas décadas.

O presidencialismo neste País fascinou os militares, os republicanos, os positivistas, os antiliberais e os fautores da democracia carismática e plebiscitária, os quais, na passagem da Monarquia à República, temiam que o fim do Império viesse abalar as estruturas da unidade nacional, essa comunhão milagrosa que na América luso-espanhola somente nós logramos alcançar, enquanto as possessões de Castela se despedaçavam em repúblicas de caudilhos, convulsionadas pelas guerras civis subseqüentes às guerras heróicas da emancipação colonial.

Enquanto mantiver a confiança

Mas esse temor era e continua sendo infundado, pois a melhor forma de estabelecer a solidez institucional é a descentralização, a autonomia, o federalismo, agentes de uma solidariedade consentida que nasce do Direito, e não da força, que é fecunda e criativa, que explica o milagre das resistências democráticas nas crises mais explosivas de uma nacionalidade, como ficou bem demonstrado com o exemplo inglês durante a II Grande Guerra Mundial.

O parlamentarismo é laço de união política mais eficaz que o presidencialismo, uma vez que inclina o Poder para a responsabilidade, absorve crises, faz estáveis as instituições, torna os conflitos da Sociedade normais. Longe de fazer das controvérsias mais agudas uma contestação do Poder, as converte em disputa ao redor do governo, cuja queda, por vício ou incompetência, não acarreta o fim do regime, senão apenas as mudanças corretivas que se fizerem mister.

A crise brasileira tomou, de último, proporções avassaladoras na esfera econômica e financeira, com uma dívida externa gigantesca, que a Nação já não sabe como saldar e que envolve atos de soberania, impossíveis de ficarem restritos ao decisionismo de um triunvirato de tecnocratas a quem o País, pelos seus órgãos de legitimidade – o povo e o Congresso –, não delegou tal competência. O parlamentarismo significará o fim da hegemonia exercida pelos tecnocratas, que devem voltar à condição de técnicos, devolvendo à classe política o poder usurpado. Só o parlamentarismo tem condições de promover esse retorno à normalidade.

Fora da solução que se preconiza, a alternativa que resta para evitar a queda das instituições é a Assembléia Nacional Constituinte, medicação heróica com que refazer o pacto social destroçado. Mas as resistências políticas levantadas a esse meio extremo de buscar a legitimidade perdida talvez aconselhem uma forma mais branda e suave de conjurar a crise, recorrendo tão-somente ao Poder Constituinte Derivado, a fim de que esse aprove quanto antes a emenda constitucional de instituição do sistema parlamentar de governo.

Além do relativismo de valores

Os temores de que o nosso parlamentarismo se converta eventualmente num governo de assembléia, que tanto pode ser anárquico como ditatorial, não procedem, se criarmos os caminhos constitucionais de um parlamentarismo vazado em moldes e limites de racionalidade, compatíveis com a experiência de outros povos, cujos modelos nos devem inspirar.

Não é por outra razão, tendo em vista sobretudo o passado brasileiro, que nos inclinamos a sugerir também, na mesma reforma, a criação de um Tribunal Constitucional, como centro de equilíbrio da ordem federativa e base de um Poder Moderador, que o novo regime, ao estruturar politicamente o Estado de Direito, não poderá dispensar.

Com essa judicatura suprema e especializada, guardiã da Constituição, os valores constitucionais, tão abatidos na consciência nacional e cimento de toda a ordem jurídica, hão de tomar uma nova dimensão de prestígio e grandeza, coroando o regime com a única limitação que o povo reconhece à soberania de sua vontade: a do Direito nos seus princípios fundamentais e inalienáveis; o Direito que é para os povos a única expressão das verdades eternas.

2.3 Afonso Arinos e o Parlamentarismo

A corrente teórica do parlamentarismo no Brasil tem hoje dois expoentes com profundas raízes na vida política deste País, circunstância que lhes confere autoridade, audiência e prestígio: Afonso Arinos de Melo Franco e Paulo Brossard de Sousa Pinto; um do Governo, o outro da Oposição.

O nome de Afonso Arinos permanece para a classe política brasileira ao mesmo nível de respeito e consideração que os dos ex-Presidentes Médici e Geisel para os governantes do Planalto e para os militares de 31 de março de 1964. Afonso Arinos, político, encarna uma experiência longa e admirável de liderança viva e verbal, nítida e persuasiva, feita na tribuna das duas Casas do Congresso, em ocasiões de grave crise para a sobrevivência das instituições, ora na qualidade de líder oposicionista, ora na condição de porta-voz e defensor do governo. Nenhum político de tradição republicana e federativa jamais o excedeu como orador vibrante e contundente, que não utilizava unicamente as armas dialéticas de sustentação de uma causa ao calor dos debates, mas sabia também descer, pelos dotes de analista profundo, ao exame dos problemas institucionais, com serenidade didática e traços de originalidade, não encontrados em nenhum outro.

São célebres as críticas e os depoimentos feitos por ele ao redor de questões de interesse nacional, trazendo invariavelmente uma parcela de compreensão ou uma réstia de luz para clarear posições ou fazer mais fácil o entendimento de um problema governativo ou estatal. Este homem, em 1964, esteve a pique de uma cassação de direitos políticos. Salvou-o da lâmina dos atos institucionais o marechal Castelo Branco, poupando, assim, ao País a maior injustiça que já se teria perpetrado contra um homem público de tão subido quilate e tão assinalados serviços à causa da democracia. Arinos, desde aquela época, salvo intervalos efêmeros, ficou à margem de toda participação direta no processo político, vivendo, assim, uma espécie de cassação branca, uma vez que não merecia a confiança política de quantos depois governaram o País sob a égide do AI-5, só há pouco extinto, graças à firmeza de propósitos liberais do atual Presidente da República.

Duas posições teóricas, de todo antagônicas, marcaram a formação do ex-Senador e ex-Ministro das Relações Exteriores: a do presidencialista fervoroso e a do parlamentarista convicto. Sua conversão célebre resultou de reflexões hauridas diretamente no convívio e na observação de nossas crises institucionais. Dantes, em defesa da forma presidencial de governo, terçara armas com Raul Pilla, o apóstolo histórico da causa parlamentarista no Brasil, originando-se, desse confronto de posições, contribuição ainda hoje relevante para o estudo das dificuldades que atravessamos.

Ocorre, porém, que, em 1961, Afonso Arinos, recém-egresso do presidencialismo, não soube ou não pôde, pela instantaneidade da crise e pela surpresa e pressão dos eventos, dar à fórmula do ato adicional de setembro daquele ano o teor parlamentarista, legítimo, curvando-se, como os demais membros do Congresso, a uma solução híbrida, cuja virtude única consistiu nisso: conjurar o perigo maior da guerra civil, ganhando, assim, três anos de sobrevida para o regime e as liberdades democráticas.

Desde esse período agônico e turbulento, marcado pela instabilidade parlamentarista, decorrente das imperfeições da emenda constitucional, e pelo retorno ao presidencialismo – origem e termo de uma crise indevidamente imputada ao regime deposto numa consulta plebiscitária –, nunca mais recobramos a normalidade constitucional, perturbada sempre de cima para baixo, em razão do autoritarismo dominante nas esferas do Poder e da facilidade com que os governantes se desatavam do espírito democrático das instituições, tolhendo, assim, a vocação do povo brasileiro para os sistemas liberais. Tais sistemas são difíceis de preservar quando há tormenta inflacionária e crise econômico-financeira, qual esta provocada pelo modelo vigente de desenvolvimento do País. Não é o modelo apenas que responde por esse quadro, senão também a incompetência e a incapacidade em presença dos problemas levantados.

Com seu habitual realismo, Afonso Arinos, numa das últimas manifestações de opinião, expressa perante jornalistas, assinalou dois pontos de importância significativa na crise da atual técnica de governo: de uma parte, o declínio do presidencialismo como convicção, a perda de credibilidade dessa forma política, pelos insucessos acumulados ao longo de nossa trajetória republicana; doutra, a dificuldade de reimplantar o parlamentarismo, que, em verdade, jamais o tivemos, segundo a correção de seus fundamentos teóricos, nem no Império, nem na República. A dificuldade promana, segundo o constitucionalista, de resistências localizadas no carreirismo dos governadores, todos candidatos potenciais à Presidência da República, bem como na oposição do meio militar, decerto escarmentado pela espécie de ministérios parlamentaristas do Ato Adicional de 1961.

Não comungamos, porém, com o ponto de vista de Arinos. Os quatro Estados de influência mais poderosa no País – São Paulo, Minas Gerais, Rio Grande do Sul e Rio de Janeiro – não têm governadores de prestígio e peso para embargar uma solução daquela ordem; estão pessoalmente aquém das lideranças que lhes são atribuídas. Quanto aos militares, o patriotismo sempre os guiou em todas as crises da nacionalidade: caso eles adquiram a convicção de que a fórmula parlamentarista se constitui um imperativo, como acreditamos, de solução política, deles não partirá nunca um veto à consolidação democrática de nosso sistema de governo pela tomada daquele caminho.

Em 1964 perdemos decerto uma oportunidade histórica. Três homens, contudo, preconizaram, então, o modelo parlamentarista: o general Mourão, que deflagrou o movimento, descendo com suas tropas a Mantiqueira, mas logo privado de qualquer exercício de influência nos sucessos subseqüentes; o deputado Paulo Brossard, que bem cedo se desiludiu dos rumos revolucionários, tomando a trilha de Lacerda, no encalço de objetivos que o Poder desaprovava; e, finalmente, Afonso Arinos de Melo Franco, inteiramente marginalizado, sem ação nem influência para conduzir o País à legitimidade e ao parlamentarismo.

2.4 O plebiscito e o Parlamentarismo

Em recente artigo tecemos considerações sobre o plebiscito como a mais precária e suspeita de todas as técnicas da democracia. Convertido em recurso das ditaduras para perpetuar o poder pessoal dos usurpadores e confiscar a verdadeira soberania popular, o plebiscito tem sido empregado pelos regimes carentes de legitimidade, em busca do apoio das massas. Fizemos menção da última experiência plebiscitária ocorrida no Chile, onde as urnas sancionaram com "esmagadora maioria" o poder absoluto do general Pinochet.

Essa triste tradição invalidou e desmoralizou a forma plebiscitária, mas não é estranha ao Brasil, como lembra agora, em carta dirigida ao autor desta coluna, o Dr. Carlos Roberto Martins Rodrigues, Professor Titular da Faculdade de Direito da Universidade Federal do Ceará. Sua missiva, do teor que se segue, elucida episódios transcorridos numa fase imediatamente anterior ao movimento de 31 de março de 1964:

"Eminente Mestre:

"Semana passada, li mais um dos artigos com que vem defendendo os ideais e princípios democráticos, que, de resto, constituem a aspiração de todo o povo brasileiro. Tratou V. Sa., com a proficiência de sempre, da instituição do plebiscito e do seu constante uso pelos ditadores, que buscam, apesar do autoritarismo de que se revestem seus governos, ganhar pelo menos uma aparência de legitimidade. A consulta ao povo, cercada dos costumeiros apelos emocionais, típicos dos que não têm mas precisam de legitimação, quase nunca expressa na resposta que obtém as verdadeiras inclinações populares.

"Citou o culto Mestre inúmeros exemplos que, na história das instituições políticas, mostram à saciedade a certeza da tese exposta no sábio artigo.

"Seu leitor assíduo e discípulo permanente, quero, apenas, lembrar o episódio do parlamentarismo brasileiro de 1961, que permitiu a posse de Goulart.

"Em que pese às concessões presidencialistas da emenda e ao exercício do regime por estadistas seus adversários, tivemos oportunidade de assistir a belíssimos espetáculos de democracia, com o povo de ouvido colado nas estações de rádio, integrado nas transmissões dos debates realizados no Congresso quando das votações dos nomes dos primeiros ministros.

"Se Jango tivesse tido assessores políticos mais argutos e hábeis, não tínhamos ingressado na crise que se seguiu à volta do presidencialismo. Goulart, apesar do parlamentarismo, comandava, na verdade, o País, embora com as atenuações oriundas do regime. Mas não lhe bastava o tipo de comando que foi obrigado a aceitar. Partiu, então, para o regresso ao presidencialismo, apelando para o plebiscito. Infelizmente, uma maioria dócil, do PSD, lhe fez as vontades. Não aceitou as ponderações de velhos líderes do PSD, entre os quais o deputado Martins Rodrigues, que, presidencialista antigo, acabou por se tornar ardoroso defensor do parlamentarismo como único regime compatível com as peculiaridades da estrutura política do país.

"A História e seus fatos falam melhor das excelências do parlamentarismo que qualquer doutrinação.

"Particularmente, ainda acredito que o parlamentarismo acabe por se impor como o veículo ideal para a superação dos impasses institucionais em que o País mergulha periodicamente.

"Aceite minhas congratulações pelo artigo e pelo trabalho incessante que vem realizando em prol dos princípios da liberdade e da democracia.

"Seu amigo e discípulo atento, Carlos Roberto Martins Rodrigues."

Com efeito, a análise do Dr. Carlos Roberto dos acontecimentos que marcaram o princípio da década de 60, entre a renúncia de Jânio Quadros e a reação de 31 de março de 1964, é de absoluta precisão. O plebiscito foi a arma de Jango para a funesta aventura de retorno ao governo presidencial, de que, aliás, conforme ficou esclarecido, o procurara demover o deputado Martins Rodrigues, cuja conversão ao parlamentarismo parece-nos tão significativa quanto a de um dos melhores guias constitucionais deste País, que é o professor Afonso Arinos de Melo Franco. Confinado desde muito a um ostracismo branco, quando seu lugar era numa das cadeiras do Congresso Nacional, como deputado ou senador, prestando relevantes serviços à Nação, o professor Afonso Arinos tem, apesar disso, batalhado pela volta ao parlamentarismo, que fez a maturidade do Império e poderá ainda redimir a República, após tantos anos de presidencialismo infeliz, golpista e não raro despótico.

Como se vê, dois homens de distinta base e liderança política, um representando a velha UDN, o outro, o antigo PSD, elegeram a via parlamentarista, após se persuadirem de que as formas de governo não são irrelevantes e que o futuro da democracia tem no parlamentarismo seu último baluarte, se quisermos preservar instituições representativas segundo o modelo clássico das tradições ocidentais de legitimidade. A hegemonia política do Congresso, exercitando com o sistema parlamentar as funções de governo, é o único meio de pôr termo, neste País, à ditadura constitucional dos presidentes da República e ao poder oligárquico dos tecnocratas republicanos.

2.5 Parlamento com responsabilidade

Breve se estará renovando a tentativa parlamentar e constitucional de devolver ao Congresso as prerrogativas que lhe foram retiradas pelo autoritarismo das décadas de 60 e 70.

A limpidez teórica da necessidade de promover quanto antes essa devolução, para imprimir mais independência, dignidade e prestígio a um dos Poderes da soberania nacional, contrasta com os problemas da função do controle político que derivam da relação entre o Executivo e o Legislativo, numa vivência empírica até agora amarga, assinalada por um potencial de crise cujos efeitos fazem inseguro e instável todo o sistema político.

Normalmente, o controle político do Executivo, na forma do Parlamento contemporâneo, pertence ao Legislativo, sendo uma das funções em que o futuro da instituição parece manifestar-se mais brilhante, sobretudo em conseqüência do declínio da função legislativa.

O controle não retira ao Poder a autonomia, mas o faz tributário da responsabilidade; a saber, exige desse Poder um procedimento estritamente de acordo com a natureza de seus fins e atribuições que lhe foram conferidas pela regra constitucional. Fiscalizar o Executivo é tarefa, para o Parlamento, mais importante talvez que fazer leis, segundo alguns publicistas de nosso tempo. Trata-se de um dos aspectos deveras sensíveis e agudos na crise do sistema representativo, e envolve, aliás, a sobrevivência do órgão parlamentar.

Reside a crise precisamente nisso: em alguns Estados o Parlamento não faz nem uma coisa, nem outra. E, pior ainda, como órgão de fachada, caiu debaixo do controle do Executivo. Até mesmo em países altamente desenvolvidos, dos quais se poderia esperar uma elevada dose de maturidade política, o fenômeno ocorre, determinando a institucionalização de um certo controle do Parlamento pelo Executivo ou de modo um tanto mitigado a queda de algumas prerrogativas, fato já sancionado pelo texto constitucional, como aconteceu na França.

Toda vez que a democracia perde terreno e o Parlamento, pela sua maneira de proceder, não reforma os próprios abusos, o autoritarismo, em nome da responsabilidade e da pureza das instituições, se julga legitimamente habilitado a impor limites restritivos àquele Poder.

De Gaulle procedeu assim na França, e a Constituição da República de 1958 trouxe algumas novidades, que logo entraram em outros textos de Constituição: o poder do governo de fazer votar no Parlamento projetos de leis sem emendas ou transformar a votação de um projeto obstaculizado numa questão de confiança, de modo que, se, dentro de 24 horas, o governo não receber da Assembléia Nacional uma moção desfavorável, o projeto se converte em lei.

Aí está a possível fonte onde bebeu o nosso constituinte autoritário da reforma constitucional e dos atos institucionais ao golpear a autonomia do Congresso com a aprovação de leis por decurso de prazo, um instituto que subverte a índole democrática dos procedimentos legislativos.

O passado de vícios dos Parlamentos sempre municiou os inimigos do regime democrático. Mas a licença não se confunde com a liberdade. Houve realmente Parlamentos na história do Ocidente que desonraram a instituição, com decisões de terror, passionalismo, fraqueza e corrupção. São, porém, raríssimos.

Cotejados com os crimes e os desvios do Executivo, seus atos parecem imaculados. Nunca esqueçamos que é um Poder desarmado e representa os governados, a vontade dos cidadãos, a cujo controle teoricamente se submete.

A democracia, quando se aperfeiçoa, faz esse controle efetivo. Se perguntarmos, ainda, qual dos dois Poderes – o Executivo ou o Legislativo – causou mais danos à liberdade e ao destino dos povos, ninguém com sensatez hesitaria na resposta.

De nada valerão, porém, as prerrogativas recobradas se o Congresso recair nos erros do passado. Retardam eles o progresso político, dificultam o exercício normal da democracia e desprestigiam as instituições representativas. Não há, pois, perigo maior para uma democracia que o povo olhar com desprezo suas Assembléias Legislativas.

2.6 O futuro dos Parlamentos

É de presumir seja apresentada a nova emenda constitucional devolvendo ao Congresso Brasileiro prerrogativas que lhe foram retiradas durante mais de uma década de autoritarismo, quando a prevalência da vontade executiva deitou sombra aos demais Poderes, fazendo do princípio de Montesquieu sobre a harmonia e independência dos três ramos da autoridade soberana uma peça de museu.

A batalha perdida em 1980 poderá renovar-se breve, pois um Parlamento cassado em sua autonomia não condiz com a figura do regime democrático pelo qual anseia a Nação.

A Sociedade de massas buscou debalde um sucedâneo para o sistema representativo de tradição liberal do Ocidente, proclamando pelas vias ideológicas do extremismo das décadas de 20 e 30 a falência dos Parlamentos, confundida com o fim do liberalismo burguês do século XIX: a proposta era substituí-los pela representação do modelo corporativista ou soviético.

A História nos ministra copiosos testemunhos do que foi este malogrado ensaio, visto que as novas fórmulas representativas da ideologia não conviviam bem com a liberdade e a afugentavam. A onda reformista patenteou na época a desorientação dos espíritos e o quebrantamento da crença democrática em muitos ânimos, levando-nos também a dar alguns passos pela trilha da moda, o que ocorreu quando nosso constituinte de 1934 enxertou desavisadamente na Carta Democrática o ramo não-eletivo da representação profissional. Introduziu-se, assim, por essa brecha no sufrágio, o princípio tão caro a alguns teoristas nacionais, deslumbrados com as câmaras do corporativismo ítalo-luso e a república de conselhos do sovietismo russo.

A bancada classista cedo demonstrou a que viera: um dócil instrumento do Poder, embora possuísse mais legitimidade que os senadores biônicos do pacote de abril de 1978.

Passada a crise de transição do Estado Liberal ao Estado Social, o Parlamento, como instituição, recobrou, na maioria dos países que praticam uma genuína forma democrática de governo, seu prestígio tradicional, posto que suas funções tenham padecido uma alteração considerável, decorrente do tipo de Sociedade produzida pelo século XX, cujas transformações tomaram um teor revolucionário em comparação aos estilos sociais antecedentes.

A segunda investida contra os Parlamentos não os atinge na base de sua legitimidade como expressão da soberania nacional, mas no feixe material das atribuições que lhes são cometidas. Não são filósofos políticos ou ideólogos que levantam as armas contra a instituição, filha dileta da liberdade moderna, mas sociólogos e tecnocratas, com ares de neutralidade, inclinados ao exercício de uma crítica aparentemente científica e desinteressada.

A crise existe, se considerarmos determinados aspectos. Mas seria errôneo preconizar-lhe por remédio a supressão ou a substituição do Parlamento ou da forma representativa que ele exprime. Das duas funções básicas de toda organização parlamentar democrática, a saber, a de legislar e a de controlar, somente esta parece abrir um campo novo a ser dinamizado com a experiência dos Parlamentos contemporâneos.

Se o plenário das assembléias parlamentares já não é o recinto da oratória brilhante dos tribunos que lá buscavam consenso para as idéias ao invés de compromisso para os interesses, como agora impõe a complexidade legislativa contemporânea, as Casas da representação nacional podem perfeitamente funcionar com todo o prestígio e majestade de suas prerrogativas caso exerçam sobre a lei, nascida em grande parte de fontes executivas e extraparlamentares (grupos de pressão), um controle realmente eficaz, extensivo por igual à política do governo, cujos atos fundamentais encontram ali um fórum de debates onde a Nação venha a sentir-se presente, falando pelos seus legítimos representantes.

Não resta dúvida de que a importância do Parlamento cresce quando ele desempenha, seja na forma parlamentar de governo, seja na modalidade presidencialista, a grande tarefa de investigar os atos que configuram a política do Poder. O papel das comissões de inquérito avulta nessa dimensão do trabalho parlamentar. Haja vista, a esse respeito, que a grande força do Congresso Americano não está no plenário, como ocorre na Inglaterra, mas nas comissões permanentes, naquelas que investigam os erros e as decisões precipitadas do governo, geradoras de controvérsia no domínio da opinião e cuja gravidade possa, de certo modo, afetar, às vezes, a credibilidade dos administradores ou do País.

Há, assim, uma instância crítica em relação a atos políticos dúbios do Executivo, podendo o trabalho daquelas comissões ter reflexos corretivos imediatos na política do governo, temeroso diante da opinião pública e das repercussões negativas sobre a própria sucessão presidencial. Comissões do Congresso Americano atuaram com toda força na apuração das causas do desastre de *Pearl Harbour*, no jogo de influência de *Wall Street*, na destituição do general Mac Arthur dos comandos militares do Oriente, na crise de Cuba, no inquérito sobre as atividades da Máfia, no escândalo de *Watergate*. O Parlamento livre é, pois, a instituição que não só controla os governos, como confere legitimidade aos sistemas políticos. Aí está todo o seu futuro.

2.7 Os Parlamentos de fachada

Tem sido lento e áspero o retorno à ordem constitucional legítima depois da facilidade com que a legislação dos atos institucionais aluiu os fundamentos do Estado de Direito, desorganizou o sistema jurídico e produziu a contradição e o caos nos próprios atos do governo e de sua administração tecnocrática.

O modelo de abertura do País às multinacionais, com a generosidade liberal do século XIX, correspondera, em contrapartida, a uma expansão paralela e sem freios dos organismos estatais representativos de uma socialização que condenava a empresa privada brasileira a operar sem futuro, no espaço competitivo de um capitalismo híbrido e selvagem, onde dificilmente poderia sobreviver, diante da absorção desnacionalizadora ou da estatização progressiva da economia.

Tudo isso acompanhado de forte esquema repressivo de uma burocracia de tecnocratas subservientes que, para administrar, espedaçavam com portarias e decretos-leis o que ainda restava da Constituição, enquanto na esfera da Sociedade se buscava alcançar esse estranho milagre: o casamento de conveniência de larga parcela do empresariado brasileiro com as multinacionais; a destruição de considerável parcela da classe média, toda ela minada já pela inflação; e, finalmente, depois de esvaziada ou rarefeita a economia privada do País, a desestatização, último capítulo de uma tragédia econômica, a coroar-se com a ocupação pelos capitais estrangeiros da área de negócios que as empresas do governo viessem a evacuar.

Consumada estaria, assim, sobre as ruínas do capital indígena, a transformação do Brasil no Canadá da América Latina. Mas isso se se confirmasse a hipótese otimista do desenvolvimento. E com uma diferença em desfavor de nosso País: o Canadá, paraíso das multinacionais, se não é politicamente uma democracia social, já consolidou pelo menos uma forma de Estado de Direito, ao passo que nós temos ainda esse resultado por incerto.

Todas essas reflexões preliminares são indispensáveis para mostrar a importância de termos quanto antes um Poder Legislativo independente e respeitado, senhor legítimo e soberano, por delegação representativa, dos destinos nacionais. Sem uma política de governo que atenda aos anseios de todas as classes sociais, jamais haverá comunhão de sacrifícios e esforços para debelar com bom êxito a crise, desatando problemas até agora insolúveis, quais os da inflação e do desenvolvimento com justiça social.

Uma política desse teor não poderá sair dos recintos executivos e tecnocráticos, porque lhe faltaria legitimidade e, sobretudo, credibilidade. De sorte que se faz mister prosseguir o programa de desenvolvimento com a aprovação e a confiança do Congresso, em cujas tribunas o debate possa converter aquele projeto num compromisso da Nação. Mas para tanto se requer um ramo do Poder nacional que atue com soberania. É o atual Congresso dotado de tais faculdades soberanas? A resposta, infelizmente negativa, demonstra como a privação de tais prerrogativas constitui um dos componentes mais graves da crise que submerge as instituições.

Ainda quando dotado de competência constitucional plenamente autônoma, o Poder Legislativo encontra no presidencialismo as barreiras inerentes a essa técnica de governo, que sabidamente conduz o Executivo a posições de privilégio e hipertrofia com respeito aos demais Poderes. O princípio de Montesquieu pertinente à separação clássica fica, desse modo, reduzido a uma fábula do idealismo político com que a especulação intenta resolver os problemas de governo, depois de alçá-los às regiões ermas e abstratas da doutrina.

Nada existe assim mais triste e desconsolador com relação à vigência do princípio democrático que a fachada de um Parlamento sem independência, transformado numa chancelaria de ociosos, à qual o Executivo autoritário manda os *ukases* de sua vontade onipotente para receber o carimbo de uma pseudo-sanção representativa, qual faziam os romanos da decadência com o Senado, imagem de escárnio daquele que conhecera as glórias republicanas da conquista.

Na amplidão desse vazio a Nação não se reconhece. Para essa modalidade de Legislativo caminharemos se o Congresso Nacional não retomar quanto antes algumas de suas prerrogativas fundamentais. Privando-se do mínimo de dignidade autônoma, ele jamais será uma Casa da soberania e do povo, mas uma câmara de vassalos. Nunca de representantes.

Logramos essa conclusão partindo do seguinte raciocínio: se um Congresso dotado de prerrogativas básicas já tem na forma presidencial de governo dificuldades para sobreviver como instituição independente, imagine-se que destino o aguarda nesse mesmo presidencialismo se lhe falecem as sobreditas prerrogativas. Não poderá nas crises ser outro seu destino senão o contumaz recesso ou o fechamento, e nas épocas de normalidade a rebaixada posição de Poder submisso, cujas maiorias se perfilarão sempre dóceis diante da onipotência executiva.

A caminhada do Brasil para a democracia estável à sombra do governo representativo há de passar formalmente por duas estações ou paradas: a restauração das prerrogativas do Congresso e a implantação do parlamentarismo.

2.8 As comissões do Parlamento

O Parlamento não é o plenário, mas o plenário e as comissões. O plenário aparece para o público como exercendo a atividade mais vistosa, enquanto as comissões se confinam a um trabalho menos ruidoso, até certo ponto anônimo, do ponto de vista da divulgação, mas de modo algum menos importante ou menos fecundo. Poder-se-ia até dizer que o futuro do Parlamento como instituição em grande parte se acha na dependência da esfera de ação e trabalho das comissões, sobretudo de seus padrões de aperfeiçoamento, tecnicidade e elevação qualitativa.

Durante muito tempo foram elas objeto de profundas desconfianças, em razão do desempenho histórico que teve o célebre Comitê de Salvação Pública da Convenção Francesa, onde se alojaram o terror e a ditadura do governo de assembléia. No decurso da fase mais aguda do movimento revolucionário deu aquele governo um banho de sangue no corpo representativo, decepando as melhores cabeças da Revolução.

A suspeita contra o órgão foi tamanha que o art. 67 da Constituição francesa de 1795 vedava o estabelecimento dessas comissões, em caráter permanente. Admitia apenas seu funcionamento para fins específicos, cumpridos os quais automaticamente se dissolveriam.

Mas no Parlamento contemporâneo as comissões estão reabilitadas Disse muito bem um publicista alemão que o caráter político de um Parlamento depende em larga parte do papel conferido a esses órgãos (Fraenkel). No Parlamento Inglês são as comissões fracas; no Congresso Americano, ao contrário, dispõem de imensa força e prestígio. Em França pesaram mais na Terceira e na Quarta Repúblicas; com a Constituição de De Gaulle, de 4 de outubro de 1958, se enfraqueceram em grau maior que na Inglaterra mesma. No Brasil e na Alemanha a importância das comissões está em nível médio: concorre até certo ponto com a do plenário, não sendo tão fraca quanto na Inglaterra, nem tão forte quanto nos Estados Unidos.

Em geral, existem duas modalidades de comissão parlamentar: a comissão permanente e a comissão transitória.

A comissão permanente é aquela que já se institucionalizou como elemento da organização do próprio Parlamento, sendo em geral de teor altamente especializado. Existe para determinadas matérias. Corresponde, às vezes, paralelamente, por sua natureza, aos distintos ramos da Administração, como se formasse a contrapartida parlamentar do próprio governo.

Na Inglaterra, onde o grau de especialização das comissões é menor, uma comissão se pode ocupar conjuntamente de vários assuntos ou desempenhar distintas tarefas. O nervo da ação parlamentar está muitas vezes nas comissões. Sua importância no sistema político norte-americano tem sido extraordinária, a tal ponto que Woodrow Wilson batizou o governo dos Estados Unidos de "governo congressional", depois que as viu imiscuir-se em todas as províncias da Administração e ocupar-se com as questões mais minuciosas, a ponto de se apartarem de uma visão de conjunto e prejudicarem atribuições legítimas do Executivo. Escreveu ele a respeito do assunto uma obra célebre, na qual se patenteia já a influência incomum dessas comissões. Em verdade, tendem elas, em todos os Parlamentos que as admitem, a ser o alvo predileto dos grupos de pressão, aptos a exercitar influência bem superior àquela voltada para um plenário mais numeroso e, por conseqüência, menos manipulável.

As comissões permanentes são em geral limitadas constitucionalmente em número. Na França, pela Constituição de 1950, funcionam apenas seis. Mas uma limitação excessiva do número de comissões, como se nos afigura ser o caso da França, contribui, sem dúvida, a complicar-lhe o funcionamento e, de algum modo, embaraçar a eficácia do órgão, pela quantidade de membros componentes, cujo número pode variar de 60 até 80, conforme ali acontece. Transformam-se, assim, as comissões em miniparlamentos, com todos os graves inconvenientes que disso advêm à realização de um trabalho produtivo, capaz de reforçar e prestigiar o Poder Legislativo.

Outro senão ou inconveniente ponderável dessa estreiteza numérica de comissões é que cada uma delas terá que se desdobrar em múltiplas atribuições, ocupando-se não raro das mais distintas matérias, às vezes de teor heterogêneo, acumuladas no raio de sua competência. Os membros dessas comissões, sempre solicitados a versar diferentes temas, sentem dificuldade em especializar-se, não dominando com profundidade as questões que lhes são submetidas.

2.9 O Parlamento e a Oposição

Que é a "Oposição"? Conceito histórico-político, a Oposição, num sentido lato, sempre existiu em toda Sociedade onde uma força política contestou outra força política, detentora do poder. A Oposição representou em distintas épocas um esforço ou ação dirigida contra determinado sistema de autoridade. Busca o acesso ao poder ou procura, de certo modo, exercitar sobre ele alguma parcela de controle ou influência.

De início, a Oposição, concebida politicamente, tinha a tendência a manifestar-se de modo violento. Intentava apoderar-se do governo pela eliminação do adversário, cuja queda provocava, sem levar em conta os meios empregados. Uma lenta evolução histórica conduziu na Idade Moderna o conceito político de "Oposição" a uma forma ou modalidade mais estrita, aquela que forcejamos por identificar no quadro parlamentar da organização contemporânea de governo.

Trata-se, aqui, de Oposição legítima, reconhecida por tal, institucionalizada ou pelo menos considerada parte normal da estrutura política de uma Sociedade que se organiza em bases democráticas. Nesse caso a Oposição é força legítima produzida por um ou mais partidos para atuar no âmbito do Parlamento contra outra força parlamentar que, tendo por base também o apoio de um partido ou de vários partidos, mantém no Poder um determinado governo.

Essa noção se amolda mais adequadamente à Oposição como ela é concebida em nossos dias nas formas parlamentares de governo. Se buscássemos, porém, um conceito político de maior amplitude e contemporaneidade, poder-se-ia dizer que a Oposição é para os sistemas democráticos a forma legítima de contestar o Poder estabelecido – sem pretender removê-lo em suas bases – e formular um programa alternativo de governo, valendo-se para tanto da organização partidária como instrumento de luta política.

Não se deve esquecer que foi naquela acepção estrita, dentro de uma vinculação política às instituições parlamentares, que nasceu e medrou a moderna Oposição, até institucionalizar-se sob forma mais refinada, oferecida pelo modelo inglês. Antes de haver os partidos houve as facções. Ninguém as conheceu com mais intimidade que o inglês, porquanto na Inglaterra do século XVIII o Parlamento era já palco de célebres batalhas políticas travadas entre *Whigs* e *Tories*, que depois da segunda reforma eleitoral do século XIX – ocorrida em 1867 – deram nascimento a dois grandes partidos, Conservadores e Liberais, e de último os Trabalhistas, já no século XX.

A Oposição é a peça-chave do Parlamento democrático contemporâneo. Sua importância se torna mais acentuada com a forma parlamentarista de governo. Mas nenhum sistema político confessadamente democrático, como aqueles do modelo e tradição do Ocidente, dispensa esse dualismo que faz normal o ordenamento das instituições representativas: Governo e Oposição.

Se a Oposição é cerceada ou tende a desaparecer por motivos até mesmo consensuais (fato raríssimo) que aparentemente não ferem o livre exercício da vontade política, ainda assim a ausência de Oposição ou seu quebrantamento configuram um estado de enfermidade do organismo representativo ou, pelo menos, uma tendência incipiente ao afrouxamento da legitimidade democrática, com a perda de alternativas.

O princípio de contestar legitimamente o Poder só viria a nascer à sombra de sistemas voltados para a aferição da liberdade e da participação dos governados. Por essa razão é que a Inglaterra elaborou primeiro que qualquer outro país a noção de uma crítica livre aos atos de governo, canalizada pelas vias representativas como órgão e reflexo do genuíno sentimento nacional. O Parlamento se converteu ali no grande recinto ou fórum da opinião organizada, atuante e participativa, que titularizava um novo princípio de soberania. Veio a ser, por conseguinte, a instância mas alta e qualificada para exprimir as dissidências de opinião.

2.10 O bicameralismo e a democracia

Do ponto de vista político, observa-se que o bicameralismo, preenchendo ainda fins atados às suas origens mais remotas tanto no século XVIII como na velha história parlamentar inglesa, guarda uma feição conservadora, sendo esse talvez o principal motivo que o torna suspeito àqueles publicistas que impetram a vigência do princípio democrático em toda sua plenitude. Pode-se dizer sem temor que foi a ascensão desse princípio a causa por excelência do declínio de uma das Casas, justamente aquela menos afeiçoada por suas origens e seus fins à natureza democrática das instituições.

Democratizar a segunda Câmara, neutralizá-la ou desfazer-se dela tem sido a solução da doutrina e da práxis, em obediência às aspirações expansivas da participação que fazem triunfar com ímpeto unificador a vontade nacional soberana.

Os expedientes corretivos de que se valem determinados sistemas importam uma coincidência, tanto quanto possível, dos fins almejados pela dualidade representativa do Parlamento, de modo que as diferenças qualitativas caem e o bicameralismo se torna tão-somente a expressão matemática e quantitativa da representação; quando muito a linha divisória que possibilita, pelo concurso de deliberações e pelo prolongamento do debate em duas Casas separadas, uma análise mais meditada, fria e moderada de questões ou projetos de leis eventualmente jungidos a uma sobrecarga de emoção e passionalidade, de cujos efeitos perniciosos talvez não ficassem isentos se sujeitas aquelas matérias unicamente ao exame de uma só Câmara.

O Estado partidário e a democracia social alimentam certa antipatia pelos Senados e Câmaras Altas, em razão da desconfiança que o privilégio suscita. Nas instituições também há atavismos. Fazê-los idênticos em tudo à Câmara Baixa, cortar-lhes toda a preeminência ou despi-los das mesmas prerrogativas básicas peculiares à outra Casa, de modo a subalternizar-lhes a função, tem sido, em algumas formas políticas, a preocupação e o empenho das correntes comprometidas com uma estrutura parlamentar mais democrática. Aliás, numerosíssimos são os Estados onde já se chegou a esse resultado.

Várias causas justificam teoricamente a adoção do bicameralismo como técnica de organização do Parlamento. Em primeiro lugar, consente ele aos sistemas federativos conciliar duas ordens representativas que têm fontes distintas caracterizando essa modalidade de união estatal: a vontade nacional, proveniente do povo, isto é, dos cidadãos, e a vontade dos Estados-membros, que têm, assim, voz e voto na política decisória do Poder central. A Câmara Alta surge de modo indispensável nas formas federativas de união de Estados, por servir à representação dos sobreditos Estados.

Uma outra razão tem recomendado o bicameralismo em alguns sistemas: a necessidade de estabelecer contrapesos à Câmara Baixa, cuja legitimidade sempre emana de uma eleição direta e popular – o que lhe confere um grau mais elevado de força e prestígio, pelo aspecto político.

Procura-se nesse caso fazer da segunda Casa da representação um baluarte do elemento conservador. Desempenhando funções de controle interparlamentar, busca ela tolher o ímpeto reformador da outra Casa, acentuado com o advento do sufrágio universal e a conseqüente ampliação das bases democráticas do Poder.

No Brasil o ramo do Congresso mais atingido pela crise do bicameralismo é o Senado, em virtude do declínio do princípio federativo em nossa estrutura institucional e de casuísmos esdrúxulos e antidemocráticos, como o que introduziu naquela Casa a representação de senadores biônicos. Mas a decadência da Câmara Alta é matéria para novas reflexões, que faremos oportunamente.

2.11 O bicameralismo e a estrutura do Parlamento

O Parlamento pode apresentar uma estrutura monista ou dualista, conforme seja constituído por uma ou duas Casas representativas. No primeiro caso temos o chamado monocameralismo, freqüente em Estados unitários, onde em geral uma só Assembléia representa toda a Nação.

Nos Estados Federais, forma institucionalizada da união de Estados, é mais usual o bicameralismo, ou seja, a presença de dois órgãos constitutivos do Parlamento, um representando os Estados-membros – a chamada Segunda Câmara ou Câmara Alta –, o outro representando os cidadãos – a denominada Primeira Câmara ou Câmara Baixa.

Mas a Segunda Câmara, ainda em suas origens, nem sempre foi a Casa da Federação ou existiu para satisfazer as necessidades representativas do princípio federativo. Nasceu historicamente numa forma unitária de Estado – a Inglaterra – e serviu de assento à representação da mais alta Nobreza, conforme o desenho de representação de classes que se esboçou desde a infância do Parlamento Inglês. Essa representação, reminiscência das desigualdades sociais dos tempos do feudalismo, só se extingue de todo na sua eficácia legislativa como órgão formador da vontade estatal durante o século XX, com a despolitização da Câmara dos Lordes e a reforma que ditou uma *capitis deminutio* às suas prerrogativas.

O bicameralismo contemporâneo, onde quer que exista, constitui ainda na estrutura do corpo parlamentar uma nota de destaque, porquanto nos coloca em presença de duas Assembléias políticas distintas e autônomas, mas intimamente vinculadas pela função representativa, caminhando para uma total convergência de fins. A resultante é uma identidade de traços políticos, que apaga as razões históricas motivadoras de sua existência separada. Não exagera quem disser que hoje em alguns sistemas políticos a essência do bicameralismo consiste tão-somente na faculdade que tem uma Casa de rever a decisão da outra, cooperando ambas, na esfera em que são dotadas de igual competência legislativa, para o aperfeiçoamento das regras normativas.

A necessidade inicial de discriminar a representação de classes, como foi o caso da Inglaterra, desapareceu. Com isso se produziu uma decadência política que esvaziou naquele País a Câmara dos Lordes, retirando-lhe a base sociológica sobre a qual a princípio assentara sua legitimidade.

Até mesmo nos sistemas federais a justificativa da Segunda Câmara para representar as unidades componentes da Federação tem perdido importância e significado. Aliás, Jefferson e Washington não viam nessa função o fim exclusivo da forma dual de organização do corpo parlamentar, conforme se infere da imagem até certo ponto moderna e antecipadora com que os dois estadistas, à mesa do café, figuraram graficamente o sentido de um Parlamento bicameral: o Senado a simbolizar o pires que faz esfriar o café vertido da xícara, ou seja, da Câmara dos Deputados (ou Câmara dos Representantes, nos Estados Unidos).

A reflexão desse colóquio histórico concebe já as duas Casas em termos de duplicação: uma copia e reproduz basicamente as prerrogativas da outra.

2.12 Os ministérios presidencialistas

O Brasil, do ponto de vista político, sempre se inspirou em modelos de uma ideologia importada, por mais que se batalhe contra os figurinos exóticos e a presença de idéias teorizadas em outros países. A essa forma de colonialismo se acham sujeitos muitos povos, sendo decorrência em larga parte da estreiteza mesma dos princípios e dos conceitos que, no terreno das instituições, não consente criar além do que já se conhece desde Aristóteles aos nossos dias, salvo, evidentemente, as fórmulas ideológicas de produção moderna, estas, porém, já exauridas em sua originalidade inovadora.

A teoria oferece, pois, um quadro limitadíssimo de opções. Cada forma de governo ou de Estado, posta em praxe, toma sua individuação, seu molde peculiar, passando a refletir a Sociedade e os elementos reais do Poder.

Trasladam-se os modelos, mas não se transfundem a substância institucional, a matéria, a vida, os costumes e os fundamentos morais de um povo. Cada Sociedade política segue sua trajetória, seu destino próprio, descrevendo uma órbita de poder que a contradistingue de outras Sociedades.

Tudo não vai, portanto, além de um equívoco quando se pretende bradar contra idéias e formas políticas estranhas. Qual o sistema político contemporâneo que se possa furtar à análise crítica e redutiva dos conceitos exarados há mais de 2 mil anos pelos filósofos da perene reflexão grega? Qual a organização política de nossos dias que não possa ser mensurada em termos de democracia ou ditadura, república, monarquia ou tirania, trazendo na alma das instituições vícios e virtudes já tão conhecidos dos homens da *pólis* e por eles vividos numa secular experiência de lutas e vicissitudes?

Feitas essas reflexões preliminares, vejamos, a seguir, se o parlamentarismo do Império e o presidencialismo da República, nascidos também de sugestões externas – uma de procedência inglesa, a outra de origem americana –, se aclimaram no meio institucional brasileiro, e que espécie de resultados aqui produziram.

Tocante ao regime parlamentar da Monarquia, o juízo que a História já exarou é altamente positivo. Poder-se-ia dizer o mesmo do presidencialismo republicano? Creio que não. O parlamentarismo fez a paz, a unidade, a grandeza do Império no Segundo Reinado; foi escola de estadistas, alfobre de homens públicos de probidade sem par, que constituíram uma aristocracia do caráter e da competência. Sem embargo das imperfeições teóricas contidas na versão brasileira, o parlamentarismo já estava "nacionalizado" quando o Império caiu. Cortamos em 1889 o fio da mais genuína e original evolução que o sistema parlamentar conheceu fora do cenário europeu, para introduzirmos no País a forma presidencialista, a qual, longe de apoiar-se nos interesses do povo e da

Nação, cedo se desvirtuou como técnica do poder oligárquico, trazendo consigo a permanente instabilidade para o regime, em sucessivas crises, em que a fraqueza e o autoritarismo se alternam há cerca de um século, fazendo-nos até hoje uma Nação politicamente infeliz.

Tem sido o presidencialismo brasileiro dos últimos trinta anos um amontoado de crises, golpes de Estado, usurpações, cesarismos, recuos institucionais, pesadelos para a economia, desorganização para as finanças, inflação, asfixia unitarista, desrespeito à ordem representativa e democrática e mutilação do sistema constitucional.

Toda uma tragédia do Poder se desenrola à sombra dessa técnica condenável. Ainda há pouco, uma pesquisa de opinião demonstrava a impopularidade do ministério, a descrença do povo nos auxiliares da confiança imediata do Presidente. Que aconteceu? Nada.

Os ministros são peças essenciais do governo. Pelos processos normais do parlamentarismo, uma vez decaídos da confiança do Parlamento, órgão representativo que atua legitimamente em nome do povo, o ministério vem abaixo, sem crise, sem atropelo, sem risco para as instituições. No presidencialismo, ao contrário, muitas vezes o presidente, além das dificuldades próprias que já enfrenta, tem a sobrecarga da manutenção de ministros inoperantes, deficientes ou ineptos, frutos da escolha sem responsabilidade, imanente ao modelo presidencial. Resultado: o sistema mesmo induz o presidente, por capricho e obstinação de quem tudo pode, a prestigiar ou sustentar nas pastas cruciais homens cujo desempenho administrativo o povo questiona, sem meios, porém, de removê-los. A permanência deles alimenta a própria crise que debilita o Poder.

É da índole rígida do presidencialismo recusar ao chefe de Estado e de governo os meios políticos para a solução política das crises. Estas minam os governos até que expire o mandato presidencial ou sobrevenha a solução anormal e funesta do golpe de Estado.

No presidencialismo, portanto, a despeito de serem pessoas da confiança direta e imediata do chefe do Executivo, demissíveis *ad nutum* da vontade presidencial, os ministros, segundo as praxes dessa forma de governo, nunca caem e raramente pedem demissão. Criou-se para eles o privilégio da incompetência. Uma deplorável e mal-compreendida solidariedade presidencial os faz intangíveis. A amizade pessoal os ampara: o fato de serem os homens do presidente, e não da representação nacional. Isso, no parlamentarismo, governo de opinião e de responsabilidade, jamais aconteceria.

2.13 O presidencialismo irregenerável

Com uma provável maioria de sete deputados em relação à soma total de representantes do PDS, as bancadas oposicionistas do PMDB, PDT, PTB e PT terão o controle da Câmara dos Deputados se mantiverem uma frente compacta de união, baseada nas linhas convergentes dos respectivos programas de partido.

A concretização de um bloco oposicionista com o propósito de afirmar a coerência política de posições e compromissos assumidos pode, nas circunstâncias atuais, gerar graves riscos, em virtude da fragilidade e da contradição das instituições. Abertas ao pluralismo e à liberdade, não se acham elas, todavia, suficientemente desimpedidas, em seus meios instrumentais, para consolidar o regime e abrir caminho a uma nova forma de governo, menos rígida e mais flexível, ou seja, o grande estuário das manifestações da supremacia popular.

Houve com as eleições de 15 de novembro um considerável acréscimo de legitimidade ao comportamento e à ação do Congresso Nacional. Mas as dúvidas que suscitamos derivam de outra ordem de reflexões, ou seja, se referem à capacidade de a forma presidencial de governo sobreviver às pressões que se vão desencadear por obra das imensas tarefas a serem cumpridas no processo de reforma e normalização democrática da Sociedade brasileira. Fez-se a abertura, e o País já respira um clima de liberdade e desafogo comparável à primeira vista aos melhores tempos da Constituição de 1946. Mas somente à primeira vista, pois a natureza dos problemas que vamos enfrentar e os fatores econômicos, sociais e políticos da crise nacional demonstram, com toda a clareza, que os óbices antepostos a uma consolidação democrática são ainda inumeráveis.

A fase delicadíssima que se inaugura, após a transferência parcial de poder às Oposições, como nunca aconteceu desde o movimento de 1964, demanda das correntes oposicionistas uma estratégia de prudência e sensibilidade que porá à prova o novo estilo de luta de suas lideranças. O mais difícil nesse quadro de competições deslocadas para o recinto do Congresso Nacional será, sem dúvida, manter apagados os focos de radicalização, responsáveis por tantos incêndios institucionais, sobretudo agora, que o poder das Oposições cresceu e se fez ponderável como força participante na formação da vontade estatal.

Quem governar o Brasil doravante governará também com as Oposições. Elas terão, assim, a partir de 15 de março vindouro, no âmbito dos mais importantes Estados do sistema federativo, sua parcela autônoma de governo. E, a par disso, disporão também de uma grande força para concretizar decisões num dos mais importantes ramos do Poder Legislativo, que é indubitavelmente a Câmara dos Deputados. E a Câmara, como se sabe, concentra mais legitimidade que o Senado, pois não tem no corpo de sua representação o enxerto biônico de parlamentares com mandato oriundo de vontade estranha ao sufrágio do povo.

As dificuldades que se amontoam para 1983 nos trazem, contudo, a presença de problemas cuja solução tem sido deferida, por impotência da técnica presidencial de governo e sua legitimidade defasada. A questão nordestina continua aberta e sem definição de rumos. Ela coloca em jogo todo o equilíbrio federativo. A recessão desnacionalizadora empobrece o povo e liquida a pequena e média empresas, podendo arruinar todo o processo desenvolvimentista da economia nacional, fruto de quase 30 anos de sacrifícios, que principiam com a administração de Juscelino Kubitschek e esbarram no realismo frio das auditorias do Fundo Monetário Internacional, último fiador de uma dívida externa de 80 bilhões de Dólares. A Universidade está de portas fechadas, aguardando soluções estruturais. Tudo indica, pois, que durante o debate Oposição/Governo, a travar-se no Congresso Nacional, haverá dificuldades para estabelecer uma separação nítida entre matérias de âmbito governativo e temas institucionais.

Todos os poderes constituídos do País são hoje vítimas da técnica presidencial de governo. Se não estamos equivocados, a formação em uma das duas Casas do Congresso de um bloco oposicionista majoritário poderá reproduzir uma crise política comparável à do segundo governo de Vargas ou semelhante àquela que supostamente conduziu Jânio à renúncia. Os pressupostos seriam os mesmos – um conflito do Legislativo com o Executivo –, embora as respostas possam ser diferentes. Isso naturalmente só acontecerá se houver radicalização e irresponsabilidade. Estamos, porém, entre os últimos a confiar num presidencialismo que jamais se regenerou em País da América Latina.

2.14 O presidencialismo e as lições de agosto

Agosto tem sido marcado na história do País, durante os últimos 30 anos, por algumas datas funestas para as instituições democráticas, desde o suicídio de Vargas à renúncia de Jânio Quadros. Fatos são estes que despertam associações negativas de prognósticos referentes a um mês dominado pelo signo da fatalidade política. Coincidência ou não, agosto, que ora atravessamos, já nos trouxe um revés doloroso para o programa de reabertura democrática.

Com efeito, a recente aprovação da Lei de Estrangeiros, por decurso de prazo, mostrou a fragilidade e a incerteza da posição do Legislativo no presente quadro institucional como órgão ainda sujeito à tutela do Executivo, de que, a nosso ver, dificilmente se desprenderá.

Um Congresso forte e autônomo no sistema presidencial de governo se torna tão improvável quanto a autonomia dos Estados-membros na presente moldura federativa da Nação.

O presidencialismo em si já é um mal; aliás, um mal necessário, salvo para os que têm a vocação da autocracia. Quando o presidencialismo se assenta sobre um pedestal de força, sobre uma Constituição ilegítima, sobre uma descrença ou um desrespeito aos valores democráticos, não há alicerce de estabilidade para as instituições, nem solidez para um Estado de Direito apto a garantir as franquias fundamentais do homem.

Ficam, assim, todos os ramos da soberania nacional na dependência de um só centro de vontade e impulso; de um eixo único de ação, que é o braço executivo da autoridade presidencial.

O episódio legislativo acima referido demonstrou que a técnica do decurso de prazo desfaz o equilíbrio dos Poderes, sendo um dos artifícios engenhosos com que bloquear a eficácia de uma das mais legítimas armas das minorias no regime representativo: a obstrução parlamentar.

Padeceu o projeto de reabertura, pois, rude golpe, com justificadas apreensões para quantos confiam, como nós confiamos, na sinceridade dos propósitos do Governo em prosseguir e ultimar, durante este mandato presidencial, a restauração das formas republicanas e constitucionais de exercício do poder. Contudo, a prova real a que será submetida a abertura está por vir, possivelmente este mês, com a votação da emenda constitucional que devolve ao Legislativo as prerrogativas essenciais de que se viu despojado e que o reduziram, na quebra e sacrifício de sua competência, a um departamento auxiliar do Poder Executivo, nunca a um órgão de expressão da soberania nacional.

O retrocesso havido em decorrência da aprovação do Estatuto do Estrangeiro por decurso de prazo já permite, porém, extrair lição relativa àquilo em que temos reiteradamente insistido: a total inviabilidade do presidencialismo, como forma de governo, para fazer do Brasil uma democracia.

A herança e o acúmulo de vícios e preconceitos, o autoritarismo, a instabilidade institucional, inerentes ao seu exercício nos modelos presidencialistas da América Latina, a tendência irreprimível para centralizar e concentrar poderes ou decisões, fazem desse sistema, na hipótese mais feliz, uma ditadura constitucional dissimulada. Crises como a de ontem, sujeitas a reproduzir-se sempre numa escala de gravidade imprevisível, poderão, breve, frustrar todas as esperanças de uma reabertura democrática segundo os termos da solene promessa presidencial.

O presidencialismo não tem estrutura para conter ou debelar as crises que estalam por efeito das pressões políticas, sociais e financeiras senão transformando o poder num instrumento de repressão e o governo num canal obstruído por onde o Estado já se não comunica com a Sociedade para o desempenho legítimo da autoridade. Disso resultam opressões, abusos e lesão de direitos humanos.

A hora volta a ser, por conseguinte, de reflexões sobre o parlamentarismo. Neste jamais ocorreria algo semelhante à truculência do método de aprovação daquela lei.

Primeiro, não haveria os melindres de autoridade na tensa relação entre os dois Poderes: sendo o governo, em certo sentido, uma extensão harmônica da vontade parlamentar, cativo de sua anuência e confiança, as crises daquele teor se esvaziariam pela contextura mesma do sistema.

Sempre aberto para absorver e solucionar, sem transtorno ou comoção institucional, as eventuais tempestades políticas, o parlamentarismo derruba, com toda a legitimidade, governos, ministérios ou gabinetes, mas não arranha as instituições, não desfere o golpe de Estado, não ofende os valores essenciais da organização democrática. Já o presidencialismo, a cada crise com que empurra a Nação para a ditadura e os regimes de força, se converte, a contragosto talvez, no invisível e aliciante doutrinador das ideologias de exceção, espargindo, como hoje o faz, ausência de fé, desestímulo e desapreço à ordem representativa.

2.15 O presidencialismo e as falas presidenciais

Muitos oposicionistas têm estranhado e alguns até condenado com veemência a participação ativa do Presidente da República na campanha política dos candidatos da Situação aos distintos postos eletivos do pleito de 15 de novembro vindouro. Ocorre, porém, que do ponto de vista teórico isto é perfeitamente normal tratando-se de um sistema presidencialista de governo, cujas estruturas estamos recompondo sem novidade nem imaginação, fazendo com que a abertura em prosseguimento tome mais o cunho de uma restauração.

Seguimos ao pé da letra, com a servidão de sempre, o modelo americano. Desde 1891 nossos republicanos fizeram-no objeto de imitação sagrada. Os textos constitucionais do País estão invariavelmente a reproduzir, com ligeiras variantes, a essência rígida daquele presidencialismo, convertido em dogma das instituições.

O Brasil, que já tinha uma tradição própria em matéria constitucional – os 60 e tantos anos da Constituição do Império –, pôs tudo abaixo com o golpe de Estado do marechal Deodoro e enveredou pelo artificialismo da reforma presidencialista, como se o presidencialismo fora uma peça essencial do novo regime.

Não discutimos a República nem a Federação, porquanto ambas estavam alojadas na consciência de renovação das elites que fazem a história e guiam os destinos nacionais, ao imporem com a força de uma idéia ou com o pensamento de uma transformação os inevitáveis rumos do futuro. Em rigor, só havia necessidade, ao estalar a crise daquele fim de século, de inaugurar, como solução política, a forma federativa de Estado. O trono constitucional poderia ter sobrevivido com o aperfeiçoamento do parlamentarismo, uma experiência já vitoriosa e arraigada, fruto da Constituição fática, aquela que não se improvisa nem se escreve, mas que o reformador, ao interpretar com prudência e sabedoria os anseios nacionais, pode e deve garanti-la nos textos revistos, onde a norma sanciona o fato.

Nas lutas presidenciais dos Estados Unidos o Presidente também vai aos comícios fazer sua própria campanha pela renovação do mandato ou bater-se em favor da candidatura de seu partido à sucessão governamental. Num certo sentido o Presidente em semelhante sistema se torna o cabo eleitoral mais importante dos grupos situacionistas, porquanto a permanência destes vai depender do juízo que o eleitor fará nas urnas acerca da Administração da qual ele é o incontrastável chefe. Como a democracia ali funciona com todas as garantias formais, essa presença do Presidente não é sentida como uma interferência nem como um obstáculo perturbador do equilíbrio de oportunidades que o regime oferece aos partidos do sistema. O presidencialismo faz recair sobre a pessoa do presidente uma chefia tríplice: a do Estado, a do governo e a do partido; conferindo-lhe tamanha soma de poderes que ele virtualmente se converte, durante o espaço de seu mandato, num ditador constitucional, legitimado, a cada eleição direta, pelo plebiscito de milhões de eleitores. Tais coisas não acontecem no parlamentarismo, uma luz que poderá amanhã iluminar o caminho de nosso difícil acesso à democracia e à liberdade.

Tocante às falas presidenciais, nada existe mais tranqüilizador para o cidadão, porquanto elas trazem a inabalável certeza de que o calendário cívico vai cumprir-se à risca. Muito mais de temer seriam na forma presidencial os silêncios do chefe da Nação. Desses silêncios guardamos amarga recordação no exemplo histórico dado por Vargas: o Presidente emudeceu, enquanto seu candidato, José Américo de Almeida, travava com Armando Sales de Oliveira, o homem da Oposição, a batalha das plataformas e dos comícios. Getúlio, mudo e expectante, cultivava o silêncio de uma neutralidade suspeita. Quando menos se esperava, houve a traição, e tudo acabou no desfecho de 10 de novembro de 1937.

Daquele golpe de Estado nasceu o chamado Estado Novo, uma das piores ditaduras já padecidas pelo sofrido povo brasileiro. Sem partidos, sem Congresso, o Brasil se transformou então numa imensa capitania debaixo do poder de um só homem, inteiramente fechado a qualquer participação representativa. A Revolução de 1930 não poderia queixar-se – e foi este um de seus argumentos e uma de suas bandeiras – de que os presidentes, como oligarcas, faziam sempre os seus sucessores. Que fez 1930 para alterar a forma de governo? Nada. Produziu por fruto político mais importante, com quatro anos de atraso, a Constituição de 1934, manchada no sangue e no protesto dos constitucionalistas de São Paulo, que dois anos antes se levantaram em armas para reconstitucionalizar o País. Enfim, uma Constituição distanciada, ao elaborar-se, das fontes revolucionárias cujas motivações poderiam ter sido o alicerce de sua legitimidade.

2.16 Tecnocracia "versus" Congresso

Os decretos-leis da política salarial do Governo em 1983 marcaram um dos pontos extremamente agudos da crise institucional brasileira, visto que puseram a nu e em estado de confronto as relações do Executivo com o Legislativo.

Temos a impressão de que é na área do Congresso e da função reservada ao legislador que se poderá chegar a uma concretização mais segura das esperanças democráticas da Sociedade brasileira. Aí talvez esteja o nó de toda a crise, sendo, por conseguinte, fundamentais o prestígio e a autoridade da representação eleita pelo povo como órgão legítimo de suas aspirações e interesses. Dissemos legítimo, porquanto nessa qualificação de legitimidade assentam sem dúvida o título e a base de todos os atos de vontade que, convertidos em regras ou formas de intervenção do Poder na Sociedade, possam efetivamente conjurar os problemas deste período de crise e adversidade.

A formação de uma consciência legitimista voltada de último para o entendimento da lei como regra de consenso – um retorno feliz às nascentes da legitimidade democrática teorizada por Rousseau como o dogma da vontade geral soberana – constitui uma salutar reação ao arbítrio que as ditaduras do século XX erigiram em pauta normativa, para definir o Direito em nome da razão de Estado. Esta definição não significa senão o exercício de uma vontade pessoal sem limites, posto que ardilosamente disfarçada.

No Brasil pós-1964 a fúria legiferante do Executivo sem freios produziu, entre outros, os seguintes frutos: criação desordenada e tumultuária de preceitos normativos conflitantes, denotando incompetência e pobreza de técnica legislativa; queda de confiança dos governados concernente à capacidade que tem o Poder para governar, nas circunstâncias presentes, de conformidade com os anseios nacionais; reconhecimento de um declínio qualitativo das leis, cuja iniciativa coube ao Executivo, e que são a maioria esmagadora de toda a legislação promulgada; excesso de leis, que faz corrupta a República, como ponderava a sabedoria romana pela boca de Marco Túlio; enfim, perda acentuada de legitimidade do atual sistema, em razão das prerrogativas conferidas ao Presidente da República para expedir decretos-leis sobre matéria prevista no art. 55 da Constituição Federal.

O art. 55 tem sido um dos piores enxertos de autoritarismo no relacionamento do Executivo com o Legislativo, desde que advieram a Constituição de 1967 e suas emendas traumatizantes. Houve, é verdade, alguns recuos do princípio autocrático, mas estes ainda incompletos. Sua incidência já não se faz com a desenvoltura das décadas de 60 e 70, senão que vai sendo gradativamente banido da Sociedade brasileira por uma convergência soberana de opinião, radicada no sentimento nacional de liberdade, sentimento nunca extinto nem ausente das tradições pátrias em todas as ocasiões de nossa existência. Esse sentimento, que se busca em vão abafar, não logrou perfazer por inteiro a tarefa de alforria pela qual suspira a Nação, após 20 nos de absolutismo dissimulado, à sombra de uma Constituição sem legitimidade. A remoção da Carta outorgada se faz, por conseguinte, imperiosa, como os recentes atritos de Poderes na esfera da produção legislativa vieram demonstrar. Aumentou-se a capacidade de resistência do Congresso, abriram-se novos espaços à ação do Poder mais sacrificado pelo duelo do princípio autocrático com o princípio liberal, mas ainda assim o braço tecnocrático do poder sobrerresta armado ameaçador.

A tecnocracia fere, hoje, com as Casas do Congresso uma batalha surda e decisiva pelo domínio da lei. Esta batalha política é que vai decidir se teremos ou não, ao transcurso dos anos vindouros. um governo representativo numa Sociedade politicamente estável e se o princípio liberal regerá ou não possas relações de poder.

Quem tiver a preponderância na feitura da lei terá a Sociedade sob seu comando: nessas ocasiões, a legalidade para os Poderes de fato vale mais que a legitimidade. Os imperativos sociais e econômicos gerados pelas graves e problemáticas conjunturas que a Sociedade de nosso tempo atravessa parecem conduzir a preferência do Estado para os processos velozes de elaboração legislativa. Com isso, as assessorias ministeriais se têm transformado no Brasil de 1964 em órgãos paralegislativos, carentes de legitimidade mas, na aparência, transbordantes de eficiência e adequação aos interesses e à ação do Executivo, do qual se fizeram instrumentos com que concretizar uma vontade governante em freqüente antagonismo com a vontade do povo. Quanto mais autoritário o sistema, mais comodamente se serve ele de tais assessorias.

O tecnocrata bem informado é, hoje, o legislador do Executivo. Proporcionando a informação, o elemento estatístico e os dados de atualização, o Estado lhe dá meios de elaborar os projetos da lei-medida, da lei-plano, da lei-decisão, da lei instantânea e emergencial que o Executivo decretara e que configura um direito administrativo de ocasião, ordinariamente autoritário e casuístico. Chegam aqueles dados ao tecnocrata com muito mais rapidez do que chegariam ao Legislativo, visto que circulam na esfera do mesmo Poder, por meio de canais mais curtos e desobstruídos. Demais, a legislação por decreto-lei tem para o Executivo a vantagem de transcorrer sem oposição à vista, no silêncio e anonimato das ante-salas ministeriais.

A superioridade do tecnocrata-legislador, porém, ilude em matéria de eficácia, pois o que ganha a lei em volume e rapidez perde em qualidade e legitimidade. Os danos excedem as vantagens, e quem mais se sacrifica é a organização social, vítima das surpresas de uma legislação de privilégio por obra de privilegiados. É a lei que mais se desvirtua em proveito de grupos.

A rejeição de decretos-leis do Executivo pelo Congresso suscitou, contudo, um debate jurídico ao redor das possibilidades interpretativas da Constituição em matéria atinente ao sobredito art. 55 da Lei Maior.

Tem sido esse artigo, porém, uma das cláusulas ou agentes da perpetuidade do *statu quo* institucional de usurpação que desde muito estabeleceu, entre nós, a hegemonia do Executivo sobre o Legislativo ou do Estado sobre a Sociedade, ou ainda do poder pessoal sobre o poder nacional, com graves danos para a liberdade e a emancipação do povo brasileiro, constantemente sujeito a alienações de soberania por obra de uma tecnocracia arrogante, cujos interesses, não sendo precisamente os deste País, não são tampouco os de seu povo marginalizado.

Mas não deve o debate jurídico, de alcance manifestamente restrito, desencaixar-se da grande moldura política que contém o verdadeiro significado da questão essencial, impossível de resolver-se com o auxílio da presente Constituição, cujos fracos alicerces foram a outorga e a baixa representatividade de seus autores, e que já não pode servir de fundamento a uma ordem jurídica estável, tal o descrédito e a ilegitimidade de suas origens.

A questão crucial, que é a da legitimidade, forma o estuário para onde confluem todas as correntes da vontade nacional. Ela não pode nem deve ser, na estratégia da presente luta, removida ou obscurecida pelas questões parciais como a eleição direta do presidente da República, a reforma tributária, a eleição dos prefeitos das Capitais ou a substituição do presidencialismo pelo parlamentarismo.

Não obstante a importância de que se revestem como estádios da grande escalada para a renovação democrática da Sociedade brasileira, não são elas, todavia, de molde a prescindir da medida-chave e instrumental destinada a resolver a sobredita questão; medida a que daremos expressão convocando uma Assembléia Nacional Constituinte, pois sem a Constituição vinda do povo os focos de ilegitimidade aquartelados no atual sistema jamais se desativarão. Como a hidra de Lerna, levantarão sempre a cabeça renascida para golpear instituições e operar retrocessos.

As classes, os corpos coletivos, os sistemas, não abdicam o poder; os homens, sim; mas não basta a renúncia de um indivíduo nem o querer de uma vontade pessoal para pôr termo às reencarnações da ditadura ou levar a cabo a redemocratização, nomeadamente se a ditadura ou o autoritarismo têm raízes coletivas ou correspondem aos vícios e anomalias de uma estrutura de poder. Pedro I abdicou no 7 de abril, mas a euforia do ato adicional durou pouco e logo se desfez com a Lei de Interpretação, que, restaurando a hegemonia conservadora nas instituições imperiais, solidificou as teses unitaristas e centralizadoras da Monarquia. Em 1945 os generais derrubaram Vargas com o golpe de Estado de 29 de outubro, mas a 2 de dezembro do mesmo ano, sem embargo da redemocratização e da queda de seu chefe, é ainda o Estado Novo, votando nas urnas do sufrágio livre, que elege Dutra presidente da República.

Tudo isso está a demonstrar que não se deve ter ilusões fáceis ou improvisadas no tocante a uma rápida queda dos sistemas autoritários; eles às vezes hibernam, mas não morrem; ou, quando morrem, breve se levantam, em ressurreições que surpreendem.

Quando as consciências estão em peleja de opinião, buscando a melhor saída para os problemas institucionais, nem todos percebem a linha divisória que separa as correntes do presente e do passado, as idéias novas e as idéias velhas, a legitimidade e a legalidade, o País real e o País legal, a Sociedade e o Estado, o princípio liberal e o princípio autocrático, a tradição federativa e a realidade centralizadora e unitarista. E é a falta dessa percepção que embaraça a estratégia do pensamento de renovação e mudança, fazendo-o correr graves riscos de ver suas vitórias prontamente anuladas por desvios ou retrocessos súbitos.

No Brasil, só o Estado tem sido reacionário, desde a Independência, desde a dissolução da Constituinte, desde a outorga de 1824; só ele atravessa o Segundo Reinado com os decretos da vontade imperial vocacionalmente absolutista quando abate ministérios ou compõe maiorias parlamentares dóceis; só ele transita da Monarquia à República com a forma presidencial de governo vazada na filosofia autoritária do Positivismo; só ele fomenta golpes e ditaduras, como em 1937 e 1969, ou superpõe atos institucionais a Constituições, até chegar a uma erosão completa da legitimidade sobre a qual assentam as colunas do Poder. A Sociedade, ao contrário, tem sido a baía de águas mansas onde o sentimento liberal da Nação respira as grandes teses liberais que antecedem a Independência mesma ou que passam pela insurreição de Frei Caneca e pelos movimentos espontâneos da alma nacional com as vibrações populares da Abdicação, da Maioridade e da Abolição.

A propaganda de opinião que nos educou politicamente durante o século XIX desmente o dito e a ironia de Tavares Bastos de que "não somos um povo, somos um império". No Brasil a Sociedade jamais foi império; o Estado, sim. Aliás, continua a sê-lo, e esta batalha da Sociedade com o Estado é o característico mais agudo da crise e da anarquia nos atos do Poder; um Poder que se divorcia do País por uma separação que só terá fim quando a Nação retomar o rumo do futuro. E o futuro tem sido, segundo Nabuco, "a maior das divindades nacionais".

Quando o pêndulo da autoridade se inclinar para as reformas a que todos aspiram, o ponto de partida da reconciliação será a Assembléia Nacional Constituinte. Entre nós, o Estado se acha enfermo. São 20 anos de enfermidade ocasionada pelo vírus do autoritarismo. Mas, felizmente, "o coração do País – como dizia também o publicista pernambucano – está ainda são, é ainda profundamente liberal e democrático". Nisso reside a certeza de que nas vizinhas décadas ninguém voltará a governar esta Nação sob a égide do ato institucional, do recesso parlamentar, do mandato degolado, da suspensão de direitos políticos e da censura aos órgãos e tribunais de exceção. Contados se acham, pois, os dias de governo com base em decretos-leis ou em legislação aprovada por decurso de prazo.

2.17 O contra-humanismo da tecnocracia

O parlamentarismo e o presidencialismo são basicamente técnicas de governo, e não formas de Estado, regimes políticos ou ideologias. Mas não basta aplicá-los como técnicas para auferir todo o proveito que podem ministrar, assim como não basta ter um Parlamento para caracterizar a representatividade de um determinado sistema político. A técnica funciona como mera ossatura do organismo governativo. A nota espiritual e humana das instituições será dada pela corrente dos valores que circulam no corpo ético da Sociedade e do Estado.

Descrentes de que o parlamentarismo era esplêndido instrumento de governo, muitos de seus opositores puseram de lado o aspecto técnico relevante para refutar equivocadamente a tábua de princípios a que estava ele associado nas décadas de apogeu do Estado Liberal. A furiosa investida totalitária contra o parlamentarismo no período compreendido entre as duas Grandes Guerras Mundiais derivava de sua identificação com a democracia burguesa e liberal do século XIX.

Dois cadáveres permaneciam insepultos, segundo a falsa crítica dos inimigos da liberdade: a democracia e o parlamentarismo. A espécie fora confundida com o gênero. Morreu a democracia do *laissez faire, laissez passer*, e morreu também o parlamentarismo liberal dos individualistas do século XIX. Sobre as ruínas de ambos levantou-se, porém, a democracia neoparlamentarista do Estado Social, que faz a firmeza da maior parte das instituições livres do Ocidente, com uma nova base política, cuja legitimidade não está nos interesses de uma classe, senão na convergência representativa de todos os grupos.

Mas há um grande cavalo-de-Tróia minando a democracia parlamentar contemporânea: é a ideologia dos tecnocratas, que urge desmascarar, porquanto se apresenta professando justamente a neutralidade ideológica.

O tecnocrata é, à primeira vista, o homem do plano, da ciência, da especialização. Inverte posições e valores: faz recuar a política e avançar a planificação sócio-econômica como dado primário e prioritário. Mas ao fazê-lo despreza a dimensão humana do problema. Substitui também o Estado partidário pelo Estado tecnocrático, que não precisa de partidos, mas de computadores e cabeças frias para o raciocínio matemático de gabinete. Que eram o MDB e a Arena na década de 70? Nada; nem Governo, nem Oposição.

Essa falange de *experts* tende a tomar conta do poder, acenando com a política científica, que estende o braço da burocracia até onde a sedução desenvolvimentista possa conduzir. Senhores dos prognósticos e dos planos, da ciência do mercado e das finanças, fazem na Sociedade industrial o papel dos magos e bruxos nas Sociedades primitivas. A elite política profissional, por despreparo ou covardia, abdica ou se enfeuda ao tecnocrata invasor. A usurpação que ele promove fascina os inimigos da democracia ou quantos temem o desastre das soluções ideológicas, inadvertidos, todavia, de que governo tecnocrático é a ante-sala do comunismo ou do fascismo, pois despolitiza a classe média e sufoca no berço as lideranças de vocação.

Os tecnocratas, homens de monólogo, infensos à crítica ao debate, só se sentem à vontade numa ambiência autoritária. Proclamando a tecnicidade de todos os interesses e relações sociais, reduzem tudo a termos de produção e consumo. São no Ocidente os materialistas contemporâneos do capitalismo. A política que estimam é a da força ou do casuísmo normativo, que lhes consente alterar textos da Constituição com portarias ministeriais, ou redigir leis à base do "etc."! Não são humanistas, porque só conhecem o *homo faber* menosprezam o *homo sapiens*. Falece-lhes o sentido da vida e da justiça, conculcando as forças humanas que a arte, a tradição, o costume, a língua, a religião, o pensamento social, a filosofia e uma longa e insubstituível convivência histórica e civilizadora alimentaram no decurso de muitas gerações.

Ora, a democracia, bem compreendida, abrange todos esses valores, sendo a culminância de um vasto processo humanista de solidariedade, justiça e igualitarismo; uma caminhada aperfeiçoadora que conduz o homem da servidão à liberdade.

O potencial ético e espiritual do sistema democrático é inexaurível, pois só ele confere segurança aos direitos humanos e dignidade à pessoa para o exercício responsável dos valores potencializados pela liberdade.

2.18 O ocaso da tecnocracia

O advento da tecnocracia causou ao Brasil graves danos. O tecnocrata é o burocrata falsamente politizado, à testa do Poder. Não combate com a palavra, mas com o cálculo ou a estatística. Tendo a frieza lógica do matemático, não lhe apraz a crítica, o debate, o tumulto da tribuna, mas a submissão, o silêncio, a anuência. O desenvolvimento do País afigura-se-lhe uma operação aritmética, jamais um problema de implicações humanas e sociais. Fazendo do homem coisa ou objeto, já o eliminou como personalidade. Abraçado ao culto da Economia e das Finanças, despreza o Direito e a Sociologia. Na sua representação de vida não há espaço para a reflexão filosófica. Seu horizonte cultural, sempre limitado, o inclina às realidades pragmáticas. Vê na vocação jurídica do estadista um defeito, uma alienação diletante.

As raízes da tecnocracia brasileira estão no passado. Tudo começou depois de 1930, quando o País, cansado de seus bacharéis, franqueou as portas da Administração ao técnico, ao especialista, ao profissional do "mais e mais acerca do menos e menos", como diria conhecido vulgarizador de idéias do cenário intelectual americano: o historiador e biógrafo Willy Durant.

O técnico de ontem, comandando as antecâmaras ministeriais, viu crescer, pois, o peso político de sua influência, à medida que declinava o prestígio dos Parlamentos. A controvérsia ideológica fazia então estalar as estruturas da Sociedade subdesenvolvida, em crise de sobrevivência e crescimento.

No Brasil do Estado Novo os técnicos do DASP foram os príncipes da burocracia nacional. Depois vieram os economistas, com os bacharéis perdendo terreno. A elite jurídica cada vez mais se distanciava das esferas do Poder e da tomada de decisão. Ainda na fase constitucional de 1946, após o período sombrio da ditadura de 1937, o Congresso Nacional adquiriu, pelos seus representantes, consciência da crise de governo e da perda da preponderância parlamentar na clássica tripartição de Poderes, fundamento do sistema representativo de inspiração liberal e democrática. O Executivo, que legislara por decreto-lei durante todo o Estado Novo, preservou uma hegemonia de fato.

Em 1964, com o crepúsculo da autoridade civil, houve a preocupação de neutralizar a classe política. Buscou-se sistematicamente afastá-la dos centros vitais de decisão, reduzir-lhe ao mínimo a influência na condução dos negócios públicos. O descaso votado ao político profissional exprimiu na época humilhações atrozes. Havia um estigma de incompetência marcando a face de políticos e bacharéis. A nova ordem procurava desfazer-se da presença incômoda daquela gente. Foi nessa ocasião que ao técnico sucedeu o tecnocrata. A Nação oficial, ou seja, o Estado, fazia de conta que não precisava de políticos para governar, nem de juristas para legislar. Desse estado de ânimo, passou logo à esfera de aplicação, colocando no topo da pirâmide, a saber, nas cúpulas ministeriais, as personalidades eminentes da nova casta.

O chamado "milagre" dos anos 70 foi o jubileu da tecnocracia no reino de faraó, um exemplo ao mundo, uma paranóia de eficiência. Quando ruiu, porém, o castelo dos alicerces de areia, a Nação percebeu, a duras penas, quanto lhe custava a cegueira tecnocrática de seus dirigentes.

O tecnocrata é de natureza um autoritário. Tem a atração do poder e sempre prospera no silêncio das ditaduras. Infenso ao debate político e social, costuma asilar-se com todo o conforto nos quadros estatísticos, que estão para a verdade social assim como a fantasia está para os vôos do poeta.

Depois que se descobriu a ficção na matemática dos tecnocratas, desde que ela se transportou, impotente e desmistificada, para o campo da realidade humana e social, o desprestígio desses oligarcas privilegiados se acentuou. Houve, em consequência, uma reabilitação que prossegue: a do político tradicional, do jurista esquecido, do bacharel menosprezado.

No Estado de Direito, isto é, na Sociedade constitucional, não há lugar para a tecnocracia. Há lugar, sim, para o técnico, o bom técnico, o bom especialista, a elite dos quadros administrativos; estes têm, inquestionavelmente, missão útil, ampla, patriótica e importante que desempenhar. Deles o Brasil não poderá prescindir. Mas uma coisa é colocá-los na posição certa, outra desvirtuar a função que lhes impende, entregando a homens despreparados ou politicamente dessensibilizados, sem a chancela da legitimidade democrática, a direção dos mais altos destinos da Nação.

As ditaduras são o paraíso dos tecnocratas, o clima que os faz ditosos. No Brasil de hoje, com a reconstitucionalização em curso, eles caminham, todavia, para o ocaso. Bem entendido: o ocaso político. Mas haverá ainda – antes desse fim – o último dos tecnocratas, assim como houve o último dos moicanos.

2.19 O "Sr. Computador", um bezerro de ouro

Nos Estados Unidos, a revista *Time* escolheu como homem do ano o computador. A distinção agora conferida a um objeto constitui o símbolo de uma época, podendo ser analisada por muitos e diferentes aspectos. O triunfalismo da máquina alcança aí seu ponto mais alto e renova legitimamente a curiosidade interrogativa dos imortais da Academia de Dijon no século XVIII, quando fizeram na França o concurso de opinião sobre as vantagens ou os malefícios que o progresso tem trazido para o gênero humano. A consulta revelou a argúcia e imaginação de um pensador desconhecido, que foi para o feudalismo, em crítica e reflexão, o que Marx vem sendo para o capitalismo: Rousseau. Sem o *Contrato Social* a Revolução Francesa não teria sido possível ou, se concretizada, não alcançaria as conseqüências políticas e sociais de comoção universal nas instituições e nas idéias, fazendo triunfar, como ela fez, o princípio democrático de organização da Sociedade.

A reflexão pessimista de Rousseau na tese-resposta levantou dois problemas conexos da filosofia política: o da alienação e o da ciência em relação ao Poder; o da Sociedade desigual e o da autoridade injusta. Tudo hoje se cifra em saber se a máquina veio para libertar ou para escravizar. A ciência será um bem ou um mal, conforme sua utilização. O pessimismo de Rousseau, a que nos reportamos, acabou, porém, numa mensagem de otimismo condicional: a Sociedade reconstruída com base no princípio da vontade geral determinaria o fim de toda a alienação política do ser humano. Das alienações omitidas se ocuparam depois Feuerbach e Marx, com o pensamento crítico e dialético voltado para revisões fundamentais pertinentes ao Homem e à Sociedade, revisões que aparentemente desatualizam toda a filosofia social de Rousseau. No entanto, até hoje o Ocidente não fez opções definitivas em matéria social, e a caminhada vagarosa e incerta dos modelos institucionais parece inculcar a cada passo a distância que a doutrina ainda terá de perfazer para chegar à solução do problema das liberdades humanas.

O espantoso avanço tecnológico da segunda metade do século XX fez mais agudas algumas contradições do progresso e da civilização fundada em valores materiais. O *robot* despovoa as fábricas, a automação acelera as taxas de desemprego, as relações internacionais de troca se deterioram, a crise de produção e comércio faz estalar estruturas empresariais que se supunham sólidas ou inabaláveis, a onda de pessimismo e perplexidade rebenta indistintamente sobre Nações desenvolvidas e Nações subdesenvolvidas e o mundo todo colhe a lição de uma confiança exagerada nas possibilidades de um progresso linear e contínuo da ordem capitalista, ordem que o intervencionismo e o planejamento teriam feito definitivamente refratária às surpresas, aos riscos e às crises do passado.

Nunca a civilização deu ao homem tantos meios de dominar a Natureza e utilizá-la em seu proveito. Mas paradoxalmente o homem fica cada vez mais dependente das forças materiais de que ele se assenhoreou na esperança de que elas o libertariam da necessidade e da sujeição.

O computador elevado à categoria de personalidade é sinal dos tempos; ele resolve problemas, proporciona comodidade, faz o gozo de uma Sociedade ávida de bens materiais. Estamos bem próximos, na idade da tecnologia, de divinizar a máquina. Do computador-pessoa ao computador-deus vai tão-somente um passo. O Ocidente já tem, pois, seu bezerro de ouro na capa da revista *Time*. Que espécie de Moisés virá repreender o Arão do capitalismo cego? Enquanto o americano rende essa homenagem ao computador, a outra ciência, a da morte, faz progressos espetaculares, devora trilhões de Dólares na construção e aperfeiçoamento do arsenal nuclear, cujas armas colocam o mundo à beira do holocausto final. Como nos faz inveja o selvagem feliz de Rousseau, que nunca disparou uma arma de fogo!

2.20 *Controle parlamentar e tecnocracia*

Desenha-se no Estado contemporâneo uma visível ameaça tecnocrática ao povo e aos cidadãos, volvendo-se para o Parlamento a esperança de quase todos que têm refletido a fundo sobre esse problema.

É ele, sem dúvida, o órgão realmente apto e qualificado a desempenhar novas e eficazes tarefas de controle, a lhe serem adequadamente conferidas. De sorte que, sem evitar as irreprimíveis tendência e necessidade de deslocar para o Executivo o maior peso e substância do processo legislativo, bem como as opções de conteúdo da legislação a fim de melhor atender a reclamos de eficiência, fluidez e vertiginosidade dos remédios sociais, deve o Parlamento ressalvar ou criar uma competência de fundamental importância, contida exatamente nos termos de fiscalização e controle amplo da obra executiva em todos os aspectos e momentos de seu exercício.

Os instrumentos habituais de controle de que dispõe o Parlamento se limitam tecnicamente a comissões parlamentares de inquérito, a pedidos de informação e interpelações e a comissões permanentes. São meios, porém, que se reconhecem insuficientes para alcançar um grau de eficácia compatível com as exigências feitas à instituição em seu papel de entidade fiscalizadora das amplíssimas atividades executivas.

Tendo perdido a batalha da função legislativa, o Parlamento trava agora a batalha da função de controle, onde as perspectivas de vitória lhe são promissoras, podendo, por essa via, preservar seu prestígio e anular o prognóstico sombrio dos que combatem o sistema representativo clássico do modelo parlamentar, não cessando de decretar-lhe o fim ou a inutilidade.

Mas o nó górdio que dificulta o exercício desse controle reside na precariedade da informação colocada ao dispor do Parlamento. Constitui a informação o ponto crítico de que depende o resultado do controle. O obstáculo é o mesmo quer se trate de regime parlamentar de governo, quer de regime presidencial.

A informação emana de três fontes básicas: os titulares das pastas ministeriais, os burocratas e os cidadãos, sendo os governantes uma fonte privilegiada, detentora de dados que dificilmente comunica à Oposição, a não ser na medida em que favorecem o conteúdo da legislação propugnada pelo governo, embaraçando, assim, a força do controle parlamentar sobre os projetos de lei remetidos pelo Poder.

Os campos mais complexos, onde a informação parlamentar desce a níveis baixíssimos e carentes, patenteando a inferioridade do Poder Legislativo, são aqueles pertinentes à Economia e às Finanças. Foi aí que os tecnocratas lograram as mais expressivas oportunidades de infiltração e acesso ao Poder, induzindo alguns sistemas a abdicar a orientação política fundamental nas mãos dessa casta. Ela é, hoje, na gerência secular dos negócios públicos, aquilo que foram os jesuítas no passado, quando tinham a direção espiritual dos reis e das rainhas. Governavam do confessionário, como diretores da consciência, tanto quanto os tecnocratas governam hoje uma boa parte da Sociedade contemporânea, como diretores do processo econômico. Elaboram estes no espaço fechado das antecâmaras ministeriais os seus planos, ao redor dos quais se dissimula toda uma arquitetura de influência e poder.

Tudo em nome daquela eficácia que abate e humilha o Parlamento, reduzido como instituição a um anacronismo e a uma impotência crônica lá onde os tecnocratas tomaram a palavra e o Poder. Não dominando a informação econômica e financeira, o Parlamento, ainda quando sobrevive ileso à tempestade que o açoita, será um Poder com vocação para o museu. Estará marginalizado da correnteza social, inteiramente isolado, frouxo de ação e perspectiva, carente de atualidade e influência. Como um Poder deposto, terá serventia apenas para legitimar, formalizar e registrar em figura de lei os atos do Poder.

3
DEMOCRACIA, NACIONALISMO E OLIGARQUIA

3.1 A democracia-substantivo

O vocabulário político possui dimensão histórica com palavras que também refletem a época, condensam idéias, valorizam sentimentos do povo: lutas, anseios, esperanças, conquistas, frustrações. Mas as palavras não raro envelhecem, se desbotam, perdem com o gasto a energia da expressão, o colorido da imagem, até se tornarem vulgares, impotentes em seu poder de afirmar ou negar conceitos.

A sensibilidade liberal do século XVIII e princípios do século XIX tremia de pavor diante do termo "socialismo", a heresia mais incômoda e escarnecida que atormentava a ordem estabelecida, os Poderes oficiais, a autoridade dos governos, a voz dos Parlamentos.

O "quarto Estado" ou classe operária, nascida da Revolução Industrial, a princípio ignorada, veio depois a exprimir uma realidade sócio-política, que concretizava, como símbolo, as profundas transformações sociais e econômicas operadas na estrutura do Estado Moderno. Já não se definia à maneira de uma sombra ou enigma no horizonte. O século XIX combatia o futuro, aquele futuro que no Ocidente pertenceria à democracia social. A Reação, por sua vez, em nome da Igreja e das ordens aristocráticas e privilegiadas, trazendo o perfume da Idade Média e a ancianidade da tradição, declarava guerra ao presente, à igualdade política inspirada em Rousseau.

A fidalguia de sangue temia a democracia dos jacobinos, de modo que o *Contrato Social* do filósofo de Genebra era para os homens do passado obra tão perniciosa e demolidora quanto os clássicos da nova literatura social emergente o eram, por igual, para os governantes liberais. Uns queriam restaurar, outros conservar; aqueles voltar ao passado, estes evitar o futuro. Isso acontecia no século XIX, quando os conceitos de "democracia" e "socialismo" traziam uma efetiva mensagem de renovação e mudança para as estruturas políticas e sociais.

O debate teórico e a luta social operaram sobre eles, porém, uma ação desgastante, até certo ponto escamoteadora, desvirtuando-lhes a influência histórica, minando-lhes a credibilidade, desacreditando-os como dogmas de uma fé messiânica e passional, ou seja, como um sucedâneo à "descristianização" das massas. Estas trocavam a religião pela ideologia e o céu pelo campo de batalha das leis sociais.

Hoje, "democracia" e "socialismo" são palavras que já não metem medo a ninguém. Até mesmo o chamado "eurocomunismo" se tornou um vocábulo de rotina e transição, subproduto da "coexistência pacífica". Como esta se enfraquece ou reflui a níveis baixos e duvidosos, depois da invasão soviética no Afeganistão, aquela expressão sofre já considerável perda de prestígio no vocabulário suspeito que o tempo se encarrega de amenizar.

Com respeito à democracia, sabemos que o termo se tornou equívoco não por obra dos que a prezam e cultivam – estes nunca se enganam acerca de seu verdadeiro significado! –, mas precisamente daqueles que a combatem e mistificam.

Com relação ao socialismo, o século XX, também pela ação de quantos o refutam, conseguiu amansar esse nome, suspeitíssimo aos liberais, democratas e conservadores de ontem. O caprichoso e irônico destino das palavras-chaves, palavras-forças ou palavras-*slogans*, cuja magia entorpece o "povão" – um neologismo feliz surgido, de último, sem as conotações negativas do termo "massa", e por isso mesmo até agora de emprego efetivamente neutro –, produziu ontem o escândalo ideológico de Hitler, cuja doutrina se proclamava um nacional-socialismo! Esse socialismo híbrido levou o mundo a uma das piores catástrofes de sua história. Aqui, a "democracia do AI-5" quase nos fez caminhar por vias parecidas para uma tragédia de autoritarismo, cujo símbolo, em termos caboclos, fora a chamada "democracia relativa", que se pretendeu justificar e perpetuar mediante as inconstitucionalidades do estado de exceção, traduzido na falsa legitimidade de um comportamento político dirigido, com ausência de eficaz participação popular.

Cuidado, pois, com as palavras da nomenclatura política. Como elas enganam! No Brasil de hoje só há lugar para uma norma de democracia: a democracia-substantivo. Com adjetivos jamais a possuiremos em face do presente quadro institucional.

3.2 A salvação na democracia

A vietnamização da América Central é o pesadelo da política externa norte-americana, uma dor de cabeça comparável àquela de que padecem os soviéticos na Polônia. Todos os vulcões da luta social estão em erupção naquela parte do Continente. A Colômbia, o Peru e a Venezuela são outras tantas interrogações, trazendo inquieta toda a América Latina, onde, à exceção de Costa Rica, se procura em vão um País que seja exemplo de democracia representativa, medida pelos padrões da tradição ocidental, tanto européia como norte-americana. Nem mesmo o México, com suas liberdades públicas tão bem preservadas, se encaixa institucionalmente nesse modelo. Ali impera, com efeito, uma forma singular e *sui generis* de doutrina populista, inspirada num socialismo de autênticas bases nacionais, como foi o da Revolução Mexicana anterior à Revolução Russa. Mas o populismo mexicano, se constituiu um freio social à economia injusta do capitalismo e fez o povo daquela República consciente das grandes reformas que urge realizar em proveito da coletividade, nem por isso foi suficientemente feliz para estabelecer um regime em que os fundamentos da democracia estejam todos assentados na livre e equânime participação das classes sociais.

Em verdade, o México instituiu uma espécie de sistema de partido único, que está sempre no poder, que substitui com pontualidade os presidentes, ao termo de cada mandato, mas que na prática elimina o exercício da função oposicionista numa democracia, qual seja, a de oferecer ao povo a mudança e a renovação potencialmente contidas na alternância de governo.

O quadro político brasileiro, caso não se venha a modificar com as eleições de novembro vindouro, continuará oferecendo analogias com o daquele país. Antes do pleito de 1974, durante o governo do Presidente Médici, quando a Arena tinha efetivamente a aparência de ser "o maior partido político do Ocidente" e o MDB, à míngua de contato com as urnas e por força de sua incompatibilidade com o AI-5, ficava cada vez mais desmembrado e raquítico, estivemos seguramente a um passo da mexicanização formal e material do sistema partidário e da vida política do País. Com uma diferença, porém: a mexicanização de direita, que, aliás, tanto quanto a de esquerda, só é possível com lideranças populistas e carismáticas. Estas, o movimento de 1964 não as produziu no Brasil. E foi em razão disso provavelmente que o projeto malogrou e conseguimos, assim, que a "fase liberal" da Revolução, inaugurada por Geisel, evitasse aquele desfecho indesejável de que estivemos gravemente ameaçados e que ora revive como um sonho desfeito na filosofia e na legislação dos pacotes eleitorais.

As ditaduras crônicas que flagelam as Repúblicas latino-americanas são muito mais vulneráveis a uma revolução social de extrema esquerda que os sistemas representativos democráticos, cujos canais de sufrágio funcionam como válvulas de segurança para o regime e a Sociedade. Onde a normalidade do processo democrático não encontra obstáculo, a tendência geral é fortalecer as bases do consenso e afiançar o livre exercício das liberdades públicas. Desgraçadamente, esta lição não entra no entendimento das oligarquias reacionárias que na América Latina sacrificam o futuro e a liberdade de seus povos, renunciando aos interesses nacionais e recorrendo com freqüência ao golpe de Estado, ao aviltamento dos partidos, à usurpação do Poder, à ilegitimidade das soluções de força, à desmoralização dos Parlamentos. Quando o incêndio lavra e as cúpulas apavoradas se voltam, como em El Salvador, para as urnas, que tantas vezes atraiçoaram com a implantação das ditaduras, já é tarde, a credibilidade se acha perdida e a Sociedade fraturada vai buscar seu destino no messianismo de uma ideologia extremista. A democracia não pode formar líderes e o povo perdeu a fé no sistema representativo, tantas vezes violentado. Quando uma Sociedade cai nessa descrença e os ânimos se envilecem, as portas do Poder já se acham de todo abertas ao totalitarismo. Como se vê, a salvação está na democracia, enquanto é tempo.

3.3 A superioridade da democracia

Temos visto reiteradas manifestações de descrença tocante à possibilidade de instaurarmos no Brasil uma ordem democrática firme e estável. As invocações feitas em geral a esse respeito entendem com a ausência de educação política da Sociedade brasileira, com o imenso atraso do País, onde se acumulam e se superpõem distintos níveis sociais de renda e letras, com uma massa informe de cerca de 20 milhões de analfabetos que escurecem o quadro da cidadania e atualizam com mais força o argumento mediante o qual se desacreditou a democracia grega, por insuficiência de participação e excesso de exclusões (eram marginalizados efetivos sociais ponderáveis, em razão da esmagadora maioria de escravos), e, enfim, com o procedimento mesquinho de uma classe política sem grandeza e espírito público quando representantes seus fazem da imunidade parlamentar, que é a mais alta e majestosa salvaguarda de independência da palavra e o mais intangível penhor das prerrogativas de que se investe o representante da Nação soberana, o escudo da impunidade, servindo, assim, o mandato de valhacouto a quantos se segregaram do bem comum para ações contrárias ao Direito e aos interesses da Sociedade.

Mas não chega à memória dos desiludidos da democracia que esta, nas Sociedades subdesenvolvidas ou em via de desenvolvimento, requer duas condições básicas: primeiro, uma fé pertinaz nos seus valores e, segundo, um contínuo exercício, cousas que têm faltado com freqüência a homens públicos e lideranças políticas, constituindo, assim, o círculo vicioso da aparente inviabilidade do regime democrático, oscilante entre os intervalos da liberdade e as irrupções do autoritarismo.

Nenhum povo, porém, sobre a face da Terra congrega hoje pressupostos tão favoráveis ao estabelecimento de uma sólida e próspera ordem democrática quanto o povo brasileiro. Não falamos das potencialidades de seu futuro material pela grandeza econômica e pelas riquezas que se contêm na amplidão de seu espaço físico, mas de fatores outros de ordem expressamente cultural, que temperam o aço da união e da solidariedade, fazendo avultar o *idem sentire* da nacionalidade.

A religião, a língua, os costumes e sobretudo o pacto racial tornam singular o nosso povo, sem discrepâncias étnicas profundas, sem minorias perseguidas ou espoliadas, sem ressentimentos de classe arraigados em privilégios que a ação do tempo, com o progresso das idéias, não possa corrigir e remover. Possuímos, em verdade, uma índole nacional democrática, e os valores cristãos podem perfeitamente inclinar-nos ao humanismo social, guiando a Nação pelos caminhos da justiça e da liberdade, como pede o bem comum.

Mas esses caminhos são difíceis de abrir enquanto o povo permanecer na ignorância política de seus direitos e deveres, enquanto sua vontade não for auscultada, enquanto lhe faltar pão, escola, saúde e trabalho, enquanto a responsabilidade for um traço de ausência na conduta dos que governam e os interesses de classes ou de grupos preponderarem sobre os interesses da Nação e do povo, enquanto a xenofobia confundir-se com o nacionalismo, enquanto a razão de ser da defesa do solo e da riqueza nacional for apresentada como um sofisma pelo despatriotismo dos desnacionalizadores. Compõem estes a grei dos que procuram escancarar as portas da economia à invasão de capitais estrangeiros indiscriminados, depois de preconizarem a dependência, pela submissão às normas do Fundo Monetário Internacional.

Temem, enfim, a democracia quantos se afeiçoaram ao silêncio, à coisificação do povo como objeto do poder, à comodidade do arbítrio.

É de perguntar, porém, se foram mais benéficos e valiosos ao Brasil os interregnos de força do Estado Novo e do AI-5 ou os períodos de funcionamento normal das instituições sob a legitimidade democrática das Constituições de 1934 e 1946. Fomos felizes com a liberdade e o Estado de Direito ou com a ditadura e os tribunais de exceção? Ofenderam-se menos a justiça e os valores éticos da convivência à sombra do poder constitucional ou nas fases em que os órgãos de opinião estiveram censurados e às vezes emudecidos? Houve maior dano aos valores da justiça, da segurança, do progresso e da civilização com o Congresso aberto ou quando este cerrou as portas pelo golpe de Estado, pelo recesso e pela perda de independência dos representantes, cujas prerrogativas foram cerceadas?

Quem não encontrar nesses quesitos uma resposta afirmativa em favor da democracia e em condenação dos sistemas políticos repressivos não terá nunca coragem para correr os riscos da liberdade, nem compreensão e indulgência para admitir neste País o menos imperfeito dos regimes, que é o regime democrático – aquele para o qual nos impele o instinto de povo, a alguns aspectos sociais básicos – já de todo democratizado, mas que não pôde ainda democratizar o Estado, senão que primeiro receia seja ele, com os ditadores e os alquimistas das soluções casuísticas empenhados na habitual mudança das regras do jogo, o instrumento da perpetuidade de um sistema em contradição com os pressupostos de nossa própria vocação para a democracia.

3.4 Democracia e Estado de Direito

A democracia, segundo Aristóteles, é forma de governo. Esse entendimento milenar assim se conservou entre os publicistas romanos e os teólogos da Idade Média. Não discreparam também do juízo aristotélico pensadores políticos do tomo de Montesquieu e Rousseau, presos à herança clássica. O primeiro a incluiu, por igual, na sua célebre classificação de formas de governo. Acontece, porém, que no século XIX surgiu o marxismo. Com o chamado socialismo científico, as idéias filosóficas passaram a reputar-se parte da superestrutura ideológica da sociedade de classes.

A democracia entrou nesse rol. O socialismo marxista rebaixou, portanto, a democracia, desvalorizando-a como forma de governo da sociedade burguesa. Reduzida a uma ideologia, termo que em Marx, tanto quanto em Napoleão, tomara já conotação de todo pejorativa, a democracia parecia declinar de prestígio.

A ideologia, oriunda de uma "consciência falseada" e aparentemente desinteressada, reflete, segundo os marxistas, interesses vitais de grupos ou classes dominantes. Colocando assim as formas democráticas ocidentais no figurino ideológico, os marxistas têm tratado com desprezo a democracia e suas distintas modalidades: a democracia liberal, a democracia social, a democracia direta, bem como a democracia indireta, parlamentar ou representativa. Presos ao "ideologismo" que refutaram, falam-nos, todavia, da democracia popular, democracia socialista ou democracia do proletariado.

Esse preconcebimento ou juízo negativo de valor o cientista político Karl Loewenstein intentou reabilitar, com critério científico mais objetivo, definindo a ideologia como "um sistema coerente de idéias e crenças, que explicam a atitude do homem perante a Sociedade e conduzem à adoção de um modo de comportamento, que reflete essas idéias e essas crenças e lhe são conformes".

O emprego correto do conceito poderá, assim, explicar a variação havida nas distintas modalidades de democracia, que correspondem, por exemplo, à concepção democrática do Estado Liberal (democracia individualista) ou à concepção democrática do Estado Social (democracia de forte pendor coletivista). O conteúdo democrático fica, pois, explicitado pelo conteúdo ideológico, ou seja, por um sistema coerente de idéias e crenças.

Quanto ao Estado de Direito, não é forma de Estado nem forma de governo. Trata-se de um *statu quo* institucional, que reflete nos cidadãos a confiança depositada sobre os governantes como fiadores e executores das garantias constitucionais, aptos a proteger o Homem e a Sociedade nos seus direitos e nas suas liberdades fundamentais. Tanto do ponto de vista histórico como da inspiração que o fez surgir, até se converter num dos mais controversos princípios de organização jurídica do Estado contemporâneo – controvérsia maliciosa sobre os seus fundamentos! –, o Estado de Direito teve sua base ideológica principal formada à sombra dos combates que a liberdade feriu contra o absolutismo, razão por que seus laços políticos mais íntimos são com as crenças liberais da sociedade burguesa do século XIX.

Mas a contestação, o caos dos filósofos, a perversão ideológica, os propósitos inconfessáveis das seitas políticas mais agressivas e aliciantes conduziram, de último, a expressão Estado de Direito ao descrédito, bem como ao esvaziamento de suas teses e princípios essenciais.

Desprestigiou-se, assim, um conceito que a Sociedade, a classe política, os bacharéis e os oprimidos só costumam estimar nas ocasiões de angústia, quando os ditadores, os tiranos, os liberticidas, abrem os cárceres e os campos de concentração para povoá-los com os amigos da liberdade, os impugnadores do Poder absoluto, os adversários das injustiças, os inimigos do arbítrio.

O Estado de Direito é como a democracia, a liberdade e às vezes o próprio Direito: certas pessoas só os reconhecem e estimam depois de violados ou conculcados, ou seja, durante a repressão, a ditadura ou o terror. Fora daí parecem existir tão-somente no léxico dos idealistas, nos lábios dos sonhadores, na retórica dos demagogos.

Quando a Nação apela para esses conceitos em suas instituições, para as formas vivas e concretas que eles devem tomar, já se acha envolta numa profunda crise política, de armas erguidas contra os algozes da liberdade. É nessas ocasiões que democracia e Estado de Direito surgem, com mais freqüência, adjetivados pelos órgãos da segurança intelectual do Poder.

Em suma, democracia e Estado de Direito, sem embargo das escamoteações teóricas habituais, representam duas noções que o povo, melhor que os juristas e os filósofos, sabe sentir e compreender, embora não possa explicá-las com a limpidez da razão nem com a solidez das teorizações compactas.

3.5 Democracia e voto vinculado

De último, a crença mais arraigada na opinião comum do brasileiro é o pessimismo tocante à concretização de uma ordem democrática do Estado e da Sociedade. O nosso País traz do fundo da História, quais estigmas indeléveis, as antecedências de um autoritarismo jamais ultrapassado e sempre a renovar-se, em estado crônico de fermentação e perpetuidade. Quando nos arremessam esse argumento sombrio da incompatibilidade profunda da verdade histórica com o sonho de instituições políticas livres e legitimamente atadas ao consentimento dos governantes, realmente, o peso dessas reflexões nos aflige, mas não esmaga nossa fé, nem anula nossa esperança de que o futuro há de ser diferente.

O autoritarismo, tão em moda, não fez toda a história social e política do Brasil, pois não lhe pertencem as páginas que o sentimento liberal escreveu nas ruas durante os sucessos da Abdicação, do Ato Adicional, da Maioridade e da Campanha Abolicionista – para ficarmos unicamente no Império, sem mostrarmos sequer a face deslembrada de outros movimentos populares, de marcante interioridade política e social, de que a Praieira, ainda naquele período, fora um só exemplo tomado a esmo.

Afigura-se-nos, assim, inaceitável a atitude de conformismo e resignação de quantos admitem por fatalidade ou decreto da História o autoritarismo das instituições brasileiras. Pelo menos é o que uma literatura política pseudocientífica, oriunda às vezes de prelos universitários, busca agora inculcar. Urge, porém, combatê-la, antes que ela desarme as resistências do elemento nacional mais consciente, corroendo valores e idéias com uma distorção interpretativa do passado. Se perdêssemos de vista a dimensão dialética dos fatos que explicam as distintas idades de nossa formação e colocássemos no autoritarismo a força da História para desvendarmos o que somos como povo e nacionalidade, reconheceríamos desde já a inutilidade das diligências e sacrifícios sociais em favor de instituições mais justas e aperfeiçoadas segundo o critério da democracia. Não se travaria a batalha, perdida já por antecipação. E se a lógica desse autoritarismo, que se desentranha da era colonial e preside às nascentes do Império, houvesse por igual prevalecido no ânimo de precedentes gerações, o Brasil, politicamente fossilizado, sem alma de Povo e Nação, seria ainda, em matéria de instituições, a cubata do Primeiro Reinado, uma Sociedade de escravos onde jamais soariam um grito de libertação e uma palavra de revolta.

Em verdade, nunca nos faltou a cabeça da representação nacional, a vontade de uma camada humana que, resistindo, decidindo ou fazendo a mudança, dispôs de uma parcela de poder e exprimiu o conceito de povo, como titular ativo da participação em diferentes épocas constitucionais da História do Brasil. Povo, do ponto de vista político, é, por conseguinte, o elemento que intervém na formação da consciência nacional. Debaixo desse aspecto, sempre tivemos povo, e a democracia significa, aí, o instrumento que alarga qualitativa e quantitativamente efetivos pessoais dessa participação.

São cabíveis, enfim, diversas técnicas de aprimoramento democrático, que residem sempre no debate, na presença e no sufrágio do maior número. Os Poderes oficiais, sem embargo das promessas feitas, nem sempre têm constância para eleger fora do proveito oportunista os melhores meios de audiência e arregimentação popular.

A recente reforma eleitoral dá amostra e testemunho dessa incapacidade. A vinculação de voto não se produz de cima para baixo, compulsivamente, com os governantes passando normas obrigatórias de comportamento eleitoral que desrespeitam e violentam a vontade do cidadão, fazendo-o vestir uma camisa-de-força ou ministrando-lhe sem sinceridade uma educação partidária de mera aparência. O voto se vincula espontaneamente, com o tempo, com o exercício, com a formação da consciência cívica e, sobretudo, com a liberdade – fora, pois, do espaço coercivo de uma regra eleitoral.

Vimos épocas, ao começo da década de 60, em que o eleitor, às vésperas dos pleitos, proclamando-se pessedista ou udenista, se dispunha a caminhar para as urnas e sufragar com espontaneidade e determinação unicamente candidatos de seu partido. Aquilo era realmente democrático, fora fruto de lenta preparação feita no ardor da batalha política; ninguém lhe impusera tal comportamento, sendo ele proveniente do combate e das campanhas eleitorais, da pregação que o conscientizara ou da militância que o disciplinara ao redor de uma legenda.

Só há, por conseguinte, uma insubstituível receita com que fabricar democracia em qualquer País: fazer eleições limpas e freqüentes e conceder liberdade ao povo e aos partidos para promover o comício e comparecer às urnas.

3.6 A democracia como solução

Em artigo anterior estampamos impressões colhidas da crise econômica e financeira que as Nações da Europa ora atravessam. Focalizamos nomeadamente o caso da Alemanha, País cujo sistema econômico e industrial parecia o menos vulnerável aos efeitos da grande catástrofe do capitalismo neste fim de século. Mas, como vimos, o poderoso parque industrial dos alemães também está sendo golpeado pela recessão.

Há vários meses ela fez subir até milhões o número dos desempregados que despovoam as fábricas e tornam a crise uma realidade incômoda e desesperadora para quantos fiavam na invulnerabilidade da economia mais estável e sólida do Continente. O quadro só é menos trágico porque as repercussões sociais não tiveram um alcance comparável às dos anos 20, politizando a questão institucional e determinando a ruína do regime e das formas democráticas e representativas de governo. Nisso apontamos a grande vantagem de uma estrutura assentada sobre o consentimento democrático e constitucional, fundamentando o modelo de um Estado Social que intervém na repartição da renda e faz do bolo orçamentário um meio de chegar a todas as classes sociais o que lhes é de justiça. Assim foi possível dirimir conflitos e abafar tensões sociais, tantas vezes exacerbadas durante o passado pela indiferença do Liberalismo clássico, cuja projeção sobre a ordem política e econômica ocasionou a queda da democracia e o advento das ditaduras.

Apesar de toda essa confiança, há em alguns círculos o generalizado temor de um surto ideológico de extrema direita ou de extrema esquerda que venha inutilizar a vasta experiência democrática do Estado Social de Bonn. Há quem diga que o alemão é por temperamento um radical. Suas adesões não conhecem meio-termo. Ontem, nazista da cruz gamada; amanhã, comunista da foice e do martelo, como já acontece na Alemanha de Leste. Guiado por um idealismo passional, até mesmo sua mocidade traz para as escolas e a Sociedade o reflexo dessa posição. Um alemão mesmo me confessou que seu povo ou se fanatiza pelo trabalho, e faz os milagres da geração de pós-guerra, ou simboliza a decadência e perde, pelo ócio ou pela descrença, as posições de vanguarda. Um destes momentos, o último, os alemães ocidentais estariam vivendo nos dias em curso.

Discordamos, porém, dessa posição. Reconhecemos as dificuldades que deprimem a moral alemã diante da crise que se abate sobre a economia do País. Mas não acreditamos que a Alemanha caia nas mãos do extremismo antidemocrático, ressuscitador do passado. Uma livre consciência, sempre aberta ao debate, já deitou ali raízes profundas. Todo esse crédito de sobrevivência se deve à robustez das instituições representativas, aos mecanismos de defesa política e social estabelecidos pela Constituição de Bonn, remédio provisório mas convertido em instrumento permanente enquanto perdurar o anômalo quadro da separação das duas Alemanhas. Com efeito, a retomada da unidade não só se tornou um projeto distante, que os fatos da política internacional afastam cada vez mais para o futuro, como a Lei Fundamental sobreexcedeu todas as expectativas contidas no ânimo de seus autores e destinatários. Hoje eles a possuem e aplicam como comprovado veículo de sólidas liberdades democráticas.

Ninguém nega os graves problemas da recessão alemã: o desemprego, o crescente pavor de um confronto atômico, o protesto ecológico já politizado e influente na estrutura do sistema partidário com o advento dos "verdes", a descrença dos jovens, o malogro da reforma universitária, a incerteza do povo quanto à recuperação dos níveis anteriores de prosperidade. Mas nada disso acarretará uma saída ditatorial. A Nação amadureceu para a democracia, se não nos enganamos. A enfermidade é passageira. O Estado Social mantém os fundamentos da paz e da colaboração entre a Sociedade e o Poder, com todos os canais abertos para a circulação dos anseios e o debate das soluções.

3.7 O plebiscito e a democracia

Disse Rousseau, num lugar célebre de suas reflexões sobre matéria social, que é possível enganar o povo – e ele tem sido enganado tantas vezes! –, mas nunca corrompê-lo. Até onde procede a afirmativa do filósofo, respondam os historiadores e pensadores políticos. Mas uma cousa é certa: os ditadores manipulam facilmente as massas, já empregando entorpecentes ideológicos ou carismáticos, já exercitando imensas pressões, mediante o monopólio dos meios de comunicação, canalizados para uma propaganda maciça e inexorável de lavagem cerebral.

O plebiscito chileno está na ordem-do-dia. No país andino o general Pinochet saiu há pouco das urnas com oito anos de mandato prorrogado, alcançando quase 70% de votos afirmativos ao seu continuísmo. Convenhamos em que foi pouco para quem presidiu às eleições com as rédeas do Poder nas mãos, celebrando a consulta popular com a alma do País em estado de sítio e sob toque de recolher, fruto de um exercício autocrático de governo. Em condições democráticas normais o resultado da operação eleitoral teria sido outro, inteiramente distinto.

Vejamos, porém, em que consiste a técnica plebiscitária, os antecedentes que ela tem na experiência das Nações e até onde chega a credibilidade desse instrumento de averiguação dos sentimentos políticos do povo. Em verdade, o plebiscito é a arma predileta dos ditadores. Em busca de legitimidade, fazem eles a opção oportunista em favor da chamada democracia cesariana. Os regimes totalitários tampouco o dispensam, pois é através de semelhante recurso que se consolida o poder do partido ou se tomam medidas drásticas, ditadas unilateralmente, de cima para baixo, e que precisam ter pelo menos uma aparência de apoio e consenso nas bases do sistema.

Os romanos já conheciam a referida técnica que chegou aos tempos modernos, reintroduzida com fervor e habilidade por Napoleão. O *parvenu* da Córsega fez plebiscitos memoráveis como aqueles pertinentes ao consulado e à vitaliciedade do cônsul e outro que lhe assegurou, a ele e a seus descendentes, a coroa hereditária do Império. Napoleão III, o ridículo membro da família Bonaparte, que entrou na História como Napoleão, o Pequeno, na irônica frase de Victor Hugo, fez também uso daquele instituto de consolidação do Poder. Uma vez para restaurar o Império, outra para aprovar uma Constituição outorgada, com que esperava conjurar a queda do sobredito Império.

Em todas essas consultas plebiscitárias os resultados foram impressionantes, acima de 90%, descendo das urnas uma caudalosa soma de votos afirmativos.

No século XX as ditaduras ideológicas ressuscitaram o expediente por excelência do poder cesariano. Ficaram igualmente célebres os plebiscitos de Hitler, Mussolini, Stalin, bem como de outros ditadores menores da época, que, empregando o mesmo método de conservação e alargamento do poder pessoal, logravam índices de apoio bem perto da unanimidade: por exemplo, 99,9% de votos de confiança do eleitorado.

Graças ao sufrágio plebiscitário os ditadores fizeram passar as reformas que desejavam para obter faculdades ilimitadas de poder, prestigiar-se perante a opinião de outros países com o presumido assentimento das classes populares, sancionar a usurpação ou, por último, fazer legítima a perpetuidade no exercício das funções de governo.

Muitas Constituições e formas de governo caíram decepadas pela lâmina do plebiscito, que é o golpe de Estado desferido em nome do povo. Até nisso aquele povo de Rousseau tem sido violentado e enganado, com o abuso que dele fazem os governantes na ânsia de dilatar prerrogativas pessoais de mando.

Os publicistas repreendem com freqüência o plebiscito e os males que tem causado à democracia. Por meio da via plebiscitária os homens fortes procuram harmonizar e identificar a causa da ditadura com os interesses e reivindicações do povo, principal vítima dessa instituição injusta e usurpatória, arma dos ditadores e ludíbrio da soberania popular.

Colocado na ponta de um dilema, que é a alternativa da ordem ou do caos, intimidado por uma coação invisível promanada das esferas oficiais, intoxicado por uma propaganda sistemática e metódica que não deixa espaço à reflexão e à resistência cívica, o povo mansamente se deixa conduzir às urnas como um rebanho que vai ao sacrifício na pura inconsciência ou irracionalidade de semelhante ato.

Mas isso não quer dizer que estejamos excluindo de aplicação as intervenções legítimas do elemento popular, configurativas da chamada democracia semidireta. Com esta o povo se empossa nas faculdades soberanas de participação, exercitando em toda a plenitude um poder decisório legítimo. Nesse caso as instituições democráticas se aperfeiçoam ou saem fortalecidas. Mas para tanto se faz mister um clima de confiança e liberdade, que inexiste na democracia cesariana ou totalitária. A liberdade é tudo como critério aferidor da legitimidade dos processos plebiscitários. Sem opinião livre, sem povo nas tribunas, não há democracia. O pluralismo é fundamental; o direito de afirmar o sim ou o não, inabdicável. O contrário leva à democracia plebiscitária, mil vezes pior que a "democracia relativa".

3.8 "Socialismo militar" e "democracia de direita"

É de lastimar que perdure a ambigüidade no emprego dos termos políticos. Há efetiva dificuldade em colocar as palavras referentes às formas de poder, Estado e governo num nível de precisão científica. Disso se queixam os publicistas com preocupações metodológicas, que vêem nesse obstáculo uma das causas mais embaraçosas à constituição da moderna Ciência Política.

Mas o abuso não desnorteia unicamente o cientista social, deprimido e inseguro em face de uma linguagem que lhe atraiçoa o pensamento ou não consente formular os conceitos com o rigor, a evidência e a clareza – digamos assim – de uma verdade matemática.

A principal vítima dessa aversão ao lógico, contida no verbo político, está sendo, porém, o público, compreendidos neste tanto o homem-classe média como o homem-povão, desorientados, surpresos e perplexos diante da enxurrada e do caos de expressões subitamente cunhadas, e de um ineditismo à primeira vista atraente, mas sempre alienador, porquanto desvirtua desde a base o conceito que nelas se acha substantivado.

Duas expressões desse teor apareceram de último: uma na Bolívia, outra no Brasil. A da Bolívia é o "socialismo militar", a mais grosseira extravagância que se poderia conceber, só explicável pela rudeza e indecência do golpe militar desferido naquele País contra as instituições democráticas após a celebração de um pleito livre, fiador de grandes esperanças na restauração da legitimidade constitucional do Poder.

O nacional-socialismo de Hitler perde em matéria de mistificação vocabular. Qualquer dia aparecerá por aí o comunismo militar ou o nacional comunismo, em que a vítima será sempre a democracia; enquanto esta não cai, geme a ciência dos conceitos políticos, agredida por uma linguagem que sempre tem abrigo para excrescências produzidas por teoristas que usualmente servem às ditaduras; em geral, são ideólogos de fértil imaginação, aptos a soprar na cabeça do líder sedicioso a fórmula com que escusar procedimentos antidemocráticos ou entorpecer o ânimo do povo, minando-lhe a resistência aos sistemas autocráticos.

Foi no ventre dessas confusões que se geraram as legitimações moderadas do autoritarismo contemporâneo, porém não menos repreensíveis que aquelas, das quais se distinguem tão-somente pelo grau, e não pela natureza, que é a mesma Assim, por exemplo, a "democracia relativa", o "federalismo cooperativo". Eufemismos mitigados e cômodos, no fundo significam apenas a semidemocracia e o semifederalismo, numa tônica do Poder onde a constante é sempre a autoridade agigantada ou a participação e a autonomia diminuídas e dosadas segundo a conveniência da cúpula governante e seus órgãos de confiança.

A segunda expressão objeto destas considerações nasceu de um formulário preparado oficialmente por um dos ministérios e entregue ao Instituto Brasileiro de Opinião Pública para transformá-lo numa profunda sondagem do sentimento político nacional. Trata-se da chamada "democracia de direita", que seria, aliás, a preferida do povo brasileiro, segundo os resultados da sobredita pesquisa, encomendada pelos órgãos do Poder, desejosos, talvez, de influenciar as urnas de 1982, de onde podem derivar eventuais surpresas. A nova adjetivação da democracia é, contudo, pior que a relatividade teorizada pelos Einsteins da participação política do povo.

A recente consulta de opinião do IBOPE equivale a uma sondagem plebiscitária, com todas as imperfeições e vícios de tal modalidade de investigação. As pessoas perquiridas em geral se deixam manipular, em razão da forma quase sempre propositadamente equívoca do assunto submetido à sua audiência. Não resta dúvida de que foi o que aconteceu com essa "democracia de direita", tão vaga e tão distorcida que ninguém sabe, ao certo, o que significa: um espesso equívoco para o fácil engodo dos interrogados.

O mais provável, a nosso ver, é que um alto percentual afirmativo dos votantes na sobredita *enquête* tenha tomado a "democracia de direita" como algo equivalente a Estado de Direito, caindo, assim, nas malhas de uma confusão dirigida, pois é de estranhar que o povo brasileiro, tão reconhecidamente detentor de sentimentos democráticos, se pronunciasse em favor de uma forma política que cheira a fascismo ou, pelo menos, se aparenta ideologicamente com este.

Mas semelhantes inquéritos de opinião são inócuos para legitimar pendores que não existem no povo. O grande IBOPE que provará nossa crença na democracia (democracia-substantivo, como temos reiterado), e não nossa fé numa frouxa e tíbia democracia adjetivada, seja relativa, seja direitista, há de celebrar-se unicamente quando os colégios eleitorais se manifestarem em 1982, mediante eleições diretas e livres, sem os atropelos e silêncios da "Lei Falcão"; ou seja, em ambiente de confiança na legitimidade representativa do regime.

Veremos, então, o que restará dessa inclinação por uma pseudodemocracia de direita, corroborando-se o que sempre temos afirmado: no coração do povo não se aloja a democracia dos adjetivos, mas o Estado de Direito, da imprensa livre, dos pleitos livres e da representação igualmente livre.

3.9 A eleição direta

Não só o corpo representativo senão também os cidadãos se acham privados de prerrogativas políticas essenciais à caracterização plenamente democrática de nosso sistema de governo. Com efeito, ao braço parlamentar do Poder falta ainda uma capacidade deliberativa em toda a plenitude tocante a pontos básicos da competência de um Parlamento. Quanto ao eleitor brasileiro, sua esfera de participação se nos depara não menos desfalcada, uma vez que desde 1964 – há cerca, portanto, de 20 anos – não vai ele às urnas para eleger um presidente da República: a geração dos que ora freqüentam as universidades não sabe o que é um pleito dessa natureza.

A eleição indireta significa conservar o povo na minoridade política, afastado de um ato de soberania cujo exercício consagra o caráter democrático das instituições. Precisa a Nação de recobrar, pois, essa faculdade fundamental, cuja perda afeta a legitimidade dos governantes e os distancia, pela indiferença ou pelo divórcio de aspirações, daqueles elementos de apoio popular sem os quais os governos não se fazem estáveis, nem eficazes seus programas de ação.

O drama político da década de 60, que não produziu sequer uma Constituição digna desse nome, ao receber o tratamento institucional destinado a pôr-lhe termo, não pode ser representado na década de 80, quando o teatro, a peça e os atores, configurados na crise atual, são outros inteiramente distintos, posto que o povo seja ainda o mesmo, aquele cuja voz não se ouve, cujo parecer não prevalece, cuja presença é vista com desconfiança.

Mas está em curso um projeto redemocratizador a mover-se até certo ponto com extrema lentidão. Apesar disso, tem dado resultados positivos. Do terreno conquistado não houve até agora recuo que possa comprometer o fundamento da promessa presidencial. Os casuísmos, oriundos da indústria de "pacotes", não lograram ainda destruir a credibilidade do chefe de Estado. A longo termo produziram já, por uma paradoxal inversão, como no caso dos senadores da eleição indireta, um reforço às hostes oposicionistas, nomeadamente as do PMDB, em cujos quadros militam nada menos de cinco "biônicos".

Mas um reforço invencível poderá vir das urnas de novembro, cujo caudal de votos não surpreenderá se levar de águas abaixo os diques de contenção erguidos pelas leis eleitorais oportunistas. São pressupostos formais da normalidade democrática a que aspira o Presidente da República e com ele todo o País: o fim da legislação de casuísmos, o Congresso Nacional restaurado nas suas prerrogativas essenciais e o Povo respeitado como fonte de toda a soberania, conforme flui do mandamento constitucional.

O AI-5, com todas as violências que fez à ordem jurídica, não ousou, contudo, tocar nessa parte sagrada e teórica da Constituição segundo a qual todo o Poder emana do povo e em seu nome é exercido. Aí se acha expresso o princípio de legitimidade, que no século XX faz a natureza democrática do governo e das instituições.

Com respeito ao Brasil, a verdade é que, enquanto outros Estados, como os reinos da Inglaterra e da Suécia, se acercam velozmente da democracia na pureza de seus fins e valores, nós dela nos arredamos na medida em que, por obra de um retrocesso histórico, nos desfizemos de algumas de suas técnicas, já familiares à nossa existência política desde o princípio do século XX. Assim aconteceu com a eleição direta, cuja prática levou o povo aos comícios de Rui Barbosa durante a memorável Campanha Civilista.

O desvio republicano ocorrido a partir de 1964 produziu uma espécie de Monarquia presidencial, fruto da eleição indireta, que, sem abranger as virtudes do governo monárquico, nos conduziu para as vizinhanças da ditadura dissimulada e constitucional, de que estamos a emergir, do lado do Poder, graças à energia com que se houve o ex-Presidente Geisel e à férrea determinação de propósitos com que vai o atual Presidente pautando sua estratégia redemocratizadora, cortada – como estamos todos a ver – de obstáculos, às vezes imprevisíveis e ameaçadores, oriundos de quantos se afeiçoaram à comodidade de governar sem povo e sem base teórica nos princípios de direito constitucional.

As eleições de novembro são o marco político mais significativo dessa caminhada institucional para chegarmos a uma democracia, com Parlamento, Oposição e partidos políticos. Sem a presença e o livre funcionamento desses órgãos instrumentais de governo a realidade do povo soberano será mera ficção, à míngua de autenticidade representativa. A eleição numa democracia é meio de perpetuar instituições, jamais governos.

3.10 O voto do analfabeto

Durante o exercício de seu mandato revolucionário como Presidente da República, o marechal Castelo Branco enviou mensagem ao Congresso Nacional, acompanhada de um projeto de lei, a seguir rejeitado, em que se propunha a extensão do voto ao analfabeto.

Era estranho, aliás, que proposição dessa ordem, em fase marcadamente repressiva, após os acontecimentos que determinaram e precipitaram a crise de Estado de 31 de março de 1964, partisse das regiões oficiais do Poder, cuja inclinação pendular se dirigia no sentido oposto ao alargamento do sufrágio e da participação, nos habituais termos da ordem constitucional vigente, segundo o modelo da Constituição de 1946, mantida por um ato de misericórdia nos parágrafos e no corpo do Ato Institucional.

Nunca a filosofia oficial da Revolução fora tão aberta e concessiva, mas ao mesmo tempo tão contraditória, com a onda de cassações e amputação das prerrogativas constitucionais que estava demolindo a autoridade do Congresso e alargando a pontos extremos a onipotência executiva do Poder.

Nunca ficaram bem claros no exame das intenções presidenciais a motivação política e os propósitos que induziram o Presidente Castelo Branco a abraçar a tese de um sufrágio tão amplo e tão democrático, em termos teóricos, quanto vem a ser esta, que confere ao desletrado o poder de intervir na formação da vontade estatal, passando, assim, a constituir, pelo efetivo exercício do sufrágio, uma parcela ponderável da soberania, segundo as mais rigorosas exigências da teoria democrática.

Não vingou a iniciativa. O analfabeto caiu no esquecimento da classe política. Fez-se o MOBRAL. E ainda hoje, se quisermos levantar os quadros estatísticos relativos à realidade da população alfabetizada do País, teremos surpresas, dificuldades e decepções.

O conceito de analfabeto, para efeito de participação política, é deveras relativo. Se a exigência legal, num determinado sistema, fica reduzida ou confinada ao ato de leitura ou assinatura do nome, haverá sempre uma faixa amplíssima, cinzenta e equívoca de ponderáveis contingentes eleitorais, dificilmente classificáveis numa razoável média dos efetivos humanos de cidadania, com percepção e discernimento bastantes para uma escolha lúcida e consciente. Os racistas americanos, obstaculizando o sufrágio, queriam que os negros lessem a Constituição e a interpretassem! Imaginem se essa exigência fosse feita aos nossos eleitores humildes das matas de Goiás ou das ribanceiras do São Francisco, que talvez nem saibam se existe um presidente da República. Pelo menos há quase 20 anos não o elegem com o seu voto, às vezes, de cabresto.

Ocorre, porém, que a democracia é risco, constante porfia contra o sofisma dos demagogos, batalha permanente de esclarecimento, contato imediato entre governantes e governados, participação, se possível, total, abrindo a cada ente humano, dentro dos limites não privilegiados de universalização do sufrágio, o ensejo da palavra livre e do debate.

Nas Sociedades profundamente subdesenvolvidas, onde até agora os meios eletrônicos da comunicação de massas dificilmente podem entrar, pelas óbvias razões da miséria e do atraso, o voto do analfabeto seria uma burla política, porquanto facilmente as oligarquias o manipulariam, fazendo-o instrumento de interesses com que perpetuar a dominação, sob a falsa e aparente legitimidade de um sufrágio universal conduzido às suas derradeiras extremidades.

Não fora a tempestade ideológica do século XX, cujos efeitos chegam a todos indistintamente com a instantaneidade, por exemplo, de uma imagem de televisão, as piores ditaduras do Terceiro ou do Quarto Mundo não hesitariam nunca em manter abertos os seus Parlamentos e instituir comodamente o voto inocente do analfabeto para dar-lhes, assim, o conforto, como já dissemos, de uma legitimidade democrática de fachada, cuidando furtar-se ao descrédito e à revolta que sempre provocam nos súditos e nos cidadãos os confessados regimes de força e exceção.

Com respeito ao Brasil, na hora presente, instituir o voto do analfabeto é abertura demais, de sobra. Ninguém está pedindo tanto. Basta a reforma progressiva, e depois total, da Constituição.

A Constituinte, como sempre sustentamos, não é, na conjuntura presente, um ponto de partida, como deveria ter sido em circunstâncias melhores, mas um ponto de chegada, o coroamento final da redemocratização em curso. Em suma, constitui manobra diversionista fixar o problema político da atualidade em pontos meramente laterais, à margem da solução essencial que a crise do Poder requer.

3.11 O voto distrital e a reabertura

Temos a impressão de que a oportunidade de institucionalizar o voto distrital já passou. Sua conveniência maior, como resposta aos requisitos da simetria institucional, teria sido, sem dúvida, durante a ocasião da implantação do sistema bipartidário na década de 60, quando os Poderes oficiais da época estavam cansados e descontentes com o multipartidarismo da Constituição de 1946, querendo impor ao País a reforma de todo o sistema político, crentes na melhoria dos costumes por obra de alterações legislativas ditadas a partir da esfera suprema do Poder.

A Sociologia Política tem demonstrado, desde Duverger, que o voto distrital é quase um acessório técnico da forma bipartidária, porquanto traz uma divisão alternativa de governo ou oposição, fazendo mais difícil a sustentação da proporcionalidade representativa das correntes de opinião política, salvo mediante a introdução de corretivos híbridos que possam ser instituídos, como se tem feito no sistema misto alemão.

De qualquer modo, é de estranhar, quando nos inclinamos resolutamente – e já o fizemos, por via legislativa – para a restauração de um sistema pluripartidário limitado, que o meio político esteja novamente trazendo ao debate, por inspiração desconhecida, mas não desinteressada, a possibilidade de introduzir no corpo da lei eleitoral básica, que há de reger o processo partidário, o voto distrital, cuja natureza antiminoritária é de maneira flagrante infensa as teses democráticas mais amplas, que se prendem indissoluvelmente à participação proporcional e representativa de todas as camadas eleitorais constitutivas do povo politicamente organizado e governante.

Não entramos no exame dos possíveis remédios que viessem minorar ou neutralizar a instituição do voto distrital, mas não podemos deixar de assinalar que, se ele reaparecer como cogitação séria – e efetivamente já reapareceu – ou determinação majoritária e oficial de impô-lo, a suspeita de casuísmo, em sua introdução, estará à vista de todos, convertendo-se em mais um componente perturbador da congruência de propósitos com que, na linha teórica e prática, devemos conduzir o processo de normalização institucional, segundo as aspirações mais puras de um modelo sinceramente democrático de audiência à vontade do povo, como base de fortaleza das instituições.

Os partidos políticos que estão nascendo poderão também ser enfraquecidos por efeito do voto distrital, cuja tendência é sempre prender o eleitor à personalidade ou ao carisma do candidato, de preferência a uma obediência às idéias contidas no programa partidário, que assim se converte numa expressão morta de anseios teóricos, de sinceridade duvidosa, tanto da parte de quem os redigiu como de quem os havia de sustentar: o representante e o eleitor.

Com o voto distrital o mandato representativo se debilita, ocorrendo de fato um mandato imperativo; com este o partido sempre perde ou se enfraquece. Finalmente, na parte mais subdesenvolvida do País as oligarquias, ativas umas, latentes outras, comandam ainda o processo político, mantendo o monopólio das posições. Com o voto distrital o coronelismo estadual dos chefes partidários se desdobrará provavelmente no coronelismo das oligarquias municipais ou locais, cuja influência, bafejada pelo Poder central, seria manifestamente imbatível, pela facilidade que teriam os órgãos centrais do Poder de exercitar, na diminuta faixa da circunscrição eleitoral, a pressão concentrada do Poder oficial. Doutra parte, o poder econômico faria também convergir sobre o distrito eleitoral meios irresistíveis de favores e pressão financeira, dificilmente suscetíveis de serem tolhidos por remédios legais.

Pluripartidarismo com voto distrital e sublegenda produzem unicamente a dúvida e a descrença entre os menos otimistas, pressurosos ainda quanto ao alcance do processo de restauração democrática em nosso País. Nada, porém, autoriza supor, de imediato, que a crise do voto distrital e da sublegenda provoque, nos seus desdobramentos vindouros, um retrocesso nas instituições. Com o debate já em curso, haverá lugar para a opinião pública e a classe política sugerirem as soluções de compromisso, enquanto não chegamos à raiz do problema, que é o advento de uma nova Constituição. Esta, porém, há de pertencer ao povo, e não aos governantes ou aos políticos de profissão, instrumentos e não fontes da vontade nacional soberana, única competente para decidir os destinos deste país.

3.12 O Poder Moderador

Dentre os remédios para pôr termo à instabilidade e à crise constitucional que de maneira contínua flagela os sistemas de governo da América Latina, tem sido dos mais preconizados a instituição de um Poder Moderador. Sua ausência na órbita política, segundo se diz, determina com freqüência a fácil concentração de poderes, com o inevitável advento de uma ditadura, oriunda de conflitos que não podem ser dirimidos.

Serviria justamente aquele Poder para apagar o incêndio das paixões e reprimir em tempo oportuno a vocação liberticida ou as ambições usurpatórias dos Poderes políticos rivais – no caso, o Executivo e o Legislativo.

Quem primeiro concebeu com clareza e discernimento esse Poder foi o francês Benjamin Constant, escritor, publicista liberal, adversário de Napoleão e um dos mais brilhantes teóricos do Liberalismo. Queria ele criar nas organizações estatais a figura de um Poder neutro que, contrastando com os demais Poderes ativos, se colocasse acima destes e só interviesse para resolver pendências de suma gravidade. Fadado a aparecer apenas quando estivesse comprometida a sobrevivência das instituições ou afetadas irremediavelmente as relações entre os Poderes, o Poder Moderador ocupava o posto mais elevado na guarda da Constituição e na hierarquia institucional.

Concedera-lhe Constant essa prerrogativa fundamental: fazer com os três ramos clássicos da soberania aquilo que o Judiciário faz com as pessoas, resolvendo conflitos de interesses; de tal sorte que seria ele, para assim dizer, o poder judiciário dos demais Poderes.

A fascinante, original e inédita criação do gênio francês não teve, contudo, aceitação comparável ao princípio da separação de Poderes de Montesquieu, do qual parecia representar um aditivo ou emenda corretiva. Buscava produzir aquele centro neutro e potencial, de capacidade soberana, onde a suprema vontade da Nação tivesse, como num rochedo, sua sede inacessível e sobranceira a todos os interesses contingentes, a todas as paixões, a todos os ódios, para se manifestar unicamente, com eficácia e legitimidade, nas ocasiões de convulsão incoercível. Faria aquilo que nas Repúblicas instáveis só se consegue mediante o golpe de Estado, que é a foice do selvagem, a qual, no dizer do filósofo, corta a árvore para colher o fruto.

O único País, segundo nos consta, onde se aderiu durante o século XIX à formosa teoria de Constant para levar à prática a técnica moderadora foi o Império do Brasil. Mas vejamos como o fez, em que desvios incorreu e quais os resultados que alcançou.

O Poder Moderador não constava do projeto elaborado pela Comissão da Assembléia-Geral Constituinte e Legislativa que se reunira em 1823 para fundar as bases constitucionais do Império. O chamado Projeto Antônio Carlos só conhecia os três Poderes tradicionais da teoria de Montesquieu. que já figuravam em várias Constituições ocidentais, sobretudo as dos Estados Unidos e da França. Sua aparição se dá após a dissolução da Constituinte no projeto organizado pelo Conselho de Estado, que com ligeiras modificações se converteu na Constituição Política do Império do Brasil, outorgada por D. Pedro I a 25 de março de 1824.

O desvio teórico já se percebe tanto na titularidade como na enumeração das competências, que invalidavam o princípio mesmo da separação, qual o haviam concebido Constant e Montesquieu. O Imperador era feito chefe de dois Poderes: o Moderador e o Executivo.

No exercício do primeiro, chave de toda a organização política, a Constituição o fazia inviolável e sagrado, sem sujeitá-lo a responsabilidade alguma. E no entanto desempenhava prerrogativas políticas capitais como, entre outras, a nomeação de senador, a convocação extraordinária da Assembléia-Geral e a sanção de seus decretos e resoluções, a dissolução da Câmara dos Deputados, a livre nomeação e demissão dos ministros de Estado, a aprovação das resoluções dos Conselhos Provinciais (as posteriores Assembléias Legislativas Provinciais) e a concessão de anistia.

Quanto ao Poder Executivo, a ditadura constitucional do Imperador se completava com as demais atribuições que lhe eram reservadas no art. 102 e que as exercitava pelos seus ministros de Estado, por ele livremente nomeados e demitidos.

O mal todo estava, pois, na conjugação de dois Poderes em um só titular, contrariando a um tempo a doutrina moderadora de Constant e o princípio básico da separação professada pelo filósofo do *Espírito das Leis*.

No entanto, contra essa evidência e aquele feixe de prerrogativas literalmente autoritárias, se não absolutistas, produziu-se no Império do Brasil um milagre que não estava no texto da Constituição: o comportamento exemplar do Imperador. Tornou possível o uso daquele instituto, dentro de nossas limitações, quase de acordo com a sugestão idealista de Constant.

O Poder Moderador e o governo parlamentar do Segundo Reinado, florescendo por obra do costume constitucional, e não segundo a letra da Carta, estão a demonstrar que os dois mecanismos políticos podem constituir uma fonte de estudo para iluminar soluções da crise contemporânea, fruto em larga parte de um presidencialismo cujos presidentes nem ao menos buscam o disfarce da legitimidade no sufrágio direto da Nação. As urnas constituem hoje, neste País, o fantasma que faz o autoritarismo e a tecnocracia tremerem de medo.

3.13 Monarquia e República

Há quatro anos que o Instituto Brasileiro de Estudos Monárquicos "João Camilo de Oliveira Torres" publica com regularidade o boletim *Democracia*, inspirado na obra *Democracia Coroada*, de autoria daquele distinto publicista e historiador. Os redatores desse periódico são monarquistas ardorosos. Se estivesse ao alcance de suas forças, não hesitariam eles em restaurar o sistema de realeza que no século XIX, debaixo da coroa de dois príncipes, preservou a unidade nacional.

Ao fim desta década celebraremos o primeiro centenário de proclamação da República. Vale a pena já antecipar algumas reflexões sobre o acontecimento de 1889 e o fim do Estado Unitário imperial.

O sebastianismo monarquista tropeça, porém, em dois obstáculos difíceis de remover. Ambos têm a rigidez dos preconceitos inveterados: a crônica de absolutismo das Monarquias e o dogma dos constituintes, que já em 1891 gravavam nas Constituições a intangibilidade do pacto republicano de governo, a par da indissolubilidade dos laços federativos.

Mas sujeitemos os dois pontos a uma ligeira análise. A Monarquia dos primeiros séculos do Estado Moderno correspondeu à implantação do capitalismo, que depois a destruiu, tendo sido, com efeito, uma força absoluta de concentração de poderes na pessoa do monarca. A soma de prerrogativas foi, contudo, obra menos dos chamados estamentos privilegiados que da necessidade histórica e social de consagrar um intervencionismo de Estado indispensável ao advento da nova hegemonia econômica: a do empresariado burguês, que emergira dos séculos da expansão comercial e das navegações.

Privada, porém, do poder político, a burguesia, para arrebatar a autoridade das mãos do rei absoluto, fez algumas revoluções de muito sangue, como a Revolução Francesa. A divisa igualdade, liberdade e fraternidade impeliu a Sociedade rumo à participação dos governados na formação da vontade do Estado. As Monarquias, contudo, capitularam ao poder burguês, da mesma maneira que o Estado Liberal da burguesia tem capitulado no século XX às investidas do princípio socialista. Depois da queda de inumeráveis tronos, as Realezas, para sobreviver, se converteram, pois, de absolutas em representativas e limitadas, assim como o Estado Liberal-burguês, de individualista e conservador, se transformou em Estado Social, a fim de evitar que os sistemas republicanos continuassem a sucumbir ao socialismo marxista de moldes totalitários.

A regeneração da Monarquia quando toma a feição constitucional é comparável, por conseguinte, ao rejuvenescimento da democracia burguesa quando se despe do egoísmo de classe e faz concessões consagradoras ao princípio social para reabilitar-se perante os valores da igualdade e da justiça.

Mas a causa monárquica ficou talvez irremediavelmente comprometida pelas razões históricas que ontem a vincularam ao culto místico e rudimentar do passado, ao altar reacionário, ao privilégio das oligarquias de sangue e berço, à repressão do pensamento e da liberdade. Ocorre que desse passado ela já se emancipou tanto quanto a Igreja com a revolução das encíclicas. As Monarquias da Inglaterra, Suécia e Holanda são sistemas democráticos e constitucionais, cujas instituições souberam conciliar as bases dinásticas do Poder com a tese do contrato social e da legitimidade do povo soberano.

O segundo ponto a que fizemos menção é o da desconfiança republicana, temerosa de uma aventura restauradora, caso os primeiros governos malograssem na implantação do novo sistema. Pelo texto das Constituições vigentes a partir da queda do Império é mais fácil introduzir o socialismo no Estado Republicano brasileiro que restabelecer a Monarquia, ainda que o fizéssemos com a liberdade, a ordem constitucional e o Estado de Direito, inspirados nos modelos representativos e parlamentaristas da democracia do Reino Unido.

A República presidencialista brasileira se acha em crise desde suas nascentes, crise já testemunhada e combatida por Rui Barbosa. O parlamentarismo se tornou, assim, a esperança que ainda resta, dentro no presente quadro de desenganos, para uma participação mais livre e consentida do povo por via de representantes legítimos.

A forma presidencial tem sido, ao contrário, a arma dileta de todas as oligarquias que ascenderam ao poder ou nele tendem a perpetuar-se por meio do golpe de Estado, do casuísmo e da traição aos ideais democráticos, sem falar da injustiça social e do desrespeito às garantias do regime representativo. A ditadura é a sombra que acompanha sempre esse Poder; a ditadura e outros males, que o povo sobejamente conhece. A Constituinte e o parlamentarismo significam, hoje, as únicas saídas formais e possíveis para a imensa crise política e social da Nação Brasileira; uma crise latente que a medicina paliativa da meia-democracia a serviço do meio-autoritarismo dificilmente poderá debelar.

Cumpre, pois, hastear a bandeira teórica da Constituinte e do parlamentarismo com a mesma força de convicção com que Rui e Nabuco, vendo o Império inclinar-se para o ocaso, professaram a solução federativa: com a Monarquia ou com a República, não importava a forma de governo. O exemplo da Espanha aí sobreleva, fazendo os amargurados e desiludidos simpatizarem com o trono constitucional das democracias coroadas. A República neste País não poderá viver de dogmas enquanto a verdade das instituições forem o arbítrio e o casuísmo, com a asfixia do princípio federativo e o desprezo da vontade popular. Mais vale para a democracia uma realeza de príncipes constitucionais que uma ditadura republicana de casaca ou uniforme.

3.14 As lideranças liberais do Poder

A recente reforma partidária evidenciou a heterogeneidade das correntes oposicionistas. Dissolvido o MDB, logo se abrigaram estas à sombra de novas legendas, dando a ligeira e superficial impressão de um quadro de completa desagregação política.

Tocante ao partido que apóia o Governo, a realidade aparente se mostrou distinta, pois a antiga legenda, não se esfacelando, se converteu tranqüilamente no PDS. Mudou apenas de nome, sem mudar de arena. As divisões anteriores perduram ali no mesmo teatro de competição, aguardando-se tão-somente o recurso da sublegenda para fazê-las patentes, como sempre, às vistas do observador político.

A unidade do PDS é, portanto, de fachada, só funciona em presença de algo externo: a cobiça do Poder e seu confessado situacionismo. Mas, acima dos interesses de clientela eleitoral, de posições em jogo, de competições distritais de prestígio e influência, persiste uma divisão de cúpula menos ostensiva, superior, de matizes ideológicos, com admirável fundo de liberalismo, que faz um Djalma Marinho, potencial candidato do PDS à presidência da Câmara, estar mais próximo de um Tancredo Neves da Oposição que de um Dinarte Mariz da mesma legenda, ou, vice-versa, um Chagas Freitas oposicionista afinar mais com um Luiz Viana Filho governista que com seu próprio companheiro de Oposição, deputado Marcos Freire.

A distância entre colegas de partido, relativa à visão liberal do regime e das instituições, é às vezes maior entre companheiros da mesma organização política que entre governistas e oposicionistas, tomados a esse respeito em termos absolutos. Tanto assim que nas fases mais inclementes do processo político de 1964 vimos o cutelo repressivo cortar a cabeça de vários deputados situacionistas, desfalcando no Congresso a representação mesma do partido oficial.

Nunca houve, portanto, na repartição partidária entre Governo e Oposição uma coerência rigorosa de homens e idéias. Consta que, ao introduzir-se o bipartidarismo no País por um *ukase* presidencial, com a dissolução do sistema partidário da Constituição de 1946, a maior dificuldade enfrentada pelo Presidente Castelo Branco teria sido a de formar a Oposição. Precisou ele de conter todos os adesistas que em massa buscavam se alistar no "partido revolucionário". O Presidente, para assegurar a adoção do novo modelo, conforme foi referido em termos "folclóricos", se viu compelido a telefonar a alguns senadores amigos, pedindo-lhes o sacrifício de formar nas hostes oposicionistas. Do contrário não haveria número para a Oposição constituir-se, de acordo com as exigências mínimas de composição impostas pelo Poder.

Em verdade – e este é o ponto que queremos assinalar –, sempre houve na representação governista uma parcela de liderança aberta e sensível ao modelo democrático, capaz de bater-se ou insurgir-se contra a violência autoritária que descia das esferas do sistema dominante, nas ocasiões mais duvidosas para o destino das instituições livres.

Quando temos agora um Presidente comprometido a fundo com a reabertura institucional, querendo levar a cabo esse projeto, não com promessas descumpridas, como alguns de seus antecessores, mas com atos plenos e concretos, que desgostam às forças obscurantistas do regime, é de presumir haja também um espaço mais largo de manobra para aquelas lideranças liberais da área do Governo se afirmarem.

A maior amostra dessa possibilidade se acha contida na proposição da emenda constitucional que restaura algumas prerrogativas essenciais do Poder Legislativo que lhe haviam sido subtraídas ao longo de tantos anos de arbítrio e demolição dos alicerces de nossa organização representativa, por obra de atos institucionais e atentados à Constituição.

Essa emenda se acha na pauta do Congresso para votação possivelmente ainda este mês. Apraz-nos ver, pois, que um dos ramos mais atuantes nessa tarefa de recomposição democrática do País, que é o Poder Legislativo, se acha em mãos do elemento liberal do partido situacionista, ou seja, de lideranças esclarecidas como são, por exemplo, as dos Srs. Flávio Marcílio e Djalma Marinho, respectivamente atual e futuro Presidente da Câmara dos Deputados. Homens do Poder, merecem a inteira confiança das Oposições brasileiras e de quantos, fora de qualquer filiação partidária, almejam, quanto antes, o advento de uma ordem democrática estável e definitiva, à altura de nossas aspirações políticas e sociais bem como da vocação do povo brasileiro para a liberdade e o progresso.

3.15 As prerrogativas do Congresso

Depois de 10 anos de Al-5, não é de estranhar que a onda liberal domine o sentimento e a opinião do País, inaugurando-se uma fase de iluminismo para as instituições em crise, postas na esfera política debaixo de uma crítica revisora destinada a acelerar a queda do autoritarismo e o advento de uma ordem constitucional legítima, fundada nos valores da tradição representativa, republicana e federativa.

Tínhamos, nesse sentido, dois caminhos para refazer o quadro clássico da legitimidade institucional: um consistiria em abreviar o retorno, restaurando todas as liberdades e convocando de imediato uma Constituinte; outro, que estamos seguindo, de percurso longo e caminhada lenta e acidentada, que se traduz na chamada abertura gradual, cujos frutos a Nação tem colhido e cujo termo poderá ser uma reforma constitucional de máxima profundidade ou até mesmo uma Constituinte livre e soberana, assegurado o clima prévio de compreensão e respeito às posições oposicionistas, e vice-versa, ou seja, o fim da desconfiança da Oposição em relação ao Governo e seus propósitos de restabelecer o sistema democrático de convivência e acesso ao Poder.

O primeiro caminho teria evitado uma série de traumas e desgastes paralelos, que enfraquecem consideravelmente os promotores da reforma gradual, na medida em que a meia-legitimidade produz, inversamente, uma insatisfação política, traduzida na exigência de reformas mais amplas, porquanto aquelas já admitidas quase sempre chegam com atraso frente às expectativas em favor da liberdade. Esse lado político da questão é tanto mais grave quanto mais agudo se torna o quadro da instabilidade econômico-financeira, com a Nação presa a uma espiral inflacionária, contra a qual a solidariedade do País só se firmará de maneira eficaz – prestando-se todos a uma quota de sacrifício – caso haja para os instrumentos de combate à crise a audiência de todas as classes; a saber, em termos mais largos, a presença e a participação do povo brasileiro nos atos decisórios da política antiinflacionária adotada pelo Governo.

A primeira opção, se tinha vantagens teóricas fáceis de identificar, poderia, contudo, pela delicadeza e radicalismo da mudança, esbarrar em dificuldades concretas intransponíveis. Dificuldades oriundas psicologicamente de ressentimentos acumulados, pois nem a corrente oficial nem as Oposições estavam de ânimo sereno e espírito desarmado para consumar a restauração, fazendo, assim, frágil e de grave risco o retorno às franquias liberais.

Contudo, afigura-se-nos que a tese da Constituinte, qual coroamento do processo já desencadeado e eficazmente conduzido mediante as medidas postas em prática, é a tese correta, de aplicação inevitável, se quisermos em verdade alcançar o cumprimento da promessa do Presidente da República de fazer desta Nação uma democracia ao termo de seu mandato. Em outras palavras, se quisermos erguer um edifício constitucional assentado na legitimidade, único meio de manter estáveis as instituições e sólidas as bases do Estado de Direito a que aspiramos.

É de louvar, por conseguinte, no processo reformista em curso, a devolução de prerrogativas ao Congresso Nacional, das quais fora continuamente despojado pelos atos institucionais, sobretudo pela Constituição outorgada. A Emenda Flávio Marcílio abre caminho para a dignificação política do Congresso em termos democráticos e representativos de atuação na obra de governo, a que deve estar intimamente associado, pois governar, em sentido lato, não é apenas executar e administrar, mas legislar, tanto quanto distribuir a justiça que a ordem jurídica há de proporcionar.

Em suma, não só governa o Executivo, senão, por igual, na conjugação harmônica de suas competências, o Legislativo e o Judiciário, que formam os três ramos independentes e coordenados da soberania nacional.

Urge advertir que uma guinada excessiva em favor do Legislativo é inconcebível na forma institucional que praticamos. Um presidencialismo de Executivo fraco ou rival conduziria à ditadura ou à anarquia, exatamente aquela experiência de um passado que a Nação não deseja reviver e que dantes a submeteu a atrozes sacrifícios. Por mais simpática que seja uma abertura institucional em favor do Congresso, não pode tomar tal latitude que comprometa o círculo das competências executivas legítimas. Se assim procedêssemos, estaríamos desequilibrando os pratos da balança, pervertendo irresponsavelmente a forma presidencial de governo. Demais, faltaria legitimidade a reforma tão ampla, feita pelo Congresso no exercício de função constituinte derivada e limitada.

A Emenda Flávio Marcílio tem possivelmente algumas imperfeições de conteúdo, mas é excelente remédio e largo passo dado no sentido de reconstituir a representatividade soberana do Congresso Nacional, absorvida ou extinta pelo Executivo. Os enxertos que se lhe fizerem ou os excessos nela porventura contidos podem, no entanto, torná-la, a alguns aspectos, conforme já assinalamos, inconveniente. Nesse caso, ao invés de alcançar sua finalidade, que é restabelecer equilíbrios rompidos, provocaria exatamente o efeito oposto, consumando uma virada antiexecutiva, incompatível com o presidencialismo como técnica vigente de organização governativa de nossa estrutura política. O elemento parlamentar somente ganha plena e legítima autonomia de participação na obra específica de governo quando se exercita num sistema político de feição parlamentarista. O presidencialismo tem a vocação do poder forte e concentrado; este, numa Sociedade em crise, facilmente se converte em poder de arbítrio. Por onde se conclui que haverá sempre irrealismo e risco se fizermos, dentro do presidencialismo, um Legislativo poderoso e pretensamente estável a expensas do Executivo. Devemos aprofundar a reforma e o debate, colocando, porém, em primeiro plano a opção pela técnica de governo, ou seja, decidindo corajosamente se o presidencialismo ainda nos convém. Esta a questão em julgamento, para a qual a Emenda Flávio Marcílio deverá, sem dúvida, despertar a Nação.

3.16 O povo e a realidade política

O povo, como fonte constitucional do Poder, entra formalmente nas Cartas Políticas do País desde 16 de julho de 1934, quando se decretou e promulgou a Constituição que inaugurou o Estado Social brasileiro. O texto de 1891 era omisso a esse respeito, abstendo-se de declarar o fundamento da soberania do poder político, ao contrário da Carta do Império, que explicitamente reconheceu e proclamou todos os poderes representativos como delegações da Nação, fruto, portanto, da doutrina da soberania nacional, vigente ainda na organização constitucional da Primeira República, mas substituída desde 1934 pela doutrina nova da soberania popular, que chegava às instituições brasileiras com atraso sem dúvida considerável, cotejado com sua introdução no sistema constitucional de outros países.

Mas esse princípio, teoricamente tão correto, tem sido objeto de uma aplicação infeliz, que se mede pela distância entre o texto e a realidade, entre a teoria e a práxis. A magia de certas palavras-símbolos é tão poderosa quanto o carisma de algumas personalidades. Se elas faltassem, o texto padeceria um empobrecimento de sentido inferior tão-somente à emocionalidade que se supõe suscitada por tais palavras dirigidas menos à razão que ao sentimento e à alma dos cidadãos.

A palavra "povo" entra nessa categoria. Quando dela nos afastamos em termos lógicos, resta sua sobrevivência na prosa política, indicando reminiscências de prestígio derivadas de sua conotação revolucionária e histórica, ou seja, do potencial de legitimidade que pode imprimir às instituições.

Não foi por outra razão, talvez, que a Constituição do Estado Novo logo em seu primeiro artigo também afirmava que o poder político emana do povo e em nome dele se exerce "no interesse de seu bem-estar, da sua honra, da sua independência e da sua prosperidade". A reprodução, pela Carta autoritária, do pensamento exarado já em 1934 faz-nos presumir que o dogma se preservara unicamente em virtude de seu teor programático e gratuito.

Não deve passar despercebido também que o texto da mais desconchavada de todas as nossas Constituições, a atual, quando saiu das mãos quentes do triunvirato militar constituinte, depois de ter 139 artigos emendados, ainda mantinha intangível a disposição onde se continua a rezar que todo o poder emana do povo e em seu nome é exercido. Estranhos escrúpulos deixaram intacta essa parte do texto, esse compromisso de palavras com o regime que se desterrava, mas o fato, reproduzindo o paradoxo de 1937, nos ensina como tem força, na consciência da Sociedade contemporânea, o dogma da soberania popular.

O povo que queremos nas instituições não é, porém, essa figura abstrata de retórica, que faz arder a imaginação e a ideologia de falsos profetas, senão aquela entidade visível nas leis eleitorais, no acesso participativo às urnas, na formação da vontade geral: o povo concreto e livre, que constitui partidos e vota para renovar mandatos representativos. Em outros termos, queremos aquele povo que esteve ausente da Constituição de 1937 e da Emenda Constitucional 1, hoje privado de eleger o presidente da República e de ter um Congresso dotado de prerrogativas básicas, imagem de sua soberania inalienável. Só com a presença do braço popular haverá verdade representativa no Poder e legitimidade no sistema político.

O princípio democrático outra cousa não é, do ponto de vista político, senão a ingerência dos governados na obra de governo ou a organização de um sufrágio que faça essa ingerência mediante canais representativos.

Nenhuma técnica espelha melhor a veracidade democrática de um sistema que o sufrágio, a forma como ele se concretiza, a extensão concedida a essa franquia participativa e a lei afiançadora de seu exercício. O sufrágio universal foi a grande revolução que impossibilitou politicamente a perpetuidade do Estado Liberal. A bandeira da participação dos governados completou a vitória com o princípio da representação proporcional. O formalismo dessa estrutura ordenada juridicamente já constitui muito em matéria democrática nos sistemas políticos contemporâneos. Torna possível em tese, em teoria, e até mesmo na prática formal, a presença ativa ou militante de ponderáveis colégios eleitorais como sustentáculos da ordem representativa. Os complicados interesses e as aliciantes idéias que fazem a força do Poder vão, pois, disputar sua hegemonia nessa base política de legitimidade que é o eleitorado sufragante ou participante, constitutivo da Sociedade viva, da Sociedade política, da Sociedade nacional, donde promanam, nas organizações legitimamente democráticas, os sistemas governativos.

No Brasil, porém, muitos obstáculos concorrem e têm sempre concorrido para fazer do dogma democrático uma ficção; às vezes, uma impostura. Aqui, a disposição constitucional de que todo o poder emana do povo e em seu nome é exercido é inverídica na primeira parte mas efetiva na segunda, pois nunca nos faltaram governantes atuando como simples representantes verbais dessa entidade soberana, inclusive para manter e justificar a ditadura das oligarquias. Se vamos ao princípio de participação dos governados, deparam-se-nos 16 milhões de analfabetos excluídos do sufrágio; se procuramos o eleitor qualificado, encontramos milhões de semi-analfabetos sem noção dos valores políticos; se descemos aos partidos, aí estão eles com líderes que quase diariamente mudam de agremiação como quem muda de camisa; e se consideramos, enfim, o Poder, estamos diante de uma indústria transformadora, que estabeleceu e aperfeiçoou soluções casuísticas de oportunismo sem grandeza para manipular o voto popular, converter derrotas de opinião em triunfos eleitorais, confiscar a autonomia do sufrágio e neutralizar o que ainda resta da minoria participante, onde se aloja o princípio democrático ou tem expressão aquela realidade que se chama *povo*.

3.17 *O poder das oligarquias*

Uma das conseqüências mais deploráveis dos sistemas políticos fechados, como as ditaduras, é a tendência a se converterem em oligarquias, quando lhes falta o alicerce ideológico, ou em instrumentos de um poder pessoal, carente de legitimidade.

A ditadura tem produzido, assim, um círculo vicioso nas Repúblicas da América Latina, onde as restaurações democráticas, sendo efêmeras, raramente preenchem o espaço de um único mandato presidencial. O golpe de Estado logo ceifa sem piedade a árvore que mal pôde nascer, a planta tenra da democracia – como referia Otávio Mangabeira. De sorte que a recaída na ditadura faz o estado crônico de todas essas organizações do poder, viciadas pelo tóxico das ambições oligárquicas, produto da incomunicabilidade do sistema, da falta de canais de circulação e do divórcio entre o Estado e a Sociedade. Em regra, é o Estado-sujeito e a Sociedade-objeto, mas um sujeito personalizado na vontade do ditador, imagem do arbítrio e do absolutismo.

Nesses países infelizes há uma casta dominante, espécie de família política em cujo seio se recrutam os ditadores de farda ou de casaca. Socialmente desequilibradas, sem classe média, palco de violentos contrastes materiais, onde se transita diretamente da mansão feudal para a choça ou do palácio para o cortiço, semelhantes Nações estratificaram uma oligarquia que só conhece a alternância do ditador, sendo o sistema incompatível, de natureza, com a fórmula sucessória num processo político aberto, capaz de consentir a participação livre dos governados e a renovação dos quadros dirigentes.

Estamos este mês comemorando os acontecimentos de outubro de 1930, um ano de revolução que mudou a face do Brasil, do ponto de vista econômico e social. Mas perguntamos: logrou aquele movimento acabar com as bases oligárquicas do Poder? A resposta é, evidentemente, negativa. Em meio século de instabilidade política, o País atravessou três faixas de governo discricionário, três épocas ditatoriais, em que a Constituição esteve ausente ou não pôde aplicar-se, deixando, portanto, de desempenhar, à míngua de legitimidade democrática de seus princípios e de sua origem, o papel que lhe cabia na reconciliação política do Estado com a ordem representativa da Sociedade.

O mais abominável fruto de tais períodos de exceção (a ditadura do Governo Provisório, o Estado Novo e a República do AI-5) foi, inquestionavelmente, o colapso do processo democrático de formação e renovação de lideranças.

Quando saímos do Estado Novo a Nação sentiu a pobreza de seus quadros já refletida na Constituinte de 1934, que, não obstante, acolheu grandes valores individuais de uma geração remanescente em cujos corações se estampara talvez a palavra de Rui ensinando os ideais de justiça e liberdade.

Hoje a frustração possivelmente se apresenta maior. Milhões de brasileiros nasceram e cresceram sem nunca haver freqüentado as urnas para eleger um presidente da República. Dissolvidos os diretórios estudantis, toda uma geração de adolescentes passou os melhores anos da juventude sem travar o mais superficial debate, silenciada e reprimida pela interdição política dos atos institucionais.

A classe política, por sua vez, viu a tribuna parlamentar ora em recesso, ora desamparada das garantias elementares ao exercício soberano da função representativa. Não é de estranhar, por conseguinte, que, voltando o País a respirar o oxigênio das liberdades democráticas, o PDS do Governo tenha dificuldade em deixar de ser Arena e os partidos de Oposição não consigam facilmente afastar o modelo de luta que aquece as crises e abala, com a desconfiança e o radicalismo, as esperanças de uma restauração constitucional plena.

Este ano a democracia se viu desservida em razão do adiamento do pleito municipal, resultante de uma prorrogação usurpatória de mandatos. O povo precisa, porém, ir às urnas, pois, quanto mais comparecer ao sufrágio, melhor se exercitará na educação política do regime democrático. Somente o voto tem força para desintegrar as oligarquias sem, ao mesmo passo, abater as instituições. Com o sufrágio do povo nas eleições diretas de 1982 a Nação começará a sair do túnel.

3.18 A abdicação de um sistema

Transcorre este ano o sesquicentenário da Abdicação de D. Pedro I ao trono da Nação que ele fez independente quando fundou o Império e lhe outorgou a Carta Constitucional. Mas o Primeiro Reinado suscita dúvidas e controvérsias. A independência fixada nos textos oficiais e na historiografia corrente é aquela que emerge do Grito do Ipiranga e tem por data o 7 de setembro.

Apesar de toda a comodidade proveniente da fixação de um símbolo, nunca se deve esquecer que nossa emancipação do domínio português foi um processo, iniciado com a Inconfidência Mineira, passando pelo traslado da Corte Portuguesa ao Brasil e, finalmente, se desdobrando através dos graves eventos do Primeiro Reinado, quando o quadro ainda se apresentou algumas vezes indefinido e a unidade nacional correu grave perigo.

Com o movimento popular do 7 de abril o País realmente se empossa nos seus foros de independência: o povo escreve a História e traça, soberano, o perfil das instituições. O grande significado da Abdicação, a nosso ver, consistiu em haver marcado com a presença do elemento popular uma identidade nacional, ainda frouxa ou contestada, como se poderia inferir das antecedências revolucionárias e republicanas da Confederação do Equador.

Ali se cortam os últimos laços de um complexo de sujeição colonial: a minoria portuguesa domiciliada no País perde o vigor de sua influência, até então favorecida com a presença do Imperador constitucional de veias regadas pelo sangue de uma dinastia absoluta. Não vamos fazer injustiça a D. Pedro I. Houve-se ele no Brasil com autoritarismo, mas deu às vezes admiráveis provas de sentimento liberal, confirmadas depois da Abdicação ao intervir diretamente no processo político de Portugal para restaurar a legitimidade do trono que o irmão absolutista usurpara. De nosso País saiu malquisto, mas se reabilitou na heroicidade com que se houve fazendo a revolução constitucional portuguesa e merecendo páginas de imortal reverência lavradas pelo punho do insigne Alexandre Herculano.

As lutas regenciais definem um País contrafeito na sua vocação liberal e federativa. O triunfo popular do 7 de abril não logrou remover o unitarismo autoritário da Coroa, apesar da grande conquista que o Ato Adicional, prosseguimento jurídico do fato político contido naquela explosão, representou para o Brasil. O caminho rumo à liberdade democrática e ao federalismo foi interceptado com a Lei de Interpretação, que fez prevalecer no instrumento constitucional a hermenêutica autoritária de seus exegetas imperiais. Mas a Abdicação mostrou a presença do povo, como ele exercita em atos revolucionários sua soberania. O sentido de identidade nacional do episódio veio a reproduzir-se depois nas campanhas da Maioridade e da Abolição.

A força do povo deve, por conseguinte, ser evocada durante as celebrações de mais um sesquicentenário em que se refresca a memória do País com as lições do passado. Os portugueses de ontem estavam dentro de nossas fronteiras e faziam na época o seu monopólio interno de influência, depois de havermos proclamado a Independência, da mesma maneira que as multinacionais de hoje, muito mais poderosas e envolventes, minam o empresariado brasileiro e ameaçam confiscar a soberania nacional. O mais trágico em tal confronto é que a ação desses poderosos grupos estrangeiros, inclinados a pressões monopolistas, estrangula a iniciativa privada, à medida que compelem o Governo com sua forma de Estado gerencial a burocratizar a economia e a fazer das empresas estatais o baluarte do capital que ainda não se desnacionalizou.

Destruído o livre e genuíno empresário nacional, quem tem força para arrostar a desnacionalização acarretada pelas multinacionais, ávidas de ocupar os espaços evacuados pelo empresário brasileiro? Evidentemente, o Estado. E que preço se lhe paga? O sacrifício e a ruína da liberdade.

Precisamos urgentemente de entregar ao povo o nosso destino constitucional. Entre a multinacional desnacionalizadora e o Leviatã tecnocrático, que tudo enfeuda ao Estado, o diabo que escolha. Com nenhum deles o povo terá representação, liberdade e democracia. Precisamos de uma nova Abdicação, um novo 7 de abril. Mas não a abdicação de um imperador, senão de todo um sistema de poder que traz a marca do estatismo, tão antinacional quanto as multinacionais. De ambos são vítimas a Sociedade e a Nação.

3.19 Reflexões antiburocráticas

A burocracia é a filha dileta do intervencionismo, da socialização, do estatismo, do planejamento. Onde houver o Estado a desbordar de seus limites, ela aí medrará expansivamente. Quando se refina no mais alto grau e toma conta do Poder, passa a chamar-se tecnocracia. Nessa ocasião, todas as liberdades correm perigo, abafadas sob a pata do Leviatã. O Homem, o Povo, a Nação e a Sociedade se cousificam na visão do tecnocrata e de seu universo de algarismos que engordam estatísticas e projeções de futurologia.

Ao manipular o plano com a extrema desenvoltura de um projetista ou de um analista que faz profecias com números, sua linguagem é exuberantemente rica de promessas, dadivosa, otimista, sem compromissos com o passado e desatada de obrigações com o presente: para as dificuldades atuais, quando a inflação galopa, os salários se achatam na voragem dos preços e o descontentamento lavra em todas as classes, o tecnocrata, radiante, promete debelar a inflação até o fim do ano seguinte.

Haverá sempre um ano seguinte ou um semestre vindouro como espaço de tempo para a concretização da promessa, assentada na aparência de certezas matematizadas, sem a lição profunda da verdade social ou dos erros estruturais de um sistema cujos males são atacados unicamente com medicação paliativa. Mas a burocracia não corrói apenas o Executivo: o apelo tecnocrático, sendo a doença da lógica em assuntos sociais, não se confina ao ramo administrativo do Poder. A filosofia malsã que a inspira se propaga a outros Poderes e instituições.

Toda organização institucional, em busca de eficiência, está sujeita a padecer distorções burocráticas ou desvios tecnocratizantes. O tecnocrata é o burocrata promovido na hierarquia do Poder: já não dispõe apenas dos meios, mas também dos fins, tomando a decisão e fazendo exercitá-la. Na sociedade de massas o combate ao subdesenvolvimento, a hipertrofia dos fins do Estado, os instrumentos de intervenção e a necessidade de intervir agravaram de maneira dramática a sujeição da Sociedade ao Estado, apagando, assim, a linha divisória liberal de autonomia ou independência por onde passava a fronteira que no século XIX separava os dois entes, hoje abraçados numa comunhão indissolúvel, característica do Estado Social e sua ideologia conciliatória.

Um casamento desigual e infeliz, celebrado segundo a lei do absolutismo e da ditadura, une, porém, nos países atrasados ou em crise de desenvolvimento, a Sociedade e o Estado, sendo aquela a grande vítima e este o grande triunfador. Disso resulta para as instituições uma presença incômoda do Estado e de seus vícios peculiares, dos quais o mais daninho é o escalracho burocrático, que culmina com a pressão tecnocrática.

O vício massificante, quantitativista, oligárquico, contamina o sistema partidário e invade também a esfera parlamentar.

Os partidos atrelados ao erário se convertem em gigantescas máquinas burocráticas, como está acontecendo na Itália, e o Parlamento, congestionado pelo aumento progressivo de seus membros ou pela multiplicação de seus funcionários, é outro monstro da burocracia contemporânea em suas dimensões avassaladoras. Há, por conseguinte, um polvo comprimindo a Nação: o Estado tecnocrático, que veio em nome da eficiência e da racionalização de uma pseudopolítica científica, sem povo, sem legitimidade e sem representação, e cujos frutos se chamam ineficácia, desperdício, esbanjamento e mordomia.

3.20 Os caprichos da História

A restauração democrática no Brasil, em toda sua plenitude, está a depender consideravelmente da existência e da ação de partidos políticos que se identifiquem com o povo e com as grandes correntes de opinião e de interesses, formadas no quadro dinâmico da sociedade de massas ou sociedade industrial, onde de certo modo já nos achamos, tão acelerado tem sido o processo de condução do País a essa forma de sociedade.

Mas a identificação a que ora nos reportamos pede o livre jogo das forças políticas num sistema partidário pluralista. Em outras palavras, faz-se mister nas bases de formação da vontade política democrática um clima de liberdade e confiança tal, que o eleitorado não suspeite do regime partidário, ou seja, não receie um veto oligárquico das cúpulas do Poder, sentenciando a Oposição a ser sempre Oposição e o Governo a permanecer insubstituível, com as rédeas do Poder nas mãos, como tem acontecido desde 1964.

As eleições diretas de 1982 constituem um ponto fundamental da abertura, porquanto devem proporcionar em todo o País uma participação que porá à prova os efeitos da mudança havida no sistema partidário brasileiro, desde o advento de novas agremiações, todas na área oposicionista, pois o partido oficial se limitou tão-somente a variar de nome.

A missão, hoje, de um partido político nos conduz a algumas reflexões acerca do fenômeno que é a democracia partidária, e principalmente a respeito de certas peculiaridades observadas na organização institucional do Estado Democrático contemporâneo. Verificamos coincidências impressionantes de retorno não a princípios e idéias, mas basicamente a técnicas imperantes no século XVIII de organização da Sociedade, contra as quais se revoltara a razão iluminista dos filósofos e cultores do Direito.

Vejamos, por exemplo, o Estado Liberal e seu modelo de Sociedade para assinalarmos os pontos de onde nos afastamos e aos quais retornamos por outras vias. Toda a fisionomia do século XIX se acha impregnada de concepções liberais. A célula da Sociedade numa projeção valorativa máxima era o indivíduo, e não o grupo, como parece estar acontecendo com a desumanização de nossos dias; a saber, era o indivíduo qual indivíduo, e não ente propriamente social, parte de um todo que valesse mais que ele. A revolução liberal fora uma revolução individualista. As corporações de ofícios – categorias sociais intermediárias – foram varridas da sociedade.

A lei as proibira, enquanto Rousseau, teorizando contra as iniqüidades feudais, se convertia, por obra das contradições de seu pensamento, em breviário do Liberalismo. O filósofo não queria vontades interpostas entre o cidadão e o soberano, entre o Homem e o Estado, entre o indivíduo e a Nação; qualquer corpo médio usurparia a vontade geral (a *volonté générale*), desnaturando a soberania popular. A democracia liberal da sociedade burguesa perfilhou a tese. Nossa Constituição do Império extinguiu as corporações de ofícios: era o fim da Idade Média. Uma Idade Média, aliás, que nunca vivemos. O Estado Liberal não conhecia partidos, mas eleitores ou, quando muito, ligas eleitorais efêmeras tanto quanto podem ser, sem institucionalização.

Que aconteceu, porém, no século XX? As categorias intermediárias ressurgem sob a forma de partidos, sindicatos e grupos de pressão. Com tamanha força na sociedade industrial que uma democracia já não é concebível com eleitores isolados, fora das agremiações políticas.

No século XVIII o mandato fora imperativo, sendo os escolhidos para a assembléia feudal, como os Estados Gerais em França, comissários, e não representantes.

Com o Estado Liberal o mandato se tornou representativo, o deputado burguês absolutamente imune e inviolável, intérprete da soberania nacional. O Estado da sociedade industrial e da democracia de massas tende, porém, a fazer o mandato novamente imperativo, em razão da fidelidade partidária, dos interesses agitados pelos grupos de pressão, do afrouxamento das imunidades e do declínio das prerrogativas do representante.

As ideologias, as ditaduras, os desafios sociais e a pressão das massas tornam o povo paradoxalmente, na organização política do século XX, cada vez mais objeto e cada vez menos sujeito. Num certo sentido os sistemas da democracia do homem-massa estão mais distantes do formalismo liberal que do absolutismo iluminista das Monarquias do século XVIII. À maneira do Príncipe da Prússia, Frederico II, esses sistemas se dispõem também a fazer tudo pelo povo, nada porém através do povo.

Como se vê, analogias melancólicas inquietam o ânimo de quantos em matéria política acompanham os caprichos irônicos: tutela do povo, retorno ao mandato imperativo, queda das imunidades, crise da representação, legitimidade dos corpos intermediários.

3.21 O povo e o autoritarismo

Confirmou-se a tese que o bom senso sustenta contra a obtusidade do Poder e da ideologia: não há remédio mais seguro para debelar o radicalismo que o comício e a audiência às urnas, o contato com as fontes primárias e incorruptíveis da legitimidade, ou seja, o eleitor soberano, cuja vontade suprema corporifica nos regimes de liberdade o princípio democrático.

O País comporta correntes políticas sempre aptas a se identificarem com os grandes interesses nacionais e que, no centro ou ligeiramente à esquerda deste, concretizando uma posição rooseveltiana, arvoram a bandeira das garantias sociais para estabelecer a igualdade e a justiça na composição dos antagonismos de classe. Mas não comportará agremiações partidárias desviadas para o espaço ideológico dos extremismos de esquerda ou direita. A forma representativa livre por si mesma tende a expurgar essas forças e reduzi-las à expressão minoritária mais ínfima, mostrando-lhes a imagem num espelho de sufrágios que não falseiam a realidade.

Antes das eleições inquietavam-se muitos com a presença de uma legenda como a do PT, que deveria aglutinar as massas operárias brasileiras, convertendo em votos a consciência profissional do trabalhador. O Partido de Lula, depois de apuradas as urnas, evidenciou que um partido político, em regime representativo democrático, não se pode confinar a uma só classe ou categoria de interesses, sob pena de estiolar-se e não atrair sequer os membros mesmos dessa classe, sobre os quais exerce maior sedução o partido clássico, pluralista, universal e aberto; acumulador, no sistema de patronagem, das mais distintas e genéricas reivindicações.

Outro fantasma que o regime temia era o episcopado com suas organizações eclesiais de base e o namoro programático com as teses do partido de Lula. Falava-se de uma politização profunda, cujas repercussões eleitorais teriam conseqüências provavelmente amplas e avassaladoras. Nada disso aconteceu e, como no sermão de Vieira, ou é o sal que não salga ou é a terra que se não deixa salgar...

De tudo, pois, se infere que o emprego mistificador desses velhos "terrores" só engana os pusilânimes dos sistemas onde não há liberdade e democracia. Sem o espectro do comunismo e sem a oratória da repressão, Getúlio Vargas jamais teria desferido o golpe de Estado de 1937, nem mantido por espaço de oito anos a ditadura do chamado Estado Novo. A demagogia de direita, que foi muitas vezes a demagogia do Poder, brandiu em distintas ocasiões do processo político nacional a "chantagem vermelha" para sonegar ao povo os direitos políticos essenciais. E as estúpidas Esquerdas foram, por sua vez, as cooperadoras mais eficazes dessa mistificação, fazendo crer, com o ruído de suas teses e de seu reformismo radical, que a Nação as acompanhava, quando, em verdade, o povo, indiferente e conformista, acabou sendo a vítima empulhada por aquele duelo ideológico de que não participou.

A História do Brasil durante os últimos 50 anos, desde a Revolução de 1930, se tem caracterizado por uma desconfiança geral contra o povo e contra sua capacidade de auto-reger-se, ou seja, de conduzir seus próprios destinos. Essa desconfiança tem sido a matéria-prima de que se abastece o autoritarismo para manter a tutela, a menoridade, a usurpação, beneficiando os oligarcas e os privilegiados. O povo-objeto, o povo-instrumento, o povo passivo, constitui quase sempre, com raros interregnos, a realidade dominante no quadro da vida pública nacional.

Mas esse povo, que todas as ordens constitucionais legítimas fazem sujeito ou titular da soberania, só deixará entre nós o *status subjectionis* por via de eleições livres e regulares. Não há outro caminho. Urge, por conseguinte, fazê-las cada vez mais freqüentes e tanto quanto possível isentas do jugo deformador das pressões econômicas. Democracia requer exercício e aperfeiçoamento na manifestação da vontade popular. Essa democracia, para a qual avançamos, não poderá ficar prisioneira de um sistema que deverá transcender. O alvo seguinte será o estabelecimento de uma nova Constituição, pois enquanto não se der o passo constituinte haverá no Brasil uma democracia precária. A reabertura é processo que há de prosseguir até o coroamento final.

3.22 O equívoco de 1964

Decorridos 16 anos do movimento de 31 de março de 1964, já é possível ao historiador analisá-lo em alguns aspectos que permitem exarar um juízo acerca dos resultados obtidos como das causas determinantes de alguns de seus insucessos. Um balanço comparável àquele que presentemente se está fazendo com a Revolução de 1930, cujo recuo no tempo alcança meio século.

Entre as frustrações daquela ação revolucionária, talvez a mais grave resida no fato de não haver logrado a institucionalização jurídica dos princípios que a inspiraram – a saber, a par de outros, a restauração da confiança na ordem democrática e seus fundamentos.

As armas da Revolução pareciam naquele ensejo assumir a defesa do Congresso e da Constituição contra a indisciplina nos quartéis, a conspiração da república sindical, a anarquia, o medo, as greves e o desastre econômico e inflacionário do governo presidencialista de João Goulart, que dera o golpe branco e plebiscitário contra a defeituosíssima emenda parlamentarista da crise de 1961. Em face do País conturbado e das instituições ameaçadas, rompeu-se a legalidade, como em 1889, com a queda do Império; em 1930, com a chamada Revolução Liberal; e em 1937, com o Estado Novo. A 29 de outubro de 1945 houve também um golpe de Estado, mas, ao contrário do que acontecera em ocasiões antecedentes, veio ele para derrubar uma ditadura, e não para apear uma ordem constitucional legítima.

A todos aqueles abalos, que puseram abaixo o governo, seguiram-se períodos ditatoriais, com promessa de transitoriedade, salvo o Estado Novo, em que Getúlio, ao implantá-lo, já trazia das mãos de Francisco Campos a Carta Constitucional outorgada no mesmo dia do golpe;

Carta sem nenhuma legitimidade, de páginas empoeiradas ao longo da ditadura, por falta de aplicação.

Em 1964, os que tomaram o poder não trouxeram uma Constituição, mas um Ato Institucional. Posto acima dos restos sobreviventes do documento de 1964, o novo *ukase* tinha a pretensão de legitimá-lo, tanto quanto as prerrogativas do Congresso. Aconteceram, então, durante a década de 60 duas cousas inéditas na história constitucional do País: a coexistência de dois Poderes Constituintes paralelos: o do Executivo e o do Congresso, o do Governo e o da Constituição, o das Armas e o dos representantes; um, em exercício, editando atos institucionais, o outro em recesso, impossibilitado de exercitar o modesto poder de reformas; aquele absoluto, este limitado; a par disso, a esdrúxula doutrina oficial, subversiva de todos os princípios constitucionais, referente à figura de um Poder Constituinte permanente com o grau de Poder primário, sem limites.

O Poder Constituinte que de modo permanente se aloja nas Constituições é sempre de segundo grau: derivado, jurídico, limitado. Existe para emendar o texto constitucional, e não para refazê-lo por inteiro, ou seja, para produzir uma nova Constituição, conforme se fez, de modo ilegítimo, por via do Ato Institucional 4, com a Carta de 1967, dissolvida dois anos depois pela Emenda 1. Outorgada por uma Junta Militar, ninguém sabe até hoje ao certo se se trata, em rigor, de uma emenda ou de uma nova Constituição. Engordada pelo pacote de abril de 1978, ela aparentemente rege o País como se fora, na verdade, uma Constituição.

O erro maior de 1964 decorreu do desprezo votado à classe política e ao bacharel. Confiou-se demais no tecnocrata. E este, detestando o político profissional e o jurista, entrou numa seara que lhe era estranha: a da elaboração legislativa. O governo de Castelo Branco quase afoga a Nação num mar de decretos-leis e atos normativos, muitos dos quais de manifesta inconstitucionalidade. Naquele dilúvio legiferante, o primarismo do tecnocrata leviano, sobre redigir decretos-leis cujas disposições chegavam a terminar com um "etc.", lançava as bases do caos em que a ordem jurídica do País se viu submersa.

Quando de último a Nação pede uma Constituinte, esse clamor, em larga parte, deriva da consciência de que é necessário restabelecer a normalidade nos fundamentos de nossa organização constitucional, carente de legitimidade. Só assim se porá termo às distorções e aos desvios introduzidos pela era do poder tecnocrático.

A preocupação constituinte para abreviar os períodos de exercício discricionário do Poder fora uma constante em nosso passado constitucional. D. Pedro I, ao dissolver em 1823 a Constituinte, fê-lo debaixo da promessa de normalizar a vida do País no mais breve espaço de tempo com uma Carta duplicadamente liberal. E cumpriu a palavra ao começo do ano seguinte.

O decreto de proclamação da República de 15 de novembro de 1889 já trazia no art. 4º a promessa, logo efetivada, de proceder à eleição de um Congresso Constituinte, enquanto tomava medidas de emergência para instalar provisoriamente a ditadura republicana.

O Decreto de 11 de novembro de 1930, ao Instituir o Governo Provisório, após o afastamento da Junta que depusera o Presidente Washington Luís, também no art. 1º, fazia referência a uma Assembléia Constituinte destinada a promover a reorganização constitucional do País. Vargas, porém, se atrasou tanto na concretização desse preceito, que o resultado foi a guerra civil entre o Poder central e as Armas constitucionalistas de São Paulo, comandadas, entre outros, pelo general Euclides Figueiredo, pai do nosso atual Presidente.

Como se vê, a única exceção tivemo-la em 1964, que não confiou no Poder Constituinte da Nação e preferiu a comodidade fácil e perigosa dos atos institucionais. Quando partiu para uma nova Constituição, a de 1967, fê-lo por intermédio de um Congresso mutilado, trocando o Poder Constituinte por um Poder Constituído. A Constituição foi, então, o fracasso que a História registra. Apesar disso se formou nas esferas oficiais um preconceito ruinoso e infundado contra as Assembléias Constituintes. Todavia, a boa tradição republicana está a recomendá-las como a melhor forma de lograr instituições legítimas e possivelmente estáveis.

3.23 O atraso ideológico

O subdesenvolvimento político do brasileiro é atroz. Somos de um primarismo elementar em matéria de idéias e instituições que se referem às regras de organização do Poder. Há uma ignorância crassa na esfera teórica com respeito aos fundamentos da democracia e do socialismo, sendo freqüentes os equívocos com que se atropelam as noções de ideologia e as qualificações mais elementares sobre a posição de pensamento que possa caracterizar determinada pessoa. Como os partidos não se distribuem por uma correspondência ideológica estabelecida com rigor, crescem as dificuldades de localizar o cidadão numa carta de princípios políticos que lhe sirva de base fixa e de critério às suas definições sobre assuntos de governo.

Desse quadro confuso e preconceituoso resulta sempre um livre espaço a rotulações descabidas e arbitrárias que denotam quanto é rudimentar nossa cultura política ou quanto a sensibilidade nacional se acha ainda despreparada para assimilar as separações sutis e sofisticadas que só a maturidade democrática torna possíveis e converte em degrau mais alto da vida institucional.

Se comparássemos a França com o Brasil, veríamos como avulta a diferença nesse tocante. Naquele País instalou-se há oito meses um governo socialista. Desse governo fazem parte quatro ministros comunistas. A aliança de socialistas e comunistas é precária, mas existe como base da coligação que faz possível sustentar o governo com maioria no Parlamento.

As duas organizações partidárias chegaram ao poder através das vias democráticas do sistema, e nele só se conservarão pela legitimidade do voto, ou seja, enquanto a vontade eleitoral do povo não dispuser o contrário. Não obstante a forte conotação ideológica de que se há impregnado o governo, com uma filosofia política de socialização dos meios de produção e um programa que intenta cumprir basicamente essa finalidade – como certa vez já alcançaram em parte os trabalhistas ingleses do mesmo ramo político –, a verdade é que a França está honrando seus compromissos internacionais com os Países do Pacto Atlântico, mediante uma política externa que consulta em seus fundamentos os interesses desse tratado.

De um lado, a França se opõe à expansão militar do imperialismo soviético portador de um socialismo sem liberdade; do outro, condena, por igual, a civilização capitalista do lucro sem freio e da democracia sem igualdade. Mas tem deveres com as instituições livres, com a vontade soberana do povo. Se amanhã a Sociedade francesa se inclinar contra o programa reformista do partido do socialismo, para desfazer-lhe as medidas de governo, o caminho sagrado das urnas estará aberto às manifestações invioláveis da soberania nacional e os governantes socialistas serão apeados do Poder numa mudança sem abalo, operada pelo sufrágio tranqüilo dos cidadãos. O País, altamente politizado e democratizado, sabe, pois, discernir os matizes da coloração ideológica, não se enganando entre um comunista e um socialista.

Aqui no Brasil, ao contrario, o atraso é completo. Quem estiver à esquerda do centro, às vezes no próprio centro, corre o risco de ser acoimado de comunista. Com freqüência se confunde o comunista com o socialista, o liberal com o social-democrata, dando-se a todos, com indulgência, o rótulo de esquerdista – um eufemismo na linguagem da ignorância ideológica, quando esta ainda se exercita de boa-fé. O comunista apedeuta e passional perpetra também, por via oposta, erro idêntico: quem estiver à direita do centro é fascista ou desprezível instrumento da burguesia capitalista. Às vezes o fanatismo vai tão longe, nesse expurgo ideológico, que nem ao menos os socialistas são poupados.

Enquanto houver essa cortina de equívocos, enquanto perdurar essa massa de preconceitos, nascida do analfabetismo político, do despreparo ideológico, da truculência dos costumes públicos, bem como da ausência de estabilidade e garantia na participação do povo como força que sustenta e legitima as instituições, teremos sempre o pesar de jamais contar com um clima de cordialidade cívica e respeito que permita discernir, na luta dos interesses, a base dos princípios, a bandeira das idéias em todas as suas variantes, como pressupostos da democracia e do pluralismo na estrutura da vida partidária.

A desconfiança em aceitar a tese social e admitir que os partidos projetem politicamente um compromisso ideológico definido tem sido causa de grave retardamento institucional para a democracia na Sociedade brasileira e um pretexto de que se valem as correntes retroativas empenhadas em alicerçar o autoritarismo e conspirar contra a liberdade e a instrução política do povo.

3.24 O decurso de prazo

A fértil imaginação do Poder concebeu no mecanismo institucional brasileiro uma das técnicas que mais comprometem a essência e a legitimidade da força representativa de governo: o chamado decurso de prazo. A introdução desse instituto retira, quando aplicado, a eficácia participativa do legislador na formação da lei, que é ainda sua tarefa essencial, apesar do declínio das funções clássicas de um Parlamento.

O princípio da separação de Poderes fica também frontalmente atingido pelo casuísmo esdrúxulo daquele meio de legislar, a um tempo antidemocrático e anti-representativo. Sua introdução consentiu ao Governo fazer leis cujos projetos chegam às Casas do povo conduzindo unicamente a vontade insubjugável do Executivo, que tem condições de aprová-los por força do preceito autoritário enxertado na Lei Suprema. Minada de princípios contraditórios, bem característicos da desorganização das idéias e dos princípios, a presente ordem constitucional, cada vez mais carente de legitimidade, reflete a crise profunda da Sociedade brasileira, que, angustiada, busca instituições justas e estáveis à sombra de um pacto democrático.

Quando se ferir uma nova batalha em torno da restituição ao Congresso das prerrogativas básicas que lhe compõem a dignidade de ramo da soberania nacional, a remoção daquele instrumento de arbítrio, introduzido em nossa atividade legislativa pelo Ato Institucional 2, de 27 de outubro de 1965, e a seguir posto na Constituição de 1967, será requisito mínimo para alcançarmos a independência do órgão parlamentar e fazê-lo uma expressão da vontade representativa.

É de notar o emprego vicioso e político da sobredita técnica. Toda vez que projetos de lei impopulares e altamente controversos são remetidos pelo Governo às casas do Congresso, o Partido oficial tem sido comodamente poupado ao desgaste de uma votação comprometedora, que possa definir em ano eleitoral sua posição e responsabilidade relativas às matérias que se quer aprovar. A técnica invariavelmente utilizada, pois, em tais circunstâncias, não tem sido outra senão o decurso de prazo.

Mas não podemos deixar de examinar as nascentes do malsinado instituto que tanto desprestigia a presença do legislador nos atos de formação da lei. Com efeito, não foi o súbito capricho de um governante, que pretendesse se armar de prerrogativas excepcionais para aumentar e satisfazer uma ambição de poder, que determinou surgisse em nosso modelo institucional aquela figura de procedimento legislativo. Foi primeiro a incapacidade e a decadência da Instituição, quando se ausentou de seus deveres constitucionais, quando transformou o recinto de uma assembléia do povo em praça de competições egoísticas e passionais, quando fez adormecer nas secretarias das Mesas parlamentares proposições legislativas de relevância para toda a Nação e que jamais desceram à deliberação do plenário.

Dessa acumulação de vícios e obstáculos se ressentia a própria tarefa de governo. O Executivo do Estado contemporâneo, numa Sociedade atravessada de crises e com necessidades de preenchimento urgente, não podia ficar de mãos atadas diante de conjunturas que demandavam a velocidade do processo legislativo e o recurso rápido a medidas de governo, pendentes de aprovação parlamentar.

O velho Congresso anterior às reformas ditatoriais de 1964 não tomou consciência da grave enfermidade funcional que o fazia suspeito ao Executivo e preparou, assim, involuntariamente, o advento de preceitos incorporados na Constituição com sensível dano para sua autonomia. Mas os poderes subtraídos à competência do Congresso tiveram a destinação que se sabe: o reforço ao arbítrio do administrador executivo, sempre inclinado a exercitá-los com ranço absolutista. Distanciaram-se os reformistas de ontem da finalidade com que cuidavam de legitimar os sobreditos poderes, conforme se depreende da legislação eleitoral de novembro.

A perda de prerrogativas e o advento de técnicas como o decurso de prazo servem, contudo, de lição, porquanto, em face de comportamentos censuráveis do Legislativo, constituíram mais uma abdicação que propriamente uma usurpação. Como se vê, caso sejam restauradas em toda a sua plenitude, as faculdades autônomas do Congresso só terão futuro se a educação política do representante as fizer compatíveis com os anseios modernizadores e transformadores da Sociedade e da Nação.

3.25 O Partido Popular

O recente "pacotão" das reformas eleitorais veio mais uma vez demonstrar, no quadro institucional do País, como é difícil recobrar a normalidade do processo democrático. A queda do AI-5, a anistia e a plenitude da liberdade de imprensa foram avanços consideráveis e positivos de concretização da promessa presidencial de alicerçar a democracia no Brasil.

Mas, deploravelmente, houve recuos que ora espargem a descrença e o pessimismo na capacidade política de os atuais dirigentes da Nação alcançarem a médio prazo os objetivos a que se propuseram. Com efeito, o largo retrocesso principiou há cerca de um ano com velocidade inexorável em contraste com a lentidão de novas medidas de abertura e desafogo.

A batalha perdida pelo Congresso quando quis restabelecer suas prerrogativas constitucionais básicas começou a mostrar com clareza onde o Governo punha as fronteiras da descompressão. A seguir, com toda a ambigüidade, se fez a reforma do sistema partidário, que deveria pôr termo a um dualismo de posições radicalizadas e criar os pressupostos para o advento de uma Oposição confiável, afiançando, por conseqüência, as bases de uma autêntica restauração democrática, só possível quando se introduz o princípio de alternância ou variação do Poder. Teve a medida um alcance imediato: o desmembramento formal do antigo MDB e a abertura de canais livres ao acesso dos descontentes superficiais a novas agremiações partidárias que surgissem das ruínas do bipartidarismo.

Como a desagregação sé atingiu o grosso da Oposição, deixando quase intactas as hostes governistas, houve quem desconfiasse, àquela altura, de que se tratava de um efetivo casuísmo. Mas a boa-fé nos atos do Poder, em matéria de afrouxamento do autoritarismo, fez com que muitos vissem ali a medida mais importante com que fazer eficaz um novo sistema partidário de índole essencialmente democrática e pluralista, ajustado às exigências da conjuntura brasileira e sem nenhum compromisso com os ódios, as dissensões e os ressentimentos do passado.

Foi nesse quadro feliz de esperanças agora malogradas que emergiu um partido de oposição moderada, cujo florescimento só seria possível se se preservasse a sinceridade daqueles propósitos. Essa agremiação, denominada de Partido Popular, esteve fadada a ser a terceira força que, intervindo no processo político, constituiria a saída, ou seja, a alternativa tão almejada por quantos confiadamente aguardavam o fim de quase duas décadas de enfermidade das instituições. A esse partido se filiaram personalidades expressivas do movimento de 1964, inclusive o seu chefe civil, Magalhães Pinto, a par de outros como Paulo Egídio, ex-Governador de São Paulo, Cirne Lima, ex-Ministro da Agricultura, Herbert Levy, Guazelli e Olavo Setúbal. O Partido Popular poderia desempenhar em nosso meio político um papel semelhante ao dos democratas liberais na Alemanha. Coligados de último com os sociais democratas, para onde eles pendem, fazem o governo. Nada obsta a que amanhã estejam dando seu apoio aos democratas cristãos, desde muito fora do Poder.

A vocação do nosso Partido Popular teria sido também no sentido do cumprimento de missão idêntica, neutralizando o dualismo passional que separa o Governo e Oposições em suas respectivas concepções de poder. É de lastimar, porém, que a grande força moderadora em formação haja sido atropelada e destruída pelo funesto casuísmo do "pacote" de novembro. Teria sido ela a chave para resolver o problema de alternância de governo no interior do regime, que só assim se fortaleceria, em seu espírito democrático.

Não se concebe uma democracia sujeita à rigidez dos parâmetros atuais, em que claramente se vislumbra o esquema perpetuador de um sistema de ação e governo em permanente crise de legitimidade. Sobre as aspirações de legenda do Partido Popular, melancolicamente a caminho de uma absorção pelo PMDB, se adensam, pois, as nuvens de um profundo desengano: a redemocratização já periclitante.

3.26 *A doença do nacionalismo*

O socialismo marxista e o capitalismo, por distintas vias, têm procurado debilitar dois conceitos-chaves do Estado Moderno: o de nacionalidade e o de soberania. Intimamente vinculados, exprimem eles o coroamento de uma evolução e de uma convergência, unicamente explicáveis à luz dos fatos e das lições ministradas pela História.

A teoria socialista, em seu rigor primitivo, fazia a revolução apagar as fronteiras com o levante universal do proletariado e a remoção das barreiras nacionalistas. Essas barreiras estorvavam o advento de uma Sociedade em bases internacionais. O socialismo seria, assim, para a idade futura, que já se vislumbrava com a decadência do Estado Moderno, aquilo que o cristianismo, depois da queda da *civitas* romana e da *pólis* grega, fora para a Idade Média: o sonho de um Poder universal, a tese de uma unidade política absoluta, a regência de um só princípio, o concurso de uma só força, a obra de um só pensamento.

A monarquia global de uma idéia constituíra ontem o apelo de uma religião, hoje de uma sociedade. Mas cristãos e marxistas, seduzidos dos ditames puros do preceito, não puseram os pés no passado, nas vertentes da História, nas lições do tempo, na contradição do elemento humano. O resultado para os teólogos foi o fracasso da Idade Média como bandeira de um império cristão universal e para os ideólogos comprometidos com Marx o malogro do internacionalismo, substituído por um pluralismo coexistencial de sistemas socialistas diferentes.

Cristãos e marxistas tropeçam, pois, na ignorância e no menosprezo do fator Nação ou nacionalidade, tão importante e decisivo para a determinação dos rumos históricos da Sociedade humana.

O segundo erro contemporâneo, em relação ao princípio nacional, veio a perpetrá-lo o capitalismo, quando intentou extinguir a atração e a força do nacionalismo, valendo-se das novas exigências de uma economia, cujas bases empresariais transcendem as Nações e fomentam os laços de uma organização sem vínculos com o Estado e a soberania. É o caso das multinacionais, a quintessência do capitalismo internacionalista, cada vez mais frio e adverso aos interesses e aos sentimentos que governam os escrúpulos de um povo ou a vocação de uma nacionalidade.

A verdade histórica é que a economia, a religião e a ideologia podem reforçar a idéia nacional, conduzindo-a até limites extremos, nunca porém suprimi-la, como já se buscou. O caso da Argentina no conflito das Malvinas demonstra a potencialidade imensa do nacionalismo, a força com que ele aglutina correntes políticas e sociais até há pouco separadas por abismos de ódios, ressentimentos e opressões. Em 24 horas a Nação argentina se pôs de pé, deslembrada das divisões internas, para fazer face a uma crise existencial.

É de lastimar, porém, a maneira equívoca como tudo isso ocorreu. Do fórum das Nações Unidas saiu a República-irmã condenada por agressora. A resolução do Conselho de Segurança repercutiu logo na Europa. Os países da Comunidade Européia cortaram o comércio de armas com aquela República e lhe impuseram graves sanções econômicas.

O argentino não teve a paciência da negociação, da execução dos meios diplomáticos, dos recursos pacíficos extremos, que vão até a arbitragem, contanto que se preserve um valor mais alto – a saber, a paz. Sua causa era simpática: o arquipélago se acha bem próximo da faixa marítima do Continente Americano e sobre os rochedos das ilhas, durante os primeiros anos da Independência, tremulou a bandeira argentina. Dali foram os platinos expulsos por uma esquadra imperialista que dilatou ao Atlântico Sul as armas da dominação inglesa. Resta saber, todavia, se os 150 anos dessa presença fizeram inglesas aquelas ilhas ou legitimaram o título de sua ocupação. Há em Haia uma Corte Internacional para onde poderia ter sido levada a questão. Mas a um aresto firmado no direito das gentes preferiu o nacionalismo argentino a solução que sempre faz antipática a causa do agressor: a solução da violência. Demais, havia dificuldades internas gravíssimas naquele País, configurando um virtual estado de guerra civil, que a espora da repressão mal dissimulava.

Subestimou-se, porém, o povo inglês. A Inglaterra não é o leão desdentado e decrépito que se abate sem honras diplomáticas, nem a ruína de um imperialismo vencido e odiado. Nenhuma Nação cultiva tanto as tradições quanto a Nação inglesa. Napoleão e Hitler eram mais poderosos que Galtieri e tiveram um destino que não lhes honra a memória militar. Urge, pois, cautela.

Nenhum povo deve arrastar-se pela cegueira nacionalista. Se o *idem sentire* nacional perpetua a existência de uma coletividade, valendo-se dos veículos do sangue, da religião, do sentimento, aquecido a temperaturas altíssimas, bem se pode transformar num instrumento de extermínio e tragédia. A tanto ficariam expostas aquelas coletividades guiadas por uma política infensa aos deveres da convivência internacional. Foi assim que o nacionalismo de Hitler fez sucumbir a unidade alemã. É assim que o nacionalismo não deverá nunca ser seguido, quando se converte em flagelo da paz e do gênero humano.

3.27 Contra o nacionalismo xenófobo

O pendor para a legislação autoritária volta a manifestar-se exatamente quando o Poder se propõe a consolidar no seio da opinião a credibilidade relativa à abertura política e democrática, sem a qual as estruturas sociais brasileiras estarão irremediavelmente comprometidas.

Essa desconsoladora reflexão resulta do perfunctório exame de um projeto de lei que o Governo enviou ao Congresso Nacional definindo um novo estatuto para o estrangeiro tocante a aspectos de ingresso e permanência no País. Quebra a proposição oficial uma larga tradição, peculiar em larga parte aos países habitualmente receptores de grandes fluxos migratórios externos, sem os quais não teriam eles, no passado, resolvido problemas de povoamento e formação étnica nacional. Essa tradição de fundo liberal tende, assim, a ser substituída no Estado intervencionista contemporâneo por leis cada vez mais rígidas e duras, que traduzem a xenofobia do Poder, a pior de todas, quando toma, como no caso vertente, a feição vesga do nacionalismo repressivo.

Há vários pontos da iniciativa que merecem reparos. Todos, porém, têm uma convergência restritiva manifesta. Um deles, altamente antipático, conduz a localização preestabelecida do estrangeiro no território nacional, sendo, segundo alguns críticos do projeto, equivalente a uma espécie de confinamento branco, sem precedentes em nossa história.

Mas não menos censurável é aquele relativo à entrada de cientistas ou intelectuais estrangeiros que vêm ao País proferir conferências ou encetar pesquisas científicas. Doravante, aprovada a nova lei, terão eles seu ingresso pendente do assentimento prévio do Governo, cujos interesses dirão da conveniência, ou não, de admiti-los. Caso não se suprima esse dispositivo, teremos desferido um dos mais rudes golpes contra o já precário intercâmbio cultural com outros países, intercâmbio de que ontem, a despeito das limitações materiais existentes, tanto se beneficiaram os meios científicos do País. Ao invés de contribuirmos a paralisar uma circulação de pessoas e idéias, cujo influxo será sempre positivo para a Nação, deveríamos primeiro adotar medidas legais de maior apoio às universidades e institutos acadêmicos, no sentido de incrementar promoções de cooperação cultural, tão benfazejas à pesquisa e ao adiantamento científico.

Em verdade, se a questão fosse unicamente a de resguardar interesses nacionais básicos, é óbvio que o campo onde se faria mister exercitar com mais profundidade a iniciativa de leis protetoras e acauteladoras seria, sem dúvida, outro, ou seja, aquele relativo â disciplina e regulamentação de atividades econômicas multinacionais por parte de poderosas empresas estrangeiras. Aí, sim, permanecemos ainda carentes de regras normativas destinadas a opor o legítimo interesse nacional à ação de grupos internacionais cujo comportamento não raro é de molde a agravar eventualmente a crise econômica ou atentar de maneira subreptícia contra interesses da soberania nacional.

A Nação precisa, pois, é dessa forma de nacionalismo. Trata-se, aliás, de nacionalismo tão antigo que dele já se fizera órgão no passado um de nossos melhores estadistas, o velho e bravo Epitácio Pessoa. Das escadarias do Centro Acadêmico 11 de Agosto, sob as arcadas da Faculdade de Direito de São Paulo, no Largo de São Francisco, fez ele ecoar de improviso a sua palavra patriótica, esculpida em bronze pela memória histórica de gerações agradecidas. Disse Epitácio: "Ser nacionalista não é hostilizar o estrangeiro que nos traz a nós, país imenso e despovoado, o concurso honesto da sua inteligência e do seu trabalho; que vem ajudar-nos a descobrir, explorar e mover os tesouros inesgotáveis do nosso solo abençoado, ou que aqui chega, cheio de confiança em si mesmo, e faz de nossa gente a sua família e de nossa Pátria a sua própria Pátria. Ser nacionalista é amar o Brasil acima de tudo; é fazê-lo o nume inspirador das nossas palavras e ações; é ter orgulho de ser brasileiro; é trabalhar até o sacrifício pelo progresso moral e material da nossa Terra; é defender as imunidades do nosso domínio e não tolerar que, em nossa Casa, sejamos relegados à simples condição de hóspedes; é não consentir que se dilua o nosso amor pelo País, sob a influência perniciosa de um cosmopolitismo desfibrado e dissolvente; é, em suma, não ter outra preocupação que não seja a de fazer o nosso Brasil cada vez mais rico, poderoso e feliz, com o estrangeiro, sem o estrangeiro ou contra o estrangeiro".

Se os autores do projeto houvessem lido a oração de Epitácio, decerto não se teriam inclinado a legislar de maneira tão rude contra o estrangeiro, numa demonstração de xenofobia suspeita, que recomenda muito mal o nacionalismo reinante em algumas esferas do Poder.

3.28 *A Sociedade, o Estado e a Igreja*

Vivemos já dois séculos assinalados no Ocidente por um intenso conflito entre a Sociedade e o Estado. Os termos desse binômio estão longe de conciliar-se. A separação dos dois conceitos determinou uma crise do pensamento e das instituições, que continua marcando profundamente a idade contemporânea.

A queda do Estado Liberal, se foi um triunfo da instituição "Estado", representou, em contrapartida, um severo golpe para a ascendência política da Sociedade, que estava, contudo, mal-concebida e mal-estruturada como Sociedade individualista, um gênero já decadente. Com as ideologias, o Estado se apoderou da Sociedade e armou no século XX sua máquina de compulsão, legitimando o Poder sobre as liberdades em nome da própria causa social. Poder vasto e incontrastável, vinha ele para libertar a Sociedade do personalismo egoísta e do interesse privilegiado, mas acabou por assentar a desumana ditadura de uma idéia, de um valor ou de um mito, sobreposta a tudo quanto faz a vida ser sentida e vivida com liberdade, consciência e autonomia.

O Estado escravizou a Sociedade, e onde a forma de compromisso e conciliação, que é o Estado Social, não vingou, há sempre uma Sociedade de senhores e escravos, de opressores e oprimidos, de reis e súditos.

A batalha da Sociedade contra a dominação estatal se fere tanto no Ocidente capitalista como no Oriente comunista, pois os dois campos produziram e organizaram a violência do Poder debaixo de uma legitimidade ideológica que está sendo contestada, porquanto dissimula a injustiça, a desigualdade e o despotismo das instituições, humilhando as aspirações democráticas e sacrificando o princípio da liberdade humana.

É unicamente a partir dessa premissa que se há de compreender o papel social e político de uma Igreja às vezes perseguida e apupada nos dois hemisférios da ideologia. Aqui, acoimada de socializante; ali, de contra-revolucionária; mal-vista dos dois lados, exposta a suspeitas e desconfianças, agredida nas suas intenções, desautorada no seu programa evangélico.

Debaixo de uma única chefia, dirigida por uma mesma cabeça, a Igreja dá, no entanto, a impressão de estar dividida, de ser uma na América Latina ou no Terceiro Mundo e outra, completamente distinta, na Polônia e nos países do Leste Comunista.

Decorre essa aparente contradição de referirmos a posição do grêmio católico a um determinado sistema, quando o que urge é buscar o ponto universal de sua atitude acima de valores ocasionais e contingentes atados à política secular dos governantes. Nessa esfera superior, que excede o entendimento das análises superficiais, reina congruência de ação e propósitos.

Cumpre, antes de mais nada, ter presente o hiato Sociedade/Estado, que nos remete para a órbita da primeira em busca da liberdade que o segundo denega. A Igreja exprime para o homem do século XX um anteparo eficaz contra o açoite da servidão totalitária, ao mesmo passo que oferece asilo e argumento ao homem na luta social contra a crueldade capitalista. E como ela, ao contrário do Estado, se reidentifica mais facilmente com a Sociedade na crise que separa os dois Poderes, as esperanças de uma redenção moral estão todas de seu lado, convergem messianicamente para a grande força que a perseguição de outros Leviatãs do passado não pôde abater. Uma força tão poderosa que logrou minar, há cerca de 2 mil anos, a solidez dos alicerces do Império Romano. Em face do grande confronto, a Igreja parece exprimir, pois, a Sociedade, sendo seu instrumento institucional mais valioso, a arma do espírito oposta à razão de Estado.

Quando o Estado se divorcia da Sociedade e a subjuga, conforme está acontecendo na Polônia e em grande parte do Terceiro Mundo, já não bastam unicamente os elementos de opinião, o sindicato, a universidade, a imprensa e demais órgãos representativos do poder social para conter as correntes repressivas que descem das alturas oficiais e desfazem o equilíbrio entre a liberdade e a segurança, entre o Direito e a autoridade. Faz-se mister o concurso de uma instituição que ampare os fracos e os desventurados contra o arbítrio e a violência dos governantes.

Uma instituição dotada de respeito e credibilidade, na ocasião em que todas as estruturas se desintegram, só a Igreja pode encarná-la, só ela tem prestígio bastante para alentar a confiança e trazer a certeza de que o povo não está sozinho na luta contra as formas de Estado injusto. E não está sozinho porque nesse ensejo a Igreja é a Sociedade, assim como o Povo é a Nação. Ambos unidos dispõem, a nosso ver, de suficiente força para retomar o Estado e reconduzi-lo à legitimidade de seus fins. Só assim tem sentido a separação entre a Igreja e o Estado, entre a Política e a Religião, entre o Poder espiritual e o Poder temporal, pois não há Igreja livre numa Sociedade de escravos.

3.29 A Fundação Getúlio Vargas e a Ciência Política

Com a morte de Themístocles Brandão Cavalcanti a Fundação Getúlio Vargas perdeu um de seus vultos mais eminentes. É como se viesse abaixo uma das colunas de base daquela instituição. A Fundação durante várias décadas cumpriu neste País uma tarefa precursora de renovação e reformismo, em largas esferas da cultura brasileira, animando projetos e iniciativas que se apartavam do modelo de bacharelismo e literatice de determinada parcela da classe intelectual, cada vez menos sensível à necessidade de estudar os problemas nacionais em bases rigorosamente científicas.

No campo da Economia e da Administração aquela entidade fez, durante muito tempo, uma obra superior a tudo quanto era possível encontrar ou empreender no meio universitário incipiente, pois as nossas universidades, ainda raras, de existência mais nominal que efetiva, ou não dispunham de recursos ou não se abalançavam a quebrar aquela rotina a que se aferravam também as escolas e faculdades, onde, monotonamente, se repetiam programas arredados por inteiro das exigências mais imperativas e reais de uma Sociedade, cuja tomada de consciência do subdesenvolvimento só então principiava, buscando, assim, por outros meios, e mediante instrumentos mais modernos e eficazes, onde se refletissem a época e as transformações impostas, o caminho que a velha e arcaica estrutura embargava.

A célebre EBAP (Escola Brasileira de Administração Pública) foi desses marcos na arrancada tecnológica de racionalização de currículos, primeiro em favor da Administração Pública, depois da administração de empresas. A Fundação abriu suas portas à pesquisa, incentivando, ao mesmo passo, a formação de economistas, administradores e cientistas. O clima que lá se respirava era de modernidade e atualização. Estabeleceu intercâmbio com instituições estrangeiras, fundou uma editora e, em breve, lançou uma série de revistas especializadas, de alto nível, com colaboração científica, que logo granjeou o respeito internacional e a admiração e confiança dos círculos científicos de maior idoneidade no Exterior.

A *Conjuntura Econômica* é uma dessas publicações. A *Revista de Ciência Política*, outra. Desta última quero justamente fazer menção especial, porquanto a conheço de perto e nela colaborei, desde a década de 50, com artigos que lhe enviava da Província. Viajando às vezes ao Rio de Janeiro, estive sempre em contato com Themístocles Brandão Cavalcanti, seu Diretor e Diretor também do Instituto de Ciência Política daquele órgão. Fundamos a Associação Brasileira de Ciência Política, de que Themístocles era Presidente e eu Vice-Presidente, juntamente com Orlando M. Carvalho, ex-Reitor da Universidade Federal de Minas Gerais.

Houve duas personalidades distintas na figura humana e intelectual que foi Themístocles Brandão Cavalcanti.

Uma, a do jurista, do Mestre de direito administrativo, do autor de uma das mais copiosas bibliografias sobre temas de direito público na esfera administrativa, onde ele também pontificou como precursor. Cumpriu, por igual, larga carreira pública, que o conduziu a importantes cargos, inclusive ao exercício das funções de Procurador-Geral da

República e, finalmente, ao cume da profissão de jurista: Ministro do Supremo Tribunal Federal.

A outra, que ele à primeira vista exercia como amador, era, porém, a que mais se enraizava na sua vocação, na sua estima intelectual, no ardor de sua paixão pelos estudos sociais: a de cientista político. Em 1969, numa Mesa-Redonda Internacional de Ciência Política, de que participamos, ouvimos, durante homenagem prestada a Themístocles Brandão Cavalcanti, o professor Cândido Mendes saudar o velho patriarca da Fundação Getúlio Vargas como "a figura totêmica da Ciência Política brasileira".

Themístocles realmente gostava mais de aparecer como cientista político que propriamente como jurista. No entanto, é nas letras jurídicas, no campo do direito administrativo, que seus trabalhos lograram mais repercussão. Ainda assim, ele está para a Ciência Política como Laudelino Freyre esteve para os estudos da língua portuguesa no Brasil: ambos fundadores, em suas respectivas áreas, de duas publicações da mais elevada categoria, sendo que a de Laudelino precocemente desapareceu e a de Themístocles sobrevive. Por quanto tempo ainda, não sabemos. Mas, como a pessoa mais próxima de Themístocles na Fundação, na *Revista* e no Instituto era o nosso querido amigo Djacir Menezes, que, sem precisar de academias, já se imortalizou por sua obra de pensador e cientista social, é de presumir que o lugar do velho cacique não fique vazio, mas tenha sucessor inteiramente à altura do Mestre, ora desaparecido e pranteado por quantos o conheceram e admiraram. Esse sucessor, a nosso ver, não poderá ser outro senão Djacir Menezes.

3.30 Uma batalha perdida

Nos últimos dois anos, por decorrência em grande parte do chamado processo de abertura política, agora em manifesta decadência, esboçou-se no seio do Congresso Nacional uma reação parlamentar encabeçada pelo deputado Flávio Marcílio, Presidente da Câmara dos Deputados, contra a perda de algumas prerrogativas básicas daquela instituição, transferidas, como se sabe, pelo texto autoritário da Constituição, para a esfera de atribuições do presidente da República, acarretando, assim, um extraordinário reforço político da autoridade executiva.

A batalha para restaurar prerrogativas principiou a ferir-se com toda a intensidade já no ano de 1979, quando o Presidente da Câmara dos Deputados designou comissão com a tarefa de elaborar emenda à

Constituição para reforma do Poder Legislativo. No dia 18 de setembro daquele ano o Presidente do Senado, Luiz Viana Filho, encaminhava ao Presidente da Câmara ofício ao qual anexava sugestões de emendas à Constituição.

O deputado Djalma Marinho, Presidente da Comissão, por sua vez, remetia, no dia 30 do sobredito mês, ao deputado Flávio Marcílio a proposta de emenda à Constituição, aprovada unanimemente por aquela comissão, que teve como Relator o deputado Célio Borja.

A justificação da emenda deixava claro que seu objetivo reformista se concentrava ao redor da modificação e supressão de alguns dispositivos do capítulo da Constituição que se ocupa do Poder Legislativo (Capítulo VI, Título I), não significando, em absoluto, renúncia à tese de uma renovação constitucional completa e profunda, ou seja, "ao dever de dar à Nação uma Lei Fundamental à altura de sua dignidade, de sua cultura jurídica, dos foros de civilização de que ela tanto se orgulha".

As modificações e supressões propostas giraram ao redor dos seguintes pontos: autoconvocação do Congresso, sessões conjuntas das duas Casas, autonomia administrativa das Casas do Congresso Nacional, inviolabilidade, declaração de perda ou suspensão do mandato pela Mesa, exercício de outros cargos públicos por parlamentares, elaboração de projetos de lei concernentes aos serviços da Câmara dos Deputados e do Senado Federal, suplência do Senado, tramitação das leis complementares, apreciação dos projetos sujeitos a prazo solicitado pelo Poder Executivo ou pela Constituição, aprovação de emendas do Senado por decurso de prazo, decreto-lei, veto e aprovação do veto por decurso de prazo.

A emenda caiu em 1980, após uma renhida batalha parlamentar em que se uniram na frente restauradora deputados de todas as correntes partidárias. Apesar de ter a chancela política do Presidente da Câmara, autor da iniciativa, o projeto foi rejeitado pela maioria governista das duas Casas do Congresso. A Oposição deu maciço apoio à emenda.

Enquanto a Constituição for esta que aí está, ou não houver Constituição, prosseguirá, contudo, a guerra surda entre os dois Poderes, o Executivo e o Legislativo. O primeiro, quando se hipertrofia, exprime a ditadura, o autoritarismo, a privação das liberdades e dos direitos. O segundo, quando diminuído em suas prerrogativas e funções, representa a decadência do poder civil, o desprestígio da Sociedade, o silêncio da Nação soberana, a queda da democracia e da participação. Deploravelmente, a esta altura dos acontecimentos políticos, a balança está toda inclinada para o lado do Poder e da perpetuidade de seu esquema institucional. Mas o País não renunciou à democracia: a batalha que ontem se perdeu voltará a ferir-se amanhã, em novas frentes de opinião, pois um Congresso livre, uma Oposição respeitada e um Governo que se alterna no poder são os três esteios básicos de uma ordem representativa e democrática, impossível de empacotar-se no casuísmo biônico das soluções de ocasião.

3.31 A maré de contradições

Muitas surpresas poderão advir do censo que o IBGE está promovendo em todo o País no corrente ano. Uma dessas surpresas seria relativa ao decréscimo, durante os últimos 10 anos, da taxa de crescimento populacional, que estaria na ordem de 2% ao ano, e não de cerca de 3%, como se supunha. Caso esses resultados se confirmem, a "inflação demográfica" do País terá entrado em declínio, posto que não se possa dizer o mesmo com respeito à explosão do favelamento urbano nas megalópoles. Por volta do ano 2000, um terço da população do Rio de Janeiro estará pendurado pelos morros ou afundado na lama dos mangues; a saber, haverá ali 5 milhões de favelados, com todos os problemas dessa condição social.

A ex-Capital do Brasil, que ora atravessa uma fase de empobrecimento, tende a fazer-se ingovernável, a exemplo de Nova York e outras megalópoles, em virtude da carência da massa de recursos indispensáveis à solução de colossais problemas de infra-estrutura e desenvolvimento.

A queda da taxa de incremento demográfico bruto será, todavia, um dado auspicioso para o País, porquanto, no cômputo geral, confrontadas as duas taxas – a do crescimento da população e a do desenvolvimento –, haverá saldo favorável à Nação pela diferença em favor desta última, que não ficará absorvida ou anulada por uma expansão sem freio do elemento humano.

Mas, enquanto pende do recenseamento a revelação de alguns dados importantíssimos, como aqueles relativos à distribuição populacional nos espaços regionais atingidos por graves fluxos migratórios, não são tranqüilizadoras as perspectivas abertas em outros campos da vida nacional.

Haja vista, por exemplo, a questão do mar territorial, onde, com as duzentas milhas, parecíamos haver encerrado em definitivo as oscilações ocorridas no estabelecimento dos limites. Em menos de 5 anos

– entre 1965 e 1970 – tais limites variaram de 3 para 6, depois para 12, até fixar-se na sobredita faixa, aquela realmente aconselhada pelos altos e patrióticos interesses da comunidade nacional.

Quando tudo se desnacionalizava na economia do País, aberta à penetração e à concorrência selvagem do capital estrangeiro, quando a Nação parecia se transformar numa praça de negócios onde as multinacionais, à míngua de um estatuto jurídico da sua respectiva conduta, davam a impressão de haver encontrado o paraíso que buscavam, o Governo corajosamente aderia à doutrina latino-americana das águas territoriais de duzentas milhas. As grandes potências se irritavam com essa ousadia, mas a verdade é que nas conferências do mar, celebradas com bastante freqüência durante as últimas décadas, ninguém chegava a um acordo sobre os limites razoáveis e definitivos da orla marítima sob jurisdição soberana do Estado ribeirinho.

Adotamos sempre as teses nacionalistas em obras que publicamos: um nacionalismo sem xenofobia, aquele professado por Epitácio e Bernardes, estremado da teatralidade de Floriano quando consolidava a República ou da sentimentalidade fascistóide dos brasileiros da Extrema Direita; em suma, um nacionalismo cuja versão contemporânea está no patriotismo de Vargas fundando a siderúrgica estatal e pioneira em Volta Redonda, ou na fibra de Juscelino edificando Brasília na solidão do Planalto contra o pessimismo, a descrença e o comodismo de várias gerações.

Escrevemos em *A Crise Política Brasileira* que o princípio da soberania é a arma mais valiosa das Nações subdesenvolvidas ou em fase de desenvolvimento para fazer rosto às ameaças e pressões externas, que já não partem unicamente das chancelarias das superpotências, mas se geram por igual nos comandos decisórios e invisíveis de grandes empresas multinacionais, cujos interesses raramente coincidem com os do País anfitrião.

Aderir àquela doutrina habilmente disseminada nos compêndios de Direito Internacional, na colaboração de revistas especializadas ou nos artigos da imprensa periódica, doutrina de que a soberania morreu ou constitui um anacronismo obstaculizante e insuportável, significa depor as armas do Direito e capitular.

Com isso abriríamos mão do sagrado princípio da paridade jurídica dos Estados, que no desigual concerto de Nações fracas e fortes estaria reduzido a um anseio sem expressão e sem futuro, fazendo de todo ridícula a memória de Rui Barbosa e seus triunfos em Haia ao começo do século.

Há, enfim, enigmas que não sabemos decifrar, postos pela esfinge do Poder. De um lado, o Governo faz promulgar o Estatuto do Estrangeiro com a mão-de-ferro de uma legislação xenófoba; doutra parte se inclina a rever o limite das duzentas milhas, provocando justa estranheza. Onde está, portanto, a coerência que une estas duas medidas, caso alcancem definitiva concretização? Contra a maré de contradições, navegar não é possível.

3.32 Até quando sobreviveremos?

Deve haver no Brasil uma riqueza invisível, fiadora da dívida externa nacional, que já ultrapassa a casa dos 70 bilhões de Dólares e nem por isso deixa os banqueiros internacionais naquele estado de pânico que os acomete quando cingem o pescoço do devedor com a corda do FMI. Em todos os países de economia enferma ou arruinada os agentes do Fundo Monetário Internacional sempre procedem como tropa de ocupação, regendo as finanças do país cativo debaixo de um intervencionismo monetarista rígido e duramente tecnocrático.

Os *ukases* da recessão que eles aplicam ao pé da letra fazem voar para outras conjunturas improváveis os sonhos e as veleidades do desenvolvimento, a saber, as esperanças nacionais de uma maioridade industrial bem-sucedida no mundo do capitalismo decadente, onde já não há espaço, na luta dos mercados, para alojar outras economias competidoras, como a do Brasil.

A automação, o desemprego, a queda dos níveis de consumo e produção e, sobretudo, os novos avanços tecnológicos determinaram essa perigosíssima contradição que configura a "crise de desenvolvimento" dos desenvolvidos. Com efeito, todo o arcabouço social e econômico-financeiro da sociedade capitalista estala como se tornássemos a viver o quadro final dos anos 20. Mas com uma significativa diferença: sem os remédios da imaginação daquela época, sem a receita messiânica do socialismo e, sobretudo, sem a audácia conservadora do gênio de Keynes, ou seja, o milagre anti-recessivo do pleno emprego, evitando, naquela época, com feliz êxito, a última cena da catástrofe irreparável.

Hoje a crise açoita grandes e pequenos com extrema inclemência, mas já não se vêem os esquemas brilhantes nem as ilusões ideológicas que dantes incendiavam as cabeças das vítimas, produzindo expectativas de soluções fáceis ou de saídas rápidas, como aconteceu na primeira convulsão econômico-financeira deste século.

Atualmente, o realismo frio e impassível da ciência e da técnica, conjugado com a liberdade na consideração do homem e de seus fins, se converteu em fator único de bom senso universal que ainda resta para debelar sem histeria as crises conjunturais do capitalismo. Mas todos sabemos de antemão, sem ilusões, quantos sacrifícios ainda nos aguardam.

Há 50 anos, ao eclodir uma crise, os banqueiros corriam em pânico para as Bolsas; hoje correm para a mesa-redonda de instituições como o Fundo Monetário Internacional, a casa-forte do capitalismo, espécie de Pentágono das finanças capitalistas. A Canossa do século XX é o FMI, o lugar das peregrinações dos países financeiramente mal-administrados e mal-sucedidos. As Nações dobram ali os seus joelhos, retratam-se de erros, confessam culpas, abjuram as heresias e prometem, dóceis e agradecidas, plena sujeição às medidas do FMI. Na hora de renegociar a dívida ou receber o empréstimo, o pragmatismo de ocasião ignora os melindres da soberania nacional, e países como o México, a Argentina, o Chile e até Cuba se submetem aos rigores da ditadura financeira imposta por aquele organismo internacional.

É de admirar, no meio desse quadro, o fôlego de sobrevivência do Brasil, que todos profetizavam no fundo do abismo e da insolvência, mas que continua atravessando a correnteza, furando o bloqueio, navegando na tempestade com o Parlamento de portas abertas, enquanto promove o festival democrático das urnas e leva milhões ao sufrágio de novembro.

3.33 O estado de sítio e a ditadura

Lemos há pouco, nos jornais, que a Argentina completou oito anos de governo debaixo do estado de sítio, com o povo privado do exercício dos direitos políticos essenciais à caracterização de uma Sociedade democrática e livre. O estado de sítio, decretado ainda no governo de Isabelita, tem sido ali indefinidamente prorrogado pelos generais que sucederam no poder à esposa de Perón, os quais já não sabem nem podem governar sem esse instrumento de exceção.

Ocorre, porém, que não é a figura jurídica e constitucional do estado de sítio que tem vigência naquela Sociedade conflagrada, mas a ditadura nua e crua, só agora em declínio após o desastre das Malvinas. O estado de sítio é remédio excepcional de que fazem uso os regimes constitucionais e representativos toda vez que a iminência de uma ruptura da ordem estabelecida compromete a segurança e o exercício da autoridade. Está dentro de contornos legais e não se confunde com as ditaduras, que, do ponto de vista da democracia, representam situações de fato configurativas de uma forma autoritária de poder.

O estado de sítio se caracteriza também pela transitoriedade e por limitações constitucionais a que fica sujeito. Não é o arbítrio conduzido às últimas conseqüências, como sói acontecer nos regimes ditatoriais, mas remédio extremo para erradicar a crise política, a fim de que esta não conduza à desagregação institucional, fazendo perecer as bases do sistema representativo. Apesar de ser exatamente o recurso final a utilizar-se quando já não é possível preservar pelos meios ordinários a normalidade governativa, diante de comoção intestina grave ou de agressão estrangeira, o estado de sítio tem sido tratado com desconfiança e reservas. Aplicado, suspende as garantias constitucionais da liberdade e acarreta um reforço considerável do Executivo, com reflexos debilitadores sobre a ordem jurídica. Ao redor dele sempre prosperam os conceitos de segurança, razão de Estado, princípio de autoridade e outras formas que fazem adivinhar a antevéspera da ditadura ou do golpe de Estado.

Os constitucionalistas nunca disfarçaram sua antipatia por esse instituto. Muitos reputam-no um mal necessário, pois é a ele só que o Governo há de recorrer quando não tem outros meios de debelar insurreições ou prevenir o perigo iminente de guerra civil. Seu emprego sempre se verificou debaixo da suspeita dos graves danos que pode acarretar ao sistema constitucional.

A crônica do estado de sítio não é das mais felizes na história das Constituições brasileiras. Durante a vigência da primeira Carta federativa de 1891 funcionou como válvula que de certo modo veio retardar a explosão revolucionária ocorrida em 1930 e já desenhada no estado de rebelião latente durante os governos de Epitácio e Bernardes. Mas foi com este último que a violência estalou nas cidades e se fez a repressão ao ideal dos movimentos de 5 de julho. Esse ideal evoca uma página da solidariedade do militar brasileiro com as aspirações populares que marcaram a Nação ao buscar a mudança e a reforma dos costumes públicos.

Arthur Bernardes entrou para a História como a personalidade cujo perfil presidencial mais controvérsia provocou nos anos anteriores à Revolução de 1930. Foi uma espécie de símbolo místico das oligarquias agrárias empenhadas em perpetuar com o chicote e a pata de cavalo o poder dos coronéis, unidos ao redor da chamada política do "café com leite", a saber, a nata conservadora que fazia o País girar em torno dos opulentos interesses da grande propriedade rural, sustentáculo do eixo Minas/São Paulo, onde se lavravam os pactos sucessórios, chancelados depois com a eleição a bico de pena.

Bernardes não saltou o Rubicão da democracia representativa, mas usou e até certo ponto abusou, pela crise de autoridade, dos instrumentos repressivos de governo, retirados dos poderes que lhe eram facultados com a decretação constitucional do estado de sítio. Governou com a cavalaria nas ruas, a imprensa censurada, os comícios reprimidos, a Nação dilacerada e varrida de pessimismo e descrença, até que a geração de 1930 acordou, após a reforma serôdia da Constituição republicana.

O estado de sítio fizera do Brasil a "terra bárbara" do livro de Assis Chateaubriand, que traçou em pinceladas fortíssimas o perfil autoritário do Presidente mineiro. Mas este homem, constituinte de 1946, mereceu depois o respeito e a gratidão do País ao assumir posições nacionalistas, com um patriotismo que pressentia já a dureza das pressões estrangeiras contra os grandes interesses nacionais. O Bernardes da profissão-de-fé nacionalista é para alguns escritores políticos diferente daquele Bernardes cuja imagem levantamos com as impressões comunicadas pela crítica da época. Afeiçoado ao princípio da autoridade, ele é enaltecido por não sair da Constituição, nem manchar seu governo com o golpe de Estado, nem atraiçoar as instituições, como poderia ter feito facilmente, transitando da legalidade para a ditadura. Qual dos dois retratos, porém, há de prevalecer? Eu diria: ambos.

3.34 Depois de novembro

Há oito anos, em 1974, as eleições institucionalizaram a Oposição, determinando com os seus resultados o fim do modelo brasileiro de partido único, que desviava o País para os rumos de uma mexicanização de direita.

Foi aquela realmente a abertura do povo, a que veio de baixo para cima, por via das urnas, como um veto ao autoritarismo e uma revogação antecipada do AI-5 e das formas repressivas de exercitar o poder. Com as eleições daquele ano o povo decretou tacitamente sua opção pela democracia, por um Estado de Direito e pelo retorno a uma ordem representativa legítima, fundada na autoridade das duas Casas do Congresso.

Cabe, agora, perguntar: Que conseqüências poderão advir do pleito de 15 de novembro vindouro? Haverá efetivamente um avanço, ou um retrocesso? Terão os casuísmos instrumentais da lei eleitoral confundido os cidadãos e retardado o processo político de emancipação democrática da Sociedade brasileira?

Afigura-se-nos que as eleições vindouras constituirão um novo plebiscito do povo brasileiro em resposta afirmativa aos anseios, tanto do Governo como das Oposições, de restaurar a normalidade das formas representativas, modificando-se definitivamente o quadro familiar às décadas de 60 e 70, quando o Poder havia levantado um muro entre a Sociedade e o Estado, entre a Nação e os governantes, entre o Palácio do Planalto e as duas Casas do Congresso. O isolamento institucional ocasionou tantos sacrifícios e tantas mutilações à participação popular e ao regime, que se pode dizer que há a esta altura, no País, um caos constitucional, embora não haja uma ditadura. Vai, portanto, na ausência do arbítrio, um progresso já considerável, que trouxe a restauração paulatina dos mecanismos essenciais do Poder democrático bem como o retorno da classe política e sua influência sobre a formação dos novos quadros de governo. A campanha eleitoral, que agora chega a uma fase decisiva, só em parte padece os efeitos da chamada Lei Falcão. Uma liberdade de fato precedeu a vigência daquele instrumento restritivo, possibilitando um amplo debate nacional dos candidatos nas redes de televisão do País. É de lamentar, contudo, não possa o confronto prosseguir até as vésperas do pleito. De qualquer forma, a cena viva do debate nas comunicações da imagem consentiu ao eleitor formar um juízo acerca de muitos candidatos e de muitas candidaturas, bem como das mensagens que transmitiram para aliciar e sensibilizar a opção representativa das distintas correntes sociais.

Assim como 1974 abriu o caminho para a concretização da anistia e a revogação do AI-5, produzindo as condições de implantação do projeto de abertura, a manifestação democrática de 1982 bem poderá representar o ato preparatório de uma sucessão civil à presidência da República e de uma Constituinte que consolide a legitimidade desse reencontro do povo com seus governantes.

Ocorre, aliás, no atual processo político brasileiro um velho paradoxo que vem desde os tempos da Monarquia: a mudança institucional se faz sempre pelo braço do Poder conservador, e não das forças de Oposição radical; em outros termos, a Oposição discursa e os conservadores legislam. Os liberais sempre chegam atrasados para as mudanças, que os conservadores costumam antecipar, tomando-lhes a bandeira, com a execução dos programas reformistas. Foi, fora de toda contenda, o que aconteceu com a anistia e certos projetos sociais, não sendo irrelevante, como poderia parecer à primeira vista, a impressionante coincidência de promessas feitas pelas duas organizações políticas ora em competição para lograr o Poder nas eleições de novembro vindouro. Variam os métodos, mas os fins são idênticos: a construção de uma Sociedade mais justa e mais humana, com base no progresso e na riqueza da Nação.

3.35 A teoria da Oposição

No século XVIII, em 1736, *Lord* Bolingbroke desenvolveu na Inglaterra uma teoria da Oposição, colocando Governo e Oposição em pé de igualdade política. Demonstrou ele a necessidade de considerar as forças oposicionistas integrantes do próprio sistema institucional, a saber, titulares de concepções alternativas de direção política igualmente legítimas.

A partir dessa posição e desse avanço qualitativo se fez possível no curso da vida parlamentar inglesa conceber uma Oposição efetivamente leal à Coroa e aos fundamentos do sistema político tradicional, uma Oposição que, alçada ao Poder, jamais utilizaria a ilimitada faculdade soberana do Parlamento (só ilimitada teoricamente, bem entendido) para legislar contra as bases do regime e por esse caminho aluir as instituições.

De modo tão bem-sucedido a Oposição se incorporou ao ordenamento político essencial que, institucionalizada, tomou o designativo de "Oposição de Sua Majestade". Com isso o sistema inglês fazia potencialmente do partido de oposição o partido futuro do governo, ou seja, a alternativa provável e imediata toda vez que uma mudança se fizesse necessária por consenso dos governados, isto é, da Nação sufragante.

O chefe constitucional da Oposição passou, assim, a ser estipendiado pelos cofres públicos na qualidade de chefe da "Oposição de Sua Majestade", ou seja, chefe do governo alternativo ou gabinete paralelo, em recesso, apto a assumir o poder em caso de crise cujo desfecho concretizasse uma opção em seu favor.

Ao grau de consagrar tal peculiaridade não chegaram ainda outros sistemas políticos, onde a Oposição formalmente não logrou efetivar-se em moldes institucionais, embora a consciência política a tenha por instrumento essencial ao funcionamento democrático das instituições.

Percebe-se que houve dois momentos distintos em meio à marcha da Inglaterra para o reconhecimento precursor de uma Oposição legítima, rodeada de todas as garantias proporcionadas pelo costume constitucional, cuja solidez é manifesta na existência da Sociedade inglesa.

O primeiro momento foi aquele em que a Oposição deixou de ser o contraste entre o Parlamento concebido como um só bloco ou unidade, de uma parte, e doutra as prerrogativas da Coroa (com as duas instituições porfiando por uma hegemonia política), para se fixar na minoria que, dentro do próprio Parlamento, se opõe ao programa de governo da maioria parlamentar, cujo apoio faz a sustentação do gabinete. O segundo momento, não menos relevante para a história parlamentar da Inglaterra, é aquele há pouco referido, pertinente à regra que desde 1937 oficializou a Oposição inglesa.

A evolução política no Continente Europeu se apartou, porém, do modelo inglês, jamais consentindo que a Oposição parlamentar lograsse o nível de prestígio e influência alcançado na Inglaterra ou que se estabelecesse um consenso de cavalheiros qual aquele que acabou fazendo da Oposição uma espécie de quadro de reserva, em condições de entrar em campo e assumir, como governo, numa sucessão sem trauma, as responsabilidades inerentes ao Poder.

Na América Latina o funcionamento das Oposições tem uma acidentada crônica de sangue, opressão e desrespeito. Os sistemas políticos ibero-americanos, herdeiros de uma tradição peninsular de violência, incorporaram aos costumes do Poder um sentimento autoritário e às vezes absolutista que só fica à vontade sob a crosta de uma unanimidade aparente.

Todo partido situacionista é vocacionalmente jacobino. Se as ditaduras aqui não fossem tão personalistas que desfizessem até a possibilidade de um partido único, a classe política, com seu habitual despreparo perante as idéias e os princípios, não hesitaria em acomodar todos os interesses conflitantes para fruir o Poder sem oposição, numa linha de perpetuidade.

Que são os casuísmos da lei eleitoral senão um recurso antidemocrático de sufocar as aparentes minorias políticas e legítimas? Sem uma teoria da Oposição, nos termos do modelo inglês, será frágil toda a obra redemocratizadora em curso, porquanto a mudança é parte essencial dos sistemas representativos de feição democrática e só há mudança com formas alternativas de Poder, ou seja, com a possibilidade de a Oposição de hoje se converter no Governo de amanhã, e vice-versa.

3.36 *A força da Oposição*

Do ponto de vista da legitimidade, as instituições do País saíram consideravelmente fortalecidas com os resultados eleitorais de 15 de novembro, que conferem ao Presidente da República, bem como à credibilidade de sua abertura democrática, uma nova dimensão de prestígio tanto nacional como internacional. A democracia deu um largo passo à frente; o maior desde a adoção do projeto de retorno à plenitude do sistema representativo. A alternância de Poder, ao nível das sucessões estaduais, por via de eleição livre e direta, consolida a crença na recomposição democrática do regime.

A vitória oposicionista em 10 Estados da Federação, conforme denotam os resultados finais, há de pesar na indicação do sucessor do Presidente, que já não poderá ser objeto de uma escolha fechada e silenciosa, saída da intimidade de bastidores, onde não se costuma respirar o oxigênio do consenso nem abrir espaço às grandes correntes nacionais de opinião.

A perda de Estado e poderosos como São Paulo, Rio de Janeiro, Minas, Pará e Goiás abala os alicerces do situacionismo, pondo termo ao confortável monopólio das decisões políticas fundamentais que ele até agora exercitara, mas cujo declínio se observará à medida que os quadros oposicionistas cresçam politicamente.

Se meditarmos a fundo acerca dos resultados do último pleito, chegaremos à conclusão inevitável de que o triunfo do PDS foi uma vitória dificílima. Outra igual no futuro será tão arriscada e precária que poderá antecipar a ascensão das Oposições ao Poder em âmbito nacional. O Nordeste é magro consolo, e no Rio Grande do Sul, único dos grandes Estados onde o PDS fez o Governador, a vitória do PDS se acha perseguida por um fantasma: a maioria de 600 mil votos oposicionistas, oriunda da soma dos sufrágios das duas legendas contrárias ao partido governista. Em outros termos: a Oposição derrotada tem ali mais legitimidade que o Governo vitorioso, conforme testifica, assinalando a contradição, o número superior de sufrágios recebidos e de representantes eleitos à Assembléia Estadual.

A resultante principal do confronto cívico-democrático do dia 15 é, porém, como tornamos a destacar, o fato de a Oposição deixar de ter na futura sucessão à presidência da República aquela presença meramente simbólica. Desaparecerá, pois, a figura do anticandidato, do protesto inócuo. Convertendo-se em Poder nos mais importantes Estados do pacto federativo, as correntes oposicionistas assumem, a partir de março de 1983, o controle de posições que lhes asseguram um novo centro de ação e influência sobre os rumos futuros da Administração Pública neste País, diretamente vinculados, na esfera dos Estados autônomos, ao comando governativo das Oposições.

Não haverá, por conseguinte, indiferença política e administrativa do Poder central a esse novo *statu quo*, que estabelece uma distinta correlação de forças, de que são os oposicionistas os principais beneficiários. A sorte da democracia no Brasil, doravante, vai depender da espécie de política e de comportamento que os recém-eleitos governadores exibirem. A fase complexa e delicada, de certo modo agônica, que se estende do conhecimento e da proclamação da vitória à posse a 15 de março, está sendo até agora atravessada com admirável moderação e sensatez, conforme deflui das declarações de alguns eleitos, como Tancredo Neves, Leonel Brizola e Franco Montoro.

Dando prova de maturidade e educação política, deles só se ouvem palavras de respeitoso acatamento a uma convivência civilizada com o Planalto. Parecem dispostos, sob a bandeira do interesse público maior, a governar em harmonia como Poder Federal, na medida também em que este se incline a consagrar a hegemonia do bem comum, fazendo prevalecer, para a subjugação das crises, os grandes interesses nacionais. Tudo indica, porém, que essa Oposição não será fácil nem vassala, ou seja, não se fará à imagem daquela que na antiga Guanabara ou mais recentemente no Estado do Rio mal consentia distingui-la das hostes oficiais, patrocinando um adesismo, responsável talvez pelo desastre do PMDB nas eleições cariocas e fluminenses. Não poderá, por outra parte, caindo no extremo oposto, fazer do comando dos Estados um instrumento demagógico de resistência e combate à política do Governo Federal. O Presidente, que empenhou todo o prestigio do cargo e da função para concretizar a restauração democrática, será, sem dúvida, o último a se arredar da linha conciliatória para ingressar nas aventuras do radicalismo.

Estão, por conseguinte, lançadas as pedras fundamentais de uma Itaipu democrática, ou seja, o regime nascido das urnas de 15 de novembro; mas bem entendido: se o futuro confirmar com obras e ações as palavras e promessas dos governadores da Oposição.

3.37 *O sesquicentenário do Ato Adicional*

Comemora o País este ano o sesquicentenário do Ato Adicional à Constituição do Império. Com efeito, trata-se da única emenda que formalmente se fez à Carta de 1824, cuja duração ininterrupta, ao longo de 65 anos, valoriza o passado e engrandece as instituições liberais do século XIX.

O Ato Adicional não só redimiu como também apagou, de certo modo, a eiva absolutista da outorga da Constituição. Em verdade, a Carta era de conteúdo híbrido, possuindo duas faces. Tanto poderia servir, como serviu, de instrumento à liberdade como de mecanismo de opressão ou tirania, bastando, para tanto, que o Imperador exercitasse a ditadura constitucional, acobertado legalmente à sombra dos arts. 98 a 101, relativos ao Poder Moderador.

Mas não era unicamente a concentração de poderes ali contida que fazia temer se convertesse a Carta numa expressão de autoritarismo, senão a forma como ela nascera, ou seja, no berço do absolutismo, por obra da vontade imperial, após a violência do golpe perpetrado contra a Constituinte de 1823.

É de todo impossível compreender com nitidez o significado da conquista liberal do Ato Adicional sem a necessária remissão histórica aos acontecimentos políticos da Independência, os quais marcam todo o Primeiro Reinado, imprimindo à formação da nacionalidade, na sua primeira década, a nota de uma controvérsia, tantas são as contradições inerentes ao processo emancipador e ao seu principal protagonista – o Príncipe D. Pedro, nosso primeiro Imperador.

O historiador constitucional é compelido, em primeiro lugar, a uma série de interrogações insolúveis, para as quais jamais poderá obter respostas categóricas, adequadas ou definitivas; respostas que resistam a análises mais profundas ou ponderadas.

Se perguntarmos pela data da Independência, a nacionalidade do príncipe, sua ideologia ou o caráter das instituições que ele fundou, as dúvidas se amontoam, pois fora do arbítrio ou do subjetivismo de quem se ocupa do tema não há saída.

Porventura já não seríamos independentes desde 1808, quando nossos portos se abriram à navegação de todas as bandeiras amigas, ou a partir do momento em que a Corte, emigrada e foragida, se instalou no Rio de Janeiro, ou ainda quando, em Pernambuco, as armas rebeldes de 1817 sustentaram, durante algumas semanas, uma República proclamada segundo o figurino da tradição continental, ou, posteriormente, desde o regresso de D. João VI a Portugal ou desde o "Fico", que antecedeu o grito do Ipiranga, ou, por último, desde o retorno da Divisão Auxiliadora portuguesa ou até mesmo desde o ato de convocação da Assembléia-Geral Legislativa e Constituinte?

A par disso, tomando a outra extremidade, também podemos, com fortes razões, questionar a eficácia subseqüente do 7 de setembro, salvo se nos contentarmos em considerá-lo data alegórica que serve de monumento ao animo patriótico, simbolizando, porém, acontecimentos que em realidade configuravam apenas parte de um vasto processo.

Se transpusermos, assim, aquela data, outras dúvidas surgiriam, provocadas por inquirições deste teor:

Estaríamos, em rigor, politicamente emancipados, em 1823, se ainda, naquele ano, militares estrangeiros – a oficialidade portuguesa – coagiam o Imperador a dissolver a Constituinte, órgão da soberania nacional, num ato em que, segundo a hipótese menos dolorosa, o Monarca, obedecendo aos seus pendores absolutistas, apenas se valeu daquelas armas para consumar a ofensa irreparável ao primeiro Parlamento brasileiro?

Havia, acaso, independência em 1823, se o partido absolutista, com a queda dos Andradas, subindo ao poder, se apoiava na minoria restauradora, composta de portugueses domiciliados no Império e sobretudo de militares também portugueses incorporados às Forças Armadas, para fazer, então, do cetro a cabeça de um absolutismo volvido inteiramente contra o sentimento nacional?

Éramos, porventura, uma Nação livre, se Pernambuco e as Províncias limítrofes, abraçadas à causa da Confederação do Equador, inspiravam a dignidade do protesto nacional contra o partido estrangeiro, que usurpava a soberania brasileira?

Como explicar, desse modo, a emancipação, se não estávamos ainda definitivamente separados de Portugal e porfiávamos pelo reconhecimento da Independência, afinal negociada, a peso de ouro, num tratado que é talvez a fonte mais remota de nosso endividamento externo, em razão dos empréstimos ruinosos contraídos junto aos bancos da Inglaterra?

Independentes, afinal, se, decorridos alguns meses da proclamação formal, era a emancipação uma incógnita nas Províncias da Bahia, Piauí, Maranhão e Pará, libertadas a seguir do domínio colonial português pelo braço armado da Nação?

Como confiar também na independência se o Defensor Perpétuo possivelmente acalentava ainda o sonho da união com Portugal, que se poderia converter, sob a influência do gabinete secreto, num movimento restaurador de perfil colonialista, conforme temiam, com toda a razão, os heróis e mártires de 1824?

E a nacionalidade do Príncipe e Imperador, por outra parte, não pesaria também sobre os acontecimentos como um dado perturbador, conforme já assinalaram tantos historiadores? D. Pedro, nascido em Portugal, jamais teve pela Pátria adotiva o sentimento profundo de nacionalidade que distinguia um Antônio Carlos ou um José Bonifácio. Legítima, portanto, a inquirição daqueles ao perguntarem se era D. Pedro português ou brasileiro, tão desconcertante fora seu comportamento nos sucessos ulteriores à proclamação da Independência.

Mas a contradição não é menor quando se suscita a ideologia do filho de D. João VI. Aqui ocorrem as vacilações em presença de fatos e episódios concretos. D. Pedro se houve sucessivamente como um liberal e um absolutista, conforme a esfera de influência debaixo da qual gravitou sua autoridade. Foi liberal em raros momentos, enquanto a luz do Patriarca iluminou a face generosa de seu ânimo imperial. Liberalismo atuante por inteiro no "Fico", quando fez uma opção pelo Brasil e se insurgiu contra os decretos das Cortes de Lisboa; liberalismo não menos evidente quando convocou a Constituinte e manifestou com esse ato o propósito de reger o País sob a forma de uma Monarquia constitucional; mas, a seguir, liberalismo frouxo e indeciso quando, ao falar perante o Colégio Constituinte, não trepidou em submetê-lo ao vexame daquela cláusula restritiva de jurar unicamente a Constituição se a achasse digna de sua imperial vontade. Estava traçada a partir daí a rota do absolutismo, no qual o Príncipe se estreava, para dano de todo o seu reinado e da nacionalidade que acabara de fundar.

Quanto ao caráter das instituições, não foi menos ostensiva a contradição manifestada nos conteúdos constitucionais da Carta outorgada. D. Pedro I, dissolvendo a Constituinte e ao mesmo passo fazendo a promessa de dar ao País uma Constituição duplicadamente mais liberal, assumira já uma atitude contraditória, que passou por igual ao corpo da Constituição decretada. De texto deveras maleável, com preceitos ora rígidos, ora flexíveis, conforme a matéria tratada, continha ela disposições aptas a produzir tanto uma Monarquia representativa como um sistema autocrático, dissimulado à sombra de preceitos constitucionais.

O Ato Adicional, antes que a reação conservadora dos intérpretes lhe mutilasse o espírito liberal com a Lei de 1840 e freasse, por conseguinte, o alcance das reformas intentadas, fora, já em si mesmo, um instrumento de compromisso, consideravelmente aquém das expectativas produzidas pelo movimento de idéias e aspirações, mediante o qual se procurara tornar efetiva a independência nacional, ou seja, fazê-la menos aparente, menos nominal, menos abstrata, menos contraditória, menos apartada da realidade. Tinha aquele movimento uma expressão e um cunho singularmente liberais: nele se assentavam também as teses remanescentes do sentimento republicano e federativo, que, em última análise, fora a essência verdadeira e revolucionária da Sociedade incipiente, frustrada por acontecimentos e laços coloniais difíceis de desatar, pois haviam sido a herança de 300 anos de opressão.

Desde que se constituiu como Estado até os nossos dias, o País nunca deixou de ser palco de uma tragédia, inumeráveis vezes representada pelos atores da liberdade e do despotismo, em porfia recíproca, até agora indefinida, mas constante sempre de avanços e recuos, marchas e contramarchas, ações e reações. Tem o Brasil contemporâneo muita analogia com o Brasil do Primeiro Reinado.

É impressionante ver as coincidências entre o Príncipe daquela época e os presidentes militares do golpe de 1964, entre os sucessos ocorridos a partir da Independência e os episódios verificados durante os últimos 20 anos, entre a outorga de 1824 e a de 1967-1969, entre a Confederação do Equador e a guerrilha urbana dos radicais e extremistas, entre as Comissões Militares do Primeiro Reinado e os IPMs da repressão instaurada pelo Al-5, entre a restauração da vida parlamentar em 1826, como um caminho para alcançar a normalidade institucional, e a abertura de Geisel para refazer a legitimidade do sistema representativo despedaçado. Só nos falta para completar a evidência comparativa desse quadro o coroamento da Abdicação. Não será, porventura, o alheamento sucessório de Figueiredo essa Abdicação?

Sem embargo de haver sido tão-somente uma vitória parcial do princípio descentralizador, o Ato Adicional revela-se historicamente mais relevante na medida em que concretiza a primeira conquista institucionalizante, alcançada por aquelas forças marginalizadas e reprimidas em 1823, desde a dissolução da Constituinte. Essas forças compunham a falange de um constitucionalismo ortodoxo, que, não tendo podido levar a cabo sua tarefa constituinte pela oposição do trono, em 1823, lograva, contudo, em 1834, por via de emenda constitucional, introduzir na Carta um reformismo de inspiração liberal, coartado e diminuído, tanto no processo de sua elaboração como depois no ato de interpretação da latitude que se lhe deveria reconhecer, conforme veremos adiante.

Se os absolutistas de 1823, depois de golpear e dissolver a Constituinte, não foram bastantemente fortes para evitar a outorga da Carta que, a despeito de todas as suas contradições, poderia limitar, pelos mecanismos representativos, a autoridade da Coroa, também os liberais da Abdicação, repartidos a seguir entre moderados e radicais, não tiveram forças suficientes com que obstar à reação conservadora já visível na feitura do Ato Adicional.

Dessa reação, Bernardo de Vasconcelos, um apóstata da causa e o principal artífice do Ato, seria mais eminente, sobretudo ao fazer-se a célebre Lei de Interpretação.

Uma coisa é a força dos liberais no dia da Abdicação, e outra, muito diferente, no dia da promulgação do Ato Adicional. Neste, as concessões, os recuos, as transações, os compromissos, tendo lavrado já uma profunda erosão de princípios, fizeram minguada e pálida a reforma da Constituição, sem levar em conta, àquela altura, o futuro que ainda aguardava o sobredito Ato, tamanha a obstinação ulterior das resistências conservadoras, outra vez patentes com a interpretação autêntica de 1840, de que os liberais, pelas suas omissões, foram de certo modo cúmplices, pois se mostraram mais preocupados em decretar a maioridade do Imperador que em observar o rigor constitucional, cuja prevalência, tocante à matéria daquela lei, teria, obviamente, se não tolhido, pelo menos retardado a virada conservadora, responsável pelo esvaziamento das conquistas liberais do Ato Adicional.

O Ato Adicional de 12 de agosto de 1834 foi antecedido da importantíssima lei preparatória de 12 de outubro de 1832, nos termos dos arts. 174, 175 e 176 da Constituição do Império.

A pretensão reformista dos liberais, antes de produzir os veículos da mudança, tinha uma amplitude tal que, se houvesse vingado, teria convertido o Império, já na década da Regência, em Monarquia federativa.

Mas a lei de autorização de reforma dos artigos da Constituição, sendo lei ordinária e instituída ou determinada no texto da Lei Maior, consentia, por sua flexibilidade formal, a intervenção do Senado, pois era obra do Poder Legislativo, e não do Poder Constituinte. Ora, a presença participativa da Câmara Alta podou os pontos essenciais da reforma, resultando no compromisso que atalhou o desfecho liberal da federalização do Império, possível talvez no ano da Abdicação, mas inexeqüível pouco depois, ao dar-se a tramitação parlamentar dos pontos da reforma, bloqueados pelas rejeições conservadoras do Senado.

O elemento conservador se arregimentara ali para opor uma resistência tenaz, cujo triunfo parcial ficou patente quando as duas Câmaras, reunidas, chegaram ao resultado consubstanciado na Lei de 12 de outubro de 1832.

A vitaliciedade do Senado o identificava mais com os desígnios da Coroa e suas tendências conservadoras ou absolutistas que com as aspirações liberais da vontade nacional. Esta vontade fora sempre presente à Câmara temporária, onde o princípio eletivo, por mais oligárquica que fosse a estrutura elitista do Poder, mantinha seus membros menos distanciados do sentimento popular e democrático da Sociedade brasileira em formação.

Tanto nas lutas da lei de outubro de 1832 como na batalha seguinte pela adoção da emenda de 1834, a Câmara dos Deputados se houve como órgão que melhor exprimia a legitimidade das teses volvidas para uma reforma em consonância com o espírito liberal clássico, tão abusivamente coartado e reprimido pelos absolutistas do Primeiro Reinado.

O elemento liberal, quando a lei de 1832 ainda se arrastava em lenta tramitação, esteve a pique de desferir um golpe de Estado parlamentar, que, uma vez consumado, teria produzido por via revolucionária, com a Constituição de Pouso Alegre, reformas liberais e federativas de muito mais alto significado que aquelas que advieram com o Ato Adicional. O golpe, do ponto de vista histórico, teria sido, sem dúvida, por analogia, o grande revide liberal ao ato de absolutismo que dissolvera a Constituinte em 1823.

O Ato Adicional foi contra-atacado duas vezes pelas correntes reacionárias da política imperial: a primeira vez, conforme já assinalamos, quando se deu o passo inicial e preparatório da revisão constitucional, ou seja, durante a elaboração da lei de autorização da reforma; a segunda vez quando o Ato, infelizmente mal-redigido e tecnicamente defeituoso e ambíguo, se prestou, em parte, a vacilação e dúvidas tocantes à sua aplicação, provocando, assim, a reação interpretativa principiada em 1837 e consumada em 1840 e justificando, de certo modo, o depoimento de Barbosa Lima, segundo o qual Bernardo de Vasconcelos – provavelmente já em transição para as posições conservadoras – o teria fulminado com esta frase histórica: "Entrego-lhes o código da anarquia".[1]

A imensa defasagem da conquista liberal é irretorquível se cotejarmos as pretensões liberais, ao desencadear-se o processo reformista, com aquilo que afinal se inseriu nos artigos do sobredito Ato. Debilitado fora ele, de antemão, pela lei que limitava a esfera de ação constituinte do poder de reforma e, posteriormente, com mais força, pela versão hermenêutica a que se submeteu, por conta das pressões do elemento conservador, empenhado em quebrantar aquilo que se lhe afigurava ser a demasia descentralizadora, anárquica e federativa do Ato.

---

1. Aurelino Leal, *História Constitucional do Brasil*, Rio de Janeiro, 1915, p. 178.

Com efeito, no pensamento liberal mais avançado, buscava-se lograr resultados, tais como: a instituição da Monarquia federativa (as Províncias seriam convertidas em Estados-membros e, por conseguinte, dotadas de poder constituinte), a supressão do Poder Moderador, a extinção do Conselho de Estado, o fim da vitaliciedade do Senado, a reforma tributária, a transformação dos Conselhos-Gerais das Províncias em Câmaras Legislativas, a legislatura bienal para a Câmara dos Deputados, a regência una, a autonomia municipal – em suma, alterações constitucionais tão profundas em seu conjunto que, em rigor, caberiam melhor e com mais legitimidade na esfera de uma Assembléia Nacional Constituinte que no âmbito de um simples poder de reforma, sujeito a limitações jurídicas reconhecidamente intransponíveis, pela natureza da própria Carta cuja revisão se impetrava com tanto ardor.

Em verdade, para institucionalizar suas reformas, os liberais precisariam de uma nova Constituição e de uma nova forma de Estado. Isto teria sido possível, talvez, no ano da Abdicação. Mas não depois, como ficou evidenciado, por meio do recurso a meros instrumentos de revisão. Estes somente poderiam conduzir a reformas tímidas, como afinal de contas veio a ser o Ato Adicional mesmo, por muitos, porém, considerado já para a época e para as instituições uma revisão radical do sistema!

O Ato Adicional introduziu basicamente as seguintes reformas na Constituição: converteu os Conselhos-Gerais em Assembléias Legislativas provinciais, dotadas de maior competência, relativa a impostos, à fixação de despesas, ao estabelecimento da força policial, à instrução e obras públicas, à autorização de empréstimos, à suspensão e demissão de magistrados em caso de queixa de responsabilidade etc.; fez invioláveis os membros das sobreditas Assembléias pelas opiniões que emitissem no exercício de suas funções, estabeleceu a regência una, eletiva e quadrienal e, finalmente, suprimiu o Conselho de Estado. Mas não federalizou a Monarquia. Limitou-se tão-somente a descentralizar a organização imperial. Fê-lo, porém, quase ao máximo compatível com a natureza de um Estado Unitário. Não atendeu, contudo, àquela importantíssima reivindicação concernente ao cancelamento da vitaliciedade do Senado. A autonomia das Províncias, uma das conquistas do Ato, teve, porém, sua esfera diminuída com a Lei reacionária de 12 de maio de 1840, a Lei 105, que interpretou alguns artigos daquela que foi a única reforma constitucional explícita e formal da Carta de 1824.

De qualquer modo, o Ato Adicional representou uma afirmação institucional de sobrevivência das teses liberais, reiterando, com o pouco que fez, a vocação legítima da Sociedade brasileira para a democracia, a liberdade e o federalismo. Se outra houvesse sido, porém, a interpretação dada àquela emenda, o destino do Império teria sido muito diferente.

3.38 A tragédia da autonomia municipal

O Brasil possui hoje quatro dimensões políticas: a União, o Estado, a Região e o Município. Contudo, somente as duas primeiras entraram no quadro formal da nossa organização federativa. A Região e o Município se acham excluídos ou foram ignorados, embora o legislador constituinte houvesse dotado de "autonomia" os ordenamentos municipais; uma autonomia que a realidade revelou tão precária e ilusória quanto aquela desfrutada pelos Estados-membros da Federação.

Convergem sobre o Município duas pressões unitaristas sufocantes: a do próprio Estado, de cuja organização faz parte, e a do Poder central da União, que incide verticalmente sobre o Estado e o Município com o peso de uma centralização quase absoluta, em termos políticos e econômicos.

O Município continua sendo, pois, a grande célula esquecida da comunhão nacional. Quem se puser a estudar as bases de nossa formação, as origens políticas e administrativas do País, as nascentes de nosso passado, há de surpreender-se com a importância da organização municipal, como ela foi o eixo ao redor do qual se fez a vida, a expansão e a prosperidade dos primeiros núcleos humanos ainda na época do povoamento colonial.

A vocação dos entes locais para incrementar formas de trabalho e cooperação, promover a riqueza e o progresso, despertar a consciência comunitária, fomentar a criatividade e a imaginação, constituiu em todos os tempos a base de um sentimento autonomista, mediante o qual logravam aquelas coletividades não só prover interesses genuínos, senão também afirmar suas liberdades ou franquias numa dimensão de concretude que ainda hoje faz inveja aos mais exigentes teoristas do *self-government*.

Na Península Hispânica, de onde procede a tradição e o modelo em que nos inspiramos, o Município representou um fundamento de grandeza, sem o qual as Monarquias ibéricas não teriam nunca logrado o grau de adiantamento e civilização que fez possível as navegações e as conquistas. Alexandre Herculano, em sua monumental história de Portugal, mostrou num estudo profundo as raízes municipais da prosperidade hispânica. As conclusões sólidas e irrefutáveis a que chegou formam um corpo de reflexões mais do que nunca úteis a quantos contemporaneamente versam os problemas do Município, no exato momento em que declina a zero sua autonomia no Brasil.

Mas não é necessário ter recurso à Espanha ou a Portugal para bem compreender a missão dos organismos comunitários. A presença deles na liberdade política de nossa Pátria se reflete desde a Independência, durante os primeiros anos, atuando de forma decisiva após o golpe desferido por D. Pedro contra o braço representativo da Nação – a Constituinte, dissolvida mediante um ato de força e absolutismo. Aliás, quem poderia adivinhar ou antever naquele mesmo Príncipe, que procedera com a truculência de um Bragança, a aurora da liberdade portuguesa? No ano seguinte ao do episódio absolutista dava-se a outorga da Carta. A mão imperial que a lavrou confessava no Preâmbulo haver sido o ato da constitucionalização uma resposta aos instantes reclamos e petições das Câmaras Municipais ao nosso Imperador e Defensor Perpétuo.

Como se vê, a instituição vivia politicamente dotada de uma consciência de autonomia que jamais vieram a possuir as Províncias ou os Estados-membros da Federação. Tanto no Império como na República, mais nesta que naquele, a história do Município configura uma sistemática agressão aos interesses locais, cuja ruína invalida todo o sistema federativo ou pelo menos toda forma descentralizadora. Hoje o prefeito é um mini-interventor. Recebe e cumpre ordens, administrando parcela cada vez mais ínfima e insuficiente de recursos que lhe chegam pelas artérias ou canais de um Poder estranho.

O centralismo deformante converteu, assim, a autonomia municipal, contida na Constituição e tão apregoada pela teoria, numa coroa de espinhos. Se o administrador situacionista já encontra dificuldades para atuar com o apoio do governo e do partido no Poder, imagine-se como não é atroz e difícil o lugar de um prefeito oposicionista, nesse quadro de extrema dependência e sujeição. A carência de recursos torna a autonomia municipal algo inteiramente vazio e abstrato, fora de toda a correspondência com a realidade.

Mas isso não é tudo. Se o Município, gerido pela Oposição, ficar no Nordeste, a Geografia já lhe complicou os poderes autônomos. Caso se encrave nos sertões cearenses, pior ainda: seca, pobreza e "união pelo Ceará" fazem do prefeito um santo varão, um herói de virtudes anônimas sem precedentes na fidelidade partidária aos grêmios oposicionistas. Em suma, há outra tragédia política no País, de grave fundo institucional: a dos Municípios sem autonomia, oprimidos pelo mesmo unitarismo que ontem estiolou as Províncias e hoje arrasa os Estados-membros da Federação.

3.39 A separação de Poderes

O princípio da separação de Poderes foi concebido como uma técnica de resistência ao Poder absoluto. Sem esse princípio dificilmente a Europa Continental, pelos seus publicistas e filósofos políticos, tomaria consciência da necessidade de constituir um ramo autônomo do Poder, partícipe da soberania, com a função específica de elaborar leis. Retirada do privilégio e monopólio das prerrogativas reais, semelhante faculdade foi posta na esfera de vontade dos representantes dos governados, que só assim lograriam uma parcela eficaz de colaboração na formação dos atos de governo. O lugar dessa esfera era o Parlamento.

Fazia-se mister, por conseguinte, onde o absolutismo ainda vingava sem concessões ao "Terceiro Estado" – a burguesia –, preparar, como fez Montesquieu, uma teoria vazada na experiência governativa da Inglaterra e trasladá-la por modelo à organização das Sociedades livres.

Assim nasceu o princípio da separação de Poderes. Emergia ele de uma visão histórica e sociológica lançada pelo eminente pensador. Partindo da realidade constitucional inglesa, Montesquieu fora buscar ali apoio e inspiração para as garantias da liberdade, mediante aquele princípio desde logo convertido em axioma dos governos livres. A proposição teve maior voga no século XIX. Floresceu durante a época do Estado Liberal, de cujas instituições entrou a fazer parte como um de seus dogmas intangíveis.

Graças ao princípio, se tornou possível estruturar uma forma de organização do Poder em que o Estado se limitava pela Constituição. O Poder Executivo, igualmente contido no círculo de competências restritas, já não era o Poder absoluto e sem limites do começo da Idade Moderna. Dantes a soberania do Príncipe encarnava a própria vontade estatal debaixo da fórmula *l'État c'est moi* ("eu sou o Estado"), de Luís XIV, reflexo das doutrinas da soberania de direito divino, proclamadas por alguns teólogos, dentre eles Bossuet, o mais expressivo.

Quando o princípio da separação de Poderes se institucionalizou, o Parlamento na Europa se ergueu como primeiro ramo do Poder soberano, concentrando mais legitimidade que o Executivo. No plano dialético era ele a idéia nova, figurava a participação dos governados no exercício do Poder e abrigava, enfim, um valor em cujos fundamentos se lia o futuro da evolução política do Ocidente, seu irreprimível teor de idealismo e vocacionalidade para o governo do povo, pelo povo e para o povo.

Assegurada historicamente a autonomia do Parlamento ou do Poder legislativo, graças à propagação doutrinária do sobredito princípio e sua freqüente acolhida em quase todas as reformas institucionais profundas que desde o advento do Constitucionalismo quebrantavam a hegemonia dos tronos, tratava-se, doravante, na aplicação do princípio, de ter em conta qual o modelo de governo mais compatível com essa técnica.

O advento do sistema republicano nos Estados Unidos indicou no caso como a melhor forma política de consagrar o princípio a forma presidencial. Com efeito, é aquela que menos contradição traz à tese do filósofo do *Espírito das Leis*, perfilhando-a com todo o rigor possível. Torna rígida a separação e mantém os distintos Poderes sob controles mútuos numa esfera de equilíbrio, mais jurídica que política.

Aí é mais fácil chegar à hegemonia fática ou valorativa do Judiciário que do Legislativo, embora haja no presidencialismo freqüentes crises de relações entre os Poderes. Ilustradas pelo exemplo americano, tais crises tanto têm conduzido, ao longo da História, a uma maior tônica de influência global do Executivo – com os mandatos presidenciais de Roosevelt – como do Judiciário, durante a fase áurea e conservadora do chamado "governo de juízes", com a soberania da Nação enfeixada aparentemente nos arestos da Suprema Corte. O Legislativo também foi parte nessa linha de ascendência ocasional de um dos Poderes. Haja vista o chamado "governo congressional" das queixas e ressentimentos do Presidente Wilson, que se tornaram mais graves quando o Senado dos Estados Unidos deixou de aprovar o Tratado de Versalhes.

Todos esses deslocamentos de hegemonia ou influência se acham atados a circunstâncias e fatores históricos, flutuantes, configurando, para alguns, anomalias da crise, para outros, meros desvios adaptativos no funcionamento das estruturas do Poder.

3.40 Atualidade do Federalismo

O princípio unitarista jamais conheceu uma fase tão expansiva e aguda quanto a do século XX. Mas aquilo que poderia ter sido a vitalidade política desse princípio tem sido, desgraçadamente, a sua enfermidade. As Nações o conhecem agora com mais força que na época das Monarquias absolutas. Esse princípio, quando prospera normalmente, é o fundador das nacionalidades, a salvaguarda da soberania, a fiança da unidade nacional. Mas, desvinculado da liberdade, ele se volta contra os povos, fazendo nascer a tirania, a ditadura, o autoritarismo e a deformidade das legislações de segurança. Produz, então, mais danos que proveito ao futuro das comunidades nacionais.

A melhor forma de institucionalizá-lo em determinadas formas de organização política é associá-lo ao princípio federativo, como acontece nas Federações, onde a União se consorcia com a autonomia, o Poder central com o Poder regional, a soberania com o *self-government*. A cabeça do Poder e os entes regionais, sob a égide da mais estreita e genuína cooperação, compõem um sistema que exclui a invasão recíproca de competências e atribuições: estas normalmente se acham discriminadas num pacto jurídico de convivência que é a Constituição, instrumento básico sem o qual nenhum regime federativo há de vingar.

O declínio de algumas Federações, como a do Brasil, onde em verdade a hipertrofia unitarista e centralizadora desde muito sufocou e extinguiu a pequena parcela de realidade federativa estabelecida pelos fundadores da República, faz supor à primeira vista uma incompatibilidade do sistema federativo com a natureza e a estrutura da sociedade industrial, cujos problemas complexos encontram aparentemente soluções mais fáceis e adequadas no modelo do Estado Unitarista de Executivos fortes e concentrados, ainda quando a democracia seja o modelo de organização governativa. Mas o princípio federativo – temos com reiterada ênfase assinalado – não está morto no mundo contemporâneo, visto que nele se aloja a mais eficaz solução para o fenômeno associativo, sendo exemplo esplêndido de uma caminhada nesse sentido a Comunidade Européia.

Eleito pelo sufrágio direto e dirigido por um Presidente e 12 Vice-Presidentes, o Parlamento da Comunidade completou, há pouco, um ano de funcionamento nesses novos moldes democráticos, que marcam um grau qualitativo em sua trajetória institucional. A composição política do Parlamento se distribui nacionalmente pelos seguintes países: a Bélgica com 16 representantes, a Dinamarca com 16, a República Federal da Alemanha com 81, a França com 81, a Irlanda com 15, a Itália com 81, o Luxemburgo com 25, os Países Baixos com 25 e o Reino Unido com 81.

Em rigor, não há partidos na Comunidade, mas grupos políticos supranacionais, com a seguinte força dentro do Parlamento: o grupo socialista com 113 membros, o grupo cristão democrata com 107 e o grupo de democratas europeus com 64. Seguem-se os comunistas com 44 representantes, os liberais democratas com 40, os democratas progressistas com 23 e, por fim, os independentes e os não-filiados, respectivamente, com 11 e 9 membros. Funcionam no Parlamento 15 Comissões que preparam os trabalhos da sessão plenária. Os governos nacionais não estavam levando a sério o órgão da representação européia, mas já principiam a pensar de forma diferente, sobretudo depois que a instituição, num ato afirmativo dos mais simbólicos, rejeitou corajosamente a proposta de orçamento da Comunidade, impedindo o fracasso total da política do mercado comum agrícola.

Possui o Parlamento de imediato uma pauta importantíssima de temas cujo exame poderá transformá-lo no mais prestigioso fórum de debates do Velho Mundo. Figuram, entre outros: o problema da fome no mundo, o controle da burocracia européia, a luta contra as greves, as questões internacionais mais críticas, como a da Polônia, do Oriente Médio e da Nicarágua, a queda da taxa de crescimento dos países-membros, a "desindustrialização da Europa", o desemprego, a inflação e, finalmente, os direitos humanos, uma vez que as principais forças políticas ali atuantes querem também aquela Casa como uma tribuna dos oprimidos.

A Europa atravessou já duas revoluções industriais, a do carvão e a do petróleo – ou seja, a da máquina a vapor e a do automóvel. Organizada numa Comunidade dinâmica, mas ainda perpassada por distâncias socioeconômicas bastante largas entre seus diversos membros, estará a Europa em condições de enfrentar vantajosamente a terceira revolução industrial – a da eletrônica –, tão brutal e traumatizante quanto as duas primeiras?

O mundo capitalista é um universo competitivo, e o advento de novos países industriais, sobretudo na Ásia, por obra do capital multinacional, complicou um quadro que já era deveras dificultoso e tende a dramatizar-se em suas conseqüências mais imediatas: crescimento nulo, inflação e desemprego – três pragas com que convive a economia européia.

A solidariedade dos europeus busca politicamente, com a fórmula federativa em marcha, a saída para a crise e a tempestade. Façamos votos de seja ela bem-sucedida, ultrapassando em definitivo a mesquinharia das rivalidades nacionalistas, hegemônicas e caciquistas do passado. A lição que nos traz renova o princípio federativo. Vivo e pujante, ele já não adormece no pó das teorias, como pretendem seus adversários. Federalismo é autonomia, autonomia é descentralização e descentralização é liberdade.

3.41 Cinqüenta anos de retrocesso

O recente e brutal trucidamento de um chefe político no Município de Pentecoste por uma quadrilha de pistoleiros que emboscaram sua vítima em plena rua, num crime até agora por desvendar, sem embargo da prisão de alguns de seus autores materiais, nos induz a amargas reflexões acerca da violência e da qualidade dos costumes políticos vigentes, após 50 anos de uma caminhada que principiou em 1930.

Com efeito, aquele ano deveria ter sido decisivo na regeneração dos meios de participação democrática, pois a Revolução de 1930, apregoando as divisas liberais da pureza representativa, viera para enterrar no cemitério eleitoral os ossos da Pátria Velha e fechar as fábricas de mandatos a bico de pena, mantidas pelos partidos das oligarquias, que costumavam abrir as portas durante os dias de eleições e fechá-las após a solene verificação de poderes, coroamento de um processo conta o qual se levantaram as armas dos tenentes e o clamor cívico da Nação.

Contudo, a decepção foi imensa ao largo de meio século. No dia seguinte ao triunfo apareceu à frente do Poder um ditador deslembrado das promessas de véspera, atarefado unicamente em cimentar prerrogativas absolutas de governo. A guerra civil provocada pela reação de São Paulo obrigou Getúlio oportunista a seguir a trilha da legalidade, convocando uma Constituinte cuja obra de recomposição jurídica logo se viu atraiçoada em 1937 pelo golpe de Estado que instituiu a ditadura do Estado Novo.

Daí por diante a história política do Brasil conheceu distintas fases e episódios: a queda do regime discricionário, o período constitucional da República de 1946, o movimento de 31 de março de 1964, cujos líderes prometeram uma cousa e fizeram outra, repetindo com mais rigor o Estado Novo, redivivo em 10 anos de AI-5. Durante a longa travessia a Nação chegou, enfim, a 1980 sem Constituinte e sem definição de rumos institucionais. Hoje, o povo, empossado em algumas liberdades essenciais de teor político, se acha, porém, privado da garantia de que tais direitos lhe não serão arrebatados por uma onda mais forte de comoção que venha abalar os frágeis fundamentos da chamada "abertura".

Mas algo se fez extremamente grave neste fim de século: a violência em todos os seus aspectos. Tomemos de amostra o Nordeste ou o Ceará em particular: antes de 1930 na República dos coronéis o rifle do cangaceiro, o punhal do jagunço e a volante da Polícia compunham um quadro familiar à época. Havia, porém, uma certa garantia dos costumes que hoje a lei não logra conceder por exemplo às vítimas do pistoleiro.

O braço homicida de um fanático, de um místico abençoado pela oração dos beatos ou de um cangaceiro que vingasse a honra, encontrava às vezes uma possível absolvição moral que não acontece em nossos dias com a bala do sicário, assalariado para matar a sangue frio, com todos os requintes da surpresa e da traição que ele profissionalizou.

A mão desse bandido fere a Sociedade de um modo mais atroz que a escopeta dos jagunços e cangaceiros: falta-lhe uma motivação; é o crime pelo crime, o crime remunerado, o crime mafioso. Trouxe o progresso dessa maneira a figura sinistra do pistoleiro: um atraso de milênios na ordem da convivência, uma nódoa nos campos e nas cidades.

Vejamos, a par disso, se houve porventura avanço qualitativo com respeito aos métodos da via democrática participativa. Disse Afonso Arinos, com a agudeza e penetração de seus juízos críticos, que o fazem o mais lúcido analista de nossa história constitucional, que antes de 1930 não havia eleições verdadeiras, mas havia representação autêntica, e que a seguir tudo se inverteu: a representação perdeu a legitimidade, ao passo que as eleições ganharam autenticidade, pelo menos material, sob a proteção das leis eleitorais. Hoje já não procede a afirmativa do Mestre: com a introdução dos pleitos indiretos, com o desprestigio do sufrágio democrático, é provável que estejamos pior que em 1930, desfalcados tanto de representação genuína como de eleições processadas segundo o figurino da legitimidade.

Disso tudo se infere que passou o Brasil por um profundo processo institucional: os costumes políticos atuais não são superiores aos que precederam a tempestade de 1930, nem os políticos de nossos dias são mais virtuosos que os da oligarquia de ontem, os "carcomidos" da Pátria Velha. A violência, a injustiça, o temor da perseguição, não desapareceram dos sertões: a trilha do cangaceiro e do beato cede lugar à passagem súbita e invisível do pistoleiro motorizado, profissional do crime e do terror, que continua em nosso Estado fazendo órfãos e viúvas, conforme aconteceu na tragédia de Pentecoste.

O transcurso do meio século da vida pública produziu, assim, esse quadro, semblante de um presidencialismo que se alterna entre a ditadura e a semilegalidade, entre o golpe de Estado e a participação frustrada, entre a democracia relativa e o autoritarismo das soluções casuísticas. Redemocratizar não é apenas reformular a ordem constitucional com novos textos ou novas emendas de cunho liberal e permissivo que afrouxem a compulsão de tantos anos, mas primeiro que tudo estabelecer um alicerce nacional de confiança, um clima livre de opinião e debate, um verdadeiro pacto de segurança representativa para todas as classes e expressões do Poder social.

Fora desse caminho as instituições jamais lograrão estabilidade, pois o regime viverá a cada passo à sombra de um eclipse em que a suma violência tomará sempre a feição torpe das tragédias inomináveis como estas com que terroristas e pistoleiros buscam intimidar a autoridade e o povo, fazendo recair sobre os projetos e as intenções oficiais o pesadelo de uma dúvida ou a nuvem de uma descrença relativa ao advento do Estado de Direito e à consolidação das liberdades públicas.

4
FEDERALISMO DAS REGIÕES
(A QUESTÃO NORDESTINA)

4.1 A Regionalização Política do Brasil e a Nova República

4.1.1 A abertura de um caminho constitucional que introduza a regionalização como nova modalidade de descentralização política

O País, ao exercitar o poder constituinte originário para subjugar a crise das instituições, não poderá permanecer indiferente a um dos problemas mais agudos deste momento de mudança e reforma: o da regionalização política e institucional do Brasil, sociologicamente esboçado em contornos que se tornam cada vez mais claros e definidos.

A grande inovação que se pode introduzir na composição federativa deste País com o advento da Nova República entende com a questão regional, posta já de maneira irremovível na ordem do dia, demandando, por conseguinte, uma resposta constitucional adequada à oportunidade histórica do quadro que ora se desenha para a Nação.

Observa-se no Brasil, tanto pelo aspecto constitucional como pelo ângulo legislativo, um considerável atraso tocante às formas autônomas de ação regional, que, retiradas de último do Estado-Membro ou dos organismos instituídos com essa finalidade, deixaram de ser autônomas, para concentrar-se unilateralmente na esfera da vontade central. Fez esta, dos entes locais, instrumentos meramente executivos de sua política intervencionista, da qual raro participam e cujas decisões nem sempre são as que mais se recomendam às conveniências regionais.

Do ponto de vista jurídico, não temos autonomia regional. A esse respeito o Brasil, que é supostamente uma Federação, esta muito aquém da Espanha e da Itália, que são Estados unitários, mas Estados unitários descentralizados, onde a regionalização do sistema alcançou níveis tão surpreendentes e elevados que fazem inveja à nossa chamada República Federativa.

Se considerarmos que os Estados-membros da organização federativa são aqui dependências políticas dissimuladas do Poder Central, chegaremos à conclusão inevitável de que naqueles países há um avanço rumo à autonomia de inspiração federativa muito mais forte do que no nosso, razão por que este federalismo estampado pelas Constituições brasileiras, e no qual ninguém pode tocar como forma de Estado, é federalismo que nos envergonha, federalismo de forma e não de substância.

O declínio do Senado enquanto câmara dos Estados resulta disto: não há o que representar, pois não havendo autonomia não há sistema federativo. As autonomias estaduais não puderam nunca passar do papel à realidade, pela carência de meios tributários que as sustentem. Mas as correntes federativas de opinião, aliadas aos fatos, compõem uma nova dimensão de poder e reagem em defesa do princípio descentralizador buscando refazer a Federação e gerar uma nova autonomia.

Autores estrangeiros, como P. Fougeyrollas e R. Lafont, ambos franceses, se referiram de último a uma revolução regionalista. O primeiro analisa as possibilidades de uma França federal e o segundo a marcha para a unidade européia pelas vias regionais, em contraste até mesmo com o federalismo clássico do Estado-membro e o federalismo das nacionalidades, inspirado pela Europa de De Gaulle, que era ainda a Europa das pátrias.[1]

Se há efetivamente uma revolução regionalista, ela está chegando ao Brasil também e, se nos consentem a ousadia verbal, proclamamos que ela já chegou ao Nordeste, conforme temos demonstrado numa série de ensaios sobre a institucionalização política das Regiões.

Mas antes de descermos à análise desse fenômeno, levantamos a seguinte questão: é a Região, no Brasil, um fato geográfico, econômico e político? Ou é a Região em nosso País um fato burocrático, produzido nos gabinetes da Administração central, no asfalto de Brasília? Afigura-se-nos que não – e a resposta certa e afirmativa do sim fica para a primeira indagação. Veja-se o que ocorre no Nordeste. Ali, como nas demais Regiões do País, os pressupostos geo-sociais e geopolíticos da regionalização são manifestos, mas é no Nordeste onde a formação da consciência regional fez mais progresso.

1. P. Fougeyrollas, *Pour une France fédérale: vers l'unité européenne par la révolution régionale,* Paris, 1968 e Robert Lafont, *La révolution régionaliste,* Paris, 1967.

O Brasil dos Estados está se convertendo cada vez mais no Brasil das Regiões. Aconteceu o fenômeno desde que a ditadura desvalorizou o Estado-Membro. Não há reforma federativa que possa restaurá-lo com aquela plenitude de autonomia que o formalismo da Primeira República intentou conferir-lhe, e realmente o fez no texto constitucional, sem poder fazê-lo porém na realidade.

A burguesia empresarial do Nordeste sustenta hoje as aspirações autonomistas da Região e as bancadas partidárias às duas Casas do Congresso, quando se trata de pugnar pelos interesses regionais, não trepidam em conjugar esforços, unir posições e saltar obstáculos de governo e oposição toda vez que entra em jogo uma causa ou um pleito de real importância para a Região.

Desfeita a ordem autoritária, há toda uma expectativa confiante de que a futura regionalização institucional do País não seguirá o modelo do regionalismo centrípeto, do esquema autoritário e centralista do passado, mas se inclinará ao regionalismo centrífugo, fundado no princípio federativo da cooperação pelo consentimento, tão diverso do cooperativismo de compulsão, como acontecia com o chamado "federalismo cooperativo" da ditadura.

Já não se pode portanto falar em federalismo no Brasil sem levantar a importância da questão regional. A constituinte se defrontará com o maior anacronismo deste século nas bases institucionais da República Federativa do Brasil: o federalismo das autonomias estaduais, como ele tem sido até agora concebido, traçado e aplicado.[2]

2. Todas as diligências utilizadas no campo das reflexões teóricas sobre a revitalização das autonomias estaduais, mediante a fórmula tantas vezes propugnada de uma lei tributária que favoreça os Estados-Membros e lhes dê participação mais elevada nas receitas públicas ou que altere o presente modelo constitucional de repartição da competência tributária, tropeçam sobre um obstáculo invisível, comprovadamente inarredável em determinadas circunstâncias históricas peculiares: o poder aglutinante e centralizador do sistema capitalista, base de sustentação da suposta eficácia tecnocrática. Sobre esta se assenta, em grande parte, o unitarismo contemporâneo, dissolvente das manifestações autonomistas dos entes locais. Sob o pretexto de promover a execução bem sucedida de um planejamento global e privilegiado, que acaba porém se patenteando estéril, inadequado e politicamente impróprio, o Poder Central sacrifica, com dano às vezes irreparável, o interesse regional. A consequência quase sempre se cifra em abalos acarretados aos fundamentos democráticos e livres da ordem federativa, anulando ou destruindo as autonomias. Mas a omissão, por alguns publicistas, do exame da realidade regional e de seu imperativo tratamento em bases constitucionais, em nada diminui a importância de contribuições corretivas, que tendo em vista outros aspectos convergentes em favor da Federação e da reforma descentralizadora, foram oferecidas em anos recentes por vários juristas e cientistas políticos. Escreveram mais recentemente sobre matéria federativa no Brasil, dentre outros: Raul Machado Horta, "Reconstrução do Federalismo Brasileiro".

A autonomia regional é no Brasil processo, história, avanço, realidade: um dado impossível de sistematizar, mas de todo possível de institucionalizar.

Os fatos já escreveram uma pequena parte da história da autonomia regional brasileira. Eles se fazem coercivos no campo da realidade, não podendo nem devendo ser ignoradas. Veja-se a SUDENE, a SUDAM e outros organismos regionais, onde se cristaliza a consciência da regionalidade, um fenômeno político novo e desconhecido, que principia a projetar-se com força e ímpeto em nossa organização federativa.

A regionalização imprimirá ao País uma feição mais livre, mais autêntica, mais social, mais criadora, mais humana e sobretudo mais nacional. O nacional, unido ao regional, constitui expressão humana e democrática de unidade, pelas vias do consenso e da legitimação.

Quando se examina a fundo o que ocorreu na Região nordestina, esmagada em suas esperanças desenvolvimentistas, cedo dissipadas com a frieza social das estatísticas, após vinte anos de batalhas perdidas, verifica-se que a questão regional é hoje, no Brasil, a um certo aspecto, também uma questão de segurança nacional. Como essa imagem é suspeita, temos que dizer, com mais propriedade, que é uma questão de unidade nacional. Diríamos *segurança nacional* unicamente se a tomássemos fora do emprego abusivo do passado, quando significou instrumento de proteção de interesses repressivos do regime autoritário e de sua tecnocracia militarista.

Perdendo de todo a identificação com o povo, o projeto oligárquico buscou a perpetuidade do poder servindo-se para tanto, como base de apoio, daquela doutrina de segurança nacional, assentada sobre a força e a coerção. Tal doutrina nada tinha que ver com os supremos anseios políticos da sociedade brasileira, pois consagrava tão-somente o binômio que divorciou a Sociedade e o Estado.

A regionalização do poder contemporaneamente oferece remédio a duas crises: a do Estado federal e a do Estado unitário, promovendo em

in *Revista Brasileira de Estudos Políticos* 54, janeiro de 1982 e *Revista de Informação Legislativa* 72, Senado Federal, out./dez., 1981; Bernadette Pedrosa, "Perspectivas do Federalismo Brasileiro", *RBEP* 52, janeiro de 1981; José Alfredo de Oliveira Baracho, "Novos Rumos do Federalismo", *RBEP* 56, janeiro de 1983; Thereza Lobo, "Federalismo em Questão: Avanços e Recuos", *RBEP* 55, julho de 1982; Jerônimo Rosado Neto, *Novo Modelo Organizacional para o Brasil – O Regionalismo Autêntico*, Mossoró, 1983; Paulo Lopo Saraiva, *Federalismo Regional*, São Paulo, 1982 e Michel Temer, "A Federação Brasileira", *Revista da Procuradoria-Geral do Estado de Mato Grosso do Sul* 1, 1979.

ambos uma descentralização de grau variável. A Região aparece dessa forma como a terceira força entre o Estado-Membro e o Poder Central. Simboliza a consciência de um poder novo com aptidão para resistir ao centralismo sufocante do Estado-gigante, que anulou as autonomias e fez da República Federativa um ornamento de fachada.

A regionalização, em termos institucionais, é freio aos sentimentos e às aspirações separatistas; mas é também, ao mesmo passo, um poderoso instrumento de combate ao atraso econômico, criando uma nova sede política e territorial de poder autônomo para maior eficácia do sistema federativo.

Com isso, o desenvolvimento da autonomia regional se impõe crucialmente ao exame do constituinte. Se a Nova República veio para a mudança e a transformação institucional, é inconcebível que seus fundadores sejam obstinadamente ignorantes da nova realidade, onde se contém um potencial fático de experiências, dentre muitas que podem concorrer para pôr termo à crise federativa.

4.1.2 Da criação dos Partidos Regionais no Brasil à adoção dos Estatutos de Autonomia

Devemos ultrapassar o regionalismo acanhado, criando partidos de âmbito regional. Não estamos em presença de uma regressão histórica, como nos poderiam argüir, depois de havermos removido, por meio de regra constitucional, o sistema dos antigos partidos estaduais, espelho das oligarquias que dominaram a Primeira República.

O partido regional será em nosso País um fator de renovação política, de identidade representativa, de legitimação do papel que cabe às forças regionais, de correspondência com a realidade e sobretudo um canal participativo por onde poderão circular os princípios e as teses de genuíno teor federativo. Não vemos como deixar de autorizar-lhe o funcionamento o mais breve possível, institucionalizando-os na iminente reforma do sistema partidário, de modo que seu influxo já se faça sentir durante os debates do próximo congresso constituinte.

Declaramos pertencer a uma corrente constitucional que encarece a necessidade de revitalizar a ordem federativa por meio de uma revisão na qual se considere a relevância da questão regional, ou seja, na qual se institucionalize politicamente o sistema de regiões.

A natureza, a economia, a injustiça social, a desigualdade de renda e a história impelem o Nordeste para o federalismo regional. O problema do Nordeste é o problema do crescimento subdesenvolvido, que gerou um processo de concentração de renda, opulentou minorias e não pagou a dívida social. É, por conseguinte, e ao mesmo passo, o problema do falso planejamento, de carência alimentar aguda, de estruturas agrárias marcadamente injustas e oligárquicas, que permanecem intactas; é também o sentimento de opressão colonial interna, o analfabetismo, a pobreza absoluta de 20 milhões de seres humanos reduzidos à condição de vítimas ignoradas de uma política de enriquecimento discriminatório, que a uns faz descer da pobreza à miséria e a outros faz subir da abastança à opulência; aqueles como multidão, estes como ínfima minoria, acentuando assim o privilégio e as desigualdades.

Há 26 anos que o Poder Federal se acha comprometido com o desenvolvimento do Nordeste e no entanto os resultados obtidos, sendo os mais baixos em termos de destinação humana, configuram tão-somente aquilo que Celso Furtado, com toda a propriedade, qualificou de mau-desenvolvimento, sem nenhuma abertura positiva para o social.

A autonomia da Região, como projeto político de máxima prioridade, atende, pois, a um imperativo desta hora de constituinte e debate dos novos rumos da sociedade brasileira.

O regime que silenciou tribunas, fechou diálogo nas universidades, perseguiu cátedras e sindicatos, oprimiu o cidadão, confiscou mandatos e afastou o povo das urnas não teve sensibilidade para o problema e, ao contrário, politizou ao máximo a dependência nordestina, com uma safra de Governadores da legenda oficial, os quais, todavia, em rebelião exemplar, acabaram se identificando com as causas regionais para compor uma poderosa ala liberal, cujo objetivo tem sido o de extinguir os rigores da centralização e da tutela, debaixo das quais gemem e definham os interesses da Região.

Disse Joaquim Nabuco que somos um Império e não uma Nação. A frase não é nova, e tem sido repetida com muita freqüência, mas contém um conceito originalíssimo, se lhe atualizarmos o conteúdo e a explicação. Nabuco a proferiu quando pelejava contra a servidão do braço africano nas estruturas da sociedade brasileira. Mas por que somos ainda um Império? A razão está nos desequilíbrios regionais, na geografia do poder, no colonialismo que o Nordeste padece. Aliás a Região nordestina se tem convertido num imenso território federal, pelas condições a que a SUDENE, por obra do intervencionismo autoritário do Poder Central, se viu reduzida.

Com efeito, fomentando um falso e politizado "federalismo cooperativo", a política da União, ao invés de emancipar a sociedade regional, o povo nordestino, agravou-lhe a dependência, sob todos os aspectos. O programa de desenvolvimento regional do País, mediante a criação de entes regionais destinados a desfazer os desequilíbrios entre as diversas Regiões do País, foi tão desastradamente conduzido que já resultou para o Nordeste em duas dependências: a do Centro-Sul, de que economicamente ainda não se libertou; e a do Poder Central, que vem determinando um recrudescimento da revolta de opinião contra a injustiça social de que se sente vítima aquela parte do Brasil.

Tal política fez medrar entre as populações nordestinas o sentimento autonomista de uma elite política e intelectual que tem na memória heróica e republicana de Frei Caneca seu guia de inspiração mais exemplar e poderoso. A Confederação do Equador, em defesa da Constituinte dissolvida, foi em verdade o primeiro protesto regional com significado político profundo em nosso País, depois da proclamação da Independência.

Assim como os princípios de igualdade e de liberdade, abstratamente colocados numa teorização completa pelos filósofos e pensadores do século XVIII, atravessaram cerca de duzentos anos para se concretizarem nas instituições, sem embargo do reconhecimento constitucional que logo os coroou, também o princípio da regionalização do poder, tanto no Estado unitário como no Estado federal contemporâneo, pode levar ainda muitos anos para se vincular às estruturas de organização do poder, embora sua formulação, como acontece no caso brasileiro, já tenha completado e excedido toda a esfera de abstração e abrangência teórica em cujo círculo ou espaço se moverão as respectivas medidas concretizadoras.

Não há dúvida de que, entre a prática e a teoria, entre a realidade e a idéia, há com efeito um hiato ou descompasso pelo qual responde unicamente o legislador, pois a regionalização fez mais progresso na ordem histórica e tática do que nos preceitos do presente ordenamento político e jurídico do País.

É de todo o ponto relevante assinalar que a cruzada pela criação da autonomia regional apresenta dois aspectos distintos.

Em primeiro lugar, o grau de autonomia que se pretende alcançar, sua extensão, a par de sua compatibilidade, tanto efetiva como formal, com os níveis respectivos logrados pela autonomia do Estado-membro, bem como cotejá-la com outras modalidades de autonomia – a dos Municípios, por exemplo, dotada já de reconhecimento constitucional, ou a das Regiões Metropolitanas, em fase estreante, precariamente definida ou ainda por elaborar.

Em segundo lugar, cabe verificar – pondo à margem o lado material ou de conteúdo – que diferentes caminhos se podem estabelecer por via constitucional, para lograr o advento dessa autonomia no âmbito de nossa organização federativa.

As duas questões merecem tratamento conjugado, pela vinculação e interconexão dos fins colimados.

O regionalismo se opõe à tradição do poder pessoal, sendo também uma tomada de posição contra as oligarquias, contra suas clientelas eleitorais, se bem que nesta fase tenha todo o apoio da atual classe política e dos empresários.

A política descentralizadora que conduz à regionalização institucional do País deverá passar por dois momentos distintos: durante o primeiro, a Região se insere no Estado;[3] no segundo, a Região se coloca fora do Estado, depois de seguir um processo autônomo que a converte em ordenamento estatal participante, em ente constitucional, em peça da união federativa, em coluna do pacto político de convivência interestatal, em membro da aliança indissolúvel e perpétua que deve ser toda república federativa.

O regionalismo funciona tanto como instrumento de conservação do Estado unitário, para preservá-lo da desagregação (é o caso da Espanha e da Itália), como do Estado federal (é o caso do Brasil), onde previne o excesso de centralismo da União e o fim conseqüente das autonomias, sem as quais não há que falar em descentralização política ou em ordem federativa. Tudo isso converge para considerar o regionalismo em nossos dias uma forma eficaz de superação do presente modelo de ordenamento estatal, sobretudo no país das desigualdades

3. É o que tem acontecido até agora, e acontece sempre, no Estado unitário, porquanto neste a regionalização transcorre no seio da própria organização estatal: os entes autônomos não logram ali, nunca, ao contrário do que pode ocorrer nos sistemas federativos, uma autonomia política tão larga que conduza essa autonomia para fora do Estado e faça que ela mesma se transforme em autonomia *estatal,* o que sucederia evidentemente se as Regiões se tornassem Estados para entrar então numa comunhão federativa. No Estado unitário a regionalização é singular; no Estado federal, tanto pode ser singular como plural; se for singular, o ente regional não é Estado; se for plural, a Região se converte em Estado, ainda que seja uma só Região, agregada ao sistema federativo, como poderá acontecer no Brasil com o Nordeste se for ele, entre nós, a primeira Região a converter-se em Estado, caso vingue neste País, algum dia, em toda a plenitude, o federalismo das Regiões. O futuro das instituições federativas está no federalismo regional, como buscamos demonstrar neste ensaio com o estudo dos sistemas unitários da Espanha e da Itália, que advertem as Federações para a importância da regionalização e de, certo modo, inspiram o grande projeto federativo da Europa contemporânea, a caminho já da institucionalização.

sociais, culturais, inter-regionais, intra-regionais, interestaduais e até intermunicipais que é este continente chamado Brasil.

Já se torna possível a esta altura considerar com toda a urgência, pelo menos no Nordeste, o estabelecimento de instituições políticas e administrativas de âmbito regional, dotadas de competências exclusivas, tanto na esfera legislativa como na esfera administrativa, para resolver problemas e versar matéria de peculiar interesse da Região. Urge assim criar constitucionalmente o estatuto de autonomia dos órgãos regionais: os Conselhos e as Juntas, embriões do futuro poder autônomo, tanto executivo como legislativo, com pleno teor federativo.

Mas não podemos prosseguir no estudo da regionalização sem uma prévia definição jurídica das duas variantes possíveis de Estado regional; definição da maior importância para não mergulharmos em graves equívocos acerca daquele processo ou fenômeno, conforme ocorra ele no Estado unitário ou no Estado federal.

4.1.3 O problema do regionalismo tanto na forma unitária como na forma federativa e a impossibilidade de um Estado Regional fora da União ou do Sistema Federativo (não há um "tertius", salvo o Estado Regional como Estado-Membro, pois o chamado Estado Regional no ordenamento unitário é o próprio Estado Unitário descentralizado em grau máximo)

A primeira forma de Estado regional é a do próprio Estado unitário, segundo a acepção que ele agora toma quando e caracteriza pela regionalidade e confere às Regiões um certo grau de autonomia, graças a uma descentralização política considerável. Mas sem chegar a estabelecer um pluralismo estatal, uma união de ordenamentos estatais. Se as Regiões viessem a constituir-se como tais, já não estaríamos diante do Estado unitário, mas da comunhão federativa.

O exemplo mais recente, mais ilustrativo, mais eloqüente mais persuasivo do fenômeno político da regionalização em Estado unitário nos oferece a Espanha, que aperfeiçoou a esse respeito o modelo italiano, no qual manifestamente se inspirou, trasladando para as bases de sua organização política um sistema de autonomias regionais de primeiro e de segundo grau, consagradas pela Constituição democrática de 1978, que fez da Espanha uma república coroada e unitária, mas de inspiração federalista irrecusável.

A segunda variante de Estado regional é aquela que se manifesta no âmbito do federalismo das Regiões e se acha, do ponto de vista jurídico, em fase de teorização, para a qual, aliás, procuramos contribuir com nossas reflexões. Mas é ainda de aparência – devemos confessar – um esquema abstrato, um artefato de juristas. Nem por isso deixou de ser provocado por um exame meticuloso e atento de realidades concretas, de fatos observados, de acontecimentos políticos perfeitamente analisáveis, de instituições e organismos de ação influente sobre a vida das coletividades regionais; em suma, a tese de um federalismo regional não é lá tão abstrata como poderia parecer à primeira vista senão que tem suas raízes até agora mais nos fatos do que nas idéias; o modelo de abstração é precedido de uma poderosa realidade que já se configura em nosso sistema político, ou seja, de um fluxo de medidas que apontam para os caminhos políticos da solução federativa de bases regionais.

A análise da realidade sociológica em determinados sistemas federativos, como o do Brasil, patenteia que se acha em curso um processo lento, mas que se pode e deve acelerar, de institucionalização da autonomia regional.

As possibilidades federativas de autonomia regional são muito mais amplas em Estados federais, por mais centralizados que eles se apresentem, do que no Estado unitário, por maior que seja neste a descentralização na periferia dos entes regionais.

Por que são mais amplas as sobreditas possibilidades no Estado federal? A resposta fácil assenta numa justificação teórica: a autonomia regional nas uniões federativas tem por base a própria pluralidade do sistema e, sem que haja quebra dos laços de união, consente às Regiões desenvolverem um processo autônomo que comporta vários graus de descentralização e se ultima na extremidade, onde produz o advento de uma nova estatalidade participante do pacto federativo.

A partir daí haverá indisputavelmente a realidade federativa de cunho regional, institucionalizada por inteiro e conduzida às suas últimas conseqüências. Se isso ocorrer no Brasil, como o futuro indica que vai ocorrer, o federalismo dual clássico seria tão-somente uma página virada do passado, uma lembrança destes dias de apreensão sobre a crise federativa e sobre os destinos da liberdade e da democracia nos horizontes políticos da Nação. E ao invés do federalismo morto das autonomias estaduais, teríamos por base de apoio da convivência nacional um federalismo centrífugo, de três dimensões, ou até mesmo tetradimensional, se atendermos aos escrúpulos de federação dos autonomistas municipais.

Nesse caso as Regiões desempenhariam no quadro institucional, com toda a força e legitimidade, a função estabilizadora de preservar o equilíbrio federal em país como o Brasil, de vastidão continental, onde as graves disparidades de desenvolvimento das Regiões afetam dramaticamente o princípio da unidade nacional.

Em suma, a autonomia das Regiões quando surge numa Federação pode alçar-se ao nível de estatalidade, algo de todo impossível na forma unitária, incompatível por natureza com a pluralidade de ordenamentos estatais. A organização federativa, como se vê, não será nunca um Estado regional, mas poderá ser uma união de Estados regionais, do mesmo modo que uma união de Estados-membros é uma federação.

Esse Estado regional, parte de um todo federativo, ainda não surgiu em nenhuma federação contemporânea, cuja pluralidade interna de ordenamentos estatais não o consagra. Mas poderá surgir amanhã; para sua formação, tornamos a insistir com paciência didática e intento de clareza, caminha o Brasil, por imperativo da solução política que deverá ser dada aos problemas regionais, como é o caso do Nordeste. Aqui a política do Poder Central, de promover o desenvolvimento redundou, até agora, num retumbante malogro.

O modelo aplicado, nitidamente autoritário, se fez a Região crescer, não a fez desenvolver-se. Basta que se considere a concentração de renda, o aumento da desigualdade social, a sobrevivência das oligarquias, a intangibilidade das estruturas agrárias. Quase nulas têm sido no Nordeste as diligências para modificar o *statu quo* da injustiça social, cada vez mais pungente. As forças regionais que atuam no Nordeste não poderão por conseguinte ser ignoradas nem arredadas do processo constituinte.

4.1.4 Regionalismo e separatismo

Se toda centralização excessiva traz o bacilo do autoritarismo, também todo regionalismo cultivado em formas extremas contém os germes da rebeldia e da secessão. Se não fugirmos, pois, a essas extremidades radicais, nem o Estado unitário, nem o Estado federal serão possíveis – absorvidos pelas ditaduras, no primeiro caso, e dissolvidos pelos movimentos de cunho separatista, no segundo.

Se a união é indispensável e se todo Estado federal tem no centro a expressão da unidade, também o poder autônomo das coletividades na periferia é imprescindível para manter o equilíbrio do sistema e proteger os valores institucionais dessa modalidade de associação que é o pacto federativo.

A República brasileira, de forma federal, mas de substância unitária, viu os laços daquele equilíbrio se partirem e, nela, o que tem prevalecido até agora é a formação de um monstruoso gigante, que se não for logo contido despedaçará com a força de seu braço o que ainda resta das autonomias constitucionais dos Estados e dos municípios.

O fantasma de uma fatalidade autocrática até há pouco parecia rondar os países subdesenvolvidos ou em desenvolvimento, como se o sistema capitalista predispusesse ali as sociedades a pagarem pelas conquistas sociais o preço da submissão a governos absolutistas e impopulares, como foi o caso da América do Sul, onde, de último, numa reversão feliz, as ditaduras vão caindo e as oportunidades se oferecendo para cada país deste hemisfério entregar ao povo a jurisdição de seu próprio destino.

A esta altura, prospera dentro do Brasil a tese regionalista, que cria sem dúvida uma justificada expectativa de poder contribuir grandemente para a reforma das bases sobre as quais assenta nosso sistema federativo.

Quanto ao regionalismo, cumpre distinguir, do ponto de vista qualitativo, duas modalidades: o regionalismo negativo e o regionalismo positivo. O primeiro é dissolvente e separatista. Filho do unitarismo, do autoritarismo e do centralismo extremo, ele nasceu da resistência e do desespero. Teve seu berço talvez na Espanha, no Canadá e na Irlanda, onde adquiriu conotação violenta, manchado no sangue do terror e no fratricídio da guerra civil. Os quarenta anos da ditadura de Franco, longe de apagá-lo ou extingui-lo com o ferro e o sufoco da centralização, só fizeram exacerbá-lo em formas de violência armada dos grupos separatistas atuantes na clandestinidade.

Mas esse regionalismo não invalida o outro, a saber, o regionalismo positivo, que é libertário, construtivo, democratizante e federativo; que se bate pelo advento constitucional das autonomias regionais; que já se institucionalizou em alguns Estados unitários e neles tem funcionado como pára-choque contra as pressões centralizadoras mais injustas e agressivas. Por via de um esquema federativo novo e original, ele aponta para as promessas e esperanças de uma Europa regional ou regionalizada em substituição da Europa das nacionalidades e das soberanias.

O Brasil herdou, com a Independência, a divisão do período colonial, um traçado político e geográfico dos séculos de dominação metropolitana. De tal modo que as províncias emergiram das antigas capitanias, como criações em grande parte arbitrárias e artificiais de uma vontade absolutista, à semelhança daquela que ainda prevaleceu na madrugada da Independência, quando um ato de força – ato punitivo do primeiro Imperador – desmembrou Pernambuco e transferiu para a Bahia uma considerável porção de seu território, castigando, assim, a Província rebelde, por sua ativa participação nos movimentos libertadores de 1817 e sobretudo no de 1824.

A politização do Nordeste como Região principia em verdade antes de 7 de setembro de 1822, data da proclamação formal da Independência. Basta atentar a esse respeito no caráter profundamente regional que teve a insurreição republicana de 1817. Não ficou ela circunscrita a Pernambuco senão que dali se irradiou, numa cadeia de solidariedade e de levantes em prol da mesma causa, por todas as províncias limítrofes, tomando logo a feição de conflagração regional contra o domínio português e por uma emancipação imediata do País.

O regionalismo político dessas bases históricas que estamos analisando reaparece com a mesma força e intensidade no movimento da Confederação do Equador, que fez a batalha pela Constituição e pela legitimidade do poder monárquico enveredar no radicalismo do conflito e no fogo das armas, elegendo um caminho muito próximo da solução federativa e republicana.

Os dois movimentos – o de 1817 e o de 1824 – bastante identificados em seus propósitos libertadores, cimentaram, com a adesão das principais Províncias do Nordeste, e com a ressonância que nelas teve, o regionalismo político dessa parte do País, regionalismo menos reprimido do que propriamente recessivo, e que agora torna como realidade nada artificial, apoiado na consciência de uma coletividade, duramente sacrificada pelo subdesenvolvimento regional e pelas estruturas agrárias injustas, anacrônicas e oligárquicas que o perpetuam.

A Região Sul é outro fenômeno de regionalismo político com forte testemunho histórico e com tradição de luta que também remonta ao século XIX. O Rio Grande foi ali, como Pernambuco no Nordeste, a cabeça dos movimentos regionais, que excediam a dimensão meramente provincial com que as análises históricas, menos advertidas e mais superficiais, habitualmente os tratam. A verdade é que a vocação regionalista do Brasil meridional se manifestou com todo o vigor político na República de Piratinim, fruto da Rebelião dos Farrapos, e se manteve de pé, formando com o poderoso sentimento de autonomia dos federalistas do Rio Grande do Sul, participantes da primeira constituinte republicana, a linha histórica de uma tradição inarredável.

Há, por conseguinte, de Norte a Sul um regionalismo político com base no fato histórico e que agora tem uma ressurreição inspirada em fatores emergentes, que são muito mais sólidos que os do passado por sua manifesta radicação econômica.

É de todo o ponto absurdo querer vincular o regionalismo político, que se esboça no País, a uma tendência separatista e desagregadora. Houve, com efeito, três grandes movimentos históricos, que convulsionaram parte desta Nação e foram acoimados de separatistas: a Confederação do Equador, a Guerra dos Farrapos – ambos no século XIX – e a Revolução Constitucionalista de São Paulo em 1932.

Mas essa increpação de separatismo é falsa, pois aquelas rebeliões tiveram o significado de levantes patrióticos, profundamente nacionalistas, conduzidos no sentido de uma afirmação de legitimidade das instituições, sendo o primeiro e o último um protesto generoso em favor da verdade constitucional, minada pelo absolutismo do Príncipe (a dissolução da Constituinte em 1824) e pelo autoritarismo continuísta do ditador caudilho (a protelação do ato convocatório da Constituinte após movimento de 1930).

Não há no País literatura política de cunho separatista e nunca se questionou seriamente, em obras ou manifestos, o princípio da unidade nacional, a grande conquista do Império. O único livro que conhecemos professando de maneira ostensiva a tese separatista é um ensaio já esquecido, e em grande parte ignorado, de autoria do escritor paraibano Alyrio Meira Wanderley, intitulado *As Bases do Separatismo*. Vivia Alyrio em São Paulo e o escreveu, ao que nos consta, durante a Revolução Constitucionalista. Mas Alyrio não era publicista e sim homem de letras, autor de vários romances e artigos de crítica literária estampados na imprensa da Paraíba e do Rio de Janeiro. Sua tese separatista tinha o sabor de mera ficção no campo da política, não correspondendo em nada ao fluxo da realidade nacional. Pouca ou nenhuma repercussão logrou, salvo a que lhe adveio das perseguições e dos processos movidos por delito de opinião durante a fase mais sombria e repressiva do regime de Vargas na década de 1930.

O regionalismo separatista pode existir, mas fora do Brasil, na Espanha, na Irlanda, no Canadá, na Itália, na França e até mesmo na Grã-Bretanha. Antes porém que ele venha um dia a existir entre nós – e a advertência parte do Nordeste, da responsabilidade nacional que ali se acha envolvida – faz-se mister preveni-lo, combatendo a estrutura social do subdesenvolvimento, fomentando as autonomias, sufocando o centralismo, aplicando os corretivos de uma política que, ao distribuir a renda, anteponha o homem-sujeito ao homem-coisa ou objeto, como não se fez ainda no projeto regional em curso, excepcionalmente concentrador e acumulativo do poder econômico em mãos oligárquicas e privilegiadas.

4.1.5 A autonomia regional na Itália

A autonomia regional na Itália, criação dos constituintes de 1947, foi processo de institucionalização que veio de cima para baixo. Autores como Pergolesi e Ambrosini assinalam que as Regiões não constituíram ali o Estado, senão que foi este que as instituiu, ou seja, as dotou de autonomia política e as reconheceu, estabelecendo concretamente os poderes e as funções que ostentam.[4]

A Constituição italiana repartiu a República unitária em Regiões, Províncias e Comunas. Quanto às Regiões, fê-las compostas de Entes Autônomos, com poderes próprios e funções de acordo com os princípios por ela fixados.

Determinadas regiões, como Sicília, Sardenha, Trentino Alto Adige, Friuli-Venezia Giulia e Vale d'Aosta foram, por leis constitucionais, providas de estatutos especiais, que lhes conferiram formas e condições particulares de autonomia, de conformidade com o artigo 116 da Constituição italiana.

Outras regiões, ao invés de outorga estatutária, se institucionalizaram mediante iniciativa própria, estabelecendo, elas mesmas, com observância das regras e princípios constitucionais pertinentes, os seus respectivos estatutos de autonomia.

A Constituição dotou as regiões de um vasto círculo de competência que lhes consente legislar sobre as mais variadas matérias, desde que o façam nos limites das leis do Estado e dos princípios fundamentais que regem a ordem constitucional. Essa legislação, é óbvio, não deve infringir o interesse nacional nem o de outras regiões.

Dentre os assuntos que entram na competência legislativa da região figuram com realce: a organização dos serviços e dos entes administrativos que dependem das regiões, as circunscrições comunais, a polícia local e urbana e rural, as feiras e os mercados, a beneficência pública, a assistência sanitária e hospitalar, a instrução artesanal e profissional e a assistência escolar, os museus e bibliotecas de entidades locais, as

---

4. Ferruccio Pergolesi, *Diritto Contituzionale*, volume I, 15ª ed., Pádua, 1962, p. 177.

estradas de ferro e de rodagem de interesse regional, a navegação e os portos lacustres, as águas minerais, as minas, a caça, a pesca em águas internas, a agricultura, as florestas, o artesanato e outras matérias indicadas por leis constitucionais.

Dispõe ainda o texto constitucional italiano que as leis da República podem delegar às regiões o poder de expedir normas de atuação, bem como delegar-lhes também o exercício de outras funções administrativas, além das que se referem à matéria enunciada no artigo 117.

A par da autonomia administrativa, a Constituição da Itália concedeu às regiões autonomia financeira, conferindo-lhes tributos próprios e participação na receita tributária do erário, de tal modo que possam elas despender o que for necessário ao normal desempenho de suas funções. As regiões têm, por igual, patrimônio e domínio próprio, de conformidade com o que venha a ser estabelecido pelas leis da República. Existe vedação constitucional a impostos de importação, exportação ou trânsito entre as regiões, não se admitindo, tampouco, provimentos que obstaculizem, de qualquer modo, a livre circulação de pessoas e coisas entre elas, conforme dispõe expressamente a Constituição.

A descentralização do Estado unitário italiano, pelas vias regionais, logrou seu ponto culminante com o reconhecimento da tripartição do poder regional. Houve o reconhecimento de três órgãos-chaves da autonomia em formação: o Conselho Regional, a Junta e o seu Presidente e os órgãos de justiça administrativa de primeiro grau.

Como se vê, toda uma estrutura com que principiou na Itália, por obra da Constituição de 27 de dezembro de 1947, o processo de regionalização do País; regionalização tão característica e tão peculiar à Itália pós-fascista que levou muitos constitucionalistas, ao determinarem a natureza jurídica do novo Estado italiano, a caracterizá-lo como um Estado regional.

A regionalização tem sido, pois, para aquele país, uma experiência institucional coroada de bom êxito, exercendo sobre o regionalismo político espanhol de 1978 um influxo considerável e igualmente benfazejo.

O Conselho Regional exercita o poder legislativo e regulamentar atribuído às regiões, bem como as demais funções que lhe forem conferidas pela Constituição e pelas leis, conforme reza o texto constitucional. O Conselho dispõe também do poder de propor leis ao Parlamento.

A característica legislativa, algo que pode definir já o advento de uma sólida autonomia regional, tem sido assinalada por inumeráveis publicistas. Haja vista a esse respeito o que escreve Pergolesi: "A autonomia regional é antes de mais nada caracterizada por uma função legislativa, de emanação de leis próprias (confira o artigo 117 da Constituição e os estatutos regionais) em virtude de um poder atribuído pela Constituição: uma autonomia pois que se pode qualificar de legislativa, quanto ao objeto, e de constitucional, quanto à fonte atributiva e à garantia, com direito de ação perante o Tribunal Constitucional (art. 134, cap. X)".[5]

Diz ainda o sobredito autor que a autonomia regional italiana não é uniforme, mas diferenciada, variando a soma de poderes e funções de acordo com o que dispuserem os respectivos estatutos de autonomia, os quais não podem todavia mover-se além dos princípios assentados pela Constituição, e que toda criação estatutária regional será obra tanto de leis constitucionais como de leis ordinárias.[6] Tocante à autonomia regional diferenciada, que é uma das características da regionalização política na Itália, tornaremos ao assunto mais adiante.

Uma lei do Parlamento estabelece o sistema eleitoral do Conselho Regional, bem como o número de conselheiros regionais e os casos de inelegibilidade e de incompatibilidades desses membros do poder legislativo regional. Os conselheiros gozam de imunidade, não respondendo pelas opiniões expressas nem pelos votos emitidos no exercício de suas funções.

O Conselho Regional elege três delegados, por região, que participam da eleição do Presidente da República. Podem também os Conselhos Regionais, em número de cinco, provocar, por força de dispositivo constitucional, o *referendum* popular das leis de revisão da Constituição, bem como das leis constitucionais.

O Poder Executivo Regional pertence à Junta, órgão executivo, a cuja frente se acha um Presidente que, segundo a Constituição, representa a Região, promulga as leis e os regulamentos regionais e que, de conformidade com as instruções do Governo Central, encabeça as funções administrativas delegadas pelo Estado às regiões.

O Presidente e os membros da Junta são eleitos pelo Conselho Regional, o que é indubitavelmente um reflexo do regime parlamentar italiano sobre os mecanismos executivos regionais.

Quanto à Justiça Administrativa Regional, a Constituição italiana se limitou a instituí-la, dispondo que sua ordenação seria estabelecido por lei da República e não por lei regional.

5. F. Pergolesi, ob. cit., p. 178.
6. F. Pergolesi, ob. cit., p. 179.

Outra peculiaridade do sistema regional italiano é a existência do instituto de dissolução. O Conselho Regional, Poder Legislativo da Região, pode ser dissolvido quando cumpre atos contrários à Constituição ou perpetra graves violações das leis, conforme reza o texto constitucional. A dissolução pode igualmente ocorrer em caso de recusa, por parte do Conselho, de cumprir determinações do Governo para substituir a Junta ou o Presidente, quando tenham praticado atos ou violências análogas.

Os demais casos possíveis de dissolução ocorrem se o Conselho não puder funcionar em virtude de demissões ou da impossibilidade de formar uma maioria ou ainda por razões de segurança nacional.

É o Presidente da República a autoridade que decreta a dissolução, após ouvir uma comissão de deputados e senadores constituída para ocupar-se das questões regionais, dentro das normas estatuídos por legislação do Poder Central.

Os conflitos de atribuições entre o Estado e as Regiões bem como os das Regiões entre si são dirimidos pelo Tribunal Constitucional. A base de autonomia regional é o Estatuto que toda Região tem para estabelecer, em harmonia com a Constituição e as leis da República, as normas relativas à organização interna das Regiões.

O Estatuto – reza o artigo 123 da Constituição – regula o exercício do direito de iniciativa e do referendum sobre leis e provimentos administrativos da Região e a publicação das leis e dos regulamentos regionais.

O Conselho Regional delibera sobre o Estatuto de autonomia da Região por maioria absoluta de seus componentes. O Estatuto é aprovado por lei nacional. A Constituição de 1947 criou 19 Regiões na Itália, providas dos sobreditos poderes de autonomia que, não obstante sua inspiração federativa patente, não foram todavia tão largos e tão abrangentes que rompessem a moldura básica do Estado unitário.

A descentralização do Estado unitário italiano gravita basicamente, pelo que vimos, ao redor das Regiões, que a Constituição elevou à categoria de Entes Territoriais Autônomos.

A autonomia desses Entes, conforme pondera Pergolesi, se define pelo exercício da função legislativa regional, sem dúvida o mais alto grau da descentralização política relativa que se pode alcançar na esfera dos ordenamentos estatais unitários. Essa forma já politizada de descentralização faz portanto das Regiões, como agudamente observou aquele publicista, um "Ente Autônomo", além de "Ente Autárquico", que ele também o é, em razão de sua natureza de "pessoa jurídica pública, com organização própria (estrutural, funcional e financeira) e que exerce sua atividade, tanto no interesse do Estado como no interesse próprio".[7]

O "Ente Autônomo", em verdade desencadeia um processo de descentralização política e não de mera descentralização burocrática e administrativa, como sói acontecer com os simples "entes autárquicos".

Em rigor, já não se trata, em face da autonomia regional, como disse muito bem um constitucionalista italiano, de "levar o governo à porta dos administrados", mas de "conduzir os administrados ao governo de si mesmo", ou seja, de fazer germinar, tanto quanto possível, na órbita da unidade política do Estado, o princípio de autodeterminação, que, todavia, somente logra sua plenitude no espaço mais largo da descentralização federativa.

A Constituição italiana ao estabelecer as autonomias regionais distinguiu dois regimes de autonomia: o de Regiões de ordenamento especial e o das Regiões de ordenamento comum, sendo formalmente mais ampla ou dilatada a autonomia estatutária dos segundos que a dos primeiros. Mas o traço diferencial por excelência é que nas Regiões de ordenamento comum ou ordinário, o Estatuto resulta estabelecido pelo próprio ente regional, ao passo que nas Regiões de ordenamento especial o Estatuto emana do Estado, do Poder Central, sendo por ele "dado" ou outorgado.

Entre os dois regimes de autonomia há porém uma distinção mais superficial do que de natureza, e as duas formas repousam sobre uma sólida base de elementos fundamentais, comuns a ambas, tais como o poder legislativo regional, a autonomia financeira, a competência tributária e a estrutura básica dos órgãos executivos. De tal sorte que num e noutro ordenamento se nos deparam para o exercício de atribuições de natureza tanto legislativa como administrativa os mesmos órgãos já referidos de concretização da autonomia regional: o Conselho (poder legislativo) e a Junta e o seu Presidente (poder executivo).

Diante do exposto, chega-se a fácil conclusão de que a Constituição italiana desbravou e inovou extraordinariamente em matéria de autonomia regional, indo até aonde se poderia ir sem quebra ou deslocamento do centro unitário de poder que caracteriza a forma de Estado singular. Deu a Itália, desde a remota década de 1940, como se tem constatado, um passo gigantesco para a reforma descentralizadora

---

7. F. Pergolesi, ob. cit., vol. II, p. 258.

do Estado unitário, o qual se tornou solução ou espelho, onde se miram outros Estados com graves problemas regionais, mas hesitantes ainda em adotar nas suas instituições políticas os princípios da regionalização do poder.

Em conseqüência, a Itália ofereceu aos movimentos regionalistas de outros países, tanto de organização unitária como federativa, um valioso subsídio de inspiração e criatividade com que perfilhar a esse respeito novos ensaios, como é o exemplo daquele que já prospera na Espanha.

A introdução da dimensão regional na forma de Estado representa inquestionavelmente o impulso descentralizador mais original e eficaz para a reforma e o aperfeiçoamento funcional dos mecanismos de governo, eivados da nódoa centralizadora e autoritária com que foram comprimidos os entes locais e asfixiada a liberdade do cidadão.

Não é à toa, por conseguinte, que todas as autonomias regionais de direito positivo constitucional de nossa época vingaram em países onde os movimentos libertadores sacudiram o jugo da opressão fascista e corporativista; países, portanto, vítimas de ditaduras centralizadoras e repressivas, empenhadas em suprimir todas as formas de livre participação dos entes locais na direção de seus interesses e negócios de governo. Assim aconteceu sucessivamente na Itália, Portugal e Espanha.

4.1.6 A autonomia regional na Espanha

É muito mais fácil louvar a autonomia regional com palavras do que aplicá-la com atos. Constata-se porém que os entes locais decidem com mais desembaraço, competência e facilidade as matérias que diretamente lhe dizem respeito do que o fazem os executores de uma política centralista. O poder descentralizado é uma coluna de estabilidade do ordenamento político.

Mas ainda que as determinantes regionais sejam poderosas e imperativas, e as forças centrífugas do sistema de poder caminhem em convergência para dar dinamismo às entidades periféricas, a autonomia com que se busca dotar esses corpos locais é de concretização bastante complexa, podendo envolver graves riscos e delicados problemas, tanto de natureza política quanto burocrática, econômica e financeira.

A complexidade ocorre já nas organizações unitárias, já nas organizações federativas; nestas, apesar da familiaridade programática que possuem com a descentralização, nem por isso o processo autonomista basta para criar uma realidade política autodeterminativa, de sólido teor institucional, que se ache isenta de perigos e percalços.

A autonomia regional pode, portanto, se tornar suspeita e engendrar fantasmas, que vão do risco de afrouxamento da unidade nacional ao vexame de secessão; do pluralismo democrático multiplicativo à expansão sem freios das despesas públicas; da suposta inconveniência e tumulto das esferas econômicas e financeiras paralelas a uma hipertrofia desmedida do ônus tributário que recai sobre o contribuinte.

As vantagens da autonomia regional são porém tão acentuadas, em razão de virtudes decorrentes do pluralismo, que vale a pena de utilizar quantas diligências políticas se façam mister para vencer as dificuldades e conjurar os perigos apontados no argumento unitarista do poder, de tal modo que se possa, com feliz êxito, chegar à concretização daquele princípio.

A Espanha é exemplo de País que nasceu para ser uma Federação, mas que acabou sendo um Estado unitário – aliás, durante muito tempo, a pior forma de Estado unitário: o do centralismo absoluto, sustentando com o ferro e a compulsão, a ditadura dos poderes governantes.

Debaixo da ditadura clerical e fascista do Generalíssimo Franco, a grande nação ibérica padeceu cerca de quarenta anos a humilhação que a excluía do grêmio das nações democráticas do Ocidente.

Mas o centralismo espanhol não é episódico nem foi singularidade do ditador, senão que tem representado uma constante do processo político peninsular, desde séculos. O regime monárquico serviu de símbolo e base à união de tantas nacionalidades, que não obstante cultivaram o sentimento autonomista durante as breves épocas republicanas de afirmação libertaria e democrática plenamente acentuada.

Em nenhum Estado unitário da Europa se concentraram tantas razões históricas, étnicas e geográficas para compor o dilema da autonomia ou da secessão, como na Espanha contemporânea.

A fórmula da regionalização do Estado foi, portanto, aquela que a Espanha, numa hora feliz de pacto social e político, estampou na Constituição, elegendo-a por instrumento de seu reencontro com os valores do sistema democrático e representativo.

Com a criação da autonomia regional e a fé num futuro de paz e liberdade concretizada por novas instituições, já não se justificará o grito de aflição sob o qual gemia Ortega y Gassett, ao lançar a interrogação patriótica e desenganada, reproduzida por Badia, ou seja, "Dios mío que es España?", e muito menos a resposta arrasadora, repassada de amargura e dor, segundo a qual a grande nação era um enorme fracasso histórico.[8]

A descentralização do poder e a regionalização política na Espanha conduziram o processo autonomista das regiões a um grau tão elevado que publicistas espanhóis – como Gumersindo Trujillo Fernandez, de La Laguna –, não hesitaram em escrever sobre "o novo federalismo espanhol" para ocupar-se exatamente das mudanças constitucionais e das reformas que se introduziram com referência ao exercício das atribuições autônomas por entes batizados constitucionalmente sob a rubrica genérica de "Comunidades Autônomas", como é da linguagem do Capítulo Terceiro da Constituição de 28 de outubro de 1978, todo ele consagrado a essa categoria de organismos descentralizados.

O regime de descentralização política naquele País leva, com efeito, os entes autônomos às fronteiras de um sistema federativo, na medida em que a Constituição lhes abriu, por via legislativa, uma reconhecida e eficaz participação orgânica na estrutura do Estado, visível tanto na legislação ordinária como na reforma constitucional ou, ainda, na competência referente à expedição de decretos-leis.

O modelo constitucional de 1978 excedeu deveras o da Segunda República, vigente de 1931 a 1936, e se afastou da descentralização do "Estado integral" republicano, arruinado política e ideologicamente em suas bases estruturais pela mais sangrenta guerra civil do século XX: a luta dos republicanos com os chamados nacionalistas, cuja ditadura, ao termo de quase quatro décadas de sofrimentos políticos e institucionais, bem como de concentração férrea e monolítica de autoridade, acabou dando lugar a uma restauração da monarquia constitucional e à abertura ao mesmo tempo do espaço a um revigoramento das formas descentralizadoras, com antecedências históricas na aspiração autonomista das nacionalidades. A convivência destas ocorre mediante uma união dificilmente fadada a sobreviver em liberdade e democracia fora dos pressupostos da autonomia.

Com o enfraquecimento do Estado, após a queda da ditadura, a nação espanhola, que nunca foi forte como nação, em virtude da heterogeneidade cultural, lingüística e social dos elementos que a compõem, viu afrouxar-se o laço de união e ao mesmo tempo emergir das particularidades regionais aquelas forças reprimidas e silenciadas, que se achavam agora diante de um dilema, Para dar continuidade ao pacto

---

8. Ortega y Gasset *apud* Juan Ferrando Badia, *Estudios de Ciencia Política*, 2ª ed., corrigida e completada, Madrid, 1982, p. 461.

plurinacional: ou a separação ou a descentralização cooperativa. Mas esta última substancialmente inspirou uma espécie de ideal federativo, que já animou outrora o programa de importantes correntes políticas da península ibérica, compondo ali um respeitável patrimônio histórico de combate pela institucionalização da liberdade.

Não poderia, portanto, o constituinte de 1978 mostrar-se indiferente ao ímpeto novo dessas forças renascidas, que disputavam um influxo preponderante na reformulação do quadro institucional espanhol.

Da reunião das Cortes livres e democráticas, sob a égide da monarquia disposta a admitir, como realmente o fez, um novo pacto social e político, resultou a modelar Constituição de 1978, o regime parlamentar, a nova identidade representativa e sobretudo – que é o que mais nos interessa aqui – o sistema de autonomias regionais. Muito se valeram os espanhóis da experiência cristalizada na Itália, onde nasceu o chamado Estado regional, que outra coisa não é senão o próprio Estado unitário descentralizado em regiões e garantido em sua composição por princípios constitucionais eficazes, explícitos e inequívocos.

Toda a velha estrutura territorial centralista do Estado foi, assim, substituída por uma nova construção política que opera em vastas áreas do País a descentralização territorial. A base jurídica de toda essa reorganização do ordenamento estatal tem seu primeiro alicerce no artigo 2º da lei suprema que diz que "a Constituição se fundamenta na indissolúvel unidade da Nação espanhola, Pátria comum e indivisível de todos os espanhóis, e reconhece e garante o direito à autonomia das nacionalidades e das regiões que a integram e a solidariedade entre todas elas".

Esse preceito global define e funda a nova autonomia, e tem seu mais importante e considerável desdobramento jurídico nos 15 artigos do longo Capítulo Terceiro da Constituição, os quais mostram como o princípio aparece ali muito mais pormenorizado do que na Constituição italiana.

Em verdade, o quadro jurídico da autonomia regional se acha, até certo ponto, envolto em complexidades e também em casuísmos, por menos evidente que isso pareça.

Mas após o desfalecimento da centralização, inaugurou-se a fase de reequilíbrio, em que a unidade política recobrou a legitimidade e a força integrativa do sistema, precisamente por efeito da adoção e da eficácia das autonomias regionais. Essa fase teve um transcurso delicadíssimo em razão de situar-se na transição do regime autocrático ao regime descentralizador. Sem este último, a democracia pluralista seria uma falácia, uma vez que se atente no exemplo histórico das duas repúblicas malogradas, uma durante a segunda metade do século XIX, a outra ao transcurso da terceira década do século XX.

Os publicistas espanhóis, talvez ainda perplexos diante do grau da descentralização constitucional, se debatem numa polêmica estéril sobre a melhor maneira de definir política e juridicamente a nova estrutura do Estado peninsular.

Questionam por exemplo se se trata de um "Estado regional-federativo", como propôs Trujillo Fernandez, ou um "Estado das autonomias", um "Estado autonomista" ou apenas um "Estado regional", denominações indubitavelmente irrelevantes se considerarmos que sua adoção, de mero gosto terminológico, em nada altera a realidade conceituai intrínseca contida no modelo, o qual, de maneira alguma, transcende as raias do Estado unitário descentralizado para inaugurar a modalidade federativa, como chegou a inculcar o Professor de La Laguna, por ocasião dos debates do Colóquio de Berlim.

Aliás esse constitucionalista pretende demonstrar que a Constituição erigiu uma forma intermediária entre o "Estado regional" e o "Estado federal', uma categoria nova, o que também não é verdade, pois o que houve na Espanha foi simplesmente a regionalização política, descentralizando a estrutura do Estado mas sem alterar a natureza jurídica do sistema em sua essência unitária, habilmente preservada, posto que atada a um tecido de complexidades cujo efeito maior consiste em dificultar à primeira vista o que seja o Estado espanhol após a introdução das autonomias constitucionais.

Com efeito, o texto da Constituição não primou pela clareza, deixando de estabelecer de modo inequívoco a extensão e o conteúdo da autonomia. A mesma ambigüidade tocante determinação dos princípios que se devem seguir na caminhada autonomista. Não se sabe por conseguinte se os da flexibilidade democrática de baixo para cima, inspirados num sentimento histórico-federativo do chamado "cantonalismo" das duas Repúblicas, ou os da rigidez constitucional, de cima para baixo.

Nesse último caso, configurar-se-ia um processo autonomista tutelado. Espargindo a decepção, o descontentamento e o desinteresse dos grupos autonomistas mais radicais, acabaria por se inclinar em favor da solução separatista ou o que seria igualmente grave, por frustrar ou tolher uma nova experiência em curso de concretização, com a recaída, mais cedo ou mais tarde, no centralismo secular que tem feito tão penosa e tão difícil a unidade política da Espanha, pela qual o povo tem pago o preço estipulado no sacrifício das aspirações libertárias e autonomistas das nacionalidades e das regiões.

Antes de examinarmos a técnica do modelo regionalista da Espanha, qual ele se infere dos quadros constitucionais, impende-nos assinalar que a autonomia regional espanhola, se não alcançou a plenitude federativa nem desfez juridicamente a estrutura unitária do sistema, foi, todavia, do ponto de vista institucional de implantação de uma nova realidade, um passo avançadíssimo de descentralização política.

A garantia de que a descentralização operada com base na Constituição de 1978 não terá o fim melancólico de preparar a dissolução separatista, ou o retorno ao centralismo férreo da ditadura de Franco reside, a nosso ver, na função que venha a desempenhar naquele país o Tribunal Constitucional, que será ali, como tem sido já na Alemanha, na Áustria e sobretudo na Itália, o órgão por excelência para dirimir conflitos político-jurídicos de natureza constitucional capazes de afetar o equilíbrio do sistema e pôr em risco, no caso específico da Espanha, as possibilidades da solução autonomista para o problema da unidade nacional.

4.1.6.1 As Comunidades de Autonomia Mínima

Todas as comunidades espanholas têm pela Constituição o direito a um "mínimo" de autonomia. Essas comunidades de autonomia "mínima" se distinguem das outras, as de autonomia plena, em razão do conteúdo, da organização e das tarefas decorrentes do grau de autonomia alcançado. A distinção também se estende ao exercício da iniciativa para obtenção da autonomia e a forma como intervém para lograr a elaboração do respectivo Estatuto de autonomia.

O conteúdo de autonomia das comunidades referidas na primeira categoria é aquele que se acha explicitado e enumerado na lista das matérias constantes do artigo 148 da Constituição espanhola.[9] Mas adverte Trujillo Fernandez que o enunciado constitucional não deve entender-se

---

9. Transcrevemos a seguir o artigo 148 da Constituição espanhola de 28 de outubro de 1978:
"1. Las Comunidades Autónomas podrán asumir competencias en las siguientes materias:
"1º. Organización de sus instituciones de autogobierno.
"2º. Las alteraciones de los términos municipales comprendidos en su territorio y, en general, las funciones que correspondan a la Administración del Estado sobre las Corporaciones locales y cuya transferencia autorice la legislación sobre Régimen Local.
"3º. Ordenación del territorio, urbanismo y vivienda.

em sentido apertado e restrito senão como simples moldura que abre espaço ao exercício fecundo e criativo de uma genuína autonomia política a que serve de base e também de ponto de partida.[10]

Quanto à organização, carecem as comunidades de autonomia mínima de instruções constitucionais precisas referentes ao modo como devem estruturar-se. Tal omissão é causa também das dúvidas que se levantaram para saber se elas podem ou não elevar-se à categoria de comunidades de autonomia plena.

"4º. Las obras públicas de interés de la Comunidad Autónoma en su propio territorio.

"5º. Los ferrocarriles y carreteras cuyo itinerario se desarrolle integralmente en el territorio de la Comunidad Autónoma y, en los mismos términos, el transporte desarrollado por estos medios o por cable.

"6º. Los puertos de refugio, los puertos y aeropuertos deportivos y, en general, los que no desarrollen actividades comerciales.

"7º. La agricultura y ganadería, de acuerdo con la ordenación general de la economía.

"8º. Los montes y aprovechamientos forestales.

"9º. La gestión en materia de protección del medio ambiente.

"10º. Los proyectos, construcción y explotación de los aprovechamientos hidráulicos, canales y regadíos de interés de la Comunidad Autónoma; las aguas minerales y termales.

"11º. La pesca en aguas interiores, el marisque y la acuicultura, la caza y la pesca fluvial.

"12º. Ferias interiores.

"13º. El fomento del desarrollo económico de la Comunidad Autónoma dentro de los objetivos marcados por la política económica nacional.

"14º. La artesanía.

"15º. Museos, bibliotecas y conservatorios de música de interés para la Comunidad Autónoma.

"16º. Patrimonio monumental de interés de la Comunidad Autónoma.

"17º. El fomento de la cultura, de la investigación y, en su caso, de la enseñanza de la lengua de la Comunidad Autónoma.

"18º. Promoción y ordenación del turismo en su ámbito territorial.

"19º. Promoción del deporte y de la adecuada utilización del ocio.

"20º. Asistencia social.

"21º. Sanidad e higiene.

"22º. La vigilancia y protección de sus edificios e instalaciones. La coordinación y demás facultadas en relación con las policías locales en los términos que establezca una ley orgánica.

"2. Transcurridos cinco años, y mediante la reforma de sus Estatutos, las Comunidades Autónomas podrán ampliar sucesivamente sus competencias dentro del marco establecido en el artículo 149.".

10. "Deutsch-Spanisches Verfassungsrechts Kolloquium vom li. – 20. Juni 1980 in Berlin", *Herausgegeben von Albrecht Randelzhofer*, Berlin, 1982, p. 120.

Com respeito à elaboração e aprovação dos Estatutos das comunidades de autonomia mínima, o projeto estatutário é preparado por uma assembléia composta tanto de parlamentares da futura comunidade como de membros dos conselhos provinciais, sujeitos a duas restrições que não se aplicam às comunidades de autonomia plena: a) a privação do direito de negociar ou de tratar com as Cortes o projeto que elaboraram; b) a carência do recurso ao plebiscito para fazer valer o projeto eventualmente rejeitado pelas Cortes.

4.1.6.2 As Comunidades de Autonomia Plena

A Constituição concedeu a chamada autonomia plena àquelas comunidades regionais que no passado elaboraram e aprovaram por meio do plebiscito os seus Estatutos de autonomia, tais como a Catalunha, o País Basco e a Galícia. A autonomia plena é igualmente atribuída àquelas comunidades que preencherem as rigorosas exigências postas pelo artigo 151 da Constituição.[11]

11. Teor do artigo 151 da Constituição da Espanha que versa sobre autonomia regional:
"1. No será preciso dejar transcurrir el plazo de cinco años a que se refiere el apartado 2 del artículo 148 cuando la iniciativa del proceso autonómico sea acordada dentro del plazo del artículo 143, 2, además de por las Diputaciones o los órganos interinsulares correspondientes, por las tres cuartas partes de los Municipios de cada una de las provincias afectadas que representen, al menos, la mayoría del censo electoral de cada una de ellas y dicha iniciativa sea ratificada mediante referéndum por el voto afirmativo de la mayoría absoluta de los electores de cada provincia en los términos que establezca una ley orgánica.
"2. En el supuesto previsto en el apartado anterior, el procedimiento para la elaboración del Estatuto será el siguiente:
"1º. El Gobierno convocará a todos los Diputados y Senadores elegidos en las circunscripciones comprendidas en el ámbito territorial que pretenda acceder al autogobierno, para que se constituyan en Asamblea, a los solos efectos de elaborar el correspondiente proyecto de Estatuto de autonomía, mediante el acuerdo de la mayoría absoluta de sus miembros.
"2º. Aprobado el proyecto de Estatuto por la Asamblea de Parlamentarios, se remitirá a la Comisión Constitucional del Congreso, la cual, dentro del plazo de dos meses, lo examinará con el concurso y asistencia de una delegación de la Asamblea proponente para determinar de común acuerdo su formulación definitiva.
"3º. Si se alcanzare dicho acuerdo, el texto resultante será sometido a referéndum del cuerpo electoral de las provincias comprendidas en el ámbito territorial del proyectado Estatuto.
"4º. Si el proyecto de Estatuto es aprobado en cada provincia por la mayoría de los votos validamente emitidos, será elevado a las Cortes Generales. Los Plenos de ambas

O contraste básico entre as duas autonomias demonstra que em regime de autonomia plena as comunidades podem exercer desde o princípio, e em toda a extensão, o feixe de competências que não hajam sido atribuídas com exclusividade ao Estado, ou seja, ao Poder Central. Mas ainda assim a competência da comunidade de autonomia plena pode alargar-se no espaço da flexibilidade e das exceções que o artigo 150 consente com relação ao campo material da competência exclusiva estabelecida em favor do ordenamento central.

As comunidades de autonomia plena são estruturadas pela Constituição com uma certa rigidez institucional, que, segundo Fernandez, as eleva ao caráter de um poder político genuíno, organizado com base numa separação do legislativo, do executivo e do judiciário, separação que, pertinente aos dois primeiros órgãos, se atenua bastante com a adoção de um governo regional de acentuado teor parlamentar.[12]

A autonomia plena se acha constitucionalmente aberta a todas as comunidades autônomas após o transcurso de um prazo de cinco anos e mediante reforma de seus Estatutos. A ampliação sucessiva das competências dessas comunidades far-se-á dentro no marco estabelecido pelo artigo 149, que versa basicamente sobre a esfera de competência exclusiva que o Estado tem tocante às matérias ali enumeradas.

Diz o item terceiro desse artigo: "As matérias não atribuídas expressamente ao Estado por esta Constituição poderão caber às Comunidades Autônomas, em virtude de seus respectivos Estatutos. A competência sobre as matérias que não hajam sido abrangidas pelos Estatutos de Autonomia caberá ao Estado, cujas normas prevalecerão, em caso de conflito, sobre as das Comunidades Autônomas em tudo que não esteja atribuído à exclusiva competência destas. O direito estatal será, em todo caso, supletivo do direito das Comunidades Autônomas".

Cámaras decidirán sobre el texto mediante un voto de ratificación. Aprobado el Estatuto, el Rey lo sancionará y promulgará como ley.

"5º. De no alcanzarse el acuerdo a que se refiere el apartado 2º de éste número el proyecto de Estatuto será tramitado como proyecto de ley antes las Cortes Generales. El texto aprobado por estas será sometido a referéndum del cuerpo electoral de las provincias comprendidas en el ámbito territorial del proyectado Estatuto. En caso de ser aprobado por la mayoría de los votos validamente emitidos en cada provincia, procederá su promulgación en los términos del párrafo anterior."

12. "3. En los casos de los párrafos 4º y 5º del apartado anterior, la no aprobación del proyecto de Estatuto por una o varias provincias, no impedirá la constitución entre las restantes de la Comunidad Autónoma proyectada, en la forma que establezca le ley orgánica prevista en el apartado 1 de este artículo" (Trujillo Fernandes, ob. cit., p. 124).

4.1.7 A Autonomia Regional com a Nova Republica

Forma-se já no Brasil, desde muito, uma consciência regionalista, perfeitamente definida do ponto de vista sociológico. Serve ela de apoio sólido a todo esquema federativo inspirado também pela consideração da realidade regional.

De sorte que a dificuldade é saber se a regionalização poderá ser feita fora do autoritarismo unitarista das atuais estruturas, que a nosso ver precisam de ser removidas, ou dentro delas.

Não padece dúvida que onde mais vinga e se politiza hoje o sentimento regionalista é no Nordeste, dentro da chamada área-problema do País. Ali o subdesenvolvimento tem sido a grande mola do regionalismo autonomista, sobretudo o malogro dos poderes federais com sua política dúbia e indefinida com respeito aos problemas da Região, provocando a incredibilidade que hoje rodeia o universo de planos e promessas tantas vezes inexecutados e descumpridos.

Em rigor, o projeto federal de desenvolvimento não perdeu, de todo, as características assistencialistas e paliativas de um federalismo filantrópico e, por isso mesmo, não chegou a configurar uma operação básica de desenvolvimento.

Conduziu o Poder Central, de forma desastrada, e até determinado ponto anti-social, a política de combate ao atraso da área mais crítica da Nação, não trazendo até hoje às suas populações uma solução, mas ao contrário um desengano e uma perplexidade.[13]

---

13. Um retrato do estado calamitoso em que o Nordeste se acha, sem outra saída que não seja a de ordem política, com a criação da autonomia regional, nos é oferecido, em reforço desta tese, pelo deputado Paulo Lustosa, Ministro da Desburocratização da Nova República. Com efeito, escreve aquele parlamentar: "Não é preciso nenhum cientificismo para mostrar nossa realidade. O Nordeste, depois de 20 anos de intervenção – organizada e planejada – do Governo federal, está hoje mais frágil, dependente e vulnerável do que antes em sua estrutura econômico-social. Este é um dado aceito por todos. Não significa dizer que a Região não cresceu, que não houve uma melhoria nos indicadores econômicos. O que acontece é que esta expansão, como ela ocorreu, não diminuiu a fragilidade, dependência e vulnerabilidade da Região, seja diante dos efeitos climáticos, seja em face das crises cíclicas da economia nacional".

Prossegue Lustosa: "Há 25 anos, o Nordeste era exportador de alimentos. Hoje importa, chegando um Estado como o Ceará a importar 80% dos alimentos que consome. Se quantitativamente não nos fomos bem, em termos qualitativos nos saímos muito pior ainda. A Região sofreu modernização, sim, mas que só beneficiou a alguns poucos, em detrimento da grande maioria. Deram-nos aquilo de que não precisávamos e nos tiraram a possibilidade daquilo de que necessitávamos. A Região hoje tem televisão colorida, Discagem Direta Internacional e asfalto à porta. Mas carece de água, comida e emprego. Isto sem análises maiores, sem examinar indicadores sociais, sem mostrar a taxa de mor-

Estamos no limiar da Nova República e, se ela vem com propósitos renovadores que não se confinem às praxes e hábito de simples mudança de estilo no exercício do poder, é de esperar a cristalização de nova atitude institucional. Seu centro de gravidade e expansão se assentará sobre o trabalho da constituinte. A questão regional deverá portanto ter ingresso na pauta de preocupações dos que arvoram a bandeira reformista, acrescentando uma dimensão distinta ao nosso processo federativo, necessitado de revisão profunda, depois de tantos recuos ocasionados pela política centralista e autoritária dos últimos vinte anos.

Que o atual Governo se prepara para o exame dessa realidade não resta dúvida. Basta que se considerem os indícios já manifestos na maneira como transcorreram as próprias consultas presidenciais para a formação do ministério. Atente-se, também, para a audiência prévia de Governadores de Estados ouvidos em bloco segundo um aparente critério regionalista.

Demais, cumpre acentuar que na composição ministerial houve aplicação de critérios regionalistas, fugindo-se, tanto quanto possível, a uma prevalência exclusiva do peso partidário e da vontade pessoal do Presidente, como costuma ser regra nos sistemas presidencialistas.

Durante as negociações que antecederam o anúncio do novo ministério a opinião do País ouviu com freqüência o apelo à consideração do interesse regional sobretudo respeitante repartição das pastas. Em alguns casos foram elas desdobradas, não para atender a simples conveniências da máquina administrativa de governo ou a meras postulações de ordem partidária ou até mesmo pessoal, senão para levar em conta também a importância crescente do projeto político regional. Esse projeto serve de ponto de partida do propósito que toda a Nação tem de repensar o modelo de sua forma federativa de Estado. Tanto isso é verdade que não constituirá medida estranha e supérflua, nem muito menos surpresa, a criação de um Ministério dos Assuntos Regionais.

Como se vê, o Executivo marcha para a regionalidade, e sobre não permanecer indiferente à questão regional em sua dimensão mais vasta, colocou-a, de certo modo, no eixo das questões sérias de governo. Deve-se aguardar, por igual, com toda a atenção, a política da Nova República em relação à autonomia dos entes regionais. Estes já atuam pelo ângulo econômico e administrativo, como bem o demonstra, em

talidade de 250 por mil nascidos vivos; 56% das famílias na faixa de pobreza absoluta; 58% dos analfabetos de todo o País; 78% dos assalariados ganhando menos que o salário mínimo" (Paulo Lustosa, "Uma ideologia para o Nordeste", in *Nordeste – Reflexão e Debate*, Fortaleza, 1984, pp. 35-36).

maior escala, a SUDENE, órgão precursor e vanguardeiro do processo autonomista regional no Brasil.

É de esperar, portanto, que a Constituinte, partindo de uma inclinação oficial de vontade já modificada em relação àquelas Regiões, tão menosprezadas pelo regime tecnocrático-militar da ditadura de 1964, tenha real empenho e sensibilidade para a delicadeza política e institucional dos problemas regionais. Uma assembléia daquele porte e envergadura não pode, em absoluto, ignorar as bases regionais da crise federativa, salvo frustrando esperanças até agora inabaláveis depositadas em sua tarefa de relegitimar a organização política do País.

Até aonde poderá ir a Constituinte, não sabemos. Mas com toda certeza podemos asseverar que terá permanecido imóvel e repetitiva, se não adotar na futura Constituição, com toda a clareza necessária, o princípio da regionalização política do Brasil. Obviamente esse princípio não se institucionalizará em toda sua extensão federativa possível, no espaço de um mandato de governo, mas será sua concretização obra de uma ou duas gerações.

O primordial nesse tocante é que se dê pelas vias constitucionais o primeiro passo ou se lance a pedra fundamental, a saber, se criem os Estatutos de Autonomia das Regiões. Sendo o Nordeste a Região mais amadurecida do País para a introdução da nova experiência institucional, não há como recusá-la nem dificultar ou interromper ali a marcha autonomista, ou seja, fazer, por omissão, aquilo que o centralismo e o intervencionismo repressivo da tecnocracia do velho regime fizeram de caso pensado.

4.2 O Nordeste, um "Terceiro Mundo"

O Nordeste é hoje uma espécie de "terceiro mundo" dentro da geografia política do País. Assola a região uma onda de pessimismo levantada pela recente visita presidencial, que confessou a impotência dos programas oficiais diante da magnitude dos problemas críticos dessa área, componentes de um desafio acima das forças do atual governo.

Têm havido críticas ásperas às palavras do Presidente no insólito diálogo que travou com um fazendeiro do vale do Espinharas, no alto sertão da Paraíba. Muitos concluem que o governo está sem rumo em sua política de lidar com o Nordeste, nunca tão empobrecido e flagelado como nestes anos oitenta, marcados por tantos desenganos. Com efeito, esta área atravessa uma das quadras mais difíceis e aflitivas de toda a sua história. Mas diga-se em abono do Presidente, atenuando a infelicidade de seu pronunciamento: foi de uma sinceridade rude, a toda prova, justamente aquela que tem faltado a outros chefes de governo, cujas promessas de redenção imediata nos enganaram no passado, quando liam plataformas eleitorais e discursos túmidos de planos demagógicos, jamais executados.

O Nordeste estava cansado e descrente da voz dos governos, sempre fáceis em pôr no papel números emancipadores, projeções estatísticas de futurologia irresponsável, pautada em projetos assistenciais extremamente vagos; alguns nunca implantados, outros apenas principiados, mas logo sujeitos a desvirtuamento e abandono. De modo que nesse estado de credibilidade zero, o Presidente falou com uma franqueza, a nosso ver, positiva, digna de ser meditada. Não para aplaudirmos o que se vem fazendo com o Nordeste, mas, ao contrário, para reclamarmos com mais força e razão a mudança revisora da política dos tecnocratas que o influenciaram, política traçada na comodidade macia dos gabinetes ministeriais, a uma distância imensa da realidade social e econômica da região. E essa mudança decerto só ocorrerá quando a instância decisória mais elevada, que é o Presidente, intervier em favor do Nordeste. Enquanto o Poder Executivo neste país for obra exclusiva de uma única vontade, o Congresso permanecerá privado de meios e prerrogativas para ditar a política de legitimidade federativa com que se corrigiriam os gravíssimos desníveis regionais da hora presente.

Toda a ação política das bancadas nordestinas, todo o prestígio de sua representatividade deve, pois, se concentrar de imediato ao redor da pessoa do Presidente, movida de um realismo cru, com o propósito de fazê-lo sensível, no quatriênio de governo que ainda lhe resta, à solução política da questão nordestina.

Há, com efeito, uma questão nordestina na política brasileira. Não adianta querer dissimular tal evidência, fechando os olhos a uma realidade que amanhã poderá tornar-se mais difícil, complicada, senão talvez desesperadora. Os erros de ontem fizeram-na cada vez mais complexa, a indiferença de hoje ameaça torná-la insolúvel. Gostaríamos que o atual Presidente se persuadisse da necessidade de estabelecer prioridade máxima para o Nordeste. Na ocasião em que isso acontecer – se vier a acontecer – o Poder Central tomará compromissos que Figueiredo saberá honrar, como tem feito com a abertura democrática, em pleno curso, às vésperas de concretizar a eleição direta.

Cabe ressaltar no Chefe do Executivo nacional essa virtude: dizer e cumprir, prometer e fazer. A malícia da classe política não está, porém, compreendendo tamanha dimensão na personalidade do primeiro magistrado. O Nordeste muito menos. Urge, por conseguinte, erguido um pedestal de confiança mútua, convencer o Presidente, o quanto antes, de que esta região é mais importante para a unidade nacional, o futuro do País e a sorte das instituições do que o projeto nuclear de Angra dos Reis, a barragem de Itaipu, o minério de Serra Pelada e o porto de Tucuruí.

O Nordeste é um terço do País em ruínas, é a economia agonizante de trinta milhões de brasileiros, é uma questão agrária e social; nenhum regime democrático será estável, amanhã, com a fome e o protesto humano dessa Região. Faz-se mister que os nossos representantes demonstrem semelhante verdade, evidenciando ao governo do Planalto esse axioma político fundamental: o Brasil aberto não poderá conviver com o Nordeste fechado, vítima do infortúnio, atraso e decadência de seu destino. Em outras palavras, a redenção do Nordeste constitui a chave da grande abertura democrática de nosso Futuro como nação.

4.3 A crise do ICM e o retorno à forma federativa

Todo princípio federativo exprime basicamente determinada forma de união política inspirada em razões de sobrevivência dos Estados-Membros, empenhados em auferir por meios econômicos, financeiros, culturais e militares as vantagens conferidas por uma sólida aliança de interesses. Foram os gregos os artífices políticos desse conceito, modernamente ampliado numa versão de grau mais elevado e perfeito, ditado menos por razões militares, como na antiguidade, do que por imperativos de ordem material, étnica e cultural, os quais conduziram a excelentes modelos de comunhão política, aptos a permitir a existência de Estados irmãos identificados sob a forma de uma união perpétua e indissolúvel.

Mas as federações contemporâneas estão quase todas em crise ou num processo de transformação tão aguda que o federalismo clássico – salvo o norte-americano, ainda hoje o mais representativo dessa modalidade – ou já se desintegrou, ou se acha debaixo da ameaça da extinção, como é o caso do Brasil. Tudo isso, porém, em contradição com o anseio renovado de reimplantar a forma federativa em toda a sua plenitude ou com a restauração teórica do conceito, deveras abalado durante este século, em razão das ditaduras, do autoritarismo, da perversão absolutista e do centralismo férreo do Estado intervencionista, massificador e tecnocratizante de nossa época.

Esse Estado não deixa espaço livre à iniciativa do homem, tolhendo a ação criadora e fecunda das categorias intermediárias e dos poderes locais, vítimas de uma sociedade dirigida, onde a coação organizada se manifesta sempre de cima para baixo, onde os governados são cada vez menos governantes, e onde o povo, enfim, se distancia do Estado e o Estado do cidadão.

A perda de substância democrática e liberal nos falsos ordenamentos federativos de nosso tempo constitui já uma tragédia política, de que também somos exemplo, desde a Revolução de 1930, com ligeiros intervalos de malograda autonomia, porfiada pelos Estados membros em períodos efêmeros de normalidade constitucional.

Temos reiteradamente advertido para o perigo potencial do unitarismo a que fomos levados, estatizando e centralizando tudo, numa asfixia total da participação das unidades federadas. Reduzidas estas a mera condição de províncias ou interventorias federais, viram-se atadas ao Poder Central numa dependência tamanha que faria pálida a crítica de Rui Barbosa aos excessos centralistas do Império: este, sim, Estado unitário autêntico, constitucional, imune, pelas praxes mais duras, a toda contradição com o princípio de sua organização.

Era Estado unitário mesmo. Nós, ao contrário, enganamos a todos na prática e na teoria. Somos um Estado federal de nome e de fachada. Mas a crise aí está, principiando como um fogo que se acende sobre a questão-fiscal do ICM, tributo cuja essência antifederativa os tecnocratas e unitaristas do poder jamais reconheceram. Tem sido ele, contudo, o ponto crucial de injustiças odiosas, perpetradas contra os Estados pobres e consumidores das regiões economicamente mais frágeis do País, como é o Nordeste.

A decisão da Assembléia Legislativa do Rio Grande do Sul, que se insurgiu contra o convênio aprovado pelo Conselho de Política Fazendária, reduzindo as alíquotas do ICM no comércio interestadual para o Norte, Nordeste e Centro-Sul foi, não resta dúvida, uma forma infeliz, negativa e antifederativa de recobrar as prerrogativas autonomistas, ou retomar, em matéria tributária, a iniciativa constitucionalmente nula da classe política e dos órgãos representativos ou parlamentares.

Como sempre, o Nordeste, nas presentes condições, acabará sendo a principal vítima, porquanto perderá, segundo cálculos já divulgados pela imprensa, mais de 28 bilhões de cruzeiros em três anos, caso se mantenha o ato da Assembléia gaúcha. Por sua vez, o Rio Grande do Sul se queixa de que a curto prazo se converterá em novo Nordeste. Os Estados da Federação, salvo os poucos privilegiados, estão em crise financeira, profundamente endividados e deficitários. Há necessidade premente de fazer-se, com a máxima urgência, a revisão completa das bases constitucionais do sistema tributário brasileiro, já em parte desatualizado, a fim de que se possa alcançar a harmonia federativa, quebrada com os conflitos latentes, oriundos, sobretudo, do ICM – desde sua instituição, o mais controvertido de todos os nossos tributos.

Enquanto os Estados membros gemeram jungidos a um centralismo político que violentava as autonomias, presenciou-se uma certa docilidade dos meios oligárquicos, indiferentes às liberdades locais, contanto que se lhes não contestasse a dominação sobre os feudos de sua influência nitidamente personalista. Gerada, porém, a questão fiscal numa dimensão que poderá alcançar amplitude imprevisível, com a rebelião autonomista da Assembléia do Rio Grande do Sul, não será surpresa se a questão pertinente ao desequilíbrio federativo alastrar-se para o terreno global, onde se insere a soma incontrastável de poderes, atribuições e prerrogativas que a Constituição unitarista e outorgada concede à autoridade federal executiva.

Nunca as tensões inter-regionais se agravaram tanto neste País. Tudo isso poderá ser o ponto de partida para uma renovação federativa inspirada num modelo mais realista de convivência, que só terá legitimidade quando deslocarmos também dos poderes derivados, presumivelmente usurpados, para os poderes originários da Nação soberana, a decisão constituinte sobre as reformas pretendidas por quantos querem o País reconduzido a um federalismo democrático e republicano; pelo menos, aquele já existente na vontade de nossos congressistas e no espírito das Constituições não outorgadas do passado.

4.4 Medidas objetivas em defesa do Nordeste

Temos reiteradamente, desta coluna, batalhado em favor de medidas que possam fortalecer o Nordeste, fazendo-o menos vulnerável aos efeitos da crise imperante na economia e nas finanças do País, com reflexos desfavoráveis a esta Região, tão mal aquinhoada em prestígio e participação nos atos das decisões fundamentais de Brasília. Preservar interesses básicos de nosso espaço regional não tem sido fácil, em razão exatamente da debilidade da presença nordestina nas altas esferas do poder, onde estamos – esta a dura verdade – sub-representados. Faltanos o peso da influência e da liderança ativa e organizada com que promover a defesa de uma política dirigida sem recuos no sentido do desenvolvimento e da redenção social do Nordeste.

Essas considerações se fazem em torno do *cahier* que o Governador Virgílio Távora entregou ao Presidente da República na audiência de anteontem no Palácio do Planalto. Não foi o governador cearense como um prefeito do interior levar ao primeiro magistrado do País reivindicações específicas referentes a áreas distritais, nem relativas tão-somente a obras do Estado que governa, por mais significativas que estas sejam.

Compassando a dimensão do drama de toda uma área de infortúnio, o chefe do executivo cearense conduziu à mesa de despacho do Presidente uma exposição em que faz solicitações concretas de largo alcance para atenuar a médio prazo o desequilíbrio e a inferioridade da economia nordestina, quase sem horizontes no presente estado de coisas vigente na ordem federativa. Pediu a reformulação do sistema tributário, mediante "uma mais justa distribuição das rendas públicas entre a União, os Estados e os Municípios", tendo em vista principalmente o Nordeste, com o propósito de remover disparidades regionais de renda, que fazem a angústia de nossas relações federativas.

É de louvar as providências pleiteadas que oferecem dois pontos de realce: a elevação de 9% para 15% do Fundo de Participação dos Estados e do Fundo de Participação dos Municípios e o pagamento de *royalties* pelo petróleo e gás extraídos na plataforma submarina dos Estados em cujo litoral já se exploram importantes jazidas ou campos petrolíferos. Um tratamento do Governo Federal dispensado nos termos requeridos viria sem dúvida minorar o quadro das dificuldades atravessadas de último pelos Estados nordestinos, praticamente sem recursos para o investimento público, o combate ao desemprego e subemprego, ou privados até de meios para o pagamento de seu funcionalismo em níveis compatíveis com as exigências de um corpo administrativo eficiente e qualificado.

Há contudo um ponto que se nos afigura impróprio ou frágil: é aquele relativo ao modo de encaminhamento das justas pretensões contidas na exposição de motivos oferecida à primeira autoridade do País. O documento é tão importante, tão objetivo e realista, que não deveria partir unicamente das mãos e da iniciativa de um chefe de executivo estadual. Deveria, para lograr mais ressonância no fórum da opinião nacional e na sensibilidade dos dirigentes da República, ter sido subscrito por todos os Governadores dos Estados do Nordeste, numa frente de solidariedade e apoio àquelas medidas, que revertem em benefício de toda a Região.

Mensagens desse porte pedem um respaldo político sólido e realista, que se encontraria precisamente na consulta prévia aos Governadores da Região, excruciados pelos mesmos problemas e sufocados pelas mesmas dificuldades, os quais decerto endossariam com júbilo e esperança os itens básicos da proposta virgilista, dando-lhe mais força de expressão, prestígio e conteúdo. Reuniões freqüentes de Governadores da Região Nordestina constituem sem dúvida uma necessidade política indeclinável, se quisermos coordenar melhor os esforços de quantos, na esfera dirigente e executiva, têm compromisso de amparar os interesses regionais preteridos por decisões tomadas na cúpula federal. Seriam, por igual, deveras fecundos tais encontros como embrião político de um futuro federalismo das Regiões, conforme temos incansavelmente preconizado.

4.5 Humanismo no desenvolvimento do Nordeste

Um recente pronunciamento do Governador da Paraíba nas páginas do Jornal do Brasil deu a dimensão da injustiça e discriminação que atropelam o desenvolvimento do Nordeste, convertido desde muito num desafio ao próprio espírito de unidade nacional. É óbvio que as declarações do chefe do Executivo paraibano não poderiam ter a extensão nem a profundidade de uma análise envolvendo todos os pontos críticos onde esbarram até hoje sem eficácia os projetos e programas oficiais do Poder Central, conduzidos por uma consciência meramente paliativa das questões regionais, cuja solução não se tem procurado lograr mediante política de continuidade e firmeza inflexível.

Mas foram suficientes para denotar, sobretudo nas entrelinhas, que há erros capitais obstaculizando a marcha do Nordeste rumo à autonomia econômica. Um desses erros, que deixaram de ser explicitamente postos pelo Sr. Tarcísio Buriti, reside na deficiência da estrutura social nordestina, na carência básica de uma organização agrária compatível com as transformações impostas pelo processo já desencadeado, nas contradições sufocantes geradas por uma política casuística de avanços e recuos, que fazem do Nordeste, para a política do governo, um campo de exercício de tiro ao alvo, onde hoje o ponto que se procura atingir é ainda em grande parte o mesmo das medidas assistenciais da seca de 1877 do tempo do Império, enquanto se escoa mais um século de atraso na solução das dificuldades regionais.

Pesa-nos observar que a par da insuficiência, dispersão e improvisação de recursos e meios materiais aplicáveis ao Nordeste, a esta altura, menos para impulsionar um desenvolvimento que não existe do que para tolher desequilíbrios ou rupturas cujas conseqüências poderiam ser imprevisíveis, concorre o não menos grave problema da ausência de uma política global, inspirada em elementos humanísticos, sem os quais o desenvolvimento é simples quimera, pois não chegará jamais ao homem, base de todo o projeto social corretamente concebido.

Que missão cumpre à Universidade como instituição-chave na feitura de um programa que possa de maneira efetiva galvanizar a mocidade estudiosa e os corpos docentes, unindo-os para o desempenho de responsabilidades comuns? A pauta tecnocrática das medidas oficiais não se compadece com a compreensão do problema nordestino nesses termos, senão que primeiro o confina a um balanço utilitário e estatístico de recursos financeiros distribuídos a órgãos nem sempre os mais adequados a gerir a ação desenvolvimentista, enquanto outros, como as instituições universitárias, são mantidos à distância ou recebem ínfima parcela de meios, com o que se anula a potencialidade de uma contribuição realmente eficaz.

Essas ligeiras reflexões se fazem tão-somente para demonstrar como estamos ainda equivocados em tudo quanto se reporta ao desenvolvimento do Nordeste, até hoje um esquema malogrado de tecnocratas que já deveriam ter sido postos em disponibilidade, a bem da Região. Haja aqui menos pragmatismo e mais humanismo. Tudo está por ser feito numa linha teórica renovada, que comande uma estratégia inteiramente distinta daquela até agora seguida, sem resultados apreciáveis, antes confirmativos de retumbantes fracassos.

Sem uma visão integrativa dos aspectos financeiros, econômicos, culturais, sociais e políticos, o desenvolvimento da Região padecerá irremediáveis danos ou ficará por inteiro comprometido. O tecnocrata só vê quantidades mensuráveis ou as vê em termos unicamente de recursos materiais. O homem, como ser que reflete uma cultura ou um modelo reformável de sistema social, não entra na equação do desenvolvimento. A tecnocracia o despreza. Em suma, deve haver lugar para a Universidade e suas principais instituições docentes num projeto de desenvolvimento regional, traçado, ao contrário do que vem acontecendo, em bases indispensavelmente humanísticas.

4.6 *O Nordeste Autônomo e o Nordeste Colônia*

A autonomia do Nordeste como região em uma nova estrutura federativa deve ser doravante o primeiro de todos os deveres e compromissos das bancadas políticas da representação nordestina ao Congresso.

O dispositivo constitucional que prescreve a organização e o funcionamento dos partidos políticos em âmbito unicamente nacional não há de constituir obstáculo a que entre no temário dos partidos de governo e oposição a idéia nuclear da autonomia nordestina. Tamanha é a comunhão de interesses, que todas as correntes políticas da Região devem atuar aqui no âmbito federal como verdadeiros partidos do Nordeste, em busca da autonomia regional, mediante um novo pacto federativo.

Ainda que o federalismo das regiões – a fórmula redentora de recomposição de nossas bases federativas – não venha a vingar de imediato, em razão de obstáculos ou desinteresse opostos por aqueles que no Centro-Sul ou na extremidade meridional do País não se capacitaram, em sã consciência, da profundeza das disparidades regionais, e da conseqüente inviabilidade do presente sistema federativo, por não estarem ainda com seu futuro confiscado, como nós habitantes da Região Nordestina, urge a todo transe formar aqui uma frente autonomista, a fim de que possamos, quanto antes, batalhar pelo Nordeste em posição de força; do contrário não haverá audiência para os nossos protestos. Não seremos nunca ouvidos enquanto partirem da Região, rumo às esferas centrais do poder, postulações débeis de Estados cuja autonomia é comparável à realeza com que os deicidas cingiram a cabeça de Cristo, como rei dos judeus, apupado pelas turbas nas ruas de Jerusalém, ao consumar-se a tragédia do Gólgota. Essa autonomia constitucional provoca risos, ao mesmo passo que se converte numa peça de folclore, com governadores mais decaídos de prerrogativas e poder decisório que os interventores federais do Estado Novo. O círculo de problemas que a estes se lhes deparava era muito menor que o de nossos dias, fazendo assim grande inveja aos atuais governantes.

Transformados em meros administradores da dependência e prepostos da intermediação entre o Poder Central e o espaço onde tem assento sua autoridade quase nula e formal, esses agentes provinciais retratam o quadro da anti-representação federativa em que ora se insere o Nordeste numa das horas mais graves de sua existência.

Observa-se de último um círculo vicioso que em verdade já se desenha desde quarenta anos: aos brados da Região, acodem sempre as autoridades federais com promessas copiosas contidas em programas redentores que dão a impressão, para o dia seguinte, de que um novo Nordeste vai surgir. Ocupam esses programas, não raro, o espaço das "manchetes" de jornais, o noticiário das emissoras de rádio e televisão, acompanhados de uma oratória retumbante, visitas oficiais – às vezes a nível presidencial – solenidades públicas, lançamentos de pedras fundamentais, comparecimento de políticos, entrevistas de tecnocratas, discursos e artigos de jornal. Findas porém as campanhas, cessado o ruído das promessas do poder público, inclusive as de reativação plena da SUDENE, o Nordeste logo se retrai, entorpecido de esperanças, ao que sempre tem sido: a região regressiva e decadente do País, campeã olímpica de subdesenvolvimento e disparidades regionais.

Basta atualizar o questionário de indagações sobre sua economia para perceber que aquele título tão cedo não lhe será arrebatado. Senão vejamos: Que se fez da execução dos programas Polonordeste e Sertanejo? Quantas escolas se abriram ou quantas foram reaparelhadas ultimamente em todo o Nordeste? Que tratamento se tem dado ao pequeno empresário da Região? Como anda aqui a pesquisa agrícola e mineral? Que providências se tomaram para erradicar a miséria urbana e deter os fluxos migratórios das populações carentes? Onde o programa social de melhoria da qualidade de vida? E finalmente esta que obtém imediata resposta em dados estatísticos há pouco divulgados, nos quais se retrata toda a decadência econômica regional: em que pé se acha a industrialização do Nordeste?

Desse teor, a resposta sumária: o Nordeste hoje produz industrialmente 3,69% a menos do que produzia em 1975, conforme dados do IBGE, ao passo que Estados como Minas Gerais, Rio de Janeiro e Rio Grande do Sul tiveram, em relação àquele ano, aumento de produção industrial que alcançou índices de 45,56%, 26,66% e 34,83% respectivamente.

Os decréscimos de produção chegam a ser violentos, como no caso da indústria extrativa mineral, com uma queda de 10,41% em relação a 1975, enquanto com referência a esse mesmo ano a produção do Sul se expandia numa taxa de 104,2%.

O Nordeste definha economicamente ao passo que o Sul engorda, conforme se deduz dos levantamentos estatísticos feitos por aquele órgão do Governo, de todo insuspeito. No interior do Nordeste mesmo, há bolsões de estagnação e atraso, que fazem também complicada e aflitiva a disparidade intra-regional com o advento de alguns micronordestes dentro desse já tão desventurado Nordeste.

O debate do problema nordestino se faz pois com desalento e fadiga, só comparável a essa corrosiva ausência de credibilidade que rodeia as promessas e os planos pomposos de aplicação de bilhões de cruzeiros na área para resolver "em definitivo" suas atribulações econômicas.

É da sobredita falta de credibilidade que principiam a nascer, na esteira do desespero, as temidas e deploráveis fórmulas secessionistas no ânimo da opinião, conforme denúncia de um senador oposicionista. Faz-se mister portanto um compromisso nacional imediato contra a redução do Nordeste à condição de colônia nesse império estatizante, centralizador e intervencionista, em que nossa república federativa se converteu ao longo das últimas décadas.

4.7 Se Brasília fosse no Nordeste

As visitas ministeriais no passado sempre renovavam esperanças. Depois caíram na rotina: já não impressionam, já não seduzem, já não fazem o Nordeste abençoar a mão do poder, ultimamente vazia até de promessas. Em 1932 a seca fustigante que calcinava a Região e abrazava os sertões, trouxe a visita de José Américo. Inspecionando as obras de combate ao flagelo, era ele uma presença messiânica que levantava o ânimo do povo e acordava na imaginação de retirantes, cassacos e fazendeiros arruinados uma confiança de sobrevivência, a par de uma profunda fé no futuro.

Mas cerca de cinqüenta anos depois o Nordeste de 1980 é ainda o das secas de 1915, 1919 e 1932: uma Região de cruciais problemas de subdesenvolvimento, onde a despeito de todos os planos e programas e obras de fachada, mais da metade de sua população vive nos campos, entregue em larga parte a uma agricultura precária e de subsistência e a receber nas ocasiões de catástrofe climática tratamento assistencial inferior talvez àquele que se dá às vítimas dos terremotos em outros países, como é o que resulta da diária de oitenta cruzeiros ao trabalhador rural, muito aquém do salário mínimo pago pelas empresas.

Ainda em épocas normais o rurícola nordestino é um infeliz; retrata com seu baixo poder aquisitivo a inferioridade regional, o descompasso de nossa economia cotejada com a de São Paulo. Ganha ele, em média, quatro vezes menos que o lavrador bandeirante, conforme dados de 1970, sem dúvida já desatualizados e em sentido provavelmente negativo, desde que se leve em conta o acelerado ritmo de agravamento dos desequilíbrios inter-regionais da economia brasileira.

Não há pior injustiça do que tratar igualmente os desiguais. O Nordeste na comunhão federativa nacional é hoje um caso à parte, uma Região desintegrada de progresso do resto do País, como se fora um território, uma capitania, uma possessão colonial em termos econômicos. Com o problema nordestino a Nação se desfederaliza. O centralismo asfixiante produz dependências insuportáveis que se tornam mais irritantes à medida que o tratamento privilegiado da Região Centro-Sul faz crescer em progressão geométrica os anos de atraso na separação das duas áreas.

A economia do Nordeste apenas atualiza o Brasil Colonial que deveria estar extinto desde a Independência. Quem quiser estudá-lo não precisa de ir aos museus e à arquitetura barroca de Ouro Preto, Sabará, Congonhas e outras cidades relíquias das montanhas mineiras para ler o passado morto. É mais instrutivo e proveitoso varar os sertões e ver de perto quadros de pobreza, fome e endemia na tragédia que abate socialmente o homem do Nordeste.

Atado à servidão de um destino apagado, ele se estiola, enquanto milhões de brasileiros meridionais prosperam à sombra dos recursos e dos favores oficiais. Todas as grandes caudais orçamentárias do tesouro nacional na parte dos investimentos do poder são concentradas em obras que constituem a principal causa impulsora da arrancada desenvolvimentista do país centro-sul. Há dinheiro para Itaipu, a Ferrovia do Aço, os metrôs de São Paulo e Rio de Janeiro, as obras do rio Guaíba e outros projetos milionários da iniciativa oficial, enquanto o Nordeste, assolado por três anos de estiagem e seca, se converte, como sempre, em asilo de mendicidade, recebendo ajudas paliativas e remédios daqueles que costumam prolongar a sobrevida dos enfermos desenganados.

O maior erro das bancadas nordestinas no Congresso e dos políticos da Região durante a década de 1950, e desde muito antes, foi o de não se terem empenhado num clamor nacional, no sentido de transferir para o Nordeste a capital do Brasil. Não para a Bahia, que já foi sede de governo ao primeiro século da colonização, mas para os Inhamuns, ou as barrancas do São Francisco, nos mais áridos tabuleiros nordestinos, onde teria o Poder Central de perto a contínua visão daquilo que compõe a tragédia do Nordeste.

Um Juscelino bem motivado, com seu porte de estadista, possivelmente em nome da unidade pátria, ter-se-ia rendido à evidência desse apelo. Parece isso que afirmamos uma sugestão de humor ridículo. No entanto aí está Brasília, onde o Governo Federal gasta em obras administrativas e urbanas quantia superior a tudo quanto reserva para o DNOCS, que é o órgão nacional de combate às secas, tão frustrado em recursos orçamentários quanto a SUDENE o é em autonomia e meios de promover o desenvolvimento da Região.

Uma Brasília no Polígono das Secas teria sido solução geográfica, humana, social e econômica muito mais relevante para os destinos do

País do que aquela que a levantou na solidão do planalto goiano, onde a marcha para o oeste, imprimindo velocidade ao processo expansivo da economia, mais cedo ou mais tarde acabaria por favorecer aquele espaço circunjacente, de terras riquíssimas e fecundas. O Nordeste, com sua pobreza e seu marginalismo, é que precisava e precisa de estar sempre debaixo das vistas imediatas do Poder Central e de sua presença financeira e deliberativa, até que se tome, quanto antes e sem tergiversar, a decisão política de seu futuro.

4.8 O Nordeste e as eleições

A vitória governista da Bahia ao Maranhão, abrangendo de cheio todo o Nordeste, produz um quadro político que deve ser investigado e interpretado com mais profundidade, para então podermos perceber o exato alcance das implicações regionais desse surpreendente desfecho. Até Pernambuco, tradicional baluarte da Oposição, saiu minado da refrega, incorporando-se à frente situacionista, para a qual a Bahia e o Ceará carrearam as correntes eleitorais mais caudalosas.

O problema regional, no caso do Nordeste, emerge dessas eleições com uma nitidez que só não percebem os cegos e os indiferentes à reforma do edifício federativo. O Nordeste é dependência. E a dependência não poderia ter outra alternativa, na esfera conjuntural, senão dobrar o joelho às esperanças de um apoio que acudisse com mais presteza e imediatismo aos efeitos do subdesenvolvimento em época de crise. Foi buscar assim esse apoio no paternalismo dos poderes oficiais que, minorando sofrimentos de sobrevivência, nunca descem contudo à execução de um plano apto a soerguer definitivamente a Região. Conservado o Nordeste como instrumento e meio, isto é, como base de sustentação de oligarquias rurais, é quase impossível admitir-se aqui grandes inconformismos eleitorais. Pelo menos enquanto perdurar a espécie de economia que temos, reflexo de atrasos e desvios de estrutura.

Após o maciço apoio dado ao partido situacionista, é de esperar venha a cumprir-se em termos favoráveis à Região a mudança tributária de que já se cogita. Será ela sem dúvida um dos pontos para os quais hão de convergir Governo e Oposição, pondo assim à prova as intenções de ambos referentes às bases de um entendimento cooperativo ao redor dos problemas fundamentais do País.

Mas a harmonia e cooperação de governadores para o reforço da causa federativa não é menos importante. O governador eleito da Paraíba pediu há pouco a exclusão de Minas da área do Polígono das

Secas, onde um artifício legislativo a colocou no passado para que também participasse, como tem participado até hoje, dos favores regionais estabelecidos pelo Poder Central. Não discutimos a procedência ou legitimidade do argumento excludente, mas afigura-se-nos que a atitude tem mais um sabor de represália à ironia de Tancredo Neves sobre o PDS, como o Partido do Nordeste, em verdade o maior partido regional do Brasil, depois que deixou de ser a maior agremiação partidária do Ocidente...

O pronunciamento do governador mineiro não devia irritar o sentimento regional, mas despertá-lo para influenciar e reivindicar a contrapartida de uma definição do Governo Federal com respeito ao futuro da Região. Até agora, sem embargo da SUDENE e de quantos projetos já se elaboraram essa definição não chegou, permanecendo o Nordeste no limbo das perplexidades de uma política carente de rumos fixos e que se habituou a tudo improvisar quando se ocupa com as crises mais agudas da economia nordestina. Improvisar na execução é pior que improvisar nos planos; estes já existem desde muito, mas em verdade somente alcançam concretização parcial, e logo se fazem efêmeros por obra de recuos e contradições observadas em sua aplicação.

Não pode o Governo eximir-se do dever de traçar uma nova política para o Nordeste, depois de receber aqui um volume de sufrágios sem precedentes em toda a história eleitoral da República: uma política destinada a soerguer-lhe a economia, em bases definitivas. Enquanto estivermos encaixados no subdesenvolvimento haverá nesta Região meros territórios federais e não Estados com a dignidade da autonomia. As eleições de novembro patentearam no interior do Brasil a existência de um império, com a cabeça em São Paulo e os pés no Nordeste. Essa dura realidade, só uma abertura regional poderá desfazê-la, mas se for jurada e cumprida à risca como a abertura política e democrática do Presidente da República. Resta, porém, a pergunta: por que não vem assumi-la o mesmo Presidente, depois que a legenda de seu partido se fartou aqui dos votos do Nordeste? O prêmio à fidelidade nordestina deve ser a solução de seu destino.

* * *

P. S. – Já havíamos escrito este artigo quando lemos as declarações do presidente Figueiredo corroborando a expectativa de todos nós: "Agora é a vez do Nordeste", "Estou com o Nordeste e não abro".

Proferidas essas palavras por quem as proferiu, depois de executar, ao pé da letra, a promessa da redemocratização, não temos dúvidas em manifestar a esse respeito nosso otimismo. Nunca foi tão alto o grau de credibilidade de uma palavra presidencial em relação ao Nordeste.

4.9 O Nordeste e os empresários

As sete Federações representativas das indústrias do Nordeste dirigiram ao Ministro do Planejamento uma exposição em que fixam os pontos de vista da classe empresarial nordestina acerca dos problemas cruciais da Região.

Como se sabe, está iminente a visita do titular daquela Pasta ao Ceará, dando oportunidade a um debate sobre muitos aspectos da política do Poder Central que permanecem equívocos e contraditórios em relação aos mais delicados interesses regionais.

É de todo o ponto conveniente que ao debate programado para logo no auditório da Federação das Indústrias no Estado do Ceará com o ministro mais poderoso da área econômica, que dita a política do Governo no campo complexo das decisões básicas pertinentes ao desenvolvimento, estejam como convidados especiais e participantes ativos, os principais representantes de nossa bancada às duas Casas do Congresso e, se possível, deputados e senadores de outras partes do Nordeste, com peso e liderança na defesa dos temas de soerguimento da Região.

O retrato do Nordeste traçado pela mão dos empresários que endereçaram ao Ministro um memorial reivindicativo prévio, a fim de que ele se inteire, antes da viagem, dos assuntos que o aguardam nesta visita, fixa com rigorosa fidelidade o quadro presente da tragédia nordestina: baixa renda per capita – apenas 35% da média nacional – subemprego, analfabetismo, mortalidade infantil inquietante, sujeição cada vez mais acentuada da economia regional aos mercados do Centro-Sul; tratamento creditício, cambial e fiscal diferenciado, em manifesto proveito dos Estados meridionais, e, sobretudo, o agravamento das tensões econômicas, políticas e sociais, oriundas de uma distribuição nada equânime da riqueza nacional.

O manifesto empresarial define com veemência e precisão, sem transbordamento retórico, a posição do Nordeste em presença dos três problemas mais agudos da conjuntura nacional no plano econômico: inflação, energia e balanço de pagamentos. Toda a análise é perpassada pelo compromisso da dívida social que a nação contraiu com o Nordeste.

Tocante à inflação, comenta o documento que as medidas tomadas pelo Poder Central para deter-lhe o avanço têm uma uniformidade altamente lesiva aos interesses da Região, tratando-se igualmente situações de todo desiguais – o que basta para configurar a injustiça do tratamento dispensado ao Nordeste.

Com respeito à crise energética, os empresários demonstram como o Nordeste contribui para removê-la produzindo, por exemplo, mais petróleo do que consome, ao mesmo passo que assinalam sua ausência de participação no programa nuclear ou nas obras do projeto de Itaipu, onde a União concentra os mais copiosos recursos e investimentos para o combate à insuficiência energética com que se defronta o País. No que tange ao balanço de pagamentos, desempenha o Nordeste, com suas exportações, um papel positivo, enquanto internamente é vítima de políticas protecionistas e tributárias, que drenam para outras regiões os seus recursos e o fazem consumidor de artigos a preços artificialmente impostos.

Os dados desse documento são de evidência irretorquível. Aflige-nos verificar que temos em nossa Região mais de 50% dos analfabetos do País ou que o poder público, nos três níveis de governo, não despende com matéria educacional importância superior a 14%. Os dois célebres Programas Nacionais de Desenvolvimento, cujo objetivo era entre outros o de reerguer o Nordeste na década de 1970, não destinaram para a educação nessa área nem ao menos 10% dos recursos previstos pelo PND no domínio educacional.

Em questão de saúde, o mesmo Programa não chegou a 12%. De sorte que se pedíssemos, como pedem os empresários nordestinos, a aplicação naqueles domínios de no mínimo 30% dos recursos orçamentários da União relativos às suas despesas globais no Nordeste, estaríamos apenas postulando um ato de justiça.

Precisa o Governo Federal de mudar de política. Uma política que desça à análise e à compreensão dos graves problemas nordestinos se faz imperiosa. Resume o Nordeste a crise nacional em todos os seus efeitos negativos: inflação, subdesenvolvimento, industrialização oscilante, analfabetismo, endemias, crise agrária etc. A região é um terço da população do País, mas representa dois terços talvez de todos os seus problemas e dificuldades.

4.10 A consciência regional

É de lastimar não se tenha dado às comemorações do centenário de Tomás Pompeu Sobrinho uma dimensão nacional a exemplo do que Pernambuco e Minas Gerais fizeram com o transcurso dos oitenta e setenta anos, respectivamente, de Gilberto Freyre, o sociólogo, e Orlando Carvalho, o publicista, ainda vivos, e que atraíram para sua obra uma homenagem intelectual de que todo o País tem participado.

Os órgãos culturais do poder não se arregimentaram como deviam no sentido de fazer transcender às nossas fronteiras as festas ao cientista das secas, cuja obra já examinamos em ligeiras considerações feitas neste mesmo espaço. Pompeu Sobrinho tem uma densa atualidade para o País, na medida em que o Nordeste é hoje a grande questão da unidade nacional. Urge estudá-lo com profundidade como a cabeça que mais analisou o Ceará e melhor refletiu em termos científicos sobre os problemas da Região.

Não vimos aqui nenhum seminário de mestres, nenhuma mesa-redonda de cientistas e governantes, nenhum exame sobre a batalha que o Nordeste está perdendo em relação ao futuro e ao restante do Brasil, nenhum fórum de autoridades que viessem debater a fome, a questão social, a decadência agrária, o imobilismo, a estagnação, o desemprego, o subdesenvolvimento, a formação do deserto.

A memória de Pompeu Sobrinho poderia ter sido a bandeira que uniria ao redor da mesa nacional de debates o Governo, a Universidade, as corporações culturais, todas as expressões do poder e do pensamento brasileiro numa semana de estudos sociais, políticos e administrativos para definir as responsabilidades da nação nessa emergência que o Nordeste ora atravessa, de modo a proceder-se, num ato político, à revisão das prioridades que nos esqueceram, quando somos o que há de mais urgente e excepcional em toda a conjuntura brasileira.

O recente discurso do deputado Paes de Andrade, proferido na Câmara dos Deputados, constitui menos a oração de uma liderança oposicionista do que um apelo ao bom senso governativo por parte de toda a bancada regional sensível à sorte do Nordeste. Estamos hoje à beira de outra miragem egípcia: a perenização de alguns rios da bacia fluvial nordestina, mediante o desvio das águas do São Francisco, acompanhado de 40 barragens tributárias do lençol aquático represado em Sobradinho. A ficção imperial dessa medida se converteria na realidade republicana de tão arrojado empreendimento. Acumulamos projetos de obras com a mesma facilidade com que acumulamos problemas. Quanto aos problemas, estão aí conforme vimos, na palavra contundente daquele parlamentar: uma SUDENE esvaziada gradativamente de recursos orçamentários, com tamanho decesso que, em 1970, dispunha de uma fatia de 0,75% e em 1981, o ano vindouro, quando as necessidades serão maiores em razão do período calamitoso de secas, terá de contentar-se com a ínfima parcela de 0,10%.

Em 1946, sob a Constituição liberal, dispunha o Nordeste de 3% de toda a receita tributária da União para as obras de socorros regionais, o que já definia politicamente, em bases constitucionais, um tratamento diferenciado em relação à área do Polígono, fruto da boa compreensão e do sentimento de responsabilidade federativa dos constituintes daquele ano. A garantia de tais recursos mínimos foi posteriormente varrida do texto constitucional em 1967, logo seguido do Ato Complementar n. 40, baixado a 30 de dezembro do ano subseqüente, sob a égide do AI-5, que acabou de decepar aquilo que até então fora, do ponto de vista político e institucional, o princípio sério de um tratamento verdadeiramente positivo com respeito ao Nordeste. Daí por diante nos entregamos a uma política de casuísmos e recuos, configurativos de nossa sujeição cada vez mais acentuada a interesses das regiões meridionais.

O quadro de contração de recursos não atinge só a SUDENE. O DNOCS é outra grande vítima, ele que devia ser autônomo e todavia se acha centralizado à burocracia ministerial tanto quanto a SUDENE. Os meios financeiros de que dispõe estão baixando também, conforme assinalou Paes de Andrade, com dados estatísticos elucidativos, mostrando a diminuição que os reduzira dos 15,17% de 1979 aos 13,18% do ano seguinte.

Como se vê, há urgência de refederalizar o País em bases regionais, selando um novo pacto político e institucional que prossiga a obra desvirtuada e mutilada do constituinte de 1946, amoldada às novas condições da sociedade brasileira. Quando se pede um fórum constituinte de legitimidade nacional, o que se quer é remover a habitualidade de uma regência governativa que toca nas instituições com um poder de outorga, fazendo prevalecer sempre, por vias estranhas à vontade popular, interesses de pessoas, grupos e facções. Uma Constituição legítima se converte assim na primeira das garantias formais com que exercitar juridicamente os princípios da liberdade e da igualdade no Estado social de direito, fazendo justiça às regiões, às classes e ao povo.

4.11 A seca e o Nordeste

As previsões dos cientistas de São José dos Campos estão na iminência de confirmar-se: abate-se sobre o Nordeste o terceiro ano consecutivo de seca, culminando um processo de anormalidade climática cujas conseqüências poderão ser catastróficas para toda a Região Nordestina.

Não faltaram advertências nesse sentido, tendo sido alertados tanto os órgãos federais como os estaduais, de tal modo que inexiste justificativa para o despreparo observado diante do flagelo e suas proporções. Colhe-se a impressão de que a autoridade governamental, tomada de surpresa, se viu atropelada pelos acontecimentos. Em verdade o quadro ora desenhado nos sertões, onde massas de retirantes já convergem para as cidades em busca de trabalho e sobrevivência, demonstra a precariedade das medidas emergenciais postas em prática, ao mesmo passo que suscita reflexões amargas acerca dos problemas regionais. São problemas cuja gravidade somente sensibiliza a nação quando o sub-homem do campo, tangido pela fome e pelo desespero, assalta a feira e compromete a ordem pública.

Temos visto em ocasiões precedentes repetir-se o clamor efêmero dos que pretendem libertar o Nordeste das formas de atraso e subdesenvolvimento, tomando o tema das secas como argumento central da necessidade de pôr termo definitivo à questão nordestina na esfera do pacto federativo. Quando os debates se acendem, há sempre uma efervescência de planos, projetos, discursos e promessas, traduzindo tão-somente o remorso que rala a autoridade pública, de consciência pesada por haver faltado ao dever histórico da solução social com respeito ao Nordeste. Uma estrutura agrária injusta e perpetuadora de tais espetáculos se ergue em área onde os reservatórios oficiais acumulam ociosamente volume d'água superior ao de várias baías da Guanabara e onde a irrigação alcança, em contraste, percentuais mínimos e irrisórios.

Patenteia-se assim desorganização estrutural profunda e latente que a seca somente faz exacerbar, trazendo à superfície a espuma da miséria rural. A par disso uma silenciosa conspiração de interesses batalha pela manutenção das medidas paliativas, pois é no ciclo iterativo da tragédia que essas forças tiram rendimento político direto ou indireto da situação de padecimentos coletivos.

Urge, pois, mais do que nunca, pela palavra e pelo debate, arregimentar as correntes de opinião em favor de um compromisso nacional com o Nordeste, devolvendo a órgãos como a SUDENE, hoje tão apartada de seus fins básicos porque lhe recusaram os meios, toda a faixa de competência e recursos para ser o instrumento de apoio a uma política de desenvolvimento em que a técnica, posta a serviço do homem e da justiça, nunca promova a concentração do capital em proveito de minorias privilegiadas.

O Nordeste tem água, urânio e petróleo. Não merece o tratamento carente até agora recebido do Poder Central, ainda atado a uma linha de providências casuísticas e efêmeras, enquanto no fundo da consciência nordestina germinam sentimentos insopitáveis de revolta e inconformismo. Há aqui um problema de segurança e unidade nacional, que deve penetrar desde já o ânimo dos governantes. Ele se traduz politicamente pela urgência de uma revisão das bases federativas. Não é possível procrastinar sem limites no tempo a servidão ao centralismo unitarista.

Esquecendo o Nordeste, o Estado unitário de fato já nos separou do progresso e da riqueza nacional. Só há pois uma fórmula de reconstituir o equilíbrio do sistema federativo desfeito: a adoção imediata, por via constituinte, de um federalismo das Regiões. Com isso advirá ao Nordeste no plano político a outorga de uma autonomia constitucional, plena e efetiva, de que ele tanto necessita para gerir e utilizar em proveito próprio todo o seu potencial de riquezas.

4.12 O Nordeste e a revisão federativa

Tudo indica que, pela terceira vez, a Presidência da Câmara dos Deputados recairá na pessoa de um parlamentar cearense, sendo assim o Nordeste, segundo o entendimento de muitos, alvo de uma distinção política. Os que vêem nisso uma forma de prestigiar a Região se acham contudo equivocados. O aspecto regional não pesa nessa escolha e ainda que pesasse pouco contribuiria para lograr os objetivos imediatos de redimensionar o lugar do Nordeste no pacto federativo, coisa que não resulta de termos ou não um político da força e da liderança do Sr. Flávio Marcílio à testa de uma das Casas do Poder Legislativo. Nem mesmo um Presidente da República cearense ou pernambucano é princípio de solução para as dificuldades que fazem sombrio o destino desta região.

Quanto a presidentes nordestinos, o balanço histórico não é dos mais positivos, salvo a exceção representada por Epitácio Pessoa, que teve, porém, todas as boas iniciativas referentes ao Nordeste, tomadas no curto período de seu mandato presidencial, invalidadas pela indiferença e omissões do sucessor, o mineiro Bernardes, cujo nacionalismo se mostrou desprovido de sensibilidade para transcender a prevalência restaurada dos interesses do eixo Centro-Sul, consubstanciados na política das oligarquias mineiras e paulistas, donas de quase todas as sucessões presidenciais da Primeira República.

Café Filho, José Linhares e Castelo Branco jamais revelaram nas medidas do poder a identidade nordestina. Aliás, foi sob o governo deste último que se deu o tiro de misericórdia no dispositivo constitucional que fixava os mínimos percentuais da receita orçamentária para aplicação em obras de combate as secas na Região Nordestina. A partir daí, desse recuo desastroso e do não menos desastroso golpe desferido contra a autonomia da SUDENE, como órgão de combate ao subdesenvolvimento, se deterioraram as esperanças e também as possibilidades de remover para sempre o atraso e a decadência do Nordeste, sem embargo dos recursos já aplicados na Região, de volume consideravelmente inferior àqueles que teríamos recebido se a influência dos tecnocratas do Poder Central não houvesse revogado a regra constitucional de 1946, subjugando os interesses regionais às prioridades da economia industrial da Região Centro-Sul.

Dessa experiência um tanto amarga e ressentida com presidentes nordestinos deriva a pouca fé que fazemos na capacidade e na disposição de ânimo que teriam eles para dar aos seus governos o cunho regional de nossa presença. A possibilidade de uma candidatura civil e pernambucana à sucessão vindoura parece haver entrado em cogitações de bastidores e figura potencialmente no quadro das especulações sucessórias já antecipadas. Em verdade, não há um só político do Nordeste com prestígio de opinião em bases nacionais. Temos na Região, quando muito, figuras vice-presidenciáveis; para uma candidatura presidencial, ainda em esquema de eleição indireta, não há nomes comparáveis àqueles tão facilmente disponíveis no passado, à semelhança de um Juarez Távora, um José Américo de Almeida, um Agamenon Magalhães ou um Valdemar Falcão, que somavam virtudes, serviços e prestígio como raros ou nenhum da geração presente.

Mas não se trata de pessoas senão de instituições. Dificilmente, sairemos do quadro de paternalismo que anima a política do Governo Federal com respeito ao Nordeste, sem a reformulação constitucional do pacto federativo. Dessa reformulação há de emergir o federalismo das regiões, um novo nível de competência governativa em âmbito regional, como eixo autônomo de toda uma política dirigida à solução do problema nordestino. Só o poder constituinte originário, na plenitude de sua legitimidade, terá forças para aplicar um remédio institucional dessa magnitude. Enquanto não se executar, pois, a prioridade do federalismo regional, as receitas paliativas continuarão a procrastinar indefinidamente o dia em que o Nordeste, amanhecendo para a emancipação, deixará de ser na geografia do continente o Brasil do terceiro mundo.

4.13 Justiça para o Nordeste

A dolorosa previsão de uma seca cíclica de vários anos na qual o Nordeste já teria ingressado domina todas as preocupações de governo e de opinião no que toca ao futuro imediato desta Região. Não será tarefa fácil enfrentar o flagelo climático que ontem despovoava os sertões, mas hoje por via de uma política improvisada e precária de fixação do homem à gleba impede pelo menos provisoriamente a retirada maciça, caracterizadora, no passado, das mais tristes e sentidas catástrofes sociais. O auxílio do poder público assume, porém, caráter unicamente paliativo: tolhe a debandada, evitando a morte direta pela fome, embora o salário rural, inferior em um terço ao mínimo, condene o sertanejo à inanição.

Com diária de oitenta cruzeiros, o flagelado dificilmente sobreviverá aos cinco anos da sombria e científica predição dos sábios de São José dos Campos. Tudo isso levando em conta o otimismo de uma ajuda que chegue a todos e de um emprego razoável dos recursos e meios financeiros postos à disposição das vítimas.

O auxílio federal, de proporções ainda modestas, já está sendo alvo de uma crítica de inconformismo da parte de leitores que freqüentam com cartas à redação as colunas de alguns jornais do Centro-Sul. Há pouco Pádua Campos comentou uma dessas missivas, que denotam incompreensão, carência de sensibilidade, desinformação e sobretudo imprudente malevolência em relação às cousas do Nordeste. A réplica de nosso colega bastaria para que não tornássemos ao assunto se efetivamente sentíssemos que todas as autoridades federais possuem acerca dos problemas nordestinos, no transcurso desta crise, uma posição de todo contrária àquela exposta pelo missivista.

Não é esse porém o caso, pois quem acompanha a política do Poder Central, em relação ao Nordeste, esta familiarizado com os recuos, as oscilações, as delongas em destinar recursos a esta Região. De sorte que não se perde oportunidade de fazer cortes substanciais nas distintas modalidades de assistência financeira que nos é proporcionada. Em razão disso, figura o Nordeste na pauta crônica dos temas nacionais insolúveis até agora. A falta de solução reside precisamente na indiferença a uma política portadora de corretivos institucionais, que toque nos fundamentos da questão regional.

Se construir açudes, asfaltar estradas, erguer fábricas resolvesse de súbito a situação do Nordeste, já não seríamos a Região-problema do País que temos sido por toda a segunda metade do século XX. Precisamos de investir no homem nordestino das áreas rurais, fazendo da lei social instrumento das mudanças e reformas estruturais de que necessita a Região.

Durante a década de 1950 surgiu a SUDENE e quando se esperava a continuidade de um programa, houve a surpresa de um retrocesso – o grande órgão desenvolvimentista, dantes vinculado diretamente à Presidência da República, se converteu numa repartição ou dependência ministerial esvaziada de recursos e autoridade, reduzida a uma frustração burocrática, a patentear como as promessas de redimir o Nordeste têm sido até hoje demagógicas e irresponsáveis. Contudo, queremos render nossa homenagem aos técnicos da SUDENE, ao idealismo daquela Casa, que nesse ponto lembra muito o heroísmo inconseqüente dos sofridos engenheiros da antiga Inspetoria Federal de Obras Contra as Secas, sem dúvida nenhuma os pioneiros da batalha contra o subdesenvolvimento do Nordeste. Enquanto existir a SUDENE e os interesses meridionais não a suprimirem de todo, haverá sempre a possibilidade de reconduzi-la à tarefa expressa na carta-programa que a instituiu, fulcro de muitas esperanças já desfeitas.

Cumpre de uma vez por todas corrigir essa imagem de um Nordeste escravo, de mão estendida ao poder público, em atitude súplice de mendigo envergonhado. O auxílio federal é uma restituição mínima daquilo que nos é devido. Somos espoliados e injustiçados, quer no plano econômico externo, quer no plano econômico interno. No primeiro, as divisas dos nossos produtos de exportação fomentam menos o nosso desenvolvimento do que a expansão dos pólos e parques industriais de outras Regiões do País, financiados também pelos dólares do algodão, do cacau, da lagosta e do açúcar do Nordeste. No segundo, nunca deixamos de ser uma espécie de mercado colonial de consumo, onde tem sido sempre fácil colocar os produtos da economia do Estado mais próspero da união federativa, ao mesmo passo que as migrações nordestinas alimentam com mão de obra fácil, barata e desqualificada, a construção civil das grandes áreas metropolitanas de São Paulo e Rio de Janeiro.

Não sabemos até quando será o Nordeste esse cavalo magro, de selas e arreios puídos, montado e esporeado pela economia de outros Estados. No Congresso há algumas vozes insubmissas, mas a bancada parlamentar não se compenetrou de que, acima de partidos, existe um interesse regional profundo que deve atuar reivindicativamente.

Na esfera executiva dos Estados da Região, os governadores, ainda os mais ativos, fazem, porém, postulação dócil, quando se recomendaria mais altivez de relacionamento. Longe de inculcar uma atitude arrogante perante o Poder Central, esse trato deveria lembrar uma relação paritária de poderes coordenados e não uma confessada submissão de poderes vassalos.

Urge assim pôr termo quanto antes ao complexo de indigente com que o Nordeste sobe até o Planalto e visita as antecâmaras ministeriais em demanda de recursos para as suas crises e de solução para os seus problemas. Não queremos caridade, mas justiça!

4.14 O lugar do Nordeste

De último, a busca de solução para os problemas nordestinos se tem concentrado tão-somente no debate de temas econômicos e financeiros. Mesas-redondas e painéis já se realizaram com proveito para a discussão e o conhecimento das questões que envolvem a realidade material da Região. Não faltam tampouco estudos sobre a natureza das dificuldades que complicam a estrutura sócio-econômica da área. A par desses estudos, se nos deparam também inumeráveis planos para execução de medidas projetadas com a finalidade de afastar as conseqüências mais sentidas da conjuntura desfavorável e penosa que ora atravessamos.

Tomado, porém, em termos globais e estratégicos, o Nordeste é ainda uma área de abandono, deficitária de recursos eficazes e fundamentais, aptos a recolocá-la na dimensão histórica que já possuiu no concerto nacional ou restaurá-la na escala do equilíbrio perdido em relação ao Centro-Sul. Desgraçadamente, o País continua a se distanciar da solução do problema nordestino, nunca tão grave quanto nestes dias.

Nada mais parecido com a dívida externa do Brasil do que a dívida social da União com respeito ao Nordeste. Essa dívida cresce cada ano e a autoridade federal, por obra de improvisações infelizes, não estabelece nem executa a verdadeira política que haveria de saldá-la. Em verdade, o Poder Central se limita, na gíria que a velhacaria tecnocrática produziu em tempos de crise, a "rolar" a dívida nordestina, com medidas paliativas já sobejamente conhecidas, enquanto 1982 reproduz nas manchetes de jornais cenas idênticas àquelas invariavelmente vistas há mais de cem anos: massas de retirantes famintos invadindo cidades, saqueando feiras e provocando pânicos; um espetáculo à altura do terceiro mundo mais subdesenvolvido e não do Brasil-potência que os tecnocratas arrogantes fingiam estar construindo na mesa confortável de suas mordomias. Era então a época em que se atiravam bilhões de dólares a esmo, consumidos em projetos duvidosos, cuja concretização ainda onera o País e tem seus resultados tolhidos pela crise.

No debate da questão nordestina, a densidade casuística das medidas econômico-financeiras fez esquecer aos debatedores – ou estes para tanto não advertiram – a importância do ponto sobre o qual repousa a possibilidade de uma solução definitiva da questão: a face política do problema. A história mostra que uma vez já nos acercamos desse ponto. Haja vista a tarefa dos constituintes de 1946 estabelecendo vinculações constitucionais da renda tributária nacional para dar ao Nordeste a massa de recursos indispensáveis à efetivação de uma política econômica, cujo objetivo era acabar com o ciclo eterno das mendicâncias paternalistas, base de quantas dissimulações se aninham na perpetuidade oligárquica dos privilégios rurais.

Definições políticas, quase todas abstratas, já as tivemos de sobra. Quando se quis vinculá-las a uma forma permanente de aplicação, fazendo-as portanto reais, as resistências de interesses opostos e ocultos, concentrados no Centro-Sul, dissolveram, pela mão de um presidente nordestino (!), a conquista constitucional de 1946, logo seguida do rebaixamento de prestígio e poder decisório do órgão idôneo para comandar a batalha contra o subdesenvolvimento: a SUDENE.

O FMI do Nordeste é o Planalto e a ele fomos de joelhos render-lhe apoio e sufrágios. Nunca a dimensão política e estrutural da questão nordestina avultou com tanta nitidez como neste momento. Faz-se mister reconscientizar trinta milhões de brasileiros desta região, mostrando-lhes que não podem permanecer à semelhança de súditos ou mendigos senão que devem alçar-se ao *status* de cidadãos e membros autônomos de uma aliança federativa. O caminho institucional para tanto consiste, como se tem tantas vezes reiterado, em propugnar um federalismo das regiões, fórmula política que permitirá ao Nordeste e às suas populações conculcadas recobrar força decisória em âmbito nacional. Tudo isso conduz a reformular o pacto federativo, com uma nova Constituição sem a qual nunca se chegará a esse resultado.

Depois da capitulação do tesouro aos banqueiros internacionais, a hora é de Constituinte, como disse Afonso Arinos, com a percuciência de uma visão jamais equivocada nas análises históricas da realidade brasileira. Mas a hora é também de regionalismo para garantir o lugar do Nordeste no campo de honra da unidade nacional. Muitos se enganam com a execução entorpecida de miniprojetos assistenciais ou com o clamor das questiúnculas, com as verbas filantrópicas, com o paternalismo que abre frentes de emergência, enquanto cai em esquecimento o problema fundamental da participação do Nordeste no centro decisório da política econômica e financeira do País, feita até agora por um conventículo de tecnocratas às expensas da Nação e depois da Região. Se o Nordeste não formar, o mais breve possível, do ponto de vista político, um só corpo regional, jamais vingará em termos nacionais como uma presença afirmativa. E sobre seus interesses continuarão pesando os silêncios, as omissões e os desprezos do passado.

4.15 O caminho para um federalismo das Regiões

Depara-se à sociedade brasileira na presente conjunção histórica uma tríplice crise, de proporções avassaladoras incomparavelmente mais graves que a do Encilhamento, quando buscávamos consolidar a República, ou que a de 1930, quando recolhíamos internamente, com a ruína da economia cafeeira, as conseqüências calamitosas de uma sexta-feira negra – o dia em que se deu o desastre financeiro da Bolsa de Nova Iorque.

A tríplice crise destes tempos é econômico-financeira, social e política. Deflagrada com pasmosa intensidade, ela atinge a estrutura interna do País, ao mesmo passo que projeta, através do endividamento e da dependência, efeitos externos gravíssimos, comprometedores, até certo ponto, do conceito nacional de soberania.

Vamos tratar aqui apenas da crise política. Mas vamos tratá-la unicamente por um de seus aspectos essenciais: aquele relacionado com a natureza federativa da organização nacional.

Deploravelmente, consoante já temos assinalado reiteradas vezes, esse aspecto básico não há sido posto com o devido relevo na reflexão de quantos se ocupam dos problemas nacionais de solução mais urgente. O fato de o havermos descurado talvez derive da perda de sensibilidade federativa que, em rigor, jamais possuímos. Contribuem para tal indiferença fatores históricos com raízes no estabelecimento da Federação e nas praxes unitaristas do passado, acentuadas durante o Estado Novo e a vigência do AI-5.

Mas a omissão não se justifica, porquanto estamos diante de um componente realmente significativo na crise global de nossa sociedade. Podemos até afirmar, sem receio de contestação, que a reformulação do projeto federativo faz parte de uma solução institucional mais profunda, caso se pretenda efetivamente conferir estabilidade, equilíbrio e harmonia ao sistema político brasileiro.

4.15.1 O princípio e a teoria da organização federativa

Antes de procedermos, porém, a um exame da questão federativa no Brasil, é de todo o ponto pertinente uma ligeira análise aos fundamentos teóricos sobre os quais assenta o princípio do Estado Federal na organização política moderna. Sem a noção desses fundamentos, não se alcançará o sentido posterior das transformações em curso na estrutura federativa contemporânea.

A união federativa, familiar aos gregos, tomava entre eles uma forma mais elementar e menos consistente, que nós, os modernos, ainda costumamos conservar, sob a denominação de Confederação, ou seja, um tratado ou aliança entre Estados cujas prerrogativas de soberania o pacto preservava. Em termos moderados, a autarquia dos antigos, isto é, a *communitas perfecta et sibi sufficiens*, se traduz hoje pelo conceito impróprio de soberania. Dotada de uma face interna (a autonomia) e de uma face externa (a independência), a soberania de cada Estado confederado permanece juridicamente intacta. Selado o compromisso da união paritária, de modo algum se fere a identidade estatal plena das unidades participantes.

Com respeito à Federação ou Estado Federal, o processo já é diferente. O Estado Federal constitui fórmula vinculativa em que os laços políticos da união são mais apertados, têm mais força agregativa, não se desfazem ao sopro de uma conveniência superficial nem ostentam a simplicidade peculiar à relação meramente confederativa, em que as vontades contratantes estão longe de produzir um ente novo e autônomo, dotado de vontade própria, que não fique condicionado pela vontade de quem quer que seja, conforme já ressaltava o publicista Jellinek, Mestre do Direito Público alemão nas primeiras décadas deste século (G. Jellinek, *Allgemeine Staatslehre*, 3ª ed., Berlim, 1922, pp. 755-761). Em suma, é a Confederação e não o Estado Federal aquela forma associativa que melhor atende o ideal proudhoniano de uma união de Estados em que os contratantes "ressalvam mais direitos, liberdades, autoridade e bens do que aqueles de que se despojam ao formarem o pacto" (P. J. Proudhon, *Du Principe Fédératif*, apud Marcel Prélot, *Institutions Politiques et Droit Constitutionnel*, 2ª ed., Paris, 1961, p. 256).

O Estado Federal surge para a História como um passo adiante na unificação de interesses convergentes. Buscam eles institucionalizar-se por um modo mais perfeito e eficaz sob a forma de comunhão perpétua e indissolúvel, capaz de exprimir os altos valores da solidariedade, do amparo mútuo, do respeito, da colaboração e da liberdade.

Quem diz Federação ou Estado Federal diz, conseqüentemente, no plano teórico, sociedade de iguais, sociedades que abrangem, em esfera de paridade e coordenação, Estados desiguais pelo território, pela riqueza, pela densidade populacional.

O milagre federativo moderno, obra do gênio americano, constitui com seus dois níveis de estatalidade, uma das criações mais raras e originais que opulentam a moderna Ciência Política; para as nações foi um verdadeiro passo avante na ciência da liberdade, comparável à descoberta do poder constituinte, assim também estimado pelo abade Sieyès durante os debates da primeira Constituinte francesa.

A originalidade da idéia federativa reside em proporcionar aos povos um modelo vertical de institucionalização dos laços associativos, acima da efêmera união de Estados traçada desde a antiguidade pelos velhos esquemas confederativos.

As nascentes da tese federativa na Idade Moderna se acham em íntima conexão com o princípio da liberdade no Estado pós-medieval. O modelo, desde as origens, se contrapõe à forma absolutista e férrea do Estado unitário, monárquico, centralizador, despótico. Seus compromissos foram contraídos historicamente com os estatutos do poder representativo, constitucional, limitado e, de preferência, republicano. Contempla a liberdade nas instituições e no cidadão. É intrinsecamente descentralizador. Exprime, como nenhum outro, a idéia do *self-government*, do governo da lei, da autodeterminação política, social e econômica de coletividades livres e atuantes. Faz do exercício da imaginação um poderoso instrumento de criatividade e impulso às iniciativas fecundas dos cidadãos. É na essência e veracidade de sua organização sinônimo de Estado de Direito, regime representativo, legitimidade, poder responsável.

Sendo, conforme já assinalamos, incompatível com a larga concentração da autoridade, o sistema federativo traz em si mesmo aquela nota necessária de distribuição de poderes, em sentido vertical, que completa a separação horizontal, já preconizada sabiamente por Montesquieu como penhor da liberdade na estrutura técnica do Estado livre e constitucional. Toda instituição e todo governante que congrega, pois, massa excessiva de poderes, se transmuda em ameaça ao exercício das franquias humanas, segundo se infere da lição do filósofo francês, em cujo *Espírito das Leis* o Ocidente fez o aprendizado da liberdade ao cultivar um dos princípios clássicos de estabelecimento do Estado moderno, o chamado princípio da separação de poderes.

4.15.2 As bases históricas do federalismo no Brasil

Devemos muito à doutrina erguida ao redor do princípio federativo. Graças ao federalismo, encontramos ontem solução para dificuldades que embargavam o desenvolvimento do País, em razão da política decadente do Império. Houve assim uma feliz combinação de bom senso e prudência, quando adotamos na hora precisa a fórmula federativa, que nos afastava de um unitarismo sufocante e centralizador, cujo prosseguimento, se nele houvéssemos insistido, seria letal às instituições. Poderia até provocar a dissolução da unidade nacional, consoante os termos em que, com extremo dano para o interesse pátrio, o nosso vizinho Alberdi, um teorista insano do nacionalismo de Buenos Aires, colocara o problema.

O Brasil do século XIX, tocante à forma de Estado, já se dividia entre unitaristas ferrenhos, presos à inspiração monárquica, e federalistas extremados, que se abraçavam à sugestão do modelo americano, alentando a esperança de implantá-lo entre nós por via de uma solução republicana, como efetivamente veio a acontecer; desde que Rui Barbosa, um moderado, aderindo à causa, lavrara o projeto de Federação decretado pelo Governo Provisório.

As reflexões críticas acerca das origens de nosso federalismo apontavam sempre esse aspecto tantas vezes mencionado pelos expositores do tema: nossa Federação se fez a partir de um Estado unitário que se desmembrou e não de uma Confederação que se dissolveu. Não foi exatamente como nos Estados Unidos, paradigma de todos os sistemas federativos constitucionais. Ali, as 13 Colônias separadas da Metrópole primeiro se declararam soberanas e emancipadas para, em seguida, viverem cerca de dez anos à sombra de um instrumento confederativo. Só depois dessa fase transitória ergueram aquele maravilhoso edifício jurídico – a Constituição de Filadélfia – sob cujo teto suas instituições florescem e prosperam há mais de duzentos anos.

A procedência unitária de nosso Estado Federal parece à primeira vista irrelevante, se tivermos em conta a perfeição teórica com que as instituições foram desenhadas. Rui, mais do que Sieyès, o fabricante de Constituições, inspirou-se em modelo alienígena – o dos Estados Unidos –, quando introduziu na Constituição republicana a forma federativa decretada pelo Governo Provisório. Mas logo se patenteou o desencontro da realidade com a lei, da doutrina com os fatos, do federalismo que se pusera na Constituição com o federalismo que se veio a exercitar.

A ditadura de Floriano foi a primeira manifestação perturbadora de unitarismo crônico, violento, autoritário, herdado ao País pela tradição imperial, sobrevivente à queda da monarquia. Do lado oposto, após o interregno dilatório, estavam as oligarquias, que compunham a nova realidade do poder, enchendo igualmente de temores o ânimo amargurado dos federalistas da Primeira República.

O presidencialismo brasileiro, contrabandeado na bagagem teórica do federalismo de importação, veio também perpetuar vícios que o País já conhecia do autoritarismo monárquico. As oligarquias o respaldavam. Da legitimidade do federalismo, por ele escorado, pouco restava, senão o que a Constituição de 1891 dispunha e as instituições desmentiam.

A sombra do berço escurecia, pois, a experiência federativa, cujo impulso inicial partira, conforme vimos, do centro para a periferia, mediante um ato em que a vontade central e soberana decretara a elevação das Províncias do Estado unitário à categoria de unidades autônomas da União federativa.

O fantasma unitarista ficara, porém, abrigado na lembrança daquelas ex-Províncias, dadivosamente convertidas em Estados, até materializar-se no corpo da organização nacional, nominalmente designada pela Constituição como República Federativa. Essa República não existe; é uma ilusão semântica. O que existe é o Estado unitário, de 90 anos, nascido em 15 de novembro de 1889 sobre as ruínas da monarquia. O unitarismo do Império fora incomparavelmente mais verídico e autêntico, na sua projeção histórica, do que aquele trazido pela distorção republicana de 1989.

4.15.3 Do projeto de República Federativa ao Estado unitário de fato

As peças clássicas do federalismo dualista são representadas pela União e pelos Estados-Membros. A história constitucional do País, desde a chamada Pátria velha, mostra a fragilidade do sistema que adotamos, sempre açoitado de crises e desfalecimento das autonomias estaduais.

A realidade básica da ordem estatal tem sido invariavelmente a União, dentro e fora do texto constitucional. Mas a União, com suas competências exaradas na Lei Suprema, por mais largas que estas sejam, não exaure nem preenche todo o espaço em cujas dimensões o unitarismo de nossa estrutura surpreendentemente se aloja. Há esferas outras, não menos amplas, de reconhecimento que só o exame dos fatos alcança.

A maneira como os governantes historicamente se comportam, tocante ao exercício da autoridade pública ou à condução política dos acontecimentos, entra numa daquelas esferas, cuja existência abala o princípio federativo, minando a crença e a confiança no Estado Federal.

Dentre os Poderes da União há um, que a Constituição fez o poder dos poderes e a realidade confirmou nas mesmas alturas olímpicas. Trata-se do Poder Executivo, na pessoa do Presidente da República.

Rodeado de copiosas prerrogativas, esse titular da autoridade central no País concretiza atribuições constitucionais que, não raro, ofuscam os demais Poderes, à imagem de um gigante que a realidade colocou entre dois anões – o Legislativo e o Judiciário.

Verificaremos, então, não haver exagero quando se diz que, desde muito, o Brasil deixou de ser, em rigor, uma República Federativa para se converter num Estado Unitário de fato. Pelo menos isso é verdade, durante algumas fases mais agudas de nossa História, entre as quais a que ora atravessamos, caracterizada por um unitarismo de irrefreável expansão.

O processo centralizador parecia haver chegado ao auge no Estado Novo; contudo, sua reincidência mais violenta ocorreu há pouco, durante os dez anos de vigência do AI-5. Nunca estivemos tão perto de institucionalizar o Leviatã de Hobbes, como naqueles anos de incerteza e perplexidade. Hoje, a reconstrução constitucional do País, que ora prossegue, nos convida a um reexame da Federação, sendo esse reexame o primeiro de nossos deveres para com a Região onde nascemos.

Dentre as graves indefinições que afligem o País, avulta, pois, indubitavelmente, a observada omissão dos reformistas constitucionais, em presença do problema da forma de Estado, isto é, de nossa estrutura federativa. Tem o assunto, como se vê, considerável peso na crise das instituições.

O federalismo assentado sobre o binômio clássico União-Estado está morto. Todos os debates travados em torno desse tema chegam, inalteravelmente, às mesmas conclusões de pessimismo e desalento, sentenciando o fim do equilíbrio entre os dois termos da relação federativa, equilíbrio que as Constituições do Estado liberal republicano tinham dificuldade formal de manter em seus textos.

Desde a efêmera reconstitucionalização de 1967, já não há ilusão a esse respeito. Existe, hoje, mais unitarismo no Brasil do que em todos os Estados unitários membros da Comunidade Européia. Do velho mundo nos chegam exemplos de transformações eloqüentes. A Espanha das autonomias basca e catalã já nos faz inveja. Que dizer, também, da Itália, com suas vinte Regiões a um passo da federalização?

Faz-se mister, em razão disso, partir rumo a um novo federalismo, para podermos, então, afastar dos fatos e da realidade o Estado Unitário, desprovido de legitimidade formal, mas que tem eficácia na Constituição viva e reflete o País como ele é, movido em toda a sua nudez pela corrente dos interesses vigentes e dominantes, embora não sejam eles os mais justos e desejáveis.

4.15.4 As três distintas fases do federalismo brasileiro

O mal de uma República unitária de fato é que ela não se compadece com a ordem jurídica, não acata a Constituição, não protege contra o arbítrio, não limita a autoridade, senão que faz do Direito uma ficção, da liberdade um obstáculo, da segurança um abuso, das instituições uma fachada. No caso brasileiro, o argumento da intervenção centralizadora foi, no passado, a convulsão política, a desordem, a debilidade dos governos estaduais; no presente, é o baixo grau de desenvolvimento, o atraso social, a privação econômica, o endividamento, a carência de recursos, a pobreza dos Estados-Membros.

O instituto constitucional da intervenção federal marcou a primeira fase do federalismo brasileiro, fase preponderantemente política, de conflito e acomodação dos Estados-Membros à União, e vice-versa.

Desde a Revolução de 1930 e as Constituições subseqüentes, ingressou o Brasil, porém, na segunda fase: a fase assinaladamente econômica do federalismo pátrio. O mencionado instituto da intervenção federal tornou-se quase obsoleto, em virtude de uma compreensão mais abrangente dos deveres constitucionais por parte dos Estados federados, acarretando o desuso e a desnecessidade de sua aplicação.

Abriu-se, assim, essa nova fase em que os Estados cortejam o Poder Central, suplicam a intervenção econômica, os investimentos, os subsídios, os incentivos, sem nenhuma consciência do sacrifício e do tributo que significa a contrapartida política dessa presença unitarista da União nos Estados-Membros, arrasando-lhes, com o ônus da sujeição econômico-financeira, a esfrangalhada autonomia constitucional e federativa.

O nervo do sistema, nas bases vigentes do pacto federativo, está, doravante, no planejamento, na mobilização de recursos financeiros, no volume e destinação das receitas tributárias, em fatores novos que assumem importância crucial para a sustentação da pequena parcela de poder autônomo que os Estados-Membros ainda conservam.

Disso resulta, não raro, uma espécie de guerra civil econômica entre Regiões ou entre Estados-Membros, com efeitos melancólicos e ruinosos para a estabilidade e a solidez do sistema federativo. Sendo o Executivo da Federação o poder que detém a mais alta faculdade decisória, tudo se desenrola em torno do papel desempenhado pelos agentes e organismos do Poder Central. Nesse drama, a União é tudo, os Estados-Membros quase nada.

A terceira fase do federalismo brasileiro vem a ser, enfim, aquela que parece inaugurar-se com o fenômeno agregativo potencializado nas Regiões, ou seja, por sua possível inserção dentro de uma nova moldura federativa do sistema institucional do País. Assim como a guerra política dos Estados com a União, expressa através das intervenções federais da Primeira República, teve seu fim desde o advento da segunda fase, é possível também que a guerra econômica latente, ora em curso na Federação, e travada ao redor dos interesses do planejamento e do desenvolvimento, como fruto de desequilíbrios inter-regionais e intra-regionais, encontre, do mesmo modo, seu termo nessa terceira fase, a esboçar-se já, segundo tudo indica, no horizonte federativo da Nação.

4.15.5 *O federalismo das regiões, uma das saídas para a crise federativa*

O recurso a um eventual federalismo das Regiões afigura-se-nos dos meios mais indicados com que ultrapassar a presente crise da Federação brasileira, constituindo uma idéia a um tempo realista e inovadora. Realista, porquanto não deriva de uma teorização puramente abstrata, sem vínculo com os fatos e a realidade, ou seja, um mero devaneio de juristas e legisladores ociosos, senão que é a resultante de uma agregação espontânea de interesses, correspondentes a necessidades já identificadas com toda a clareza. Inovadora também, pois, furtando-se ao dualismo União-Estado, cria para a Federação um novo pluralismo de bases, que consagra a Região, com o reconhecimento de seu importantíssimo papel na ordem federativa.

Desde muito, temos preconizado a solução regionalista para a crise do federalismo brasileiro. Em *O Planejamento e os Organismos Regionais como Preparação a um Federalismo das Regiões*, escrevíamos:[14]

"O governo regional seria a nosso ver a única saída, de futuro, para o desenlace eventual da presente estrutura federativa do Brasil,

14. In *Revista de Informação Legislativa* 31, jul./set. de 1971, p. 73.

em plena crise. Fora dessa alternativa, cairemos na solução unitária e centralizadora, já iminente, e que fará o País regredir a fórmulas de organização política praticadas no passado, ao tempo da monarquia e, consoante se supunha, irreversíveis, em virtude do advento da Federação. Nem mesmo aquele preceito constitucional que veda toda Emenda à Constituição, que possa alterar as bases federativas e republicanas do sistema, parece constituir garantia bastante eficaz contra os fatos avassaladores, conducentes a uma centralização assoberbante e prenúncio grave do retrocesso ao Estado unitário, com a morte ulterior do federalismo já enfermo. As autonomias moribundas prognosticam aliás esse desfecho, sujeito decerto a ocorrer se do combate à crise do sistema federativo não se extrair a lição que ele está a ensinar. E de prever, por conseguinte, uma futura revisão das presentes bases da organização federal, bem como uma política coordenada e sistemática da Federação volvida para a plena politização da esfera regional. É de esperar também que se favoreça por todos os meios o advento da autonomia das Regiões.

"Com a dicotomia federalista, formalmente em vigor, mas a pique de extinguir-se, o federalismo tetradimensional que se adotasse (União, Estado, Município e Região) seria ainda um federalismo de transição, reservando-se à Região o papel de verdadeiro instrumento renovador e estimulante de reacomodação política e econômica do sistema, em termos mais realistas. Tal aconteceria até que a Federação, com o tempo, e ultrapassadas as razões da crise, viesse a definir com mais precisão as linhas de seu comportamento e as relações entre unidades regionais politizadas e a União.

"De sorte que, pelo quadro antecedente, tem cabimento levantar-se a indagação de saber se a planificação regional em curso no Brasil será o termo das autonomias e o instrumento de sua morte, ou se, devidamente apreciada e empregada racionalmente do ponto de vista político, não significará menos o fim do que o começo da regeneração do federalismo, vulnerado em sua velha estrutura dualista, e demandando, com toda a urgência, a substituição prospectiva por um modelo mais compatível com as transformações da estrutura interna do País.

"A inviabilidade do presente federalismo dualista, visto a longo termo, fica patente de um breve exame do feixe de competência e atribuições que a Constituição de 1967 e em particular a Emenda Constitucional n. 1, de 1969, reservou respectivamente à União e ao Presidente da República, agigantando-lhes o poder e a autoridade, às expensas dos Estados-Membros."

Em breve espaço de tempo, tornávamos com mais ardor ao tema para mostrar em *O Federalismo e a Revisão da Forma de Estado*[15] a alternativa realista e oportuna de um federalismo aberto, de inspiração regional, contraposto à servidão unitarista que nos conduziria inevitavelmente a uma espécie de Estado centralizador, do modelo totalitário. Foram palavras nossas:

"Urge primeiro reconhecer o desaparecimento da velha ordem federativa, esteada no binômio Estado autônomo e poder federal. Com efeito, a intervenção econômica da União, já institucionalizada, cassou praticamente a autonomia dos Estados, desfazendo a ilusão que publicistas de boa-fé e inocência vêm desde muito acalentando, mercê de um eufemismo corrente – o 'federalismo cooperativo' –, expressão confortável, mas ingênua e nem sempre bem arrazoada com que se busca dissimular a verdade rude da morte do federalismo das autonomias estaduais.

"A esse federalismo há de suceder decerto um federalismo sobre novos pressupostos ontológicos, alternativa que cuidamos plenamente exeqüível com o federalismo das Regiões. A não ser assim, descambaremos, debaixo da capa do 'federalismo cooperativo', no Estado unitário monolítico, desenvolvimentista, tecnocrático, autoritário, superintendente dos objetivos econômicos permanentes que nada deixaria ocioso ou autônomo às esferas intermediárias."

4.15.6 Disparidades inter-regionais e intra-regionais

E prosseguimos, naquele estudo:[16]

"Examinem-se os reflexos da política unificada de promoção do desenvolvimento, de que resulta um impiedoso Estado centralizador. Tudo aí patenteará que estamos vivendo uma idade antifederativa, que já se não deixa prender aos moldes das autonomias estaduais. Se não cogitarmos, de imediato, de reformular o federalismo com alternativas democráticas e abertas, que não sejam simplesmente a conservação rebuçada do modelo federativo do passado, ainda hoje de vigência formal, a saber, Estado autônomo e União, acabaremos, inevitavelmente, com o gigantismo descomunal desta última, por institucionalizar o Estado Leviatã, cujos braços já nos apertam e cuja sobrevivência não seria a resposta que as gerações de amanhã aguardam das promessas generosas

---

15. In *Revista de Informação Legislativa* 37, cit., p. 28.
16. *Revista de Informação Legislativa* 37, cit., p. 28.

e recentes de quantos hoje se empenham na modernização política e social do Estado brasileiro."

Referindo as lutas que se têm travado no Congresso contra as disparidades regionais, lutas das quais emergiu, de fato, uma representação e um mandato de índole regional, conforme se infere do comportamento da chamada Bancada da SUDENE, fizemos essas observações:[17]

"Todo esse doloroso quadro atesta que o problema federativo em âmbito econômico se deslocou por inteiro do velho dualismo União-Estados para esfera nova e mais elevada, a saber, União-Região, cabendo ao poder federal a tarefa básica de operar a composição política, dos interesses discrepantes. A composição econômica, esta já se alcançou teoricamente desde o advento do planejamento econômico, concebido em bases regionais, ao passo que a composição política com participação regional só se alcançará mediante uma reforma profunda da Carta constitucional, que coloque o País em dia com as suas novas dimensões e realidades no campo federativo.

"Mas não foram unicamente as tensões resultantes das disparidades inter-regionais que demoliram o federalismo dos Estados autônomos, determinando a perda de significado dessas unidades, que já deixaram de ser encaradas politicamente como expressões ou categorias econômicas insuladas. Também as tensões intra-regionais estadeiam a importância e complexidade da concepção regional, bem como a necessidade urgente de politizá-la em âmbito federativo, para que se chegue a uma solução segura e estável de problemas que já não são deste ou daquele Estado, mas antes desta ou daquela Região."

Enfim, nossa tese acerca da reformulação federativa continha já conclusões desta natureza, em que pedíamos:[18]

"Um federalismo de bases regionais, com adoção de um quarto nível de governo, que se moveria dentro do sistema federativo no mais alto grau de autonomia, superior ao dos correntes níveis estaduais e municipais.

"Perpetuar, porém, o intervencionismo e a capacidade decisória unilateral do Poder Central sobre as Regiões, como acontece ao presente, seria matar e sufocar desde o nascedouro as admiráveis virtualidades federativas das Regiões brasileiras. A politização destas deve ser estimulada como passo largo no sentido da reforma federativa.

17. *Revista de Informação Legislativa* 37, cit., p. 38.
18. *Revista de Informação Legislativa* 37, cit., pp. 40-41.

"Institucionalizar politicamente as Regiões, complementando a institucionalização econômica, já em curso com os programas desenvolvimentistas de planejamento, afigura-se-nos a primeira das tarefas que o futuro, em nome da salvação federalista, reclama da presente geração. (...) A Região oferece ao País a saída exclusiva para a renovação de um federalismo cujas bases foram aluídas. O federalismo no Brasil é cada vez menos um problema de Estados e cada vez mais um problema de Regiões."

4.15.7 A SUDENE e os reflexos de sua atuação regional

O transcurso dos 20 anos de existência da SUDENE, que ora se celebra é data particularmente significativa para a tese de um federalismo regional em nosso País. Realiza este órgão, através de suas funções básicas, a política econômica desenvolvimentista, que está para o federalismo das Regiões assim como na Europa o Mercado Comum esteve para o advento da Comunidade Européia.

Há, com efeito, uma impressionante analogia nesse tocante, com a diferença, porém, de que o plano europeu, desde o estabelecimento do *pool* do carvão e do aço por Jean Monnet, foi dirigido deliberadamente para a idéia de lograr a concretização de um esquema federativo no continente, servindo-lhe de primeiro respaldo. A resultante institucional veio a ser a Comunidade Européia, de Parlamento já eleito este ano pelo sufrágio direto dos cidadãos dos distintos países, dando-se, assim, o passo mais importante talvez para acelerar a integração política das nações associadas.

Estamos, porém, no Brasil, muito longe ainda dessa meta na vinculação federativa das Regiões. A crise unitarista, conforme já demonstramos, é, contudo, tão assoberbante, penetra tão fundo a consciência dos que querem salvar a Federação, que não há mais tomada de rumo, senão aprofundar o estudo em favor da solução regionalista. Devemos quanto antes propor e encaminhar as primeiras medidas imprescindíveis à concretização desse projeto.

Não resta dúvida que, à primeira vista, parece ele meramente utópico. Contudo, cumpre não esquecer que, durante as décadas de 1950 e 1960, a Comunidade Européia era também considerada utopia distante, da qual zombava o General De Gaulle com a sua *Europa das Pátrias*, uma alternativa de bloqueio à unificação federativa dos países-membros.

A SUDENE tem sido, em nosso País, uma espécie de laboratório de iniciativas felizes, precursoras e fecundas: aqui se provou a possibilidade de planejar o desenvolvimento, com liberdade, numa área de pauperismo quase absoluto; aqui se deu princípio também à aplicação de uma das técnicas mais originais já concebidas para incrementar a ação desenvolvimentista: os incentivos fiscais; aqui, enfim, se faz uma experiência regional integrativa, que há de transcender a esfera econômica para alcançar igualmente a esfera política, acendendo no País a chama de um federalismo inovador, com liberdade, participação e diálogo.

Tudo isso está a demonstrar que a questão federativa é de extrema atualidade. Envolve necessariamente reformas constitucionais profundas que permitam criar e definir, em favor das Regiões, uma instância política própria, convertendo-se na quarta esfera de governo dentro das dimensões federativas do novo sistema constitucional que venha, porventura, a estabelecer-se.

Dentre as alterações básicas a serem introduzidas na estrutura da Federação, deve constar o reforço da competência do Senado como instrumento-chave da ordem federativa, a eliminação dos chamados senadores biônicos e a criação de uma representação regional, composta, no mínimo, para cada Região, do dobro de senadores que um Estado pode eleger, ou seja, seis por Região, todos identicamente eleitos pelo voto direto e sufrágio universal.

A institucionalização das Regiões por via constitucional há de abranger, do mesmo passo, a criação de uma Assembléia Regional, dotada de competência específica em matéria legislativa, não só de planejamento, como de tudo que disser respeito ao genuíno interesse das Regiões. Essa Assembléia eleger-se-ia, obviamente, segundo o mesmo processo democrático de escolha dos senadores regionais.

Enquanto não se criasse o Executivo autônomo das Regiões, caberia à sobredita Assembléia, através dos órgãos desenvolvimentistas já existentes, como, por exemplo, a SUDENE e a SUDAM, desempenhar atribuições administrativas de interesse regional. A concepção de uma política regional e execução dessa política, em suas linhas gerais e superiores, caberia à Assembléia Regional.

Em suma, são essas as indicações prospectivas que se nos afiguram, mais cedo ou mais tarde, indispensáveis, como primeiro passo para concretizar, no seio da organização nacional, um projeto federativo de bases regionais.

Constituem as Regiões, hoje, uma palpitante realidade política e econômica, acontecendo-lhes o mesmo que acontecia, ontem, aos partidos políticos: o País finge ignorá-las, recusando-lhe o reconhecimento jurídico que pudesse trazê-las para o âmbito da Constituição e da Federação, embora sociologicamente elas já existam, já estejam institucionalizadas.

Politizá-las, conferindo-lhes uma definitiva dimensão no campo federativo, é tarefa que já não se pode nem se deve ignorar. Enfrentar corajosamente esse problema parece-nos tão importante quanto tem sido, para a restauração dos valores democráticos e liberais de nossa convivência representativa, pedir a anistia, o Estado de Direito, a reformulação partidária, a restauração da competência plena das duas Casas do Congresso, a justiça salarial. Peçamos, pois aos constituintes desta Nação o federalismo das Regiões.

4.16 Até quando o Nordeste?

Não faz muito trocamos o nome constitucional do País: de Estados Unidos do Brasil passou a nação a denominar-se República Federativa do Brasil. À primeira vista, trata-se de uma inócua substituição de palavras. Mas se atentarmos bem chegamos à conclusão de que as duas expressões não são de conteúdo político idêntico nem de sentido semântico equivalente, pois algo histórico já as distingue e separa. Conquanto do ponto de vista federativo não tenhamos sido, em rigor, desde 15 de novembro de 1889 nem uma cousa nem outra, verdade é que a designação Estados Unidos sempre prevaleceu nas três Constituintes eleitas pelo povo, a saber, 1891, 1934 e 1946, de que resultaram Constituições legítimas. Nem mesmo a Carta de 10 de novembro de 1937, que engolfou o País numa onda de preceitos unitaristas, tocou na designação tradicional.

A mudança introduzida a partir da Constituição semi-outorgada de 1967 parece haver sido fruto de um nacionalismo verbal, que via em nossos Estados Unidos – o que era verdade – uma cópia até mesmo nominal daquele concebido em Filadélfia por Jefferson, Madison e demais pais da pátria americana, cujas instituições buscávamos aqui reproduzir. A expressão tinha mais energia autonomista e por conseguinte federativa. De qualquer maneira, a troca, despida de qualquer efeito teórico, preencheu pelo menos uma necessidade relativa a preconceitos e complexos de um país onde até as palavras, de último, passam pela alfândega ideológica do nacionalismo.

Com a República federativa, transitamos em questão de federalismo do substantivo para o adjetivo, embora estejamos em inteira contradição com estas duas categorias gramaticais. Nada existe mais formalmente protegido na letra de todos os textos constitucionais, desde o fim da Constituição do Império, do que a república e a federação. É paradoxal que aquilo que mais se resguarda venha a ser exatamente aquilo que mais se viola a cada passo na prática das instituições: a ordem republicana e a organização federativa de nosso sistema de poder.

Assim como houve ontem monarquias absolutas de direito divino, existem hoje repúblicas absolutas de pseudo-soberania popular. O Brasil é atualmente uma dessas repúblicas do modelo concentrador e unitarista, mais rígida que a França de Luís XIV, mais centralizada que o Império de Pedro II. A autonomia dos Estados membros tem hoje tanta eficácia quanto o artigo do Código Penal que punia o crime de adultério. A vontade uniformizadora do Poder Central fez do País esse deserto federativo que aí está. A crítica a esse respeito tem sido impiedosa, mas assombra-nos doutra parte a indigência dos meios conetivos, quase todos de inspiração clássica, que esbarram na impossibilidade de remover fatos e realidades, cuja evidência obriga os federalistas menos combativos a baterem em retirada. Repulsamos o unitarismo brasileiro de nossos dias, mas o fazemos sem a retórica ressentida de um federalismo saudosista. Divisamos ao longe a grande fórmula de reedificar a federação em ruínas: o federalismo das regiões. Hoje, valem como entidades viáveis na presente divisão política do País dois ou três grandes Estados ou unicamente São Paulo, que é, porém, o nosso Japão, com face de Janus: dum lado, gigante econômico, doutro anão político. Fora daí, só as regiões possuem dimensão considerável como formas que já se definem pelo respectivo porte econômico e convergência de interesses. Dessas regiões, uma desponta com toda a dramaticidade de seus problemas: o Nordeste.

O centralismo unitarista apagou as fronteiras entre os Estados nordestinos, contribuindo para a imediata formação de uma consciência regional, nascida de fatores negativos que provocaram aquela resistência peculiar às coletividades em posição de legítima defesa.

Mais cedo ou mais tarde, por obra de injustiças que a Região padece, esse quadro se politizará. Aliás, já se pressentem aqui os abalos de uma convulsão que observadores perspicazes detetam na insatisfação das classes empresariais e fundiárias. O sr. Paulo Brossard não falou para as nuvens quando viu um perigo à vista, nem é à toa que o deputado Octacílio Queiroz está ameaçado de ver-se incurso, como separatista, na Lei de Segurança Nacional. Afinal de contas, o Nordeste tem grandes potencialidades econômicas; produz petróleo, algodão, açúcar, cacau e dispõe das maiores reservas de urânio do País: sua pobreza é mais social do que física; decorre menos da natureza do que da acumulação de erros no tratamento confiscatório de sua economia; é menos fruto das secas do que de injustiças de último acentuadas.

Não é sem razão pois, que pregamos o federalismo das regiões e defendemos com ardor uma solução constituinte para a crise nacional. Constituintes democráticas como a de 1946 deram-nos o artigo 198 que mandava a União despender na Região nordestina anualmente com obras e serviços de assistência econômica e social quantia nunca inferior a 3% da sua renda tributária. Que se fez desse dispositivo sábio? Varreram-no dos textos constitucionais outorgados, substituíram-no por formas capciosas que fizeram o Nordeste indigente, agravando-lhe a dependência atroz ou privando, enfim, a região de importância superior a duzentos bilhões de cruzeiros de recursos orçamentários, visto que a tanto monta o total que até agora teríamos recebido a mais, se aquele preceito não houvesse sido expungido da Constituição, conforme uma vez demonstrou o deputado Manuel Novaes.

Hoje já não há solução para o Nordeste que não seja política. Em nome da unidade nacional, que reputamos sagrada, pedimos assim o reconhecimento de sua autonomia num quadro federativo de bases regionais. Fora daí não existe saída. Quem não vê nuvens de tempestades, escurecendo já o horizonte? Até quando se sustentará o Leviatã unitarista de pés de barro?

4.17 O Nordeste e a crise constituinte

Os concludentes de 1987 estão a graduar-se num dos momentos mais significativos da vida pública brasileira, ao longo de toda a história republicana, ocasião em que cada jovem deste País recebe um convite para refletir sobre o futuro da liberdade e da democracia, como bases de organização de uma nova estrutura do regime que nos há de governar.

Só as ditaduras costumam abraçar-se a essa alternativa inaceitável: a falsa despolitização ou a asfixia ideológica, ambas produzindo deploráveis conseqüências.

Da primeira, sobretudo, fomos vítimas duas vezes no século XX por períodos deveras prolongados, que compreendem o Estado Novo de 1937 e a ditadura militar de 1964.

Os efeitos logo se traduziram com o refluxo da participação política, o medo ao diálogo, o estiolamento de toda a iniciativa crítica, o fosso entre o Estado e a Sociedade, o súdito tornando o lugar do cidadão, o poder representativo em recesso ou intimidado, a tecnocracia festejando os triunfos do "milagre", os caminhos do exílio atulhados de dissidentes e perseguidos, as humilhações da classe política, o impedimento das vocações pluralistas, reprimidas da cena pública, o cutelo do AI-5 e da Lei de Segurança Nacional, todos instrumentos de arbítrio da chamada "revolução permanente", produzida pelos Atos Institucionais.

Desse quadro o País se ergueu para os dias da transição e da reabertura, carregando porém o fardo da recessão e da dívida externa, com a soberania nacional atada aos grilhões do Fundo Monetário Internacional (FMI), cujas missões nos visitavam como se fossem corpos de ocupação. Veio a Nova República, veio a liberalização do regime, veio a restauração civil e, finalmente, veio a Constituinte Congressual.

Vamos, a seguir, assinalar os três pontos mais preocupantes da travessia contemporânea rumo à estabilidade do sistema de poder e organização social: a Universidade, de onde saístes; o Nordeste, onde viveis e a lei maior – a futura Constituição – que se presume haverá de garantir vossos direitos e vossas liberdades, dela dependendo se sereis homens livres ou mais uma vez servos da hipocrisia constitucional, que costuma fazer legais as ditaduras por não poder fazê-las legítimas.

A autoridade estabelecida tem adiado sempre o dia em que o poder popular – um poder de soberania – seja a um tempo texto e realidade, regra abstrata e fato existencial. Quer dizer, seja na teoria e na prática, como decorre já de preceito inaplicado da Constituição, a base direta e imediata da investidura presidencial, concretizando socialmente o exercício da vontade democrática em toda a sua extensão e plenitude.

A Universidade brasileira se acha em crise, mas crise que nos foi imposta com toda a perversidade de um ônus coletivo difícil de remover. A fase de sua expansão quantitativa ocorreu com mais vigor precisamente na época obscurante da vida nacional, em que não se abria espaço à crítica, ao debate e à participação.

O arbítrio da política de educação, sem ouvir o estudante, o professor, os órgãos colegiados, centralizava todas as faculdades decisórias em âmbito ministerial, fazendo da autonomia universitária um simulacro.

A demagogia da quantidade fez proliferar escolas de terceiro grau sem obedecer aos mais elementares requisitos de qualificação. Com efeito, ponderar a natureza do ensino se fizera impossível como contribuição eficaz e corretiva. Importante era o número, a estatística, para dar credibilidade ao poder e servir de instrumento publicitário ao "milagre".

Massificar a Universidade não é democratizá-la; é destruí-la. Nunca a quantidade fez a qualidade. Democracia universitária consiste, ao nosso ver, numa linha de progressão valorativa em que entram dados extremamente significativos, complexos, inarredáveis, tais como o aluno, o professor, o livro, a revista especializada, o laboratório, a biblioteca, a pesquisa, a liberdade de ação e de idéias, a criatividade, o diálogo, a direção, a iniciativa competente, o poder de reflexão, a crítica e a análise, tudo isso que, examinado por um prisma dialético, consente determinar se existe ou não uma realidade universitária, de que possa derivar o reconhecimento de um modelo ou paradigma, em consonância com os anseios nacionais e apto a estabelecer a presença de uma legítima consciência universitária.

A Universidade, no mundo contemporâneo, deve ser fator de propulsão científica, veículo de avanço em cada ramo do saber, instrumento de revisão crítica a valores e princípios, obra de vanguarda em todos os domínios da produção intelectual; mas urge ser, acima de tudo, no caso do Brasil, a inspiradora da libertação social do povo, a instituição de combate às desigualdades que fazem e perpetuam as injustiças, o campo de batalha, onde a ciência se coloque a serviço do homem para produzir uma tecnologia de libertação nacional, contra aqueles que se arrimam ao *statu quo* do atraso e do privilégio, refratários à ação do Estado, em nome de um falso liberalismo.

A Universidade não pode ficar assim indiferente a esse processo de luta e opinião porquanto o compromisso com o porvir que parte das gerações acadêmicas é, por igual, um compromisso com a verdade, com a cidadania, com a sociedade brasileira.

Toda a rede do ensino público nacional, independente dos reparos que se façam ao grau de seu rendimento e organização, num País de quase 30 milhões de adultos analfabetos, padece, sem embargo, nesta ocasião, a renovada ameaça de ficar privada de recursos mínimos de ordem financeira.

O volume de verbas públicas para o ensino, nos últimos três anos, por obra da emenda Calmon, se elevou a alturas tranqüilizadoras, servindo de fundamento promissor a uma garantia efetiva de meios que nos permitem vislumbrar, com otimismo e esperança, esse aspecto material importantíssimo, de que vai depender, em grande parte, o destino da escola brasileira.

Como se sabe, desde 1983, por via daquela Emenda constitucional fixou-se um percentual mínimo de 13% da receita dos impostos da

União, bem como de 25% da receita de impostos dos Estados, Distrito Federal e Municípios para serem obrigatoriamente aplicados à educação.

O País todo aplaudiu a Emenda, que ficara em gestação durante muito tempo, combatida tenazmente pelas forças políticas do regime militar e sobretudo pelas correntes tecnocráticas do poder, chefiadas por um ministro da ditadura, grão-vizir das finanças públicas, que enquanto a velha República se manteve, não aplicou a Emenda Calmon, demonstrando assim a espécie de apreço que o arbítrio vota às matérias de interesse fundamental da sociedade.

Com o advento da nova República, modificou-se esse comportamento omisso. De tal sorte que há dois anos, já se executa, pelo menos no orçamento da União, a destinação do sobredito percentual mínimo em favor da melhoria do sistema de educação neste País.

Mas acontece que as hostes tecnocráticas, capitaneadas pelas mesmas figuras do passado, forcejam por derrubar aquela esplêndida conquista, que já não consta dos Anteprojetos apresentados.

Um País não se constrói sem escolas e sem universidades. Haja vista a esse respeito o exemplo da Prússia iluminista de Frederico II no século XVIII e, a seguir, bem perto de nosso tempo, os Estados Unidos, o Japão e a União Soviética, exemplos edificantes dessa verdade.

Mas não é apenas o ensino o alvo preferencial da ojeriza tecnocrática, que intenta manipular, a seu livre alvedrio, os meios orçamentários. Também o programa de ajuda ao Nordeste por via de percentuais mínimos e obrigatórios, constitucionalmente estabelecidos, como já se fizera neste País, desde a Carta de 1934, e com mais vigor e significação mediante a lei maior de 1946, tem sido objeto de uma tenaz e devastadora impugnação por parte daquelas esferas cuja hegemonia sobre o País se fez sentir durante o período da república autoritária de 1964.

Em rigor, a Constituinte Congressual que aí está ameaça, pela confluência nunca vista de tantas forças conservadoras, de tantos elementos de opinião artificial, hostis à mudança e à renovação, os progressos do Estado social brasileiro, pelos quais no passado havemos de render um culto póstumo e agradecido à memória de Getúlio Vargas e Juscelino Kubitschek.

A conspiração contra a Emenda Calmon faz parte de igual conluio erguido contra o Nordeste. Compele-nos assim a um exame de teor regionalista, sobre a crise da legitimidade material, que mais cedo do que se cuida, poderá aniquilar a Carta vindoura.

Tenho insistido em asseverar que o Brasil não padece somente uma crise constitucional, mas uma crise constituinte, testificada pela sucessão de Cartas constitucionais, leis complementares, atos institucionais, decretos-leis versando abusivamente matéria constitucional, bem como a freqüência de medidas normativas inconstitucionais emanadas do Poder Executivo, fazendo a derrocada das instituições nesse apocalipse de ilegitimidade como se um gênio satânico quisesse invalidar para sempre a obra das aspirações democráticas da sociedade brasileira.

Confutamos a legitimidade formal do colégio político que se congregou no Planalto para o exercício da função constituinte. Essa legitimidade é irrecuperável porque jamais um poder constituído, conforme vem a ser o Congresso Nacional, poderá, sem escândalo e heresia se auto-determinar, como ele o fez, em Assembléia Nacional Constituinte.

As Constituições, verificamos agora, com pasmo e surpresa, tanto podem ser outorgadas por um príncipe ou ditador, que impõe a auto-limitação de seus poderes, senão também por um Congresso ordinário, segundo essa novidade teórica introduzida aqui no Direito Constitucional, para fazer o que se tem chamado de transição democrática da Nova República.

Singular momento este que ora vivemos, em que instrumentos formais ilegítimos se aplicam à reformulação das bases constitucionais do sistema federativo e republicano. Mas a violência formal da Emenda convocatória dessa Constituinte, que vai apenas outorgar e não promulgar verdadeiramente uma nova Constituição, tem esbarrado na ciclópica presença política da Nação, na vontade insubornável do povo, que não desertou à luta e conduziu ao Plenário 98 emendas, somando milhões de assinaturas da iniciativa popular, no sentido de um conteúdo mais aberto e mais democrático em relação a direitos humanos fundamentais, de teor social.

Tendo perdido, pois, a batalha da legitimidade formal da Constituinte, ou seja, a batalha em prol de sua natureza e finalidade exclusiva, a Nação das diretas já, ainda não se desmobilizou, como poderia parecer à primeira vista. Tanto isso é verdade que ela não só acompanha de perto as decisões daquela assembléia como concentra energias democráticas nunca vistas com o propósito de legitimar materialmente o texto em tramitação.

Cremos que não resultará fácil lograr essa legitimidade, até certo ponto impossível, caso não se desfaçam as pressões reacionárias e conservadoras, tão desenvoltamente atuantes em quase todos os bastidores constituintes.

Alimentamos porém a inabalável convicção de que, se não fizermos uma Constituição do Estado social, mais democrática e mais fiadora dos direitos humanos da liberdade, a crise constituinte do País prosseguirá. Assemelha-se essa crise a uma revolução sem armas e sem sangue, operada na interioridade moral de uma Nação, que conserva viva a consciência de suas aspirações democráticas.

O povo brasileiro, temos absoluta certeza nesse tocante, se for ludibriado pela Constituinte Congressual, saberá, em ocasião oportuna, concretizar, contra as minorias privilegiadas, os valores e princípios de um projeto social altamente emancipador.

Resta-nos uma reflexão final acerca do Nordeste.

A Região se acha na ponta deste dilema: ou será em duas décadas um fenômeno de progresso, uma reprodução equatorial da prosperidade paulista concentrando riquezas e indústrias ou, se não resolvermos a questão social e econômica, pelos caminhos da decisão política, ela se transformará numa Biafra latino-americana, numa feitoria colonial do Centro-Sul, vítima perene do atraso e do subdesenvolvimento.

A servidão política do Nordeste, em virtude da hegemonia dos poderes federais, que tudo centralizam, e da posição desvantajosa que ocupa com referência ao parque industrial do Centro-Sul, nomeadamente o de São Paulo, compõe o semblante externo das nossas dificuldades regionais, a par de outras, não menos graves, derivadas internamente do infortúnio social da Região, cifrado no desemprego, na fome, na espoliação agrária, na enfermidade, no analfabetismo, no êxodo rural e nas condições subumanas de trabalho e vida que aviltam as populações das maiores cidades nordestinas.

Faz-se mister volver, pois, à generosidade e à compreensão constituinte de 1946, a fim de que tenhamos, mediante o restabelecimento dos percentuais mínimos da receita da União, em favor do Nordeste, a base financeira necessária a concretizar o grande projeto social e desenvolvimentista, concebido pela SUDENE de Celso Furtado ao tempo que esta tinha também a possibilidade de auto-gerir seus recursos, sem se tornar, como hoje, órgão subordinado a uma vontade ministerial conflitante e omissa.

A recente queda do titular da pasta do Interior sobejamente demonstrou a necessidade da plena autonomia do órgão desenvolvimentista. Mas esta não se lograra sem a reforma profunda das bases do sistema de organização federativa do País. De tal sorte que se faz mister inserir no modelo novo o regime auto-determinativo das Regiões, providas dos indispensáveis Estatutos de autonomia. A autonomia é o antídoto do separatismo; bem entendidos os dois conceitos se excluem. Sem a descentralização das Províncias, ministrada pelo Ato Adicional de 1834 e temperada nos seus excessos com a Lei de Interpretação de 1840, a integridade do Império não teria prosperado. Foi portanto a dose de autonomia e não a centralização o penhor da unidade nacional, fadada decerto a esfacelar-se sem a grande reforma da Regência, ou seja, o Ato Adicional. A centralização nos arrebatou a Província Cisplatina durante os primeiros anos da Independência e teria, sem dúvida, desagregado os entes periféricos do sistema imperial se faltasse o sopro federativo das autonomias provinciais. Esta, sim, é a grande verdade histórica, a lição política da monarquia, bem averiguada e interpretada, mas que tem sido sempre obscurecida e ignorada pela historiografia conservadora e tradicional.

A solução da questão nordestina, sendo de natureza indeclinavelmente política, como os fatos já demonstraram com irrecusável evidência, passa primeiro pelo meridiano da autonomia federativa. Se a Carta elaborada pelo redator constituinte atraiçoar o Nordeste, metade de sua legitimidade material estará de antemão perdida.

Vós, concludentes de 1987 da Universidade Federal do Ceará, viestes colar grau num momento, portanto, de definições supremas e imperativas, que tanto abrangem o destino da nação como o futuro de todos nós. A palavra docente deste ato de despedida vos convoca a manter sempre no círculo das tarefas profissionais o compromisso de consciência com o nacionalismo de libertação, estampado nas causas do Nordeste, da Petrobrás, da informática e das futuras leis do campo e da organização urbana, a caminho, pois, de uma sociedade justa, onde não haja espaço para os desnacionalizadores, nem acolhida para os agentes do capital estrangeiro que se mostrar espoliativo.

5
TEMAS AVULSOS
DA CRISE CONTEMPORÂNEA

5.1 Viagem à Alemanha (1952-1953)

5.1.1 Guerra, tema esquecido. 5.1.2 Povo ordeiro e obediente. 5.1.3 Trabalho contra a desordem. 5.1.4 Progresso, sem escravidão do homem. 5.1.5 Em busca da unificação. 5.1.6 Ressentimento: as relações da Alemanha com a França. 5.1.7 A questão do desemprego. 5.1.8 Trabalho e honestidade. 5.1.9 O contraste brasileiro. 5.1.10 Brasil, esse desconhecido. 5.1.11 O grande prejuízo. 5.1.12 Insulamento caviloso. 5.1.13 O começo do milagre. 5.1.14 O drama da moradia. 5.1.15 A despedida num dia de eleição. 5.1.16 A questão racial e a reconciliação com os judeus. 5.1.17 A reconstrução principiou nas universidades. 5.1.18 Heidelberg, palco de um confronto do materialismo com o idealismo. 5.1.19 O neokantismo, um duelo de universidades. 5.1.20 A volta dos estudantes às universidades. 5.1.21 As entidades estudantis universitárias. 5.1.22 A violência na escola primária alemã. 5.1.23 A necessidade de centros de estudos luso-brasileiros. 5.1.24 A presença do tecnicismo e a marcha para o existencial. 5.1.25 As cinzas da decadência: a aflição existencialista e o desastre tecnicista. 5.1.26 A vocação filosófica do alemão. 5.1.27 Ciência e metafísica, um contraste e um desafio. 5.1.28 A vitória final do humanismo sobre o tecnicismo. 5.1.29 O estudante estrangeiro na Universidade de Heidelberg. 5.1.30 Entrevista ao "Diário de Pernambuco".

Nervo de todo o sistema político, social e econômico que divide o Ocidente do Oriente, constitui a Alemanha uma preocupação européia e universal.

Nas suas grandes cidades reedificadas, circula novamente o plasma da vida. Em universidades, hotéis, restaurantes, cinemas, teatros e jornais, em toda parte onde era possível conhecer um homem dessa ou daquela categoria social, procurei a alma da Alemanha democrática e encontrei-a presa ao trabalho, à liberdade, à ressurreição das esperanças perdidas.

A ocupação estrangeira de oito anos não produziu naquele país conjuradores nem mártires. Produziu heróis do trabalho. Aceitaram os alemães a derrota como coisa total e completa, e de cabeça baixa começaram a trabalhar, a desmontar suas fábricas, a entregar ao francês, ao americano, ao inglês, ao russo aquilo que, por mais valioso, não pagaria os danos causados ao mundo pela ditadura nacional-socialista.

A paciência desse povo obstinado, sem pendores subversivos diante dos padecimentos da guerra perdida, mostra o divórcio profundo em que ele se colocou entre o passado e o futuro. Sem essa atitude, não teria sido possível de início estabelecer a base de confiança que restituiu à Alemanha a simpatia das nações ocidentais, alienada desde o dia em que uma aberração ideológica destruiu a república de Weimar.

5.1.1 Guerra, tema esquecido

É a guerra um tema que cada vez mais se arreda das cogitações do povo. A lembrança triste dos anos de infortúnio apaga-se gradativamente, depois de deixar em cada consciência germânica uma lição de que a sobrevivência do país estará sempre comprometida por qualquer regime de tirania. Encontram-se ainda pessoas que, sem formarem ponderável média de opinião, não esquecem seus ressentimentos e rancores nacionais.

Citarei por exemplo a resposta que me davam certos cidadãos quando falávamos a respeito da falta de hotéis na Alemanha. "Hotéis existem – respondiam-me eles – mas os melhores em poder da tropa de ocupação, que roubou as nossas casas e os nossos palácios". Não usavam nunca o verbo confiscar, porém, roubar; nunca "beschlagnahmen", porém, "rauben".

O alemão da classe média, como o conheci em Heidelberg, Stuttgart, Mannheim, Coblença, Colônia, Bonn e Hamburgo, exteriorizou muitas vezes os seus complexos perante o conceito que se generalizou no mundo a respeito da Alemanha, durante os anos imediatamente posteriores à guerra É o complexo da criminalidade política e comum, segundo a qual cada alemão se assemelharia a um réu de Nürnberg, um réprobo da humanidade, que só a forca poderia castigar com justiça. Criou-se assim depois do conflito em cada alemão estranho sentimento de inferioridade que o seu orgulho e o seu caráter corrigiam por exemplar aplicação ao trabalho e desejo enorme de pagar com os braços a dívida da destruição causada.

5.1.2 Povo ordeiro e obediente

Há na expressão vulgar que os alemães repetem quando falam do seu vizinho francês, segundo a qual "cada alemão vive para trabalhar" e "cada francês trabalha para viver", a mais acentuada manifestação da índole masoquista do povo teutônico. O fatalismo, o pessimismo, a veneração da ordem existem em cada esfera social. Fazem do povo alemão um povo de obedientes, capaz dos maiores sacrifícios e da mais surda passividade, de que aliás deu provas, por exemplo, quando o teto de suas casas desabava e a chuva de bombas, na noite dos bombardeios mais pesados, destruía tudo, menos a virilidade da resistência civil. Esta, fora de qualquer preconceito político, honra o heroísmo germânico.

Impôs a demência nacional-socialista aos alemães aquela prova de sacrifício, aquele encontro do destino com a tragédia. No entanto, jamais a população de Dresden ou Colônia, queimada viva pelas bombas de fósforo, capitulou diante do sangue de suas vítimas.

5.1.3 Trabalho contra a desordem

Quando os alemães referem com orgulho o trabalho de cinco anos de reconstrução, gostam eles sempre de acentuar as condições materiais e morais em que viveram de 1945 a 1948. Fome e prostituição por toda parte. A economia do país aniquilada pela inflação. A mocidade sem escolas. As grandes cidades reduzidas a montões de ruínas. O câmbio negro, a desmoralização, o medo. Funda-se, em 1948, a República Federal Alemã e no interesse da paz abre-se aos alemães do Ocidente um crédito de confiança. Suspendem-se em parte as indenizações. Reabrem-se as fábricas e as usinas. Comparece o povo, pela primeira vez, depois de muitos anos, às urnas para votar debaixo de uma Constituição democrática. Articula o parlamento de Bonn esse maravilhoso trabalho de reedificar em cinco anos a Alemanha.

O nacional-socialismo fabricava canhões. A democracia cristã abre usinas, reconstrói cidades. O nacional-socialismo incendiou o mundo e desonrou o nome da Alemanha. A democracia restitui aos alemães a liberdade espiritual para mostrar que a Alemanha antes de pertencer a Hitler pertencera já à filosofia e ao direito.

Esse milagre, que se não alcançara depois do Tratado de Versalhes, na República de Weimar, ocorre antes que as potências vencedoras firmem à mesa da paz o novo documento que há de assegurar a soberania nacional alemã.

5.1.4 Progresso, sem escravidão do homem

Surpreendeu-se o mundo com esta verdade: na escola dos princípios constitucionais foi possível ao povo alemão levar a cabo os consideráveis progressos materiais e técnicos, sem que houvesse necessidade de submeter o homem à escravidão de um sistema político absoluto.

Obra vigorosa do idealismo democrático, a recomposição da nacionalidade alemã patenteará ao mundo que acima da barbaria nazista há uma honra germânica, a qual poderosamente contribuirá, em oposição ao passado, para que todas as nações possam, algum dia, viver em harmonia e dignidade.

5.1.5 Em busca da unificação

Mas a Alemanha de 1952 não é apenas um mar de rosas. Problemas políticos e sociais existem cuja extensão e profundidade não se medem ao primeiro exame e consideração. A idéia latente da unificação ocupa desde os últimos meses os políticos responsáveis do país. Seja na Alemanha do Ocidente, seja na Alemanha Oriental, reconhecem todos a inanidade dessa divisão, insustentável perante o bom senso, a realidade econômica e o mapa geográfico do continente. Só o braço da ideologia e o poder das armas têm força bastante para manter o singular divórcio, o divisor cruel da nacionalidade alemã. Como disse Churchill, é a Alemanha uma caudalosa corrente de trabalho e prosperidade que os diques da ambição política internacional não poderão deter. Do contrário, será sua existência fator de desordem e guerras, perigo potencial para todos os povos.

Toda vez que conversei com estudantes alemães sobre esse tema, exprimi-lhes sempre a advertência de que uma Alemanha agressiva ou remilitarizada significaria para sempre, como as guerras púnicas para Cartago, há mais de dois mil anos, a destruição da unidade política do povo alemão.

Cada guerra perdida há representado para aquele país a compressão das suas fronteiras, sensíveis perdas de territórios e migrações catastróficas.

Removida a presente barreira antinatural e desumana, que partiu a Alemanha em duas bandas administrativas e políticas profundamente antagônicas, cumpre ao povo alemão sepultar as rivalidades oriundas da história, a fim de promover em comunhão com os demais povos a paz política e social de que tanto carece a Europa.

5.1.6 Ressentimento: as relações da Alemanha com a França

É de lamentar que perdurem de ambos os lados do Reno ressentimentos profundos entre franceses e alemães. Observei-os em toda sua crueza. Cada francês em geral é para o alemão um ser preguiçoso, que se levanta tarde e detesta o trabalho; um gozador de vida fácil. Quase todos invariavelmente repetem na Alemanha: "Queremos a Europa unida. Quem nos deu o plano foi um francês. E no entanto atesta a realidade paradoxal que a França sabota o pensamento da integração européia. Mas a verdade se resume nisso: os franceses têm medo de nós".

Reproduzi em Paris esse diálogo com um padre francês, Père Chesnay, da Sorbonne. E ele acrescentou: "Temos, sim, medo da Alemanha. Medo de que aconteça outra vez aquilo que se viu no 'Bois de Boulogne'. Medo de que volte a derramar-se o sangue da França sob os pelotões cruéis de fuzilamento. Medo de que a barbaria prussiana torne um dia a martirizar as nossas mães e os nossos irmãos. Do outro lado do Reno há um povo rude que nada aprendeu com a lição da história, e que prepara a ressurreição do militarismo".

A palavra do sacerdote Chesnay era um raciocínio francês que conserva em 1953 a atualidade que provavelmente teve para o pensamento político da França após a derrota de Sedan, em 1870: o raciocínio da rivalidade, da polêmica, da desconfiança, das experiências trágicas feitas com o povo alemão.

Na Alemanha, tudo que se refere à França desperta interesse. Mas, apesar de vizinhos, franceses e alemães pouco se conhecem. Ouvi estações de rádio que transmitiam as festas do Natal em Paris. O locutor descrevia a capital francesa, com os seus *boulevards* e os seus cafés, mas parecia falar de uma cidade que, pela primeira vez, estivesse sendo revelada aos alemães ou que se situasse em outro continente.

Queixam-se os alemães de que os adultos envenenam, tanto na Alemanha como na França, os sentimentos dos dois povos e que a mocidade francesa chega às universidades alemãs movida sempre por propósitos de concórdia e amizade. Mas aparecem logo os políticos, os diplomatas, os demagogos, os velhos e forcejam por aprofundar as dissensões que separam os dois povos.

5.1.7 *A questão do desemprego*

Ao lado do problema franco-alemão, que se busca remover com a unificação européia, sentem-se outras preocupações no quadro político e social da Alemanha de nossos dias. A questão do desemprego é uma delas, talvez a mais aguda. São 990.000 operários sem trabalho: um exército ocioso que a nação sustenta.

De qualquer forma, equipara-se o desemprego a uma espécie de funcionário público em disponibilidade. Apêndice morto na economia do país, aguarda essa massa proletária desajustada e insatisfeita, constituída em sua maior parte de famílias deslocadas pela guerra, vítimas das migrações forçadas e das perseguições políticas, o momento de assimilação na ordem social vigente.

O desempregado, enquanto subsiste nesse estado, recebe auxílio do poder público, extensivo à respectiva família. Sem essa ajuda, não poderia ele sobreviver à fome.

Todavia, por maior que seja a pobreza atual do povo alemão, passei pelas ruínas de inumeráveis cidades e nunca vi um mendigo na Alemanha, nunca alguém me estendeu a mão numa súplica de caridade. Há sem dúvida muita pobreza envergonhada, muitos alemães vestindo roupa surrada e calçando sapatos furados, muita gente que os invernos frios e rigorosos maltratam. Mas os quadros da penúria brasileira não os encontrei lá. Nenhuma legião de famintos seminus que povoam a periferia de algumas cidades do Nordeste. O contraste da carroça com o *cadillac*, da opulência atrevida com a miséria ostensiva são coisas que a pior guerra não deixou na Alemanha. Se lá também houve, depois do conflito, já o gênio empreendedor do povo alemão, com a prosperidade do país e os corretivos de justiça social, logrou apagar em cinco anos de labor.

5.1.8 Trabalho e honestidade

Cifra-se o milagre alemão de nossos dias no binômio trabalho e honestidade. Foi este o elemento ou fator decisivo da prodigiosa transformação que se operou no organismo germânico. Na imprensa de Berlim e Frankfurt, Hamburgo e Colônia não negrejam os escândalos, os homicídios, os peculatos. A mesma coisa se abrimos um jornal da Suíça ou da Itália. A administração pública européia quase não prevarica.

5.1.9 O contraste brasileiro

Quanta tristeza sentia eu, contudo, ao abrir na Universidade de Heidelberg as folhas brasileiras com o noticiário do crime, da corrupção, do roubo. Aquela imprensa, que falava verdade sobre o atrofiamento moral do Brasil, ia depositar-se em bibliotecas e servir de espelho a uma nação vegetativa, semicolonial, decaída.

Quando a Europa renasce das cinzas, obriga o patriotismo a reflexões que, embora amargas, se fazem indispensáveis ao sentimento de reação contra o estado desesperador a que chegamos. Toda consideração superficial de nossa realidade patenteará que a interferência, na administração de grupos econômicos poderosos e corruptos contamina a vida pública e alonga o povo de participação efetiva na direção dos assuntos coletivos.

Durante o Império e a Primeira República era política a orientação administrativa do País. Depois de 1930, tornou-se econômica, com o advento da questão social; um fator novo para a política brasileira. Mas econômica no pior sentido, pois com a era getulista teve acesso à função pública o analfabetismo do chamado homem de negócios. Não somente o seu analfabetismo a respeito de administração, mas sobretudo a ganância, o egoísmo, o interesse de grupos financeiros, sobrepostos a qualquer consideração superior de ordem pública.

Deputados e senadores – não todos, é claro – vão deixando de ser a voz do povo, o instrumento da vontade nacional para se rebaixarem, nesta república, a órgãos de articulações financeiras, com interesses que nem sempre coincidem com os do País.

Temos, pois, o homem brasileiro duas vezes atraiçoado e espoliado: primeiro, pelo Governo, que já não exprime a confiança popular; a seguir, por aqueles que desviam para fins inconfessáveis o dinheiro público, oriundo das arrecadações tributárias.

Reside nisto o maior perigo: da alta administração baixam sobre a mocidade conceitos que amesquinham a cidadania, o trabalho e o zelo da função pública.

5.1.10 Brasil, esse desconhecido

A ignorância a respeito do Brasil é tão espessa quanto a americana. Fora das rodas letradas ou dos meios universitários, somos apenas um borrão geográfico. Para o homem do povo é o nome de nossa pátria sinônimo de café, cobras, índios e crocodilos.

Há também um preconceito contra o clima. Até estudantes de Universidades acham que somos um povo sufocado de calor, que falta ar aos nossos pulmões, que o trópico entristece a alma do nativo e embarga toda manifestação superior de cultura e atividade econômica, que o povoamento do Brasil por colonos europeus será sempre duvidoso em suas conseqüências. Quanta incompreensão da América subdesenvolvida e seus problemas! Contudo, as terras ensolaradas ardem na imaginação popular. A Alemanha, país de invernos longos e tristonhos, sonha com o céu aberto das regiões meridionais. É a chamada "Sehnsucht nach Süd", que habita a alma de cada alemão.

Nossas dimensões territoriais, nossas florestas virgens, o Amazonas, o Cristo do Corcovado, o Pão de Açúcar, a praia de Copacabana, o mulato, o índio e o negro, o jeitinho brasileiro, a malícia do carioca, o carnaval, eis as noções elementares e globais que quase todo europeu, e não unicamente o alemão, possui a respeito do Brasil. Acha este último que um país imenso como o nosso tem na economia altamente industrializada da Alemanha o complemento natural ao seu desenvolvimento; que a indústria européia, seja ela francesa, italiana ou alemã, ministrará desafogo às pressões da submissão econômica a que possamos estar sujeitos da parte de qualquer potência monopolizadora.

5.1.11 O grande prejuízo

Estão novamente abertos os mercados do mundo ocidental. Ingleses e alemães disputam já como há 20 ou 30 anos a hegemonia comercial. Ao lado de tudo isso emerge um fator novo, que o Brasil, com dano de sua economia, vem menoscabando para evidenciar ao mundo a apatia botocuda de seus dirigentes, o jacobinismo, a incapacidade alvar de quase todos em distinguir dentro da cerração dos acontecimentos internacionais um palmo adiante do nariz: o comércio com o Oriente.

Que esplêndida ocasião se perdeu a esta altura de fomentar o progresso do País, unicamente por preconceitos que a realidade destes dias já não pode abrigar. Não nos identificamos com o comunismo, nem precisamos de tutores que nos digam o que devemos fazer ou deixar de fazer. Do contrário, alienaríamos aquela patriótica independência de ação que só os países com a posse de seu próprio destino conservam. O rebaixamento, o complexo colonial, a servidão consentida, eis, porém, a pauta que preside a muitos atos da diplomacia brasileira.

A timidez, o medo de desgostar o aliado poderoso, cujos empréstimos corteja, têm impedido o Brasil de aproximar-se comercialmente das nações situadas no chamado meridiano da cortina de ferro. Mas que diferença da visão européia! Inimigo mais ferrenho, mais enérgico, mais decidido que a democracia cristã não possuem os russos. Contudo, são bastante elevadas as trocas comerciais da Alemanha Ocidental com a Alemanha Oriental. Cada dia que passa, sobem também as cifras do comércio de exportação e importação entre a mesma Alemanha de Adenauer e a China de Mao Tse Tung.

5.1.12 Insulamento caviloso

Proibida ficou tão-somente a evasão de produtos estratégicos. O que ora se lê a esse respeito na imprensa da Suíça, Alemanha e França e se oferece à meditação dos governantes do Brasil, são notícias minudentes acerca de novos tratados comerciais entre países do Oriente e do Ocidente, fatos que a opinião conservadora da Europa aceita como fortalecimento estrutural da economia capitalista e não como revés para o sistema democrático.

Mas o Brasil com milhões de analfabetos, com legiões de mendigos e enfermos, com sua economia subdesenvolvida, acha talvez que seus níveis de prosperidade são de tal modo elevados que lhe consentem o luxo desse caviloso insulamento.

Enquanto isso, apodrece o algodão brasileiro sem compradores nos armazéns do governo e, à míngua de cotação nos mercados internacionais, deixa o País inaproveitada considerável parte de sua produção de matérias-primas.

O patriotismo, o desassombro, a necessidade de encaminhar o Brasil para as legítimas soluções nacionais recomendam se condene aqui também aquilo que o Ocidente europeu tem por trivialidade ridícula: o receio de que o trigo russo e o arroz chinês cheguem contaminados do vírus ideológico. Só a incompreensão de fanáticos com tamanha obtusidade poderia raciocinar desse modo. Onde anda D. João VI que não nos traz um novo 8 de janeiro, uma segunda declaração solene de abertura de nossos portos? Não se adquire imunidade ao comunismo pelo medo, que é o pior guia das políticas reacionárias. A Europa, velha e escarmentada, sorri do macarthismo. Ninguém fez mais no velho mundo por desacreditar o nome americano do que aquele par de adolescentes judeus que o trêfego senador de Michigan despachou ao outro continente, a fim de ensinar o inglês, o francês e o alemão a combaterem o comunismo! Como se a Europa precisasse dessa lição!

5.1.13 O começo do milagre

Cresce o envolvimento ativo da diplomacia alemã com as questões européias do momento, à medida que se elevam os índices da reconstrução. Em 1948, cada alemão cujos bens a guerra destruíra e que ficara assim reduzido a extrema penúria, recebeu, com a reforma da moeda, cerca de duzentos marcos para recomeçar a vida. Em nossa moeda o equivalente a quinhentos cruzeiros, aproximadamente.

Foi com essa modesta soma *per capita* que principiaram os alemães a reconstrução de sua pátria destruída e a normalização das condições de vida no plano social e administrativo.

Apesar de ser o país onde se pagam os mais caros impostos, onde uma xícara de café custa seis cruzeiros e cinqüenta centavos e um cigarro ordinário não se compra por menos de um cruzeiro, é a nação da Europa ocidental onde mais fartura existe de gêneros e onde se fecharam quase todas as comissões de preços. Verduras e batatas há em profusão nos mercados da Alemanha. Os preços que se cobram por uma refeição, almoço ou ceia, nos melhores restaurantes de uma grande cidade, variam em média de quarenta a oitenta cruzeiros.

Na França, ao contrário, é desalentadora a situação alimentar. O turismo pelo país da latinidade onde nós brasileiros reencontramos parte de nossa alma, de nossos costumes e de nossa inteligência, se vai tornando deploravelmente proibitivo. Julgam-se os alemães, e com razão, pobres ao extremo para poderem passar suas férias na França. Atravessam o país pelo caminho de ferro e transpondo os Pirineus chegam à Espanha, onde o marco, diante da mísera peseta do Generalíssimo Franco, possui cotação de moeda forte.

5.1.14 O drama da moradia

Outro aspecto da normalização da vida alemã entende com a moradia. Milhares e milhares de prédios residenciais foram destruídos durante a guerra. Constituiu e constitui a habitação um dos mais delicados problemas de vida com que ainda se defronta a Alemanha.

Na construção civil, depois dos Estados Unidos, colocou-se o país em segundo lugar entre as nações ocidentais. Constroem os alemães mais casas do que os franceses, os ingleses e os italianos.

Em qualquer cidade alemã, para remediar a situação angustiosa em que se viu a Alemanha depois da guerra, estabeleceu o governo controle absoluto sobre a locação dos prédios, de modo que ainda hoje é comum alojar-se num mesmo edifício ou numa única casa duas ou três famílias, que utilizam em comum cozinha e instalações sanitárias.

A essa medida de sacrifício já se habituou o povo. Seus efeitos porém se vão atenuando com a reconstrução Nenhuma família, por mais opulenta que fosse, podia ocupar casa sem repartir o teto com inquilinos estranhos que o departamento do governo se incumbia de indicar. Não obstante, como estímulo à edificação de novas casas, não se acha sujeito à aceitação compulsória de hóspedes todo aquele que construir residência própria.

5.1.15 A despedida num dia de eleição

Deixei a Alemanha ao meio dia de 5 de setembro. Bad Homburg e Frankfurt, desde as primeiras horas da manhã, tinham aspecto festivo. Deslocava-se o povo para uma eleição democrática e não para um plebiscito: era a segunda eleição depois da guerra.

Encerrava-se a propaganda ruidosa dos partidos e a Alemanha tinha nas suas mãos o seu destino. Os democratas cristãos e os sociais democratas representam as duas correntes políticas que, sem coincidência de programas, se poderiam traduzir no Brasil por PSD e UDN, se quisermos com isso ter apenas a noção comparativa de Governo e Oposição.

Adenauer com a democracia cristã e os aliados de sua coligação congrega forças liberais, conservadoras e atenuadamente direitistas. Ollenhauer, chefe do proletariado alemão em dissidência com o comunismo, acolhe sob a sua bandeira partidária, todos os radicais da esquerda, os operários de fábricas, a massa eleitoral das cidades do aço e do carvão.

O PSD, Partido Social Democrático, encarna o velho socialismo ocidental da Alemanha que, aliado aos trabalhistas ingleses e aos socialistas franceses, se diz ainda fiel à memória de Marx. Seus líderes curiosamente lhe renderam homenagem este ano no mesmo local e na mesma data que os comunistas alemães elegeram para idêntico tributo. Esteve a polícia de prontidão, mas decorreram sem incidentes as manifestações. Cada grupo honrou a seu modo aquele que considera guia ideológico do partido.

5.1.16 A questão racial e a reconciliação com os judeus

Não concluirei esta sem antes dizer algumas palavras acerca da questão racial na Alemanha. Culminou ao tempo de Hitler e foi sufocada com um genocídio, isto é, com a morte lenta e premeditada de milhões de inocentes da raça perseguida. Método mais cruel não poderia haver para eliminar um problema que a insânia doutrinária fizera programa de subversão política.

Queimou o nacional-socialismo os judeus em câmaras de gás e quase todos os estudantes e professores com quem conversei a esse respeito na Alemanha me afirmaram que só ao terminar a guerra se inteiraram horrorizados daquela irremediável tragédia.

Tão forte esse sentimento de reprovação, de tal forma traduz a inocência do povo alemão perante o delito de seus dirigentes que, ao consolidar-se o Parlamento de Bonn, da República Federal Alemã, uma das raras leis, senão a única lei até hoje votada ali por unanimidade, foi aquela que, correspondendo a um imperativo da consciência germânica, abriu os créditos de reparação à propriedade hebraica, destruída e saqueada pelo nacional-socialismo.

Teve o acordo celebrado entre Bonn e Tel Aviv o caloroso apoio da opinião pública alemã. Com desafogo e aprovação, recebeu ela esse ato de justiça. A lei reparadora apagava assim mais uma nódoa deixada por Hitler no nome da Alemanha.

Em suma, o destino político e social do povo alemão não é apenas um ato de esforço e reconstrução. As cidades estão reedificadas, as indústrias prósperas, o comércio florescente, as universidades abertas, a imprensa de todo livre para exprimir idéias. Sem embargo, sabem os alemães que alguma coisa mais importante ainda lhes falta: a unidade de seu povo. E levantam para o mundo a interrogação desesperadora de quem pergunta se o suor dos seus braços não lhes restituiu ainda o direito à vida e à sagrada união dos seus territórios despedaçados. É isto o que dói na consciência do mundo, pois a esta altura já ninguém pode ignorar as forças gigantescas e imprevistas da restauração alemã.

Durante muitos meses de contacto com a civilização européia, vi, no velho mundo, o milagre de um grande esforço humano dirigido para a educação, o trabalho e a liberdade.

Vi, acima de tudo, um exemplo para o Brasil. De tudo carece este País, menos das perspectivas de risonho futuro. Mas para tanto precisa de acordar, se quiser acompanhar o mundo que desperta do outro lado das águas do Atlântico. Desejaria, pois, que vossa atenção me seguisse ao esboçar o quadro intelectual da Alemanha de nossos dias, em sujas universidades estive, cuja mocidade conheci.

Quem visitou a Europa ocidental em 1945, de certo modo jamais acreditaria que decorridos tão-somente oito anos da libertação, povos dantes acorrentados ao cativeiro totalitário achariam novamente no espírito da civilização democrática energias imprevistas com que cicatrizar as feridas mortais da guerra.

Naquele ano, a velha Universidade de Heidelberg, brilhante foco da espiritualidade alemã, estava silenciosa. Durante doze anos, as terras de além Reno haviam sido para o pensamento humano um túmulo, um cárcere, um campo de concentração. Os que perseguiam a cultura não pouparam o afamado centro de saber. Ao invés de escola de idéias, a cátedra de Hegel e Kuno Fischer, de Jhering e Radbruch, de Thibault e Bluntschli servira unicamente a uma pregação de ódio e arrogância.

Einstein, o maior matemático, Jaspers, o maior filósofo, Radbruch, o maior jurisconsulto, testemunharam essa tragédia do pensamento. Como Sócrates foram eles acusados também de contaminar a mocidade. Antes do desenlace militar que fez sucumbir a unidade política da Alemanha, o país da filosofia era uma imensa ruína espiritual. Fora assim a derrota militar precedida do aniquilamento da intelectualidade.

5.1.17 A reconstrução principiou nas universidades

A obra de reconstrução que se preconizava para a Alemanha havia de começar nas universidades como efetivamente começou. Tornaram às cátedras os professores expulsos que trouxeram como bem inalienável a autoridade moral de falar ao povo alemão, em nome daquilo que a barbaria nazista não logrou apagar em mais de um decênio de opressão: a imortalidade da filosofia clássica alemã.

Durante os três primeiros anos de ocupação, uma nação destruída e desonrada respondeu perante o tribunal dos povos por delitos de um sistema que a consciência universal repudiara.

Antes que o primeiro edifício se levantasse das ruínas e furasse o espaço qual uma esperança de sobrevivência ou afirmação de nova fé, o que se ouviu na Alemanha com religiosidade e respeito foi a palavra de um filósofo. Todos os desenganos e amarguras acabrunhavam nessa ocasião a alma alemã.

Caíam as palavras de Jaspers sobre uma nação que, em 1932, pouco antes do advento do nacional-socialismo, fizera-se surda à profecia do pensador e palmilhara por isso os caminhos da morte e da decadência.

Ali estava sem horizontes, sem futuro, sem fé, desprezada de muitos, odiada de quase todos. Quem a soergueu dessa prostração, desse desalento, não foi o verbo delirante da demagogia, mas simplesmente o conselho de um pensador. Humilde e acanhado nas posições da vida, era ele todavia um sol de verdade, descendo sobre a Alemanha em sua hora de desconsolo, aflição e desespero moral.

Teve a Universidade de Heidelberg a honra de ser o asilo das esperanças do povo alemão. Ao ouvir a palavra do filósofo, reencontrou ele o destino espiritual de que fora desviado.

5.1.18 Heidelberg, palco de um confronto do materialismo com o idealismo

Cerca de seiscentos anos de labor filosófico ilustram o passado de Heidelberg. Tradição tão imensa e honrosa levou a outros continentes o nome e o prestígio da velha universidade.

A história do pensamento alemão neste milênio é em grande parte a história de Heidelberg. Muitas ocasiões decisivas acompanham-lhe os fastos culturais. Quando Feuerbach, discípulo de Hegel, inaugurou a escola materialista alemã do século XIX, e depois de romper com o Mestre, preparou com a *Crítica da Filosofia Hegeliana* e a *Essência do Cristianismo* o advento de Karl Marx, Strauss e outros corifeus do materialismo alemão, foi ainda na cidade do Neckar, sem acesso à cátedra, que ele expôs em conferência pública os princípios de uma filosofia da religião cujo aparecimento desviou na Alemanha a rotação idealista do pensamento europeu.

Constituíram de certo modo marcos para a história das idéias os dias transcorridos de 1º de dezembro de 1848 a 2 de março de 1849. Feuerbach, depois de chegar à cidade universitária fora proibido de violar com o radicalismo da nova doutrina filosófica a cátedra espiritualista da universidade. Mas ainda assim proferiu na Prefeitura de Heidelberg suas célebres conferências sobre a essência da religião.

O sensualismo, o antropologismo, o naturalismo de Feuerbach davam direção de todo imprevista à filosofia alemã e ecoavam como o grito de guerra do chamado grupo de jovens hegelianos e cinqüenta anos de filosofia idealista, chancelada pela autoridade de Hegel, Fichte e Schelling.

As correntes materialistas alemãs porfiaram primeiro contra a religião, debaixo da doutrina de Feuerbach, e só depois, guiadas pela teoria econômica do marxismo, contra a ordem política e social. A cidade de Heidelberg com sua universidade fora o primeiro palco dessa luta entre os sistemas filosóficos do materialismo na Alemanha.

Depois da Primeira Grande Guerra Mundial até aos nossos dias, tem sido sempre honrosa no quadro das idéias a posição da velha universidade. Sucessivas correntes filosóficas – o neokantismo, o neopositivismo, a fenomenologia, a filosofia da vida, o existencialismo não podem viver fora das universidades e alcançam graças à cátedra de um fenomenologista como Husserl ou de um psicólogo como Dilthey sua expressão doutrinária mais acabada. É a universidade por assim dizer na Alemanha o indispensável instrumento a que se associam nomes e sistemas.

5.1.19 O neokantismo, um duelo de universidades

O neokantismo, sobre ser pugna de filósofos, foi do mesmo passo em suas manifestações um duelo de universidades. Cada uma com sua diretriz, seu rumo, sua vocação. O grupo de Marburg, com Cohen e Natorp, voltado para a matemática e o grupo de Heidelberg e Freiburg, que simbolicamente aliado encontra com Windelband, Heinrich Rickert e Emil Lask a direção da filosofia nos estudos históricos.

Em 1930, decai momentaneamente o esplendor da escola de Husserl. O Reitor-Filósofo da Universidade de Tübingen polarizara com a fenomenologia e a investigação lógica o interesse de considerável parcela da intelectualidade alemã, mas vê passar novamente para Heidelberg o prestígio da filosofia.

A gloriosa universidade recebia as lições de Heidegger e Jaspers. Entrava o existencialismo na Alemanha pelas suas portas. E como "nenhum pensamento cai feito do céu", segundo frase de Friedrich Jodl, descobrem-se as nascentes de Heidegger na filosofia de Sören Kirkegaard, Lutero e Agostinho. Uma generalização atrevida poderia ver também em Heidegger um teólogo existencialista, com aquele fundo de negação religiosa de que Gabriel Marcel seria talvez em França a antítese cristã.

A metafísica do nada, a angústia diante da vida constituem traços de acerbo pessimismo que, vindos de Heidegger, não se repetem, todavia, em Jaspers, o qual acrescentou à herança de Kirkegaard formação vazada nas idéias de Kant, Hegel e Nietzsche.

Quando Albert Camus em *Horizonte Aberto* (*Offener Horizont*), livro que representa o mais recente tributo dos pensadores europeus a Karl Jaspers, aparecido este ano em homenagem ao filósofo durante o transcurso de seu septuagésimo aniversário, fala sobre os *Gotesmoerder*, os assassinos de Deus, o que ele em verdade salienta é a interrogação de Jaspers: o filósofo reconstrói a metafísica e pergunta novamente por Deus.

5.1.20 A volta dos estudantes às universidades

Ao voltar à cátedra universitária concluíra Jaspers de certo modo pela culpabilidade do povo alemão em face do fenômeno político e ideológico do nazismo. Foi esse um deslize do filósofo. Sua palavra apontava todavia na expiação dos erros o caminho de sobrevivência à diluição moral, política e social da derrota. Aceitou o povo essa responsabilidade, pois a única riqueza que nunca lhe faltou e jamais o traiu foi o trabalho. Há no caráter do alemão essa virtude em que sempre repousou ali a prosperidade nacional.

Acompanhando o ressurgimento cultural, tornaram os estudantes às universidades. Vi-os em Heidelberg: pobres, silenciosos, maltratados, vítimas todos da guerra e da capitulação.

Mas em cada um deles, quando tomavam apontamentos de aulas ou freqüentavam o salão da biblioteca, havia, não a misteriosa inquietação que surpreendi na mocidade francesa, porém propósitos rígidos e inabaláveis de conquistar para o seu povo o futuro na liberdade e na democracia. Levam aqueles rapazes em grande parte existência heróica de poupança e sacrifício. Modestamente vestidos, longe de ostentarem o luxo do estudante americano, cujos *cadillacs* pontilham o pátio das universidades, vivem eles dominados da preocupação do seu trabalho e do sentimento de sua responsabilidade social no soerguimento da pátria.

E deveras caro o estudo nas universidades alemãs. Só a matrícula custa trezentos cruzeiros. A inscrição correspondente a um semestre mil cruzeiros.

Estão as universidades mais afamadas em constante porfia pela aquisição dos melhores professores. E se um mestre de Heidelberg recebe convite para lecionar, por exemplo, em Bonn ou Goettingen, há nisso evidentemente acréscimo de prestígio à sua reputação. Faz-se então o professor exigente, ou seja, requer melhoria de honorários para poder ficar no cargo que já ocupa. A universidade, quando não deseja perder a colaboração cobiçada do sábio, atende às reivindicações que lhe são feitas e o professor famoso alcança assim mais um triunfo em sua carreira.

Divide-se o ano letivo nas universidades alemãs em dois semestres: o do inverno, que se prolonga dos primeiros dias de novembro até fins de fevereiro, interrompido pelas férias do Natal e Ano Novo e o do verão, que principia em maio e acaba em julho. Março e abril, assim como agosto, setembro e outubro, são meses de férias.

Durante essa época, o estudante pobre da Alemanha não estuda, trabalha. Excede-se no esforço de ganhar dinheiro. Faz poupança e quando chega o período das aulas reaparece na universidade com os recursos que seu trabalho lhe granjeou.

5.1.21 *As entidades estudantis universitárias*

Tem a mocidade alemã desejo ardente e generalizado de enriquecimento cultural, zelo por tudo quanto diz respeito a atividades intelectuais. A vida esportiva que as universidades americanas levam ao exagero é secundário para as escolas alemãs. Mas as sociedades estudantis desempenham ainda função preponderante. Pelo seu caráter secreto possuem às vezes finalidade suspeita.

Ao contrário das nossas entidades associativas, o que as distingue não é o traço político que entre nós faz do grêmio de estudantes um órgão de combate e reivindicações.

Ora se vêem dominadas pelo espírito recreativo, ora pelo fervor tradicionalista. Revivem suas assembléias costumes seculares. Cada festa que promovem no círculo íntimo dos iniciados consagra uma lembrança de outras épocas.

Em nome do progresso e da reforma universitária proibiu a reitoria de quase todas as universidades as passeatas de tochas e os duelos de honra. A interferência da administração universitária no deplorável caso recentemente ocorrido em Berlim, quando dois estudantes, depois de se baterem em duelo, tombaram semimortos, acarretou o fechamento da Universidade Livre de Berlim.

O Reitor os havia surpreendido na luta proibida e localizara na própria universidade a célula de conspiração. Não há dúvida que o movimento estudantil da Alemanha conserva esse lado anacrônico e antidemocrático. Mas a obra renovadora fez consideráveis progressos. Contudo, o desinteresse da mocidade por movimentos eleitorais ou assuntos políticos revela que o alemão não tem ainda a consciência participativa, de índole democrática, em toda sua plenitude.

Constitui a politização do estudante imperiosa necessidade. Urge que a riqueza espiritual e material do povo nesta hora de intensa reconstrução não fique exposta amanhã a demagogos sedutores. Destes foi a pátria de Goethe ainda há pouco presa fácil.

O esforço de atrair o interesse do estudante alemão para questões políticas é incontestavelmente difícil. Será uma vitória sobre o acomodamento ideológico que oferece a doutrina totalitária e sobre o temperamento germânico, triunfo este de que não duvidamos, caso se fortaleçam os rumos atuais da obra educacional.

5.1.22 A violência na escola primária alemã

Se todos os estímulos são dados nos estabelecimentos de ensino de nível secundário e superior da Alemanha para formar em bases democráticas o caráter da mocidade, já uma falha inquietadora observei em relação à escola primária alemã.

Ali, onde a infância começaria de receber a primeira lição de convivência pacífica, é sobremodo desalentador o que ocorre.

Quantas vezes na mesma cidade de Heidelberg, ao passar pelos pátios de recreio das escolas primárias o esporte que vi as crianças praticarem foi a brincadeira do esbofeteamento, das pesadas, do menino mais forte que queria dominar o menino mais fraco por todos os meios de sujeição corporal. Nunca pude esquecer-me daquele espetáculo que a indiferença dos educadores admitia. Cheguei assim a compreender que ali nasce o germe de uma agressividade que os anos posteriores dificilmente hão de conter ou reprimir. Certa manhã, em um dos frondosos parques de Heidelberg, em companhia de certo professor espanhol, tive minha atenção dirigida para a mais grosseira cena de agressão: uma criança débil e em pranto impiedosamente surrada por outra criança de mais força e idade.

A cena se passava ao lado de adultos frios, omissos, imperturbáveis, cuja vista se distraía sobre aquele ato de barbaridade e vandalismo. Coisa semelhante vira eu na praça da Universidade de Heidelberg, dias antes, sob o gelo da mesma indiferença popular.

A todos os alemães, sejam eles professores de universidade ou simples homens do povo, que me pedem impressões da Alemanha, relato sempre aquele fato esculpido em minha memória como a única recordação triste dos dias que passei em terra alemã.

Para o alemão, tanto quanto para o francês e o americano, continua o Brasil sendo o país dos crocodilos e das negociatas, dos índios da mata virgem, dos negros da senzala, o país onde a língua que se fala é para eles uma dúvida ou um mistério. Quase nada fizemos em ordem a desmerecer esse conceito.

Quando se fala em governo latino-americano que possa honestamente administrar uma república deste hemisfério, esboça o estrangeiro aquele sorriso malicioso e irônico, como farpa de incredulidade as nossas assertivas.

5.1.23 A necessidade de centros de estudos luso-brasileiros

Enquanto as principais universidades da Europa não possuírem centros de estudos luso-brasileiros como o que ora existe na Universidade de Heidelberg, o patrimônio cultural da latinidade americana permanecerá basicamente ignorado, tanto de estudantes como de professores.

Ainda na esfera cultural somos a nebulosa que o estrangeiro mal distingue. Todavia os poucos que ali se familiarizam com a arte brasileira não disfarçam sua surpresa e encantamento ao descobrirem tesouros cuja existência nunca pressentiram.

Os professores que traduzem a obra de Machado de Assis, Euclides da Cunha, Olavo Bilac, Alberto de Oliveira, Gilberto Freyre, José Lins do Rego e Jorge Amado exprimem nas revistas culturais da Alemanha a alegria espiritual de revelarem à Europa poderes inteiramente desconhecidos de criação artística.

Tanto maior essa curiosidade quanto mais aguda se manifesta a reação literária alemã contra a decadência do século XX. Hermann Hesse, poeta e prosador, reconhece esse estado deplorável a que desceram as letras alemãs.

O declínio artístico se reflete do mesmo passo na música e na pintura, sendo anterior ao nazismo. Em verdade, já Rilke e Hauptmann, depois da Primeira Grande Guerra Mundial, haviam-no anunciado e combatido. Mas a ditadura policial, quando maior era o prestígio daquelas duas individualidades, impediu com o garroteamento das liberdades, a grande reação artística que hoje se quer fazer com sensível retardamento.

5.1.24 A presença do tecnicismo e a marcha para o existencial

Conserva a Alemanha, não obstante, a supremacia dos estudos filosóficos, fruto de seu incomparável trabalho de reconstrução intelectual. Sua técnica, seus laboratórios, a ciência dos seus sábios são ainda aquilo que de mais adiantado há em nossos dias na cultura do Ocidente.

A grande dor coletiva de 1945, ao invés de produzir artistas, poetas e romancistas, tem produzido notáveis físicos, matemáticos e químicos. Não conquistou ainda a Alemanha a tranqüilidade política e social indispensável ao seu caráter para dar novamente ao mundo os grandes artistas.

Tudo isso se explica em parte pelas razões históricas que determinaram nos últimos oitenta anos o curso da vida germânica. Não é fenômeno de uma única derrota essa paralisia da imaginação e da criatividade artística do alemão, mas ingrata conseqüência de três guerras.

Em menos de um século, desviou-se toda a cultura alemã no sentido da busca de uma solução de vida para o povo germânico. O idealismo cristão de um Rudolf Eucken, por exemplo, não constitui de modo algum abstração de fins ou diletantismo cultural.

Todos os pensadores que escreveram depois de 1870 na Alemanha, sejam eles filósofos do direito ou da cultura, ainda quando se afastam dos temas positivos para a especulação metafísica pura, ocultam atrás de sua obra uma determinante objetiva por ponto de partida e explicação para o seu trabalho intelectual.

Essa determinante é a vida do povo alemão, com suas angústias, sua incerteza, sua preocupação de sobrevivência. Quanto mais o problema político da Alemanha envolve o destino de todo o Ocidente, menos possível se faz, perante a índole alemã, a aparição de novos Rilkes, Hauptmanns ou Hermann Hesses, escritores por assim dizer de toda uma grande literatura que naufraga.

5.1.25 *As cinzas da decadência: a aflição existencialista e o desastre tecnicista*

Se os alemães fossem resignados como os portugueses, não se lhes atrofiaria, como ora acontece, a sensibilidade artística diante das tragédias materiais e morais de sua existência.

A latinidade tem outro gênio: quando uma civilização ou um sistema espiritual desaparece ela primeiro o grava numa epopéia. Tasso, Camões, Cervantes assinalam como vates as grandes curvas históricas do destino. São parte da biografia de um povo, cuja alma esmagada ou deprimida eles imortalizaram no poema, condensação de quatrocentos ou seiscentos anos de história.

A Alemanha porém guarda reservas de vitalidade orgânica. Não soou ainda a hora das epopéias, que é também a hora da decadência e da despedida. O que ocorre, a meu ver, é isto: concentram-se as faculdades mentais do homem alemão, sacudido pelos grandes traumatismos políticos e sociais do século XX, menos em obra de filosofia que de ciência, sobretudo, neste momento, em obra técnica e científica, para assegurar assim a missão material que ainda lhe cabe no mundo.

Fica todavia configurado um grave perigo para a cultura alemã destes dias: o tecnicismo nas suas recrudescências de pós-guerra. Constitui ele, pela forma em que o vemos consagrado, depois de avassalar os Estados Unidos, a França e a Alemanha, uma atitude cultural ameaçadora. Suas conseqüências de ordem espiritual são indiscutivelmente deploráveis, pois revelam o empenho de destruição da filosofia pela ciência, um resultado inaceitável não esperamos nunca se haverá de lograr.

Mas é de observar que os filósofos se tornem cada vez menos filósofos. Aqui se trata de uma conseqüência da desmoralização a que em certos meios foram levados os estudos filosóficos.

O cientista arrogante estuda tão-somente uma fração da realidade, mas cuida haver alcançado já, com sua ciência, o milagre de todas as respostas.

5.1.26 A vocação filosófica do alemão

O contraste entre ciência e filosofia não é de negação. Exerce o filósofo, quando invade o campo científico, uma ação complementar. Salientou Ernst Max Mayer que a filosofia se distingue da ciência pela missão, não pelo objeto.

O pesquisador no exercício da atividade científica faz necessariamente ato de demarcação. Toma uma particularidade da vida ou da realidade. O filósofo, não. Busca, segundo Simmel, "a totalidade do ser". Quando aquela noção particular conduzida a uma compreensão total, já nasceu aí a filosofia, já o homem principiou a filosofar.

Que importa, pois, que a filosofia deixe de possuir um objeto?

Que importa, pois, que a ciência vá tomando conta daquilo que outrora pertenceu ao império da filosofia?

No campo da realidade, aliás, nada lhe ficou. As ciências naturais se classificaram e abrangeram todos os horizontes do estudo objetivo. Quanto ao campo espiritual, não há manifestação da inteligência humana que não seja objeto de estudo para as ciências da cultura, como as ciências da história, da linguagem e do direito.

Em terreno próprio ficou a filosofia apenas com o universo dos valores, a ética e o mundo dos princípios não experimentais, a metafísica e a teoria do conhecimento, isto é, com tudo aquilo onde a nebulosa da dúvida não pôde ser dissipada por obra da investigação experimental.

5.1.27 Ciência e metafísica, um contraste e um desafio

Segundo Ernst Max Meyer a grande questão ainda é esta: "Continuará a filosofia a pesquisar o insondável?", isto é, renunciará à metafísica, abandonando tudo aquilo que fica fora dos limites da capacidade cognitiva, restringindo-se tão-somente a uma concepção da vida?

Responde o pensador na mesma ordem de idéias, que outra não é a missão da metafísica senão a de comprovar a realidade e quando desta se arreda o faz apenas no afã de pesquisar-lhe os últimos fundamentos, aquilo que continua fora das fronteiras do conhecimento e da averiguação, fora, portanto, do domínio científico.

Nesse esforço de dilação, metafísica e ciência se abraçam. Serve a primeira à segunda de indispensável força impulsora ao conhecimento das verdades de que o espírito humano se vai tornando senhor.

Não é simploriamente que o sábio alemão demonstra como os conhecimentos do átomo eram até ontem metafísica e como hoje se tornaram física.

Vê nisso o filósofo da Universidade de Frankfurt a missão da metafísica e acentua a importância que ela assume. Volve-se a metafísica, pois, para os fundamentos gerais e derradeiros da "totalidade existencial". Irmã gêmea, a acompanha nessa peregrinação do espírito a Ética, que interpreta ou mede o valor geral da existência, considerada em sua totalidade.

Não há motivos por conseguinte para esse menosprezo que se observa pelos estudos filosóficos. O tom depreciativo com que o cientista experimental usa a palavra metafísica constitui reflexo da errônea mentalidade que o tecnicismo introduziu com o propósito de sujeitar a inteligência humana à escravidão do experimentalismo. Destronada de sua dignidade, a razão se torna no mundo de nossos dias instrumento de um cálculo, a serviço dos trucidadores da cultura.

5.1.28 A vitória final do humanismo sobre o tecnicismo

Os pensadores pessimistas da Alemanha acham que o tecnicismo é mais um degrau que a vida alemã desce na escala do declínio, mais uma tonalidade para o crepúsculo, mais um passo que corrobora a frase de Hegel, no segundo tomo da Lógica, quando o pensador escreveu: "Die hoechste Reife und Stufe, die irgend etwas erreichen kann, ist diejenige, in welcher sein Untergang beginnt", ou seja, "a mais elevada maturidade e grau que alguma coisa pode alcançar é aquela em que começa a sua decadência".

Há, porém, como já assinalei, uma reconstrução espiritual na Alemanha oposta às correntes eversivas. Seus resultados podem ser assim computados: reabriu as universidades, acordou o mundo germânico com a voz do desespero e da decadência, restituiu aos sábios a cátedra, mostrou quão incompatível é a liberdade e a barbaria e finalmente fez soprar às margens do Reno a aragem daquele humanismo que os soldados de Hitler e os carrascos dos campos de concentração haviam destroçado, com a fogueira de livros, o banimento de professores, a supressão de cátedras, o terror e o genocídio.

Mas alcançará a reconstrução corrigir também o atual declive da cultura alemã para o tecnicismo? A difícil resposta que se der a essa interrogação aflita, ponderando todas as injunções políticas, sociais e econômicas da atualidade, trará consigo unicamente um prognóstico sobre o curso que a vida espiritual alemã há de seguir de futuro. Temos porém a confiante expectativa senão a certeza de que ela se inclinará para a vitória final do humanismo sobre o tecnicismo.

5.1.29 O estudante estrangeiro na Universidade de Heidelberg

Voltou a Alemanha a ser procurada pelos estudantes estrangeiros. Heidelberg, uma das universidades mais antigas do país, abriu cordialmente suas portas para receber a mocidade que vem de longe.

Ainda há pouco, visitando o Clube Internacional dos Estudantes, vi rapazes do Japão que vieram estudar filosofia, ao lado de moças americanas ou de canadenses e negros do Haiti e da África. Gira nesta cosmopolita cidade da cultura o sangue de todas as raças.

Sem nenhum arranhão da guerra, Heidelberg teria vida quase normal não fora o excesso de população e a conseqüente falta de cômodos. Durante o inverno, porém, com o frio, fogem os turistas, e a vida naturalmente melhora. Ficam apenas os estudantes, os americanos, a pacata gente alemã destas redondezas.

A Universidade, às primeiras horas da manhã, é um formigueiro humano. Sai e entra gente, sem parar. Como já assinalei, vêem-se todos os tipos humanos, a caminho das aulas e dos cursos famosos. Vê-se o preto da África, o mulato da Guatemala, o brancarrão de Buenos Aires e, sobretudo, o iraniano de Teerã. Pois a Pérsia mandou à Europa, particularmente à Alemanha, verdadeira esquadra de moços para estudar em universidades alemãs, familiarizar-se com a cultura do país, os segredos da técnica industrial, a química, a engenharia.

Constituem essas legiões asiáticas precisamente uma expressão política do nacionalismo iraniano. Acossado da Inglaterra que lhe bloqueou o petróleo, após a nacionalização das refinarias, o Irã se socorreu da Alemanha e prudentemente forma a futura geração de técnicos que dirigirá o trabalho e a produção nos poços da Pérsia.

Só em Heidelberg estudam mais de cem jovens daquele país. Depois da tropa americana de ocupação, é a gente que mais se encontra nas ruas e nos restaurantes e cujo idioma mais se ouve falar.

No entanto, andam os rapazes do Irã em sérias dificuldades, de ordem exclusivamente financeira. A pátria, sem divisas, não lhes manda um vintém. Situação quase catastrófica, a menos que venha solução imediata. Muitos deles, socorridos da própria Universidade. Esta lhes adia o pagamento das matrículas e consegue até empregos de emergência para os mais necessitados.

Na colônia estrangeira de estudantes, os persas dominam pelo número. A presença deles é por assim dizer sufocante. Abriu a Universidade unicamente para esses jovens cursos especiais de língua alemã. É de todo curioso observar que fundaram eles a Associação dos Estudantes Iranianos, um grêmio mais fechado e menos arejado que o Clube Internacional.

Se isso acontece em Heidelberg, as notícias que tenho de Goettingen, Bonn, Munique e outras universidades da Alemanha Ocidental referem situação idêntica.

O estudante do Irã ocupa a preeminência numérica e engorda as estatísticas de estudantes estrangeiros no país. Depois deles, vêm os ingleses, os americanos, os franceses. A América Latina, em particular a América do Sul, está escassamente representada. Apenas um ou outro estudante da Argentina, da Venezuela ou do Equador. Do Brasil, encontram-se somente dois, filhos, porém, de alemães. O desconhecimento da língua é sem dúvida a barreira inibitória e obstaculizante desse intercâmbio. Já em Paris, assim como noutras instituições escolares francesas, compõem os estudantes brasileiros densa e ponderável colônia, o que absolutamente não ocorre nas universidades alemãs.

Há, todavia, em Heidelberg, em contraste com tudo isso, a Seção de Estudos Luso-Brasileiros, que fundei com os Professores Harri Meier e Friedrich Irmen. Mais de vinte estudantes alemães freqüentam o seminário do Professor Irmen, em que se estuda o Brasil do ponto de vista geográfico e econômico.

É possível, porém, que breve o intercâmbio espiritual com a Alemanha democrática se intensifique e os grandes centros universitários desta faixa do Ocidente sejam mais assiduamente freqüentados pela mocidade brasileira, a exemplo do que já fazem os intrépidos jovens iranianos, que não medem sacrifícios em renovar e aparelhar sua formação intelectual para um dia servir melhor à pátria que lhes deu o berço.

5.1.30 Entrevista ao "Diário de Pernambuco"

Em 1953, de retorno da Alemanha, concedemos ao jornalista e escritor Mauro Mota, redator do *Diário de Pernambuco*, do Recife, uma entrevista de impressões de viagem, da qual extraímos os seguintes trechos:

"Em 1952, recebi convite do professor Harri Meier para lecionar no Seminário Românico. O convite partia de um dos maiores estudiosos alemães das coisas brasileiras, o autor dos *Ensaios de Filologia Românica*, obra escrita em português e que alcançou rápida repercussão; de uma certa maneira, o livro foi o vínculo que restabeleceu o intercâmbio cultural do Brasil com a Alemanha – intercâmbio interrompido desde 1933, quando o eclipse das liberdades na Alemanha nazista feriu de morte a intelectualidade universitária, e motivou, em conseqüência, a saída dos melhores professores das universidades alemãs de Heidelberg, Tübingen, Leipzig, Jena. Nesses velhos redutos da cultura germânica, a idéia totalitária do Estado nacional-socialista, implantado por Hitler, obrigou os Mestres a desertarem de suas cátedras e procurar asilo no exterior, onde existiam condições de vida compatíveis com seus ideais de liberdade."

Heidegger, Jaspers e Radbruch

"Durante cerca de doze anos não se pensou na Alemanha: Jaspers fugira, Gustavo Radbruch, o filósofo do Direito, silenciou, Heidegger, precursor do existencialista Sartre e discípulo de Sören Kierkegaard, procurou a solidão da floresta bávara, aí isolando-se completamente de um mundo que lhe parecera, talvez, em vias de decadência.

"Quando se restaurou a democracia na Alemanha, em 1945, havia ao lado das ruínas que fumegavam nas praças e quarteirões arrasados pela dinamite, ao lado de homens famintos e maltratados pela guerra, de viúvas e órfãos, outros destroços da aventura nacional-socialista: o pensamento germânico que o militarismo acabrunhara."

Obra de soerguimento

"Reerguer a Alemanha não era tão-somente obra de levantar cidades pulverizadas, edifícios destruídos. Não era apenas restituir a dignidade moral a uma nação aviltada perante a comunhão dos povos. Havia um terceiro plano: a esfera intelectual, onde os danos padecidos não foram menos consideráveis. E a esse respeito, as universidades da Alemanha Ocidental, depois de reabrirem as portas para educar o povo e a mocidade nos ideais da democracia, intensificando, por outro lado, o intercâmbio cultural com outros povos e a acolher, novamente, os sábios que a ideologia política exilara no passado."

Estudos luso-brasileiros em Heidelberg

"Sem a cooperação recebida dos professores Meier e Friederich Irmen não teria sido possível organizar nessa Universidade um centro de altos estudos luso-brasileiros. A completa biblioteca de autores brasileiros e portugueses permite ao estudante alemão senhorear-se da cultura de nosso País, e não ter apenas a visão passageira e superficial de assuntos ligados à nossa vida intelectual.

Euclides e Gilberto

"E de notar-se, na Alemanha Ocidental, o interesse sempre crescente que se observa pela literatura brasileira, comum encontrar-se nas livrarias de Heidelberg, ao lado de um livro de Romulo Gallegos ou de Ortega y Gasset, o *Dom Casmurro*, de Machado de Assis, em tradução alemã.

"Várias obras de autores brasileiros estão sendo traduzidas para o idioma de Goethe. No entanto, dois livros despertaram profundamente o interesse dos intelectuais alemães: *Os Sertões*, de Euclides da Cunha, e *Casa Grande e Senzala*, de Gilberto Freyre. Quanto a este livro, deseja o professor Friederich Irmen, Diretor da Seção Luso-Brasileira da Universidade de Heidelberg, obter autorização do autor para iniciar, imediatamente, a tradução da obra em língua alemã."

5.2 *Viagem aos Estados Unidos (1944-1945)*

A cidade amanhece cinzenta e fria. O vento glacial da Nova Inglaterra é o meu pesadelo. A chuva fina e renitente, estalando sobre as últimas folhas caídas do outono, acabrunha-me. Dizem que amanhã teremos a neve. Estou antevendo como não vai ser grande o meu sofrimento. Serei bastante forte para atravessar essa estação? E se pedir que me deixem voltar? Se escrever ao Coordenador, como haverei de redigir a carta, em que estilo? São mil os problemas a resolver, mil as inquietações também. Livros, aulas, clima, distância, saudade.

Estou aqui há cinco dias e minha angústia aumenta sempre. No domingo é cinco vezes maior que no sábado. Volto a embuçar-me no capote e deito um olhar da veneziana sobre os telhados de Harvard, a crosta dos edifícios, as construções mais célebres da Universidade, o *yard*, que meus olhos alcançam na extremidade da paisagem.

Estarei prisioneiro? É aquele carrilhão triste da igreja de São Paulo que me constrange. Ele conta os minutos de maneira torturante. Quando tem que bater horas, as suas pancadas são tão melancólicas que parecem melodia sentimental tocada ao longe. São mais de oito horas – ouvi-as bem nítidas – e tenho a impressão de que a madrugada apenas começou a raiar. As luzes de "Leveretts House" ainda estão acesas. Ouço sobre a calçada do largo os passos de dois oficiais que partem para a instrução matinal. Se falam, se tagarelam é porque há vida lá fora. Tento fixar minha atenção na leitura de um catálogo que diz maravilhas sobre a última coleção de livros importados da "Maison Française". Mas volto os olhos sobre o relógio e vejo, com susto, a advertência dos ponteiros. Tenho que partir imediatamente para o *breakfast*, em Lowell House.

Ainda não cerraram a porta do refeitório e consigo assinar o talão de cheques que a senhora magra anota no livro de controle. A porta se abre de leve para dar entrada a um estudante. Uma corrente de ar frio e penetrante passa como uma cipoada pelos nossos corpos. A própria couraça de *sweaters* irlandeses, com que penso abrigar-me, mostra-se obsoleta. Preciso de proteger-me. Preciso de andar sempre agasalhado, vigilante, contra esse clima que nunca conheci na vida.

Apanho a minha bandeja e recebo, nesse instante, o cumprimento de um professor que me saúda. É Brünning, ex-chanceler católico da Alemanha. Como era natural e não poderia deixar de ser, pensei em Hitler. Ao lado de Brünning está Salvamini, o italiano, que veio à América dar de beber aos moços privilegiados de Harvard a cultura das universidades peninsulares. Esse dia, em que coincide tomarmos café com um homem que foi outrora tão poderoso na Alemanha, não terminará sem outra emoção.

Depois do café, em "Lowell House", assisti à aula do professor Pound, aula de Introdução à Ciência do Direito. Não sei por que, hoje, o sotaque do velho mestre piorou e eu quase nada posso compreender do seu inglês triturado. Talvez não esteja prestando bem atenção. Minha imaginação voa para os campos do Ceará, as cidadezinhas da Paraíba, as ruas amigas e familiares de Fortaleza.

Tenho nos bolsos uma carta do professor Berrien para Mr. Oscar Wild, Diretor do "News Department of Harvard University". Nesse bilhete, o professor recomenda sugestões para que 12 dólares por mim gastos, nos hotéis de Paramaribo e Port au Prince, em trânsito para os Estados Unidos, sejam reembolsados.

O cartão é entregue e, em seguida, na mesa do escritório de Mr. Wild, lanço uma vista d'olhos sobre as manchetes dos jornais da manhã. Com surpresa encontro uma notícia no *Boston Daily* sobre a presença do novelista holandês Pierre Van Paassen em Boston. Van Paassen era justamente um dos meus autores prediletos no Brasil. Assalta-me a idéia de ir visitá-lo. Mobilizo Mr. Wild e os correspondentes de Harvard para descobrir o nome do hotel onde se hospedara o famoso jornalista.

Às 2 horas da tarde, no "Copley Plaza Hotel", conheço o escritor Pierre Van Paassen. Ninguém vai apresentar-me nem ele espera por mim. Bato-lhe à porta do apartamento, indiscreto como todo jornalista em situação igual, e ele vem receber-me preparando, nervoso, volumoso maço de papéis em sua pasta. Quando lhe explico quem sou, declinando minha identidade e o motivo que ali me traz, estende-me Pierre Van Paassen a mão para um aperto fraternal.

Começamos a conversar e anoto as suas primeiras declarações a propósito daquilo que mais tarde espero transformar numa entrevista, quando torcem a chave na fechadura da porta. Entra um cidadão baixo e moreno. Percebo que Van Paassen já o aguardava. Ocorre a apresentação habitual e Jacob me faz uma pergunta: se queremos ou não caminhar para a Democracia. Como vivem os judeus no Brasil? Há em sua terra problemas raciais?

A conversa se anima repentinamente e eu, que viera entrevistar um escritor, me vejo crivado de perguntas por um estranho.

Pierre Van Paassen dirige-me outra vez a palavra. Levanta-se de uma secretária para intervir na palestra que, desta vez, visava à ditadura irresponsável dos coronéis argentinos.

Veio com três livros debaixo dos braços. São exemplares de suas últimas obras em edição inglesa. Oferece-me os volumes com dedicatória amiga e confessa que tem apenas vinte minutos para chegar à sociedade onde deverá pronunciar uma conferência.

Sua missão em Boston já a conheço. O intelectual ariano está empenhado na grande campanha sionista, no mesmo movimento que empolgou Frederich, o sábio alemão de Heidelberg, que hoje brilha no firmamento universitário de Harvard. O país todo leu as suas reportagens inflamadas em prol da causa israelita. Dizem que hoje à noite ele vai atacar a Inglaterra, os "lords" e os "tories". Gostaria de ir ouvi-lo. Convida-me. Tenho, porém, tanto que fazer, tamanhas obrigações a cumprir, que perco a coragem e o ânimo.

O noturno que parte às 23 horas o levará de regresso a Nova Iorque. Quando estou para sair, o autor de "Estes Dias Tumultuosos" afirma-me que vai escrever um livro sobre o Brasil e que viajará, se possível, ainda este ano, rumo à América do Sul. Tem todo o interesse em conversar comigo. Que eu vá, quando estiver em Nova Iorque, à sua residência. Lá almoçaríamos e haveria tempo para fazer as primeiras perguntas sobre esse "Brasil, país de grandes oportunidades, maior que os Estados Unidos da América"... Sorri, como todos os brasileiros acostumados a ouvir esse chavão da deferência estrangeira. E assim foi a nossa despedida.

* * *

Grande cientista é esse James Conant, cujo nome lemos nos telegramas sobre a missão americana de sábios que inventou e aperfeiçoou a bomba atômica.

Conheço James Conant três dias após minha chegada à Universidade. Sexta-feira à noite, depois que Arthur Wilde e sua esposa vieram receber-me na *gare* da estação ferroviária de Boston, soube que, pela terça-feira da semana seguinte, James Conant, reitor da Universidade de

Harvard, receberia, em sua mansão, os jornalistas latino-americanos e seus companheiros ianques.

Não posso compreender, depois de uma viagem cujas impressões me confundem tanto, a tremenda importância que Arthur Wilde empresta à significação daquela visita. Para o americano da Nova Inglaterra, o presidente da Universidade de Harvard é o grão-mestre do pensamento americano, o papa da sua cultura, o ídolo dos seus intelectuais e cientistas.

Depois do presidente dos Estados Unidos, para aquela aristocracia bostoniana, ninguém mais importante, ninguém mais autorizado a falar do que o reitor de Harvard. A sua palavra é a do *magister dixit*. Toda entrevista que concede tem repercussão internacional, da Inglaterra à França, do Canadá à Holanda, dos Estados Unidos à Bélgica. Quando um professor de Harvard se pronuncia sobre determinado assunto, a *United Press* e a *Associated Press* levam o texto de suas impressões a todos os quadrantes da América, às vezes ao mundo inteiro.

Não sabia eu porém que James Conant e os clamais professores de Harvard eram personagens tão importantes no alto mundo da civilização americana ou que seus nomes estivessem envoltos em tanta lenda.

Às 7 horas dessa terça-feira, tomo um *taxi* em Harvard Square e cinco minutos depois toco a campainha da residência de James Conant. Cheguei adiantado trinta minutos. Mas o sábio já nos esperava. Estendi a mão àquele cujo nome apareceu em letras de forma nos principais jornais e revistas de todos os países. Conant reúne as qualidades de um homem cativante. Onde a arrogância da criatura que tinha motivos para ser presumido se o desejasse? Onde a formalidade, os gestos solenes, a falsa pretensão dos adventícios? Nada disso encontro em Conant, pedra do melhor quilate irlandês.

Enquanto os meus confrades se preparam para aquela ocasião, que eles têm por excepcional – eles, os jornalistas americanos – de ver, ouvir e conversar com o patriarca de Harvard, já eu sou íntimo do Sr. Conant, o maior químico destes tempos. Criva-me ele de perguntas sobre a América do Sul, sobre o Brasil e a Argentina, antes mesmo que possa interrogá-lo a respeito de sua Universidade, das suas idéias para o mundo da paz ou de toda uma seqüência de assuntos que tinha a tratar.

Magro, delgado, não me dá uma única oportunidade de tomar-lhe a palavra, de desviá-lo desse questionário torturante a que me submete, com a força, a argúcia, a lucidez espantosa de sua inteligência. Versado em ciências sociais, é um espírito aberto à compreensão dos grandes temas da atualidade internacional.

Não estou em presença do cientista puro, do sábio de laboratório sem contacto com a vida e o mundo, que se insulou na fração de sua pesquisa ou no egoísmo de sua indagação, daquele que ignora a angústia do próximo, o seu destino e a sua luta.

Desconheço eu que falando com James Conant falo a um dos mais autorizados porta-vozes da América militar, dos Estados Unidos em guerra, um dos poucos homens que guardavam o segredo mais tarde decisivo para a derrota final do Japão.

Longe, pois, me encontro de suspeitar que o presidente da Universidade de Harvard seja senhor desse invento, cuja significação para a história dos povos se compara àquela da descoberta da pólvora, talvez maior, ninguém sabe ainda.

Para a felicidade dos povos na paz ou a tragédia na guerra o fato é que o cérebro daquele cientista é meio responsável por um engenho, sob cujas conseqüências provavelmente se escreverá a nova história do mundo que há de vir. A minha palestra com o inventor da bomba atômica foi longa. Quando os jornalistas americanos chegam somos então 14 a ouvir a palavra do sábio.

Depois de quatro horas, durante as quais ele faz mais perguntas do que responde, recolho-me a "Adams House" com a impressão gratíssima de haver conhecido um cientista completo.

O James Conant de 14 de novembro de 1944, seria, nos jornais de agosto de 1945, um dos inventores da bomba atômica, a cuja comissão de sábios americanos presidiu.

31 de maio de 1945. "Adams House" nos acomoda apenas por mais dois ou três dias. Os estudantes se cumprimentam em saudações de despedida. Aquelas paredes seculares, aqueles corredores subterrâneos, por onde, em outros tempos, homens ilustres da ciência, da política, da administração e da arte haviam transitado, me comoveram por sua singeleza.

Nem o velho Liceu me impressionou tanto, é para mim tão surpreendente quanto esse solar de Harvard.

* * *

David Little, secretário da Universidade e diretor de "Adams House", tem nesta mesma noite um encontro comigo. Ouço-o, com satisfação, confirmar que outra vez teremos à nossa mesa o Dr. James Conant.

Tudo está preparado para o banquete de despedidas. À noite, há uma grande festa. James Conant não fala durante o jantar. Uma hora depois, porém, subíamos pela mesma escada, onde o olhar penetrante de John Reed, grande poeta e revolucionário bolchevista (ele era filho de uma das melhores famílias de Portland, no Maine, e bateu-se pela causa da Revolução Russa, escrevendo os *Dez Dias que Abalaram o Mundo*), pendente de um quadro da parede, parece fixar uma interrogação sobre os homens.

Sentados em poltronas confortáveis, professores e jornalistas mantêm com o presidente de sua universidade franca e cordialíssima palestra. É a última vez que me dirijo a James Conant. A guerra, mais uma vez, constitui o tema da discussão. Ouvimos o químico de Harvard e da bomba atômica confessar que a ciência alemã de guerra fora derrotada pela aliança de sábios anglo-americanos, pelos grandes e anônimos generais de sua inteligência. Mas o presidente não entra em pormenores. Mais distantes estamos nós de saber, por conseguinte, que James Conant é um dos inventores da futura bomba atômica.

Hoje, o valor desse sábio multiplicou-se um milhão de vezes. E quando abro o diploma que Harvard me deu, e leio a sua assinatura, verifico que preciso guardá-lo para a vida como documento de recordações saudosas.

5.3 A população e o vaqueiro

Harvey Springer, amansador de cavalos no Texas, gigante de dois metros de altura, pastor protestante, viu sua passagem em Fortaleza assinalada por distúrbios, vaias e aglomerações de rua, depois que a população equivocadamente o identificou como Charles Starret, o popular ator das películas de cinema.

As crianças de Fortaleza se movimentaram para ver o "Tom Mix" moderno, ídolo de aventuras no oeste americano.

Tamanha a curiosidade em torno desse inocente evangelista, a serviço da religião de seu povo, que se pediu a intervenção da polícia, a fim de assegurar ao visitante a liberdade de movimentos contra os apupos da multidão.

Houve ocasiões, porém, em que perdeu a polícia a serenidade e se voltou contra os circunstantes ameaçadoramente.

Desfeito, porém, o engano, muitos não acreditaram no logro. E passaram a manhã e a tarde postados em frente ao hotel, onde Harvey se encontra hospedado. Principalmente as crianças.

Se o homem não era de fato Starret, tinha porém toda a aparência dos rancheiros do cinema, que Hollywood filmando e explorando a história do Texas, ordinariamente nos apresenta.

Mas o pior ocorreu depois. Pobres crianças, mal vestidas umas, remendadas outras, com a fardinha do colégio desbotada, queriam ver também o *cow-boy* da sua imaginação, que elas costumam aplaudir no cinema das pulgas, nas gerais, quando lhes sobra um níquel escasso.

Esperavam, pois, tranqüilamente, sem algazarra, sem molecagem. Mas um latagão da polícia não entendeu assim. E espancou as criancinhas a cassetete, afugentando-as do local.

Houve quem se insurgisse nas conversas de esquina contra a população de Fortaleza. E a esta se dispensou toda sorte de adjetivos pejorativos. Desfilaram velhas injúrias do calão contra o pacato povo, por ter-se este embasbacado diante do vaqueiro cevado que a civilização do *whiskey* e da *coca-cola* cá nos mandou. E passamos, na língua dos cafés e das "rodinhas" do Abrigo por gente atrasada, ignorante, amolecada, sem educação.

Um cavalheiro, com aparência de dândi, cuspiu com desprezo, porque a multidão se reunira.

Ora, amigo. Vamos com menos cólera. O homem nos distraiu. Proporcionou-nos algumas gargalhadas.

Por que tanta crueldade em tratar os teus irmãos? Se tu fosses pobre, proletário, sem camisa lavada, sem distrações, e não rico como és, sem problemas na vida, contente da existência, tu estarias ali também, frente ao hotel, esperando, rindo admirando, vendo o espécime raro e curioso, aquela estranha peça de museu que veio encalhar em nossa cidade como as baleias, como os barcos que dão nos bancos de areia.

Mas tu detestas o bom povo, o desprezas, o cuidas ignaro, falas das musas odientas e do livro de um espanhol reacionário, que, travestido de filósofo, se horrorizou dos famintos, que não têm vez na política e no poder. E te revoltaste ainda mais, com as faces rubras, ao afirmar isto: Que dirá este senhor nos Estados Unidos da educação dos brasileiros?

Fica certo, desde já, que ele não dirá nada de bom, se for daquela casta de americanos racistas.

Ainda que o povo e as crianças que o receberam lhe tivessem dado todo o carinho da sua simpatia, do seu afeto, do seu entusiasmo, da sua alegria. Ainda assim falaria ele mal do Brasil e com desprezo dos nativos.

E tu, que trataste tão mal teu próprio povo, tu não encontrarias, com os teus cabelos e a tua tez, oh parvo, quem te desse no trem da Geórgia ou no teatro da "Broadway" um assento de branco.

Fica sabendo que semelhante ao povo de Fortaleza é também o povo do Recife, do Rio de Janeiro, de Buenos Aires, Londres e Paris.

Em toda parte, há curiosidade. Em todas as terras, o povo que sofre tem os seus ídolos, as suas preferências e se reúne em ruas e praças ou promove tumultos para ver heróis de corrida, jóqueis, galãs de tela, jogadores de futebol.

Apenas tens o complexo de inferioridade mais exacerbado e por isso lançaste, no teu critério vesgo e caboclo, um anátema sobre os pobres que se divertiram à custa do espadaúdo vaqueiro de Truman.

5.4 A mãe do escritor

Pediu um deputado do Ceará que se desse uma pensão anual a D. Ana de Campos Veras, mãe de Humberto de Campos, escritor maranhense que pertenceu à Academia Brasileira de Letras e foi, em nossa literatura, um dos seus cronistas mais cintilantes. Humberto, com a inteligência que possuía, honrou o nome literário do País. Só por último o *Diário* do escritor (tão diferente das *Memórias*!), estampado com escândalo e ruído publicitário, deitou sobre a campa do morto uma sombra naquela admiração que consagravam a Humberto de Campos os leitores da sua obra imensamente lida. Mas Humberto ainda sobrevive. O *Diário*, com defeitos e pesadas injustiças, é, todavia, serviço prestado às letras e à história do País, porque ali há passagens que contribuem para o esclarecimento da corrupção literária e da decadência política, nos anos em que o jornalista e escritor viveu.

Mas esqueçamos o *Diário* para medir o ato de justiça que se vai praticar.

Sobre uma enxerga, na velhice ingrata, ao abandono, tem sido a pobre mãe de Humberto de Campos testemunha de todas as dores que se ligaram ao nome do filho. Deu-lhe a vida na pobreza em Miritiba; viu-o crescer como as *Memórias* no-lo contam, caixeirinho de loja, rapazinho de adolescência triste – e, depois, viu-lhe o triunfo imprevisto, a fama literária, os festejos acadêmicos, um momento apenas de fulgor, seguido logo da doença, da pecúnia esfacelada e da morte atroz. Por último quis a vida (ou o destino) que assistisse esta mesma velhinha sofredora ao último atentado à reputação do filho, que ela tanto prezou: a publicação do *Diário*.

D. Ana de Campos Veras merece a ajuda que lhe vão dar os cofres públicos.

A idéia é simpática, cala no sentimento generoso dos brasileiros que a aplaudem. Para aquela vida, em que se cravaram tantos espinhos e por onde passaram tantas decepções e amarguras, é a magra subvenção apenas uma nota de doçura e humanitarismo, na época dura e egoísta que vivemos.

5.5 A Inglaterra da mudança e do trabalhismo

Curiosa notícia essa que veio da Inglaterra e passou quase despercebida em meio ao noticiário internacional de um vespertino da cidade. Nesta hora de sofreguidão política, de refregas partidárias, de acirramento de ódios, a província não pôde ler a notícia do "lord" sapateiro, isto é, do sapateiro que se tornou "lord" nas Ilhas Britânicas.

A coroa de Jorge VI, o monarca que resiste ao vendaval socialista, graças às concessões, do bom senso, autorizadas pela tradição, rubricadas pelo caráter e sancionadas pela índole do povo inglês, dá ao mundo atormentado o exemplo de como é possível fazer com que o privilégio evacue suas trincheiras e o futuro pertença à liberdade.

As guerras do século XX empobreceram a ilha heróica. Perdeu o inglês praticamente seu império, a dominação augusta e senhorial sobre a Índia, a suserania econômica sobre o Canadá. Viu em suas colônias acender-se o fogo da rebelião emancipadora. Sentiu que nas chamadas áreas atrasadas as tribos oprimidas já começavam a despertar para a conquista do direito.

A ilha do carvão, socializada pelo trabalhismo, gira ao compasso de um mundo que rompe com o passado. A grande família anglo-saxônia teve sempre uma vocação ateniense para a democracia. Desde os tempos modernos, foram os povos de língua inglesa os que mais aptos se mostraram para o exercício da democracia, os que enobreceram o regime da liberdade constitucional, com suas conquistas pacíficas no campo do direito político. A encanecida Inglaterra viu reis, obstinados e teimosos, como Charles I ou James II, tentarem destruir na polpa da semente o pensamento constitucional em ascensão. Mas esses reis ou perderam a cabeça no cadafalso ou foram depostos pela fúria da opinião pública. À exceção dos anos da ditadura de Cromwell, nunca o absolutismo governou o Império nem a desordem aluiu o trono da Inglaterra.

Pátria da reforma social, ali as conquistas são lentas e profundas. O homem aceita o futuro, abraça com entusiasmo as novas idéias, despede a ordem anacrônica, sem derramar sangue fratricida, sem arriscar-se às comoções da violência, ou aos dilaceramentos da sedição.

Ainda assim, com a bagagem do progresso no fundo de um baú, traz o inglês as suas relíquias, a coroa dos reis que não reinam, os títulos dos "lords" destituídos do privilégio do poder, as condecorações, todo o passado da realeza; enfim, velhas páginas de séculos que conheceram a glória e a conquista.

Hoje, vestindo a camisa suada do trabalhismo, humilhada pelo dólar republicano dos Estados Unidos, a imperial Inglaterra, que navegou todos os mares e fincou a bandeira de sua dominação em todos os continentes, atravessa o meridiano do século XX numa decadência que pasma, que há de fazer da romântica ilha, no próximo milênio, o segundo Portugal da História. O inglês, porém em luta contra a sentença histórica, não se corrompeu. Não se nega a si mesmo, não proscreve seus ídolos, não os impõe ao mundo. Guarda-os dentro do coração. Humaniza as suas linhagens, une na mesma obra de solidariedade todos os seus irmãos, faz, de pobres sapateiros, "lords"; de pedreiros, barões; de mecânicos, marqueses.

É comovedora a luta desse gigante que não quer morrer. Sabe ele que neste mundo a hereditariedade dos títulos não resiste à crítica do bom senso. Dá acesso social, nos quadros da nobreza, ao terceiro estado. Eleva, ontem, o judeu Disraeli às eminências de primeiro ministro, o ministro por sinal da expansão colonial. Bane das Ilhas Britânicas o preconceito de raça e admite aos ricos salões de Buckingham "lords" asiáticos de sangue semita e nariz adunco. Nesta década, porém, a transformação é mais profunda. Transpõe o inglês a fronteira da discriminação e chama para os conselhos da realeza os filhos da plebe. É um grande hino à fraternidade, com a demolição do preconceito de trabalho e a proletarização dos brasões imperiais.

Fazem muito bem os ingleses. O mundo de hoje só tem lugar mesmo para uma aristocracia: a das mãos calejadas nos ofícios humildes da vida e a das inteligências postas a serviço da felicitação social da espécie humana.

5.6 A integração latino-americana

José Carlos Brandi Aleixo. *Integração Latino-Americana* (coordenada, Editora de Brasília). Temos enfim uma obra que nos põe em dia com tudo quanto já se fez de último, em proveito da causa mais cara aos pan-americanistas ardorosos: a integração latino-americana.

Brandi Aleixo, padre jesuíta e professor da Universidade de Brasília, escreveu um livro que nos faz meditar sobre o futuro do continente, em novas bases. Uma carta do Presidente Rafael Caldera, da Venezuela, abre o ensaio, trazendo a solidariedade desse estadista às idéias do autor.

Brandi deixa-nos perceber, já no prefácio, que não somos apenas um continente de reivindicações, mas aquela parte do mundo a servir de "ponte entre os povos das mais diversas etnias". Com a integração, cessaremos de ser aquele "arquipélago de pequenas ambições e egoísmos", a que se referira Velasco Ibarra. Constituindo os mestiços a maioria absoluta da população, como não acontece em nenhuma outra área do planeta, oferecemos já, segundo Brandi, o mais feliz exemplo de comunhão racial de que haja talvez notícia na vida dos povos.

Hoje a América Latina caminha com Rubem Dário Rodó, José Vasconcelos, Ugarte, Haya de la Torre, Herrera, Prebisch e quantos, entre vivos e mortos, esposaram o caminho da unidade em termos de adesão aos valores com que se tem afirmado historicamente a nossa sobrevivência. Rui Barbosa e Alberdi, ao contrário, foram, sob esse aspecto, dois estrangeiros mortos de paixão pela Inglaterra, servos do culto de superioridade do modelo anglo-saxônio.

Há no trabalho de Brandi Aleixo um capítulo que traduz a essência do pan-americanismo em dois princípios: a igualdade jurídica dos Estados e a não intervenção, em verdade os esteios do Direito Internacional bem compreendido. No entanto, o autor aponta para a Resolução 560 da Câmara dos Representantes dos Estados Unidos, votada em 1965, e que admite em determinados casos a intervenção unilateral e armada em países da América Latina, ou seja, um dos piores retrocessos na política daquele país. Os Congressos do Peru, Chile e Colômbia, bem como o

Parlamento Latino-Americano, reunido em Brasília, por junho de 1968, combateram a Resolução 560.

"A América Latina é uma grande nação desfeita", disse Felipe Herrera. É de lastimar porém que no Brasil poucos intelectuais hajam atentado ainda para a importância dessa necessidade de refazer a grande nação e cimentar a consciência de que somos também parte da vasta família hispânica, vista por novo ângulo, a saber, fomentando tanto a unidade cultural como a econômica e política. Desta última já nos ocupamos em estudo intitulado "Solução Federalista para o problema da unidade latino-americana". Ali escrevemos: "A nova moldura política, na qual os países latino-americanos deverão enfrentar, de maneira solidária e com mais probabilidades de resultado positivo, o subdesenvolvimento, terá que ser, supomos, impreterivelmente federativa".

O ensaio de Brandi Aleixo não perde a objetividade quando analisa os problemas econômicos que obstaculizam a integração. Quase todos advêm, segundo o Autor, "da natureza injusta de suas relações econômicas, financeiras e sociais com os países mais industrializados". Ocupa-se do frete marítimo, do mar territorial, dos recursos do alto mar, do uso pacífico da energia nuclear, da sangria de talentos, da evasão de capital e dos preços aviltados de matérias-primas no comércio internacional.

A respeito do frete marítimo, copiosa fonte de divisas, a navegação estrangeira nos leva por ano 540 milhões de dólares. Se nos volvemos para toda a América Latina, a saída líquida de divisas monta a cerca de um bilhão e duzentos milhões de dólares.

Tocante ao mar territorial, uma só informação basta com que justificar a extensão dos limites de nossas águas para 200 milhas: em 1968, 300 navios estrangeiros pescavam o camarão nas costas do Amapá. Quanto à energia nuclear, diz Brandi Aleixo, que nos termos atuais o TNPN (Tratado de Não Proliferação de Armas Nucleares) pode converter-se em "fator de um novo colonialismo tecnológico".

Relativamente à evasão de talentos, informa que a América Latina entre 1958 e 1965 perdeu 45.868 profissionais e técnicos, hoje radicados nos Estados Unidos, e que um técnico altamente qualificado nos custa pelo menos 20.000 dólares. Acrescenta, então: "Considerando que de 1961 a 1965 mais de 19.000 técnicos latino-americanos foram definitivamente para os Estados Unidos, podemos dizer que este país recebeu da América Latina só neste período uma ajuda de cerca de 400 milhões de dólares".

Quanto à deterioração do comércio internacional de matérias-primas, reproduz um trecho do discurso do Presidente Restrepo, da Colômbia: "Em 1954, quando o preço do café era de 80 centavos a libra, a Colômbia tinha que exportar 14 sacas de café para obter o suficiente para comprar um jipe. Atualmente, com o café a 40 centavos a libra e o jipe custando o dobro, são necessárias 43 sacas de café para comprar um desses veículos".

Invoca por igual a palavra do ex-chanceler brasileiro Magalhães Pinto na alocução proferida em Nova Deli, em fevereiro de 1968. "Se as exportações brasileiras em 1967 fossem realizadas aos preços de 1953, nossa receita de divisas teria sido de 2,5 bilhões de dólares, ou seja, mais de 800 milhões do que a obtida. Pelo mesmo raciocínio nos anos de 1954 a 1968 o Brasil deixou de perceber 5 bilhões de dólares, ou seja, mais do que toda a ajuda externa recebida nesse período". Com igual clareza o ex-chanceler do Chile Gabriel Valdez: "A baixa do preço do açúcar ou do cobre pode enfraquecer bem mais um governo democrático que a guerrilha ou a subversão".

Na mesma seqüência, o depoimento do Governador de Nova Iorque, após concluir uma missão na América Latina: "Tem sido estimado que a queda de um centavo por libra no preço do café significa a perda de 55 milhões de dólares nas divisas estrangeiras das 14 nações cafeicultoras do Hemisfério Ocidental".

Enfim, reflexão amarga de Brandi Aleixo: "Devido a estes e outros fatores, durante o período de 1960 a 1970, denominado de década do desenvolvimento, cresceu o subdesenvolvimento relativo do conjunto dos países que lutam por seu desenvolvimento".

O remédio a todos esses males consistirá formalmente em acelerar a integração. Urge institucionalizá-la em termos políticos e econômicos. Aí estão os órgãos de base que já crescem em prestígio e importância: a Comissão Econômica para a América Latina, a Associação Latino-Americana de Livre Comércio, o Mercado Comum Centro-Americano, o Parlamento Latino-Americano, a Comissão Especial de Coordenação Latino-Americano e o Conselho Episcopal Latino-Americano.

Do programa e ação desses instrumentos internacionais a sobredita obra nos dá clara idéia. Se a integração reside hoje nas elites o seu pensamento há de chegar ao povo, se quisermos vê-lo vitorioso. Faz-se mister, por conseguinte, propagá-lo amplamente, como a grande saída prospectiva contra o subdesenvolvimento do continente. O livro de Brandi Aleixo quase nos leva a crer que "a grande nação desfeita" volverá à unidade que esteve nos sonhos de Simon Bolívar, San Martin e José Inácio de Abreu e Lima.

5.7 O Japão

Foram os povos orientais na Idade Moderna as principais vítimas da voracidade materialista do capitalismo ocidental. Tudo começou com nossos antepassados portugueses inaugurando o ciclo das navegações, descobrindo novos caminhos marítimos e impelindo as velas das naus lusitanas aos últimos confins do Oriente.

A civilização européia confinada de início ao espaço mediterrâneo conquistou a seguir toda a bacia atlântica, alastrando-se a outros oceanos e continentes, sob o signo da fé e da conquista. Nunca valores culturais milenares de outros povos foram tão violentados, conculcados e espezinhados como nas épocas da grande expansão capitalista, que prossegue em distintas fases e ainda agora mal se dissimula ao ingressar na idade da cibernética e dos artefatos nucleares.

Mas essa expansão há produzido surpresas e as surpresas nos chegam do Oriente. Napoleão, que fez a campanha do Egito e do alto das pirâmides exarou reflexões de filósofo e não propriamente de general, desaconselhava o mundo a acordar o gigante, no caso a China, mais distante, cujo sono constituía a paz e o sossego do Ocidente. A Inglaterra, tomando talvez o conselho de seu arquiinimigo, que ela afinal venceu e desterrou em Santa Helena, reforçou o sono do gigante com ópio e cocaína, enquanto fazia nos portos e cidades chinesas os proverbiais "negócios da China".

Os Estados Unidos, por sua vez, invejando a ex-metrópole, quis obter com a esquadra de Pershing no Japão o mesmo que os ingleses desde muito haviam obtido na China. Forçou, pois, a abertura dos portos nipônicos. Da aventura veio a resultar o contacto com um gigante maior que aquele entrevisto por Napoleão.

O fascinante na história do povo japonês é que ele se ocidentalizou do ponto de vista material, mas se conserva interiormente intacto de alma, afeiçoado ainda aos seus valores tradicionais e milenares.

Sob as vestes européias, fez da tecnologia um meio, não um fim. Não perdeu a identidade oriental. O resultado aí está: o consumismo e a insatisfação devoram os ocidentais, que na hora da crise vêem recrudescer os conflitos já seculares do capital com o trabalho, enquanto as ásperas ilhas, parcas de recursos e ermas de matérias-primas, oferecem o espetáculo de um povo de fenomenal capacidade e disposição de sacrifício. Constrói ele assim, com paciência e zelo, a mais sólida e imbatível economia capitalista da atualidade, lançando-se à competição segundo as mais estritas regras do jogo. Suas armas são o trabalho, a meticulosidade, a disciplina, a par de algo mais que não se improvisa: o traço milenar do caráter e da cultura, os valores subjacentes de uma consciência refratária ao individualismo egoísta do ocidental.

A socialização da consciência transcende para a coletividade todo o sentido do trabalho do japonês, que, ao operar em bases capitalistas, realiza milagres de poupança cujos frutos cumulativos e multiplicativos estarrecem os economistas ocidentais da civilização de consumo.

A Alemanha entrou em crise e nós sabemos quanto este país foi longe em matéria de progresso e reconstrução no período de após-guerra. Mas nunca é de esquecer os bilhões de dólares do Plano Marshall que revitalizaram a economia alemã. O Japão, sem Plano Marshall, perdida a guerra, se reergueu por si mesmo sobre as ruínas nucleares do genocídio de Hiroshima e Nagasaki. Depôs as armas numa rendição incondicional que levou as patas do cavalo do General MacArthur a transpor o pórtico sagrado do palácio de um imperador concebido ainda, em pleno século XX, como a imagem da divindade.

MacArthur, o novo Pershing da década de 1940, produzia cem anos depois outro trauma, ao qual os japoneses reagiram de várias maneiras, inclusive ainda hoje com a revolução eletrônica, estando já bem perto de mostrar ao mundo, com seus avanços científicos, que não são apenas imitadores, mas também criadores, tanto quanto os ocidentais. Um dos maiores tabus que o Japão pôs abaixo foi o do racismo com a apregoada inferioridade dos "povos de cor", os *colored peoples*, objeto de desprezo dos racistas americanos.

Sendo hoje uma economia desarmada, e desprovida de meios militares de pressão, o Japão possui também seu calcanhar de Aquiles. Mas a vulnerabilidade maior resulta das represálias que se fizerem aos mercados conquistados graças à qualidade e preço de seus produtos. A indústria automobilística dos Estados Unidos, superada qualitativa e quantitativamente pela concorrência japonesa, geme debaixo de uma crise expressa, entre outros sintomas, pelos prejuízos de 1 bilhão e 710 milhões de dólares da Chrysler, unicamente o ano passado.

A contradição aí está: até quando, de acordo com a lei capitalista da livre concorrência, poderão os Estados Unidos e a Europa manter abertos seus mercados aos produtos japoneses? Carter subsidiava a Chrysler e era protecionista. Poderá Reagan fazer o mesmo, sem quebra de coerência ideológica e sem atirar mais lenha à fogueira da crise que ora lavra na economia capitalista do Ocidente? O protecionismo arrasaria o admirável esforço de vitalidade da indústria japonesa. Há, porém, interesse e vantagem para o mundo em arruinar tão esplendida obra de trabalho, inteligência e tenacidade de um povo? Em verdade, o capitalismo tem mesmo contradições, tornando assim imprevisível qualquer prognóstico a respeito do que poderá acontecer.

Centro de uma cultura singular, país híbrido de antiguidade e modernidade, conservava ele em pleno século XX um imperador de direito divino, adorado como ente sobrenatural. Um dia porém a pata do cavalo do general Mac Arthur atravessou o pátio sagrado do Palácio do Mikado inaugurando com a ocupação americana um novo capítulo na história do Japão, que ainda agora nos oferece lances surpreendentes.

Derrotado, esmagado e ocupado, como nunca ocorrera em toda a sua existência, aquele país, reduzido a cinzas e teatro de uma pequena amostra do genocídio atômico com as bombas de Hiroshima e Nagasaki, parecia haver feito para sempre uma despedida da civilização e da história. Acontece, contudo, que 35 anos depois do incêndio nuclear, a extraordinária nação se converteu na segunda potência industrial do mundo capitalista. Ultrapassou a Alemanha, a Inglaterra e a França. Perde hoje unicamente para os Estados Unidos, cujo Presidente há pouco desembarcou ali pela primeira vez para negociar um armistício empresarial, fazendo visita de aparente cordialidade, que mal dissimulava as atribulações da recessão americana e os problemas que a república do dólar enfrenta na esfera econômica.

Importa o Japão quase tudo em questão de matérias-primas e possui o mais vulnerável calcanhar de Aquiles da economia capitalista. Naquelas ilhas onde fumegam dezenas de vulcões, onde a obra divina da paz geológica parece não haver terminado ainda, ergue-se todavia um gigante que ameaça tomar em suas mãos a liderança de vários ramos vitais da moderna indústria, com uma competitividade sem paralelo na fabricação de artigos plásticos, produtos eletrônicos, construção naval e siderurgia, ocupando mercados e desalojando da primazia nos quadros estatísticos rivais célebres.

O surto de progresso é tamanho que a economia japonesa está sendo freada pelos interesses americanos em jogo. O mais recente triunfo desse povo se deu no passado semestre quando superou a produção industrial de automóveis dos Estados Unidos, num feito realmente espetacular. Saíram das fábricas japonesas 5,46 milhões de veículos contra 4,42 milhões produzidos pelos Estados Unidos no mesmo período. Prevêem-se ainda investimentos que permitirão um acréscimo da ordem de dois milhões de veículos nos próximos sete anos.

O comentarista Joelmir Beting, depois de lembrar recentemente o lema dos empresários japoneses, cuja missão acaba de visitar o Brasil, ou seja, copiar para criar, criar para competir e competir para vencer, afirma que eles já ingressaram na terceira fase. Se este é o real "perigo amarelo" que os americanos tanto temiam nas costas do Pacífico, quando sob pretextos raciais buscavam estancar a imigração japonesa, o mundo que ora compra o computador, o rádio de pilha, o relógio, o televisor, o automóvel, o navio e as lentes de fabricação nipônica já conhece de sobra esse perigo e com ele se familiarizou cordialmente.

O Japão, como exemplo, invalida uma doutrina totalitária do século XX, tomada por irrefragável pelos seus adeptos: a do racismo de Hitler. O *Fuehrer* alemão produzira com Rosenberg uma ideologia de cunho racista que atualizava teses francesas e inglesas do século XIX e delas se apropriava para expandir o mito ariano da raça pura, da limpeza do sangue nórdico, das virtudes e qualidades morais dos povos germânicos, ao mesmo passo que deprimia como raças inferiores negros, judeus, mestiços e amarelos, aqueles que o racismo americano compendiava debaixo da designação pejorativa de "povos de cor". Seriam estes os povos decadentes, sem futuro; povos que a natureza mesma fadara à vassalagem, ao eito, à senzala, a trabalhar como escravos para os louros dolicocéfalos de Hitler, quando não eram entregues à "solução final" de Eichmann e outros carrascos, conforme sucedera com alguns milhões de judeus queimados nas câmaras de gás, sem que ao menos se lhes poupasse a vida, após o confisco da liberdade.

Sabemos em que terminou semelhante aventura. Mas o veneno do racismo, contra todas as evidências, ficou ainda em alguns ânimos e furtivamente, se não discrimina povos, continua em alguns países e em alguns meios sociais a discriminar pessoas. Aqui mesmo no Brasil, País da Lei Afonso Arinos de Melo Franco, palco da mais bem sucedida comunhão étnica já verificada no mundo, houve casos de invocar-se aquele texto para reprimir abusos, que não só feriam o princípio da igualdade constitucional das raças senão que atentavam contra a consciência, a tradição e o sentimento de um País, que fez a Abolição no século XIX como um ato irrevogável de emancipação e fraternidade social.

Nas crenças ideológicas do racismo de Hitler, os japoneses, sendo amarelos e orientais, tinham também seu lugar de inferioridade na escala dos valores étnicos, embora fossem aliados militares da "raça eleita".

A história ocidental do Japão principia no século XIX, quando as canhoneiras de um almirante americano forçaram a abertura dos portos nipônicos, pondo termo com esse ato de violência a um insulamento milenar dos estranhos habitantes daquele arquipélago, portadores de uma das culturas mais fechadas do Oriente. Foram eles talvez os primeiros amarelos a "ocidentalizar-se", isto é, a modernizar-se, a adotar a tecnologia do nosso materialismo, não como fim, conforme aqui se fez, mas unicamente como meio.

O resultado assombroso não tardou: em menos de um século, o Japão, entrando em guerra com a Rússia, afundava uma parte da esquadra do Czar, ocupava a Manchúria e incursionava pela China. Ingressou então na categoria de potência mundial, respeitada, admirada e cortejada pela diplomacia dos pactos e alianças militares.

Constituindo já um pesadelo para a Ásia que lhe temia a expansão, o Império do Sol Nascente formou com a Alemanha nazista e a Itália fascista o célebre Eixo, responsável pela Segunda Grande Guerra Mundial.

5.8 A Espanha democrática e constitucional

Toda restauração democrática está sujeita a traumas e vicissitudes. Em nenhum país do mundo a tragédia ideológica tem sido mais dolorosa que na Espanha. Todo o quadro de destruição em massa da guerra moderna, com o bombardeio maciço das cidades e sacrifício das populações civis, teve seu teatro inaugural na Península Ibérica, quando aquele país serviu de palco, de 1936 a 1969, a uma das mais sanguinolentas e catastróficas guerras civis dos tempos modernos. Um milhão de mortos o saldo das batalhas entre republicanos e nacionalistas, acompanhado da queda da República espanhola com a rebelião das armas franquistas.

Essa mesma nação está sendo agora alvo das atenções do mundo em conseqüência da frustrada tentativa de golpe militar, desencadeado pelos últimos resíduos do bolsão reacionário da extrema direita, que desafia a realeza, a democracia e o sistema representativo.

A Espanha não tem futuro com a ditadura. O regime de Franco foi uma longa noite que parecia perpetuar as trevas sobre a liberdade. Em raros Estados há porém divisões tão nítidas, ressentimentos tão vivos, insatisfação tão forte.

A história tem sido fatídica para o povo espanhol, cuja unidade se mantém como um milagre; do velho império castelhano do princípio da Idade Moderna, da época das navegações e das descobertas marítimas e conseqüente expansão colonial, ou seja, daquela grandeza que culminou nos tempos de Carlos V e Felipe II, quando Madrid era para o mundo o que Roma fora para a Antiguidade, ou Londres para o século XIX ou Washington e Moscou para os nossos dias, resta tão-somente uma monarquia açoitada de instabilidade, onde os bascos separatistas impetram a independência e o povo catalão, com sua língua, seus costumes, sua literatura e sua tradição não perdeu ainda a esperança de um dia alcançar também a identidade nacional provida de autonomia completa, há tantos séculos reprimida.

A solução política do problema espanhol reside, a nosso ver, na instauração de uma ordem democrática permanente, se possível em bases federativas que, sem desagregar a unidade hispânica, consentirá a convivência nacional debaixo do pressuposto das autonomias regionais, num regime de paz e liberdade para a grande família peninsular, a qual não se deixa unificar pela força, como pretendia a ditadura de Franco, nem desmembrar-se pela anarquia, como pode resultar dos movimentos separatistas. Não resta dúvida que o trono representativo do Rei D. Carlos é a chave da harmonia e da cooperação que há de conciliar ali os distintos grupos nacionais de vocação autonomista.

Demonstra o episódio recente que o Rei se comportou à altura de sua missão histórica, simbolizando com energia a vontade do povo, já agora inequivocamente identificada com os princípios do governo civil, democrático e liberal. Como esses reis constitucionais fazem falta aos países do terceiro mundo!

As armas radicais que intentaram o golpe de Estado com a ominosa ocupação do parlamento, seqüestrando primeiro a soberania popular encarnada no corpo representativo para tê-la depois subjugada com a usurpação, não poderiam nunca prosperar na aventura de fazer a Espanha regredir ao franquismo, pois já prevalece no país uma forte consciência de apoio à manutenção do regime democrático como saída européia para um povo até há pouco africanizado e oprimido por instituições fascistas.

Afinal, a Europa não termina nos Pirineus e a Comunidade Européia já se acha de braços abertos para receber em sua união de moldes confederativos os dois novos sócios ibéricos, a saber, os governos de Madrid e Lisboa, jamais admitindo em seus quadros uma Espanha neofranquista.

Há três países da Europa onde o flagelo da ditadura militar pertence ao passado: Espanha, Portugal e Grécia. Não têm mais alternativa senão esta: ou ficam com a Europa ou recaem no subdesenvolvimento provocado por uma economia isolada. Como se vê, o fascismo não terá vez na Espanha, muito menos na Comunidade Européia.

5.9 O pesadelo da segurança

A época de terror e violência que o gênero humano atravessa neste fim de século produz em todos os Chefes de Estado e Governo uma preocupação de segurança de proporções desconhecidas no passado.

Expostos à bala ou ao punhal das organizações terroristas, cujos métodos de luta a consciência do homem civilizado repulsa e execra, sem lograr, contudo, pôr termo à ação imprevisível e subreptícia dos assassinos políticos, não podem os governantes prescindir dos mais aperfeiçoados esquemas de proteção, os quais chagam às vezes a pontos tão elevados de refinamento que convertem seus protegidos em autênticos prisioneiros, apartando-os da livre comunicação com os governados, durante as visitas oficiais e os contactos públicos.

Ronald Reagan, que enquanto estiver na Casa Branca, será o homem mais poderoso sobre a face da terra, rodeou-se, por ensejo de sua recém-finda visita ao Brasil, de um aparato de segurança sem precedentes, conforme a imprensa já registrou. Não é sem razão que isto acontece depois da morte de Anuar Sadat, do atentado ao Papa, dos episódios da Corte inglesa com o acesso clandestino de um desconhecido à alcova da Rainha e finalmente com a carta-bomba endereçada a Margaret Tatcher que, furando todas as barreiras de vigilância, por pouco não chegou às mãos da Rainha. Demais, Reagan escarmentado pelo que aconteceu a Kennedy, Carter e Ford e também a ele mesmo nas primeiras semanas de seu governo, tem todas as razões para reforçar medidas pessoais de precaução, destinadas a prevenir a consumação trágica de uma investida do terror armado.

Todo esse quadro mostra como é difícil aos homens do poder exercitar suas funções num contato direto e pessoal com a massa dos governados. Corre grave risco de vida todo Chefe de Estado que abraça o povo, estende a mão a crianças, recebe de viva voz a súplica do cidadão desconhecido, acolhe pessoalmente a reivindicação do trabalhador, comove-se com o requerimento do estudante, defere o pedido do jovem anônimo ou simplesmente carreia a simpatia desinteressada de todos aqueles que compõem a nação na espontaneidade das ruas e das praças públicas.

Podemos perfeitamente conjecturar o sofrimento dos homens de governo que têm a índole comunicativa e são afeiçoados por temperamento a uma forma extrovertida de exprimir sentimentos e idéias. O círculo restritivo da segurança lhes tolhe os movimentos, impossibilitando-os portanto de abrir-se ao povo para travar com a opinião o diálogo que nenhum artifício pode com vantagem substituir, em se tratando de auscultar cidadãos. Não é este o caso de Reagan, mas é seguramente o do nosso Presidente, que tantas vezes já correu riscos ou se expôs a situações de confronto vexatório e imprevisível, conservando sempre a imagem de redemocratizador destemido, cujo nome a História guardará.

Medeiros e Albuquerque, um dos fundadores da Academia Brasileira de Letras, traça nas Memórias ("Quando eu era vivo") o perfil de vários presidentes com os quais lidou. Ocupando-se de Floriano descreve a simplicidade espartana do consolidador da República e seus costumes austeros. Apaga ele a imagem do ditador que flagelava as liberdades públicas e que Rui Barbosa, do exílio, denunciava em artigos incendiários.

Em lugar do déspota, assoma a figura solitária e humana do Presidente imaculado, sem mordomia e sem esquemas requintados de segurança. Floriano, depois de cumprir um expediente de trabalho extenuante, recolhia-se sozinho, altas horas da noite, de bonde, a sua residência, conforme narra o escritor. Exemplos provinciais dessa simplicidade louvável e rara nos homens do poder tivemo-los também no Ceará: o de Stênio Gomes tomando café diariamente na Praça do Ferreira e o de Parsifal Barroso ministrando com assiduidade exemplar as aulas de sua cátedra na Faculdade de Filosofia. Desses dois ex-governadores, sempre ficou no povo uma imagem simpática de trato pessoal ameno, coisa rara em personalidades políticas de elevada projeção.

Mas nem sempre os mais simples e autênticos são os mais populares. Médici recebia ovações nos estádios e Figueiredo, hostilidade nos comícios. No entanto, o que ficará na História e no reconhecimento do País é a lembrança dos tempos amargos do primeiro, cujo governo foi para a democracia uma noite de agonia, e a gratidão nacional ao segundo, que ressuscitou as liberdades do povo e encaminhou o País para o Estado de Direito, estabelecendo as garantias da livre participação de todos no exercício do poder.

Essa imagem nenhum radicalismo, nenhuma forma passional de crítica ou restrição haverá de desvanecer. O regime representativo em vigor restitui à nação a credibilidade política nos foros nacionais e internacionais, fazendo, pois, o povo mais forte para transpor a gravíssima crise em que o Brasil mergulha há mais de uma década, por obra de erros acumulados no processo administrativo, cometidos pela casta dos tecnocratas. A segurança do povo, que só a democracia confere, é tão importante quanto a segurança dos governantes, e não se faz de leis repressivas nem de instrumentos de asfixia da opinião, mas de medidas sociais inspiradas nos valores da justiça e da liberdade.

5.10 Um Brasil de 250 milhões de habitantes

A imagem marxista do século XIX de um fantasma que rondava a Europa, com aparições mais freqüentes desde o fracasso restaurador da Santa Aliança e a impotência liberal de deter a onda reivindicante do "quarto estado", cujos pendores socialistas nenhuma chefatura de polícia podia com bom êxito reprimir, talvez se aplique, este fim de século, com rara propriedade, à chamada explosão demográfica: um tumor humano que cresce sem limites previsíveis, arruinando principalmente o futuro dos países subdesenvolvidos, acorrentando-os ao atraso, à miséria, à desgraça, à perda de esperanças; países frustrados e paralisados na tristeza, no pessimismo, na revolta sem horizonte de seus povos embrutecidos, cujo futuro já perdeu o sentido da história.

Até hoje parece haver nas estatísticas da ONU (Organização das Nações Unidas) uma conclusão triste e subjacente: se a explosão demográfica prosseguir, o mundo caminhará talvez para um desastre de conseqüências fatais e imprevisíveis. É uma espécie de artefato nuclear ou bomba de hidrogênio que já explodiu, sem que ninguém precisasse de apertar-lhe o botão, pois para evitá-la não tivemos o telefone vermelho da Casa Branca ao Kremlin, restando-nos tão-somente remover os escombros da devastação provocada ou evitar que a vertigem estatística faça detonar outras semelhantes. De qualquer modo, ainda afastando esse quadro aterrador, as perspectivas não são menos sombrias.

Tudo indica que já nos acercamos daquela fase de difícil retorno a possibilidades razoáveis de controle, nomeadamente entre as nações subdesenvolvidas, cujo problema demográfico toma, a alguns aspectos, o mal de enfermidade social sem remédio.

As cidades convertidas em formigueiros humanos colossais nos países de economia combalida compõem a face externa e visível dessas nações faveladas, subproduto de todas as desventuras geradas pela injustiça histórica da expansão capitalista do Ocidente e seu feroz colonialismo. Em algumas delas acumularam-se, durante séculos de opressão e confisco, problemas impossíveis de remediar, a esta altura, com soluções paliativas de mera filantropia social do poder, cuja intervenção se traduz tão-somente numa legislação de superfície, incapaz de erradicar males profundos de infelicidade nacional.

O pior é que nesses países o povo, recebendo, em sua mesa de fome, o óbolo de uma assistência que não chega a todos, senão a ínfimas partes do todo social, já entregou ao Estado e aos governantes a liberdade sacrificada, a liberdade que seus filhos jamais conhecerão, nem eles tão-pouco conheceram no curso de sucessivas gerações oprimidas.

Enquanto a questão demográfica no mundo atual puder conter-se aparentemente "despolitizada", haverá para os governos e as nações desenvolvidas um falso sentimento de segurança, que lhes consentirá, todavia, um espaço útil de reflexões para decidir e executar, espaço cuja dimensão se estreita pela violência e criminalidade, lá sentidas nos grandes centros populacionais e suas gigantescas favelas.

Constituem essas favelas os "guetos" sociais do século XX, imensos "guetos" que nenhum racismo produziu, mas que são frutos, em larga parte, da tragédia econômica, das desigualdades que fomentaram a miséria ou da imprevidência dos "doutores" do desenvolvimento. No caso nosso, com a colaboração também dos teoristas de um chamado Brasil-potência, que eles só concebem possível mediante o equívoco colossal de erguê-lo em termos de incremento imediato e irresponsável de elevação dos efetivos de nossas massas humanas a níveis que nos colocariam perto de duzentos e cinqüenta milhões de habitantes ao dobrarmos o ano 2000. Os nossos vizinhos argentinos sorriem e escrevem com mais sarcasmo que Alberdi, que somos a China preta da América Latina!

O incremento leviano da taxa de crescimento demográfico, posto inteiramente abaixo da média de elevação da produtividade, num país cujo capitalismo fabrica talvez mais mendigos do que consumidores, ou que cresce, se industrializa e urbaniza a passos rápidos, sem infra-estrutura compatível nas suas áreas metropolitanas e sem ao menos haver resolvido, com a lei agrária, a questão do campo, inclusive nas faixas mais sensíveis à expansão de nossa fronteira agrícola, há de avolumar problemas, capazes de inculcar a descrença em qualquer esforço imediato de meter estabilidade nas bases da sociedade brasileira e em todos os seus subsistemas, para empregarmos aqui a "gíria" científica de professores americanos. Com freqüência, vindos de universidades dos Estados Unidos, estes nos visitam e, com ares doutorais, costumam diagnosticar nossas crises, omitindo sempre, na terapêutica de suas receitas, menção à impiedade das multinacionais. Quando muito, após uma crítica amena, entram logo a louvar-lhes o pequeno lado, cada vez menos positivo, que elas oferecem, com seus recursos, *know-how* e capitais, à economia espoliada e sacrificada de suas vítimas, habituadas, pela herança da servidão colonial, a dar sempre mais e a receber cada vez menos.

5.11 Teoria da segurança nacional

Deve a segurança nacional reger-se unicamente por um princípio político, a razão de Estado, ou fundar-se num princípio de Direito que imponha limites à ação mesma do poder para fazer com que aquele conceito se compadeça com a liberdade dos cidadãos? Aqui se acha um divisor de águas tocante aos distintos regimes políticos, conforme adotem a primeira ou a segunda linha de entendimento acerca do sobredito conceito.

As ditaduras, os sistemas autoritários, as formas autocráticas via de regra fazem prevalecer uma noção de segurança nacional que praticamente desconhece limites à ação do Estado, ou, de modo mais preciso, à ação daqueles que confundem em suas pessoas o exercício com a titularidade do poder.

Disso resulta invariavelmente uma deformação do que seja a segurança nacional, transmudada em instrumento de opressão e ameaça ou fonte de legislação, cujas regras repressivas atemorizam a sociedade e os cidadãos. Quando isso acontece – e sempre acontece quando as ditaduras sobem aos níveis mais altos de coerção – as leis de segurança nacional se fazem base de uma insegurança social generalizada, refletida no temor dos governados, pois onde há temor a autoridade é fraca, sem embargo de toda aquela aparência exterior de força, dada pela ostentação de meios materiais repressivos.

Caindo a legitimidade, o consentimento, a confiança, não resta dúvida que o sistema político já se acerca do ocaso, não podendo indefinidamente manter a dominação social decadente. A segurança nacional é matéria muito mais complexa do que se supõe à primeira vista. Desgraçadamente, uma visão deveras unilateral, predominante nos ordenamentos coercivos, costuma tratá-la como a segurança dos governantes: quanto mais se reduzir o governado a uma condição de súdito, mais elevado o teor dessa segurança, feita assim de sujeição e fraqueza daqueles que compõem a massa de destinatários do poder.

A politização extrema da segurança nacional, ocorrida com acréscimo de valores ideológicos, aprofunda-lhe o caráter repressivo. A razão de Estado, unida a valores absolutos, como a raça, a nação, o partido, forma os pilares de força sobre os quais se ergue a estrutura monolítica de um conceito cujo raio de abrangência já fez recair também sobre outros povos os malefícios da dominação. Tal aconteceu por exemplo durante jugo imposto por Hitler aos países ocupados, instituindo neles trabalho escravo, em nome da doutrina de segurança nacional do povo alemão. Nessas ocasiões, o princípio de sobrevivência e o estado de necessidade das ditaduras não duvidou sacrificar ao egoísmo nacional os princípios de liberdade e justiça.

As leis de segurança nacional inspiradas tão-somente pela razão de Estado e conduzidas a pontos culminantes de concretização representam normalmente leis esvaziadas de conteúdo ético. Como não exprimem a força do direito, mas o direito da força, acabam por se converter em fatores de intranqüilidade e insegurança da sociedade mesma.

Nos regimes democráticos, a lei de segurança nacional se acha gravada menos nos textos e na outorga de poderes do que na alma e na consciência de cada cidadão livre fazendo lembrar as palavras de Péricles ao discorrer sobre as virtudes da democracia ateniense, voltada, segundo ele, "para recompensar virtudes e não para consagrar privilégios".

A segurança nacional numa democracia tem portanto raízes cívicas em primeiro lugar. Não é apenas a segurança dos governantes, como sói acontecer nas ditaduras, mas a segurança por igual do cidadão, da sociedade, do Estado e da nação, propriamente dita, referida a uma política aberta, que afirma valores éticos e sociais, cuja profundidade se mede pela adesão, jamais pela coação. A segurança nacional se transforma aí num conceito intimamente vinculado ao de soberania nacional, que serve de base a todos os poderes internos e externos do Estado, sendo a identidade nação e povo o fundamento da competência legítima.

Assim entendida, projetando-se também aos assuntos exteriores do ordenamento estatal, a segurança nacional correrá graves riscos sempre que decisões econômicas e financeiras trasladarem para outros centros de poder, estranhos ao país, a capacidade autodeterminativa de última instância. Não há matéria mais sensível a essas alienações do que a matéria de finanças, pois a vassalagem branca aos mercados internacionais acaba fazendo da soberania política uma ficção. Mas nos países do terceiro mundo, onde sujeições dessa natureza ocorrem com tanta freqüência, quem são os verdadeiros responsáveis pela segurança nacional? A sociedade, que não participou, ou a cúpula tecnocrática que mantém fechados os canais da competência privilegiada?

Não é possível continuarmos escrevendo nas leis ou nas constituições que todo cidadão é responsável pela segurança nacional se, em verdade, sabemos que às vezes decisões essenciais e supremas se fazem sem a audiência dos órgãos políticos da soberania nacional, investidos na parcela mais legítima e importante do poder soberano.

As melhores leis de segurança, mais brandas e mais eficazes, são portanto aquelas derivadas dos regimes democráticos, nomeadamente dos sistemas parlamentares, onde a segurança nacional é questão de responsabilidade e civismo e não questão de polícia, como nos países totalitários.

5.12 A co-gestão

No campo econômico e financeiro a ciência social se apresenta como um largo território franqueado ao vôo de imaginação dos tecnocratas, que têm sempre fórmulas para a solução casuística das crises, como se os "pacotes" vazios de contenção da escalada inflacionária pudessem eliminar as angústias e os sofrimentos da população consumidora de baixa renda.

O controle de preços, a comissão de abastecimento, o socorro às áreas flageladas, a promessa da casa própria, a revisão salarial são meios imediatos de alívio das pressões deflagradas em meio a uma crise que atinge a Nação como um todo, nos quadros de uma economia que se pretende de mercado, segundo moldes capitalistas consorciados à iniciativa empresarial do Estado. Aqui entram em jogo para o País os destinos do desenvolvimento e da afirmação potencial de seu futuro.

Atravessamos a década de mais grave perturbação econômica e transição de toda a história republicana. Estamos imersos no dilema shakespeariano "to be or not to be", cuja versão pátria, aplicável ao caso nacional, contém a alternativa euclidiana de "progredir ou perecer".

Os tecnocratas estão efetivamente de férias em termos macroeconômicos. Até mesmo em retirada, pode-se dizer. Ninguém sabe se eles tornarão, a menos que uma surpresa no subsolo de São Paulo ou uma sensação igualmente petrolífera no vale da Amazônia ou de sua plataforma continental acene, a longo prazo, com esperanças nos escuros horizontes energéticos do País. O fantasma da dívida externa e do balanço de pagamentos não deixa espaço à movimentação de ilusões e de otimismo na crucial questão econômico-financeira.

Uma nação não pode viver porém na dúvida, na descrença ou no pessimismo. Precisamos assim de ser otimistas, não profissionalmente otimistas, mas pelo menos em doses razoáveis, de modo que o governado, o cidadão, o homem do povo tenha confiança nos dirigentes. Haverá sempre compreensão para novas quotas sociais de sacrifício, caso efetivamente a presença do governo se faça firme na condução de uma política interna de justiça social e corretivo às desigualdades mais sentidas tocantes à distribuição da renda.

Há a esse respeito um consenso teórico de consciência, traduzido exuberantemente na literatura dos programas partidários. Oposição e Governo competem por externar posições abertas e surpreendentemente avançadas, como aquela que deriva das regiões partidárias do poder, com o instituto da co-gestão.

Tão adiantada é para o País em nossa época a co-gestão, como fora, na Constituinte de 1946, a iniciativa brilhante de Paulo Sarasate sobre a participação do empregado nos lucros das empresas. Em verdade, essa disposição constitucional nunca se fez objeto de uma legislação que lhe desse eficácia na vida empresarial de modo que pudéssemos colher os frutos correspondentes ao idealismo de quem a propôs, inspirado em cimentar a obra legislativa de união do trabalho com o capital, tão característica dos progressos liberais e sociais subseqüentes à Revolução de 1930.

A co-gestão é dos instrumentos mais originais do Estado social de Direito da Alemanha de Bonn; uma criação que prolonga o tradicionalismo precursoramente social da República de Weimar, onde todos aprendemos as melhores lições com que humanizar o capitalismo e fazer menos dura e inclemente a questão social do século XX.

Contudo, em matéria de co-gestão, a Alemanha Ocidental, econômica, social, política e financeiramente muito adiante do Brasil, ainda dá passos indecisos, tendo ela sido ali objeto dos mais ardentes debates que o *forum* constitucional de Karlsruhe teve de enfrentar nos últimos anos. Por enquanto, aqui, em se tratando de co-gestão, tudo vai ficar no papel, na letra dos programas partidários, na oração dos comícios, na propaganda das agremiações políticas. Mas, pondo de parte o resíduo demagógico, será sempre uma imagem positiva, porquanto com isso demonstra a classe política estar do lado da Sociedade contra o reacionarismo dos grupos minoritários, representativos de poderosas correntes de interesses econômico-financeiros contrários à lei social e às teses democráticas de exercício do poder.

5.13 O futuro do Ocidente

A Europa não chegou ainda à solução social da miséria. O cálculo mais moderado e até certo ponto subestimativo dá conta da presença nos países da Comunidade Européia de 30 milhões de pobres, segundo elementos estatísticos há pouco divulgados.

A onda recente do desemprego e recessão econômica, configurando uma crise de proporções ainda imprevisíveis, veio simplesmente demonstrar como era vã e simplória aquela imagem de otimismo e arrogância dos tecnocratas e futurólogos europeus e americanos, que viam sem problemas a idade vindoura e estendiam ao terceiro mundo um olhar simultâneo de compaixão e desprezo, como se a raiz de todas as dificuldades universais da economia estivesse fincada no solo de carência e pauperismo das nações subdesenvolvidas ou em curso de desenvolvimento, qual é o caso do Brasil. Não só a Europa como também os Estados Unidos estão em crise.

Quanto à Europa, o exemplo mais frisante é o da Alemanha Ocidental, eixo de toda a economia industrial da Comunidade Européia: um país que se vai mal, nenhum outro país daquela confederação econômica poderá ir bem. Pelo menos, a esta altura da crise nas relações de produção do mundo capitalista. E não se trata unicamente de uma crise do sistema capitalista ocidental; o que está acontecendo do outro lado no orbe socialista patenteia da mesma maneira um estado de depressão e paralisia do desenvolvimento. A crise econômica polonesa se torna altamente ilustrativa do entorpecimento da produtividade em sistemas que dantes se proclamavam imunes a esses abates.

Mas tornemos ao quadro anterior: a Alemanha caminha para dois milhões de desempregados, um número que desvanece as esperanças postas na economia mais robusta da Europa Ocidental. A par disso, uma rebelião social se ensaia ali com o recrudescimento das atividades ideológicas patrocinadas por grupos extremistas, que promovem o terrorismo, o anti-semitismo e o ultranacionalismo.

Forcejam assim por criar um clima semelhante àquele posterior ao Tratado de Versalhes, durante a década de 1920, que resultou no advento do nacional-socialismo. Essa ditadura de sangue e guerra exterminou a unidade alemã, tão penosamente lograda durante o século XIX. Dificilmente porém esses fatos produzirão os mesmos efeitos: há em verdade um sistema democrático e constitucional arraigado na sociedade alemã, inexistem as rivalidades externas que ao longo de mil anos separaram franceses e alemães e enfim faz a Alemanha parte do grande compromisso ocidental que é a chamada Aliança Atlântica, encabeçada pelos Estados Unidos.

O maior fator geral de apreensão resulta de supostos sintomas de decadência dos povos ocidentais, sintomas que se podem converter no âmbito político e social em ponto de partida para medidas de repressão de extrema gravidade. O capitalismo é de natureza essencialmente competitivo. Mas não é a luta pelo salário que lhe freia a expansão e a conquista de mercados. A par da batalha da produtividade, muitas outras causas concorrem também para sua crise e ruína. O protesto contra o modelo de sociedade industrial, vigorante nos países mais desenvolvidos, já não condena unicamente a tecnocracia e o tecnocrata, senão a alta tecnologia mesma, como fomentadora paradoxal de avanços que não libertam, aumentando a dependência e o quebrantamento da personalidade. Filósofos, estudantes e trabalhadores produzem uma consciência crítica na sociedade que se apresenta em estado de constante ebulição. O Ocidente estagnado perde a fé no trabalho e na ciência quando desmantela o robô e faz a passeata ecológica de protesto, abdicando as vantagens do progresso científico veloz, que contraditoriamente destrói a vida e o meio ambiente.

Mas enquanto o Ocidente conhece a agonia dessa crise, há um Oriente capitalista que se levanta no arquipélago nipônico como se fora uma gigantesca empresa, soprando sobre a economia combalida dos países ocidentais uma advertência da renovação e desafio. Ali está em curso um "milagre". Não é à-toa que as estatísticas apontam agora o Japão como a segunda potência industrial do mundo e a futurologia científica diz que breve ultrapassará os Estados Unidos. Se isso realmente acontecer terá razão o malicioso jornalista estrangeiro que, visitando aquele país e observando o surto de seu desenvolvimento prodigioso, afirmou que o gigante amarelo ganhou a Segunda Grande Guerra Mundial quarenta anos depois.

Quem viver até o ano 2000 verá o produto nacional bruto japonês *per capita* ascender a 21.510 mil dólares e o PIB americano *per capita* ficar apenas em 17,600 mil dólares. São dados de uma previsão, expedidos por fontes oficiais japonesas, os quais nos convidam a uma reflexão profunda sobre o futuro do Ocidente.

5.14 A redemocratização na Espanha e no Brasil

Não é possível resumir no espaço de uma crônica de jornal a análise aos sucessos ocorridos na Espanha com a ocupação do parlamento e o seqüestro por algumas horas de toda a representação nacional, num vergonhoso episódio de força, que simplesmente demonstrou a truculência das forças antidemocráticas e seus métodos de conspiração e assalto ao poder.

O caso espanhol é fascinante pelas analogias que oferece com relação ao processo brasileiro de restauração democrática, porquanto estamos também corrigindo nossos rumos, a fim de que possamos instituir um sistema político pluralista e aberto, sem maiores restrições participativas. Nossas dificuldades momentâneas se assemelham às da Espanha, principalmente quando se observa que há aqui também um passado pesando sobre as instituições e esse passado não é de modo algum uma figura de retórica, mas compreende situações já de ofensa, já de privilégio no exercício do poder, dividindo a sociedade dos saudosistas entre o masoquismo dos ressentidos, a insensatez dos revanchistas e o primarismo dos encarceradores da vontade nacional.

Todos querem viver o futuro com a memória do passado, sem se desfazerem de erros e ilusões, que ainda agora perturbam, tanto na Espanha como no Brasil, o reencontro normal com a vida livre, o Estado de Direito e a forma democrática de convivência. Mas se comparamos os dois quadros, aprofundando o cotejo das situações históricas, havemos de convir que a Espanha tem um problema de reconstitucionalização muito mais grave que o nosso.

Com efeito, a ditadura de Franco se prolongou por cerca de quarenta anos, a guerra civil da década de 1930 deixou o rasto de um milhão de mortos, a Espanha se reparte em grupos étnicos e regionais de acentuados pendores para a autonomia, que cultivam teses separatistas, a ideologia fascista criou raízes nas instituições, o militarismo tem tradição no país e o espanhol sempre foi mestre na técnica do golpe de

Estado. Como se vê, uma seqüência negativa de fatores embargando consideravelmente a solução democrática e constitucional.

Aqui, ao contrário, não houve batalhas nem fuzilamentos. Apesar da ditadura do AI-5, falamos todos o mesmo idioma, possuímos uma identidade nacional profunda que não é contestada por minorias, o radicalismo ideológico sempre teve a repulsa do povo, a oficialidade militar não se recruta em elites privilegiadas e, se houve intervenções dos quartéis no regime político, em contrapartida o militarismo inexiste; enfim, os pressupostos históricos e culturais são mais favoráveis do nosso lado, propiciando o advento de uma ordem democrática fadada à estabilidade e à consolidação.

Mas vejamos de perto com simpatia e compreensão o drama da Espanha a par da função que ali cabe ao monarca no quadro das instituições.

Durante o século XX ruíram aparentemente os últimos tronos, extinguiram-se dinastias seculares, muitas cabeças coroadas caminharam para o exílio e a solidão. A monarquia parecia uma peça de museu, uma fórmula de governo semelhante àquelas espécies zoológicas irremediavelmente extintas. Mas de último o fenômeno das ditaduras provocou nos publicistas a necessidade de reconsiderar e reexaminar a fundo a valia do princípio monárquico, bem como sua compatibilidade teórica e prática com a democracia, o Estado de Direito e a salvaguarda das liberdades.

A nosso ver, assim como não há lugar para um Estado liberal puro, sem que a história haja arquivado a liberdade, também não há lugar para uma monarquia absoluta, sem que isso importe admitir por inteiro a desnecessidade da força agregativa e da ação moderadora contida no princípio monárquico. O Estado social e a liberdade preservada do mesmo modo que a monarquia constitucional é o símbolo da união da realeza com o povo: A história já não tem lugar para liberais individualistas nem para príncipes que sejam a encarnação do poder absoluto. Mas ela continua indefinidamente aberta ao princípio social da liberdade e às formas de união que o trono representativo exprime. A Espanha buscou este último caminho e o modelo parece estar dando certo, quando o homem do poder tem a vocação democrática, a firmeza do Rei Juan Carlos.

5.15 O futuro da Europa

Há duas realidades européias no século XX: a Europa da primeira metade do século – de impérios e nações divididas e rivais – envolvida em duas devastadoras guerras mundiais, de que foi palco, condenada quase à extinção ou à ruína, e a Europa da segunda metade desse século, que se reergueu sólida e próspera, unida e confiante, desafiando o futuro com coragem e determinação.

Prepara-se ela para ingressar no terceiro milênio. Por volta do ano 2000, o chamado mundo capitalista estará basicamente dividido em três pólos gigantescos, sujeitos a uma concorrência cada vez mais feroz: os Estados Unidos, o Japão e a Comunidade Européia; concorrência pelo menos no campo econômico e financeiro, uma vez que a solidariedade política deverá possivelmente mantê-los coligados, em presença da União Soviética e dos países socialistas, mediando ainda entre esses colossos a faixa oscilante dos países do terceiro mundo.

Mas o fenômeno de união que aqui nos interessa focalizar é o da Europa Ocidental, institucionalizado na chamada Comunidade Européia, a maior experiência federativa e anticentralista já ocorrida no mundo desde o advento da União americana. Nesta, as condições associativas foram muito mais fáceis pela homogeneidade das origens e dos primeiros interesses fundamentais, cristalizados politicamente na Constituição de Filadélfia.

Parte a Europa, ao contrário, de uma tradição de guerras que atravessam quatro séculos de rivalidades milenares, de nacionalismos exacerbados, ressentimentos profundos, ódios que, em menos de um século, sepultaram trinta milhões de cadáveres nos campos de batalha, conquistas e invasões, sentimentos de desforra, humilhações nacionais, ocupação de territórios, sacrifício de minorias, violências e desconfianças.

Tudo parecia negativo nesse quadro sombrio do passado, de sorte que a História, à primeira vista, diria não à possibilidade ou ao sonho de levantar uma consciência ou erguer uma solidariedade em termos de

Europa. A Alemanha e a França, o germânico e o latino, o Reno e, mais aquém, os Pirineus, pareciam fazer impossível a utopia do federalismo europeu, convertido hoje num milagre, ensaiando já passos que parecem conduzir a uma consolidação definitiva.

Vejamos os traços dessa evolução rápida e feliz, exemplo para a América Latina. Tudo começou historicamente em 1951 com a assinatura do tratado que criou a Comunidade Européia do Carvão e do Aço. Daqui se caminhou para uma institucionalização mais abrangente, a saber, os tratados de 1957, de que resultaram a Comunidade Econômica Européia e a Comunidade Européia da Energia Atômica (CEEA ou Euratom).

Esse modelo associativo, de princípio preponderantemente econômico, contou, desde cedo, com a adesão originária de Bélgica, Alemanha, França, Itália, Luxemburgo e Países-Baixos. Conviveram desde logo na colaboração, mas atravessaram também suas crises, tiveram às vezes relações arrefecidas, viram-se em presença de forças centrífugas e dispersivas, que buscavam embargar o admirável projeto de inspiração federativa.

O mais renitente e dissimulado impugnador dessa união foi o general De Gaulle. No poder, levantou ele a tese de uma "Europa das Pátrias", sucedâneo ridículo, cuja conseqüência seria o retorno às trevas e à adversidade do passado. Mas De Gaulle passou. De seu nacionalismo demagógico e napoleônico, a França logo se refez. O velho general não tinha a idade do tenente herói de Toulon, nem debaixo de seu comando os exércitos da Convenção, que fizerem as glórias do comandante corso nos primeiros lampejos de seu gênio militar.

Depois de De Gaulle, a Comunidade se fortaleceu com três importantíssimas adesões, ocorridas em 1973: a Dinamarca, a Irlanda e, sobretudo, o Reino Unido, pois a Inglaterra fora, durante muito tempo, o ponto nevrálgico da sonhada união européia. Como concebê-la ou executá-la sem a presença do inglês? O grupo dos nove se enriquecerá também a primeiro de janeiro de 1991, data já prefixada, com a entrada da Grécia. Não seria possível tampouco pensar numa Europa verdadeira e genuinamente ocidental, sem a presença daquele país, em cujas cidades e arquipélagos nasceram valores imortais da arte e da filosofia, propagados depois a toda a Europa. Finalmente, o quadro se completa com o iminente ingresso de Espanha e Portugal, que ora conduzem negociações, no sentido de filiar-se à Comunidade.

Do ponto de vista institucional, vejamos o que já constitui essa Europa do futuro, em plena concretização. As instituições comuns abrangem hoje: o Parlamento europeu, com 410 membros, eleitos pelo sufrágio universal direto; o Conselho de Ministros, composto de ministros nacionais com poderes decisórios para traçar a política básica da Comunidade; a Comissão Européia, um órgão de controle na aplicação das regras comunitárias, constituído por 13 membros; o Tribunal Europeu de Justiça, com 9 juízes e 4 procuradores; o Comitê Econômico e Social a par de um Comitê Consultivo, ambos voltados para os problemas essenciais do carvão e do aço, bem como para a manutenção do nível adequado de relações de empregados e empregadores na esfera da Comunidade e, finalmente, um Tribunal de Contas, de 9 membros, que controlam a execução do orçamento comunitário.

A solução federativa fará a paz e o poderio da Europa. Ontem não passava de um sonho motejado pelos unitaristas nacionais, que ali vislumbravam mera utopia defendida por algumas penas desocupadas. Hoje, a Comunidade Européia é a realidade acima descrita. No Brasil, desde muito, sustentamos a tese de um federalismo das Regiões. O sufocante e crescente unitarismo das décadas de 1960 e 1970 arruinou o nosso sistema federativo. Mas breve teremos a Constituinte, um plenário do povo e da liberdade, no qual haverá lugar para debater e reformular a Federação brasileira, adiantando possivelmente os primeiros passos rumo ao sobredito federalismo. A utopia nacional como a européia se converterá então em realidade. Seremos nesse dia um País mais forte e mais unido.

5.16 Reflexões sobre a Espanha e o Brasil

Os dez milhões de eleitores espanhóis que consagraram nas urnas a vitória socialista, conferindo ao partido de Filipe Gonzalez a maioria absoluta para a realização de um governo democrático, demonstram como a Península Ibérica, palco até ontem de regimes fascistóides, amadureceu enfim rumo às formas superiores de uma convivência política, que concretiza o protesto da nação contra a unilateralidade e o autoritarismo sufocante das ideologias extremistas.

Com efeito, os grandes derrotados foram os falangistas e os comunistas. Representam eles as posições da radicalização, com as quais o povo não se engana quando a democracia lhe faculta o voto em eleições livres e limpas. A opção socialista é democrática e liberal, compatível com os valores da boa tradição política que a Europa, elegendo o sistema parlamentar, representativo e constitucional, tem cultivado sempre nos últimos duzentos anos de luta para solidificar a liberdade.

Desgraçadamente, o sentido dessa opção nem sempre foi bem compreendido, nem na Espanha, nem tampouco no Brasil. Na Espanha algo parecido com hoje já acontecera durante a década de 1930, produzindo porém uma das guerras civis mais trágicas e sanguinolentas do século XX. Tão trágica que custou um milhão de mortos, o cruel balanço de vidas humanas sacrificadas em território espanhol, até que os republicanos vencidos depusessem finalmente as armas constitucionais e abrissem espaço ao advento da ditadura franquista, que durante cerca de quarenta anos imobilizou o país com a privação das liberdades essenciais. Os republicanos até então, formando uma espécie de frente popular, estavam no governo, enquanto os nacionalistas de direita, afastados do poder, buscavam as vias conspiratórias do golpe de Estado e da sedição para liquidar as instituições republicanas.

A chantagem ideológica funcionou com pleno êxito, em virtude da conjuntura histórica que o mundo atravessava, com o liberalismo europeu em crise e todas as democracias do Ocidente intimidadas pela propaganda e pelas ameaças do fascismo e do nacional-socialismo. Os republicanos, acoimados de comunistas, se viram a braços com a rebelião interna de direita, que logo contou com o apoio dos quartéis, do clero e das organizações nacionalistas.

As democracias européias, ao invés de se solidarizarem com o governo legalista e republicano, decretaram uma política de não-intervenção, enquanto Hitler e Mussolini faziam do solo espanhol um campo de manobras onde se experimentavam os engenhos bélicos mais devastadores de seu arsenal, culminando tudo com o bombardeio de Guernica, aquela tragédia imortalizada em protesto universal pelo pincel de Pablo Picasso.

Os mistificadores direitistas daqueles anos descreviam os republicanos todos como vermelhos ou aliados de Moscou, o que não era verdade, pois os comunistas representavam, como sempre, a minoria, ativa e influente, cujo poder crescia na razão em que os democratas e os moderados se demitiam das lideranças, por faltar-lhes talvez o apoio, a solidariedade a simpatia militante das democracias ocidentais, num conflito já internacionalizado. Nesse conflito, desde o primeiro dia, o Ocidente pautara sua conduta segundo o espírito capitulacionista revelado depois durante os acordos de Munique.

Quanto ao Brasil, enquanto não se fizer com clareza a distinção ideológica das posições que passam pela meia direita, pelo centro e pela meia esquerda, como fruto de uma educação política a que ainda não chegamos e pela qual porfiamos, dificilmente se logrará evitar a reprodução de situações semelhantes àquela que na Espanha gerou o equívoco de 1936, com a luta fratricida e todas as suas seqüelas, fazendo impossível a institucionalização de uma ordem democrática. Aqui também costumamos, por obra de uma cultura política atrasada e imaturidade das elites, tratar o adversário político como um inimigo, pretendendo igualmente eliminar os conflitos, quando democracia é competição de idéias, conflito de interesses, batalha ou confronto que pressupõe o pluralismo de posições dos mais distintos matizes.

Tomar um socialista por vermelho ou um conservador por fascista é dos mais deploráveis enganos que se pode cometer. Revela em matéria política despreparo ideológico e serve unicamente a confundir a identidade democrática dos cidadãos, obstaculizando os caminhos de acesso à plenitude da democracia e da liberdade. Daí nascem, por conseqüência, preconceitos violentos e mistificações, das quais na história dos povos atlânticos a maior vítima tem sido o Estado democrático e constitucional, atropelado com as radicalizações edificadas sobre o erro daquele cálculo ideológico. Desse túnel de sombras a Espanha já saiu. Cabe-nos perguntar: quando será a vez do Brasil?

5.17 O Papa da misericórdia

As encíclicas papais são a carta de navegação dos que professam a fé cristã e singram o mar revolto dos acontecimentos do século XX, ansiosos de fundear numa baía de paz e mansidão. O documento de João Paulo II sobre a misericórdia divina dirige-se com dimensão de universalidade à alma e ao coração de todos os homens numa linguagem em que o sentido da mensagem parece penetrar vivo o ânimo dos mais duros e insensíveis à solidariedade social da Igreja.

Com esse novo pontífice, a doutrina teológica de Roma se recoloca nos termos de confiança e autoridade que sempre fizeram o prestígio da liturgia católica, sem todavia afastar-se o Papa de uma linha de análise e reflexão sobre as questões contemporâneas. Ignorá-las equivaleria a comprometer a sobrevivência do grêmio católico numa época em que os valores espirituais, golpeados a fundo, já não estão seguros nos alicerces da consciência.

Ontem a Igreja dava a impressão de batalhar apenas contra a teoria filosófica do materialismo e já isso a expunha a severas provas e graves contestações. Mas os poderes estabelecidos não a molestavam enquanto o combate se feria em abstratas esferas teóricas. Na ocasião porém em que os prelados cristãos se dispuseram a impugnar também o materialismo da civilização capitalista, tão impiedoso e frio quanto o das teses filosóficas, mil vozes se ergueram numa caminhada de ódio para desfazer a missão social da Igreja, desacreditando os seus pastores, dando à palavra do episcopado, que abraçava a liberdade do povo e abrandava a dor dos socialmente injustiçados, a mais perversa e suspeitosa conotação ideológica, como se os novos rumos não descessem de muito alto, ou seja, do verbo dos pontífices sentados na cadeira de Pedro como representação visível da divindade. Uma divindade que não há de ser nem o Cristo dos pobres nem o Cristo dos ricos, mas o supremo ser volvido misericordiosamente, como quer João Paulo II, para todos os que na peregrinação efêmera padecem a dor da condição humana, desgraçada condição em que as criaturas se estiolam em meio a uma sociedade de aberrações, entregue ao consumismo, ao hedonismo, ao tecnicismo, ao armamentismo belicista, ao autoritarismo, ao industrialismo. Somos filhos de uma época deslembrada do espírito, do homem, da vida e da divindade, enfim, daqueles valores afirmados e preservados na mensagem evangélica, a qual, antes de ser patrimônio de uma fé ou de uma seita, pertence primeiro ao gênero humano na elevação de seu destino e na afirmação de sua grandeza.

João Paulo II, ao expedir a nova encíclica, confirmou a posição do Concílio Vaticano II, fazendo-se intérprete de uma comunidade de fiéis presentes aos sofrimentos da sociedade contemporânea, aos desafios, às ameaças, às injustiças que partem de muitas opressões, às tiranias contra as quais ela tem levantado o brado da crítica e da condenação, embora voltem baldadamente a persegui-la com o aleive e a hipocrisia, para escorar privilégios revogados pelo tempo e pela consciência universal.

A leitura de partes dessa carta do Sumo Pontífice nos faz lembrar a imagem de sorriso e bondade daquele que vimos este ano abençoando multidões e orando pela concórdia dos povos. Atualiza João Paulo II no século XX a face do Cristo, contemplada há dois mil anos pelos moradores da Galiléia, quando atravessava as areias do deserto, pregando a união e a fraternidade dos homens e abrindo nos corações mais duros um sulco arado de amor e misericórdia.

5.18 A "dívida social" e a crise do milagre

Divide-se o Brasil, de último, entre pessimistas e otimistas. Acontece, porém, que o número de pessimistas, à beira do derrotismo ou da descrença total, cresce esmagadoramente, enquanto declina de maneira vertiginosa o número de otimistas, eliminados pela conjuntura da inflação ou pela evidência aterradora de certas estatísticas. Breve o ministro Delfim Netto estará falando sozinho a linguagem da confiança na crise cada vez mais difícil de conter ou debelar, sem o ônus de um sacrifício que ninguém sabe se a Nação está disposta a pagar.

A recente divulgação de dados relativos ao empréstimo compulsório estarreceu o País na medida em que demonstrou a profunda desigualdade de renda, já apontada como um dos fatores que fazem instável a sociedade brasileira. Não menos evidente é o teor meramente superficial dos corretivos empregados para atenuá-la. Todos os verbos de ação política no Brasil de hoje se conjugam com o prefixo re, ou seja: redemocratizar, reconstitucionalizar, refederalizar, reorganizar, redistribuir.

Uma ligeira visão do quadro social nos aflige. Há vinte milhões de brasileiros em estado de pobreza absoluta, segundo dados oficiais. Quem recentemente os comentou foi Rubens Vaz da Costa, insuspeito economista, secretário de Planejamento do Governo de São Paulo, ex-Presidente do Banco do Nordeste, um dos mais categorizados tecnocratas da área empresarial. Ocupando-se há pouco da "dívida social", alinhou esses dados: 2 milhões de menores abandonados, 5 milhões de famílias com renda mensal inferior a um salário mínimo, 23 milhões e 400 mil analfabetos, 7 milhões de domicílios sem instalações sanitárias e 44 milhões de pessoas que ainda acendem a lamparina no País de Itaipu e Paulo Afonso.

Essa nação, onde se cobra ao Governo tamanha dívida social, se dá ao luxo de aumentar a população em ritmo chinês, num índice que chega a ser de quase três milhões de pessoas por ano! Inflação, favelização, explosão demográfica, seca, carência de meios energéticos, incompetência crônica compõem um quadro que é muito mais sombrio no Nordeste, onde dados do IBGE revelam também a estagnação da economia regional. Haja vista as indústrias nordestinas: em 1979 tiveram elas um crescimento de apenas 0,55% em contraste com 7,53% do ano anterior.

O Nordeste, açoitado pela recessão, continuará por muito tempo parado no túnel do subdesenvolvimento. Não resta dúvida que aqui toda a crise nacional se amplia nos seus efeitos, com repercussões que se projetam para o futuro, de modo a invalidar as esperanças de estabelecer um processo normal de desenvolvimento.

Um País que amontoou tantos problemas, que não soube gerir seus negócios, que esbanjou como um pródigo na ilusão da riqueza, cuida desfazer-se dessas dificuldades mediante soluções tecnocráticas, hesitando em convocar o povo às urnas para eleger uma representação constituinte, instrumento da vontade nacional soberana. O encontro da Nação com o Estado parece despertar em muitos, porém, a impressão de que vai acontecer um milagre: o milagre da Constituinte, como se esta, uma vez reunida para traçar o novo pacto institucional, pudesse subitamente pôr termo a todos os problemas acumulados nos últimos anos.

A Constituinte será apenas o começo da solução certa, solução política, solução de legitimidade, de onde se parte para as demais soluções, coisa que nunca entrou na cabeça despolitizada de um tecnocrata. Vai ela apenas retirar-nos do caminho errado. Simplesmente isto.

Não há milagres políticos, nem milagres econômicos. Por estes, o Brasil, em princípios da década de 1970, pagou e continua pagando um alto preço, nascido da insensibilidade alvar de quantos deixaram o País ser tomado de surpresa pela tempestade da OPEP, com a escassez de petróleo nos centros produtores e alta de preços nos mercados internacionais.

Do milagre econômico restam apenas ruínas a par de um problema maior que a Nação não conhecia nas dimensões alcançadas: o da injusta concentração de renda, bem como a visão negativa do futuro, alimentadora também de uma inflação cada vez mais insidiosa e difícil de combater.

Há contudo limites de sensatez para reprimir o derrotismo sistemático que corrói a sociedade como um câncer. Transpõem esses limites os que empregam o soro ridículo de um noticiário acerca da conversão do Brasil na terceira potência do mundo. Depois da União Soviética e dos Estados Unidos seríamos nós, brasileiros, na Terra, os mais poderosos. Com a atual crise inflacionária, já havíamos logrado um salto milagroso nas estatísticas do otimismo: por um passe de mágica, ficamos sendo a sexta nação industrial do mundo. No princípio do ano – quando a inflação era menor e havia ainda confiança no controle de sua expansão – ocupávamos tão-somente um modesto décimo lugar, de que aliás se fizera muito ruído. Se a inflação, porém, prosseguir com o mesmo ímpeto, é provável que antes do fim do ano sejamos logo elevados à categoria de terceiro parque industrial do mundo. Viva, pois, a inflação! O ufanismo no Brasil se desnacionalizou: os condes de Afonso Celso do século XX são economistas e estrategistas estrangeiros, que nos despacham de Nova Iorque, pelos meios de comunicação, suas pílulas milagrosas de otimismo. Haja assim inflação, contanto que sejamos a terceira potência mundial. Com a inflação e essa espécie de otimismo, o País irá mesmo à deriva...

5.19 As causas da violência

A sociedade brasileira na crise dos últimos trinta anos se há defrontado com a violência em duas frentes de batalha: a do crime político e a do crime comum. Com respeito ao crime político suas raízes são predominantemente ideológicas, derivam quase sempre da ausência de liberdade ou convivência democrática, havendo às vezes exceções, como no drama da Itália, onde a contestação já não se faz ao governo, que garante as franquias do povo e atua em moldes constitucionais estritos, mas às instituições, ao sistema da livre participação, ao regime. As brigadas vermelhas quando armam o braço assassino do seqüestrador e do terrorista para intimidar a sociedade se convertem em levas de criminosos comuns. São elas uma espécie de inimigo mortal do gênero humano. A sanha ideológica, que não discrimina meios e fins, a tanto as equipara.

No Brasil o terrorismo se acha satisfatoriamente contido, salvo as manifestações esporádicas do ano passado, em cuja repressão mais uma vez se provou a unidade do sentimento nacional de repulsa a esses atos contrários a tudo quanto se aloja na camada mais profunda do caráter e da tradição da coletividade brasileira.

Ninguém abrirá neste País caminho para o poder com os instrumentos do ódio, da morte e do confisco das crenças e convicções liberais. Os brasileiros, se tivessem vivido antes de Cristo, por índole e temperamento já seriam cristãos. Como povo, como sociedade e como nação, a alma coletiva sempre intuiu os valores sociais da paz e do congraçamento, não demonstrando nunca simpatia pelos métodos de violência e emprego da força.

Em rigor, as maiores conquistas desta nação, de que resultou a solução política de crises gravíssimas, se operaram sem as comoções violentas e sem o fratricídio de sangue das guerras civis. Não travamos uma guerra da Independência, como os Estados Unidos, e jamais enlutamos nossos fastos com um milhão de mortos qual o fizeram os americanos da guerra da secessão. Sem derramamento de sangue, emancipamos o País, abolimos os escravos, derrubamos a monarquia, proclamamos a república, promovemos a revolução dos lenços vermelhos da Aliança Liberal de 1930 e evitamos, pelo telefone e pelo diálogo, em 1964 uma guerra civil.

Mas quando se passa a considerar o que está acontecendo com o crime comum nas duas metrópoles meridionais, a saber, Rio de Janeiro e São Paulo, o nosso ânimo se enche de apreensões, porquanto, em face da violência urbana, o princípio de autoridade parece desfalecer e desintegrar-se na faixa política de repressão, tamanha a gravidade dos fatos verificados este começo de ano. Os bandidos fazem ali da vida humana um jogo de tiro ao alvo e ninguém se sente seguro diante da surpresa e da emboscada dos marginais. Talvez a única exceção seja o Chefe de Polícia do Governo carioca na infeliz resposta ao repórter que o entrevistou. O medo aos poucos se apodera de muitos e ameaça tomar conta do País e da sociedade: aquilo que nos seus efeitos era mero problema de polícia tende, em razão desses mesmos efeitos, a se converter numa questão nacional. Diante da impotência do aparelho repressivo normal, a colocação da tropa de linha nas ruas para o policiamento ostensivo já entrou em exame e debate, patenteando o estado de emergência a que poderemos ser conduzidos por obra de bandidos e criminosos comuns.

Uma sociedade que chega a esse ponto tem graves problemas de estrutura. De modo que o remédio a semelhantes males não deve ficar adstrito a simples medidas policiais, sendo também inócuos os excessos repressivos ilegais. Diminuiu acaso a onda de crimes com os esquadrões da morte? As populações urbanas vêem às vezes a polícia dos grandes centros do mesmo modo que os humildes fazendeiros do sertão viam as volantes policiais, temendo-lhe a proteção e se convertendo em coiteiros dos homens do cangaço.

Em resumo: o País navega em águas tempestuosas. Sua revolução industrial se fez ou se faz ainda ao descompasso de elementos negativos, desconhecidos outrora aos países hoje desenvolvidos. A crise de mudança e reforma de estruturas dessas nações se operou em épocas menos turbulentas. Aqui se apontam obstáculos que elas não conheceram e que tanto nos afligem: o retardamento do processo, as ideologias de combate ao sistema capitalista impetrando a legitimidade histórica de suas posições e sobretudo a queda dos valores inculcados pela religião, com o fim da fé, a morte de Deus, o triunfo da técnica e o reino da ciência, conforme proclamam os adeptos de um capitalismo materialista e antiético, nascido da violência e do contra-humanismo. Sem Estado social, sem justiça, sem igualdade, não chegaremos nunca ao termo da presente crise. Mas Estado social com democracia, autoridade e livre iniciativa.

5.20 A Igreja, a política e a questão social

As relações entre o Estado e a Igreja se apresentam graves e tensas desde os últimos dez anos nos países do chamado terceiro mundo e naqueles situados do outro lado da linha que separa as duas Europas – a do Oeste e a do Leste. A América Latina, no Ocidente, e a Polônia, no Oriente – uma pertencente à esfera do capitalismo, a outra ao campo do socialismo – estão a braços com uma questão religiosa, que dificilmente se pode abafar ou eximir de uma reflexão crítica vinculada às possibilidades de conservação do equilíbrio político e social.

É das mais estólidas a atitude daqueles que pretendem o inteiro divórcio entre as instituições religiosas e o ordenamento estatal, porquanto as duas forças convergem sobre um mesmo espaço onde tendem a colidir movidas não raro de uma controvérsia sobre interesses essenciais.

Esse espaço comum, teatro de freqüentes e renhidas disputas, é a Sociedade. Não é possível obter uma neutralidade absoluta em face das confissões religiosas. O século XX há testemunhado a politização horizontal de todos os grupos, determinada em grande parte pelo aumento do grau de ingerência e sujeição que o Estado produz como disciplinador de comportamentos sociais.

A tecnologia na idade das massas também atrai e favorece a presença de um poder público atento às exigências transformadoras do processo de acomodação da sociedade aos novos avanços da ciência e do poder do homem sobre a natureza

Os problemas sociais, econômicos e financeiros se avolumam numa caudal de desafios que fazem o desespero dos países em desenvolvimento. A politização de todas as manifestações da convivência parece constituir já um ditame de necessidades até agora impossíveis de preencher em termos absolutos. As carências, as privações, as crises, as dificuldades afligem esse tipo de sociedade, sendo impossível remover do palco onde se batalham as soluções aqueles dois poderes, que representam as duas grandes forças do século XX com responsabilidade perante a questão social: o Estado e a Igreja.

O papel político das crenças não é novidade do último pós-guerra. A descolonização selou o fim da hegemonia européia no mundo, substituída por outra supremacia: a das superpotências. Armados de um arsenal ideológico, travam esses gigantes a luta dos interesses, quase sempre dissimulada por um pensamento generoso de reorganização dos fundamentos da sociedade. Durante o século XIX, em pleno apogeu do Estado liberal, veio a lume uma encíclica de extraordinária importância, a *Rerum Novarum*, de Leão XIII. A Igreja tomava partido por um armistício na luta de classes e se fazia precursora da doutrina do Estado social, combatendo a injustiça e a desigualdade.

Afigura-se-nos, por conseguinte, impossível afastar o poder espiritual de considerações sociais. Em última análise, acabam elas sempre por oferecer a face de uma politização, ora disfarçada, ora ostensiva. Os que buscam colocar o sobredito poder numa esfera de indiferença e alheamento aos grandes temas da sociedade contemporânea se distanciam inteiramente dos fatos e da consciência da época, perdidos na solidão abstrata de um pensamento desvinculado das verdades sociais.

A comédia ideológica nos faz rir quando vemos de uma parte os que combatem e recusam a igreja dos desgraçados e dos humildes no terceiro mundo aplaudirem com zelo a ação papal em favor do sindicato "Solidariedade" da Polônia ao mesmo passo que, de outra parte, muitos daqueles que, deste lado do Ocidente, se empenham em fazer da Igreja uma força de vanguarda de um cristianismo reconciliado com Marx tecem duras críticas à Tiara pontifícia em virtude da suposta ingerência do Papa na questão sindical daquele país.

Todos criticam, pois, segundo critérios meramente ideológicos, rodeados de um subjetivismo passional inarredável. Muito mais lógico e menos contraditório seria, porém, admitir que onde houver dificuldades e crises de base estrutural, a Igreja deverá estar presente, pois sem a liberdade sua sobrevivência mesma correrá grave risco. E a liberdade não se faz com palavras, mas com o bem-estar de toda a sociedade, inseparável do pluralismo democrático e de sua militância política. Só este consente que todos preguem idéias e divulguem valores, sem o constrangimento das eliminações mútuas. Ocorre porém que os violentos e os injustos, afeiçoados ao extremismo, à intolerância e ao fanatismo das ideologias jamais compreenderão essa verdade.

5.21 Sionismo e anti-semitismo

A História tem mistérios fascinantes. Um deles é o judeu com cerca de seis mil anos de presença e obstinação: o judeu, cujos livros sagrados atravessam a Antiguidade oriental e inspiram toda a civilização do Ocidente. Elizabeth Taylor, ora em visita a Israel, é, segundo nos consta, uma americana convertida ao judaísmo. Houve na Alemanha também o caso de dois célebres juristas, Georg e Walther Jellinek (este último eu o conheci ao começo da década de 1950 na Universidade de Heidelberg), ambos judeus, filhos porém de pais arianos, que se converteram ao judaísmo, como religião, passando a professá-la com o máximo de ortodoxia.

A conversão do judeu ao cristianismo é até certo ponto vulgar, nada oferecendo de excepcional. Afinal de contas, Cristo mesmo um judeu é apresentado, do ponto de vista hebraico, como um dissidente da velha lei mosaica. Aliás o cristianismo, antes de universalizar-se, foi tão-somente a fé de um punhado de judeus que formavam o núcleo mais íntimo da pregação messiânica. E que dizer de milhares de cristãos novos, compelidos, em Portugal e Espanha, ao tempo da Inquisição, a se apartarem do Velho Testamento, a trocarem a estrela de David pela cruz de Jesus, a circuncisão pelo batismo? O que faz estranheza não é o judeu se tornar cristão, mas vice-versa, os filhos de outras religiões abraçarem o culto da sinagoga, como no caso de Taylor e dos Jellineks, aqui referido. Mas essa estranheza ou dúvida inexistiria se a mudança representasse pura e simplesmente uma variação de fé religiosa. Questionamos se essa mudança é verdadeiramente possível, quando se sabe que o judaísmo transcende talvez o conceito de religião para compor um valor existencial muito mais profundo, arraigado no sangue e na valente tradição de perpetuidade de que os judeus deram irretorquível testemunho, jamais saindo do palco da história e da comunicação viva e frontal com todos os povos e civilizações que comandam o futuro do gênero humano. Nem o poder de faraó, nem as armas de Nabucodonosor, nem as fogueiras do Santo Ofício, nem os guetos da discriminação, nem os cárceres de Hitler, nem o anti-semitismo dos eslavos lograram até hoje apagar a influência desse pequeno povo ou desfazê-lo nas bases de sua identidade: os outros povos morrem, o judeu sobrevive.

Onde estão porventura os egípcios, os babilônios, os gregos e os romanos? Que resta da grandeza e hegemonia de suas civilizações? Só poderemos encontrá-los nos museus ou nos feitos e lembranças de outras épocas ou ainda nos valores transmitidos, mas travar com eles de viva voz o diálogo já não é possível, nem se sabe ao certo em que cemitérios repousam seus ossos.

No entanto, os atuais judeus de Israel ou de uma colônia judaica do Brasil, da Argentina, dos Estados Unidos, da Holanda, da Inglaterra, da União Soviética ou de qualquer país onde exista são os descendentes diretos de Abraão, Moisés e David: são o mesmo povo do cativeiro do Egito e Babilônia; a mesma gente que conviveu com os gregos, árabes, romanos, turcos e germanos; a mesma nação com a qual a humanidade tropeça espiritualmente tanto no Ocidente como no Oriente, pois antes de haver Roma já havia Jerusalém.

A sobrevivência do judeu é milagre ou mistério, mas um milagre e mistério visíveis, analisáveis à luz da história da realidade contemporânea, à vista de fatos que vão desde as atribulações no Egito, a crucificação de Cristo, a diáspora dos anos 70 de nossa era até chegar a acontecimentos mais recentes, como a fundação do Estado de Israel e o militarismo sionista de direita, que fez do palestino um povo sem terra, qual fora também o povo de Deus há mais de dezoito séculos.

A presença do judeu no Ocidente é participante: na religião, com Cristo, na ciência, com Einstein, na ideologia, com Marx: o cristianismo, a relatividade e o socialismo são produtos hebraicos, criações do gênio daquele povo, na medida em que se volveu para a fé e o conhecimento, buscando decifrar as verdades do universo ou sondar a matéria e o espírito para redimensionar o homem e a sociedade na realização do seu destino.

Depois das ocorrências do Líbano, uma nova onda de anti-semitismo parece erguer-se, determinada em larga parte pelo comportamento dos grupos sionistas na colocação da questão palestina. As finanças do mundo estão hoje com os povos semitas: de um lado, os grandes bancos cujos capitais se acham sob controle de milionários judeus; de outro lado, os rios de dinheiro que o petróleo fez correr para os países árabes. E como há uma crise do sistema capitalista, a mais grave do século XX, não tardam em surgir os escapismos da desgraça social, criando-se os pseudoculpados da catástrofe. A oposição interna em

Israel mostra porém como a coletividade esclarecida repudia a política oficial de expansão e a violência contra os fracos, procurando estabelecer uma consciência de paz que será amanhã o cimento da reconciliação com os povos árabes e a renúncia à vocação imperialista do sionismo, essa vocação em grande parte responsável pelo ressurgimento do antisemitismo e portanto do ódio ao judeu. A paz poderá fazer sagrado o justo espaço indispensável à segurança político-geográfica de Israel, mas nunca sancionará o *statu quo* dos territórios ocupados, expressão da força e da conquista. Se Israel pôde devolver no Egito o Sinai, por que não poderá negociar a paz sem sangue com os tristes e infelizes palestinos, restituindo-lhes a metade do território dividido na época em que os ingleses se retiraram da Palestina, há mais de trinta anos? As negociações secretas de Viena talvez conduzam breve a esse resultado.

5.22 Mais um povo sem terra

O judeu na religião, na ciência, no direito e na ideologia movimenta invisivelmente as correntes do poder, do pensamento e da conduta para afiançar a sobrevivência da própria raça.

Ao término da Segunda Grande Guerra Mundial, as simpatias do mundo se volviam para esses tristes hebreus, remanescentes das câmaras de gás do nacional-socialismo. Tomados de horror, os povos civilizados viram no drama das execuções nazistas uma página de opróbrio contra a natureza humana. A Inquisição de Torquemada queimou com a fogueira dos autos-de-fé menos judeus que a política de Hitler nos campos de concentração.

Hoje, porém, a indignação contra o judeu se nutre da omissão ou da cumplicidade dos soldados israelitas durante o massacre da população civil refugiada nos acampamentos palestinos de Beirute.

Povos e civilizações já desapareceram com freqüência da face da terra na sucessão das idades históricas. Um povo porém não desapareceu. Sua vida é uma constante ressurreição de influências e problemas, um desafio de gerações, uma atualização perpétua. A história trágica do judeu nos fascina. De uma parte, com a mão de seus profetas, escreveu a Bíblia e explicou a gênese do universo; doutra, reproduziu a alegoria mesma do anjo rebelde que a ira divina expeliu do paraíso: levantou-se na terra em dimensão humana contra o Senhor para perpetrar o deicídio do Calvário, princípio de uma era, de um castigo e de uma civilização.

Perdendo o domínio temporal sobre a Jerusalém mística, conheceu, como nos tempos bíblicos, com a nova diáspora, uma cadeia de padecimentos e perseguições. Ninguém na sociedade humana conviveu tanto com a discriminação, a malevolência, o terror e o preconceito como esse povo de seres errantes atados ao destino de uma religião e à maldição de um crime contra a divindade. Há mais de seis mil anos o Judeu é para muitos uma presença incômoda diante do mundo e da sociedade.

Tudo pode se desatualizar no decurso das idéias e das gerações, menos a questão judaica, sempre contemporânea a cada século, a cada sociedade, a cada povo. Se analisamos o mundo onde vivemos há sempre um judeu presente ao diálogo com o destino que nos rege: Moisés, segurando no Sinai as tábuas da lei; Cristo, no Gólgota, suando as agonias do gênero humano; Freud, desvendando o universo do inconsciente; Marx, profetizando o socialismo e o fim da luta de classes pelos caminhos da revolução e Einstein, formulando a relatividade.

A História já registrou no passado coisas piores, mas nunca a imagem documental foi tão viva e tão estarrecedora quanto a da televisão mostrando com a massa informe de centenas de corpos de jovens, mulheres e crianças o que os direitos humanos significam no século XX. Diante daquele espetáculo, quem não invejaria a sorte do homem das cavernas?

Os palestinos, reduzidos agora a povo sem terra, serão provavelmente os judeus do futuro. Nunca do combate sem lei das organizações terroristas poderá emergir um Estado palestino independente. A complicação hebraica, por sua vez, é insolúvel se a consciência da paz e do sacrifício não descer sobre o gênero humano. Em verdade, o anti-semitismo deveria acabar, em tese, no dia em que, fundado o Estado de Israel, houvesse ali fronteiras estáveis e definidas, com o judeu abraçado à sua religião no reencontro geográfico com o espaço de sua identidade nacional, firmando o pé sobre o chão sagrado das tradições bíblicas.

Mas tal não aconteceu em razão de determinantes históricas. Jerusalém é, no simbolismo da guerra confessional, a capital de dois livros e de três religiões. Os livros são a Bíblia e o Alcorão e as religiões o judaísmo de Moisés, o cristianismo de Jesus e o islamismo do Profeta.

Dificilmente os judeus evacuarão os territórios ocupados para dar uma pátria aos palestinos. Mas a existência de Israel não resolveu o problema do judeu no mundo, como esperavam os primeiros sionistas. Com efeito, ele não desativou sua presença na sociedade e na economia de outros povos onde compõem às vezes minorias com três distintas "nacionalidades": duas políticas e uma cultural-religiosa, o que lhes confere a força de um poder imbatível, formando uma multinacional subterrânea. Esse Leviatã internacional de prestígio e influência produz medo em outros povos. Israel, que breve terá a bomba atômica, ergueu no mundo um poder sem fronteiras físicas, um império invisível, cuja capital é desconhecida, mas que reduz a Casa Branca e o Kremlin a dois palácios de ficção.

Os pobres palestinos do massacre de Beirute e as milícias sobreviventes de Arafat são, com os judeus, co-autores da tragédia de mais um povo sem terra. Quem viu pelo documento das imagens a frieza do massacre, não duvida de que breve haja homens neste planeta da mesma insensibilidade para riscar sobre nossas cabeças os fósforos da explosão atômica. Quem há de conjurar essa ameaça? A segurança ou a liberdade? A paz ou o terror? A religião ou o instinto de conservação? Essa dúvida estará sempre a afligir-nos doravante.

5.23 O declínio do Direito Internacional

Um dos paradoxos da situação internacional, em cerca de quarenta anos já decorridos desde a Segunda Grande Guerra Mundial, não é tanto a freqüência dos conflitos entre nações em termos de guerra declarada – quase inexistentes a esse aspecto – quanto a facilidade e irresponsabilidade com que a cada passo ocorre uma explosão litigiosa, produtora de tensões, medo, desconfiança, mortes, sacrifícios, ódios e ruínas. Mas nada disso toma dimensão de guerra total, de conflagração universal.

A metade do século XX foi um divisor na arte da guerra. O irrompimento convencional de hostilidades entre Estados, precedido pela via também convencional de crise diplomática, do nervosismo das chancelarias, da decisão de última hora, que pudesse forçar, por exemplo, um Munique de apaziguamento, de que foi símbolo o guarda-chuva do Primeiro Ministro Chamberlain, da Inglaterra, e o pacifismo pusilânime do francês Daladier, tudo entrou já no arquivo de História, cemitério de praxes, conceitos, idéias e personalidades.

O advento da possibilidade da guerra nuclear, comprometendo a segurança material e a paz que o universo possa ainda almejar e desfrutar, mudou todos os estilos, até então prevalecentes, como base clássica das relações entre Estados. Com o velho Direito Internacional Público e seus institutos clássicos, com a diplomacia, cujo aperfeiçoamento político dura nada menos de três séculos, está havendo uma erosão tão grave que lembra paralelamente, na esfera teórica e prática, a desintegração concomitante do Direito Constitucional, como princípio básico de organização política imediata de alguns Estados, bem como a debilidade dos direitos fundamentais. Disso advém uma descrença generalizada tanto no Direito Internacional como no Direito Constitucional, que reverte o homem em sua condição jurídica e política, ao *status* humilhado e despersonalizado de súdito.

Dentro e fora das fronteiras nacionais, a condição humana parece regredir, inerme e desarmada. Não se trata de proteger a vida com armas de fogo, pois estas nunca protegeram menos, nem jamais se destruiu tanto a vida humana à sombra do assalto, do seqüestro ou da ação terrorista. Tudo isso sem que se consume o quadro da explosão violenta e apocalíptica dos artefatos nucleares. Em verdade, a injustiça faz a insegurança e quando a injustiça ocorre nas relações entre povos se torna extremamente clamorosa e delicada, desde as raízes, desde os condicionamentos históricos, fatais, acumulados no tempo e no espaço.

O Direito cede à força, o autoritarismo ao consentimento, a razão ao arbítrio. Não se respeita a vida humana. Vota-se brutal desprezo aos direitos do homem, proclamados e catalogados nas declarações internacionais e nos preâmbulos das constituições. Durante a Guerra da Coréia, a Guerra do Vietnã, a Guerra de Israel, os mais célebres compêndios de Direito Internacional envelheceram em 24 horas cerca de trezentos anos: as lições de Grotius, a gravidade de seus conceitos, a palavra dos internacionalistas, os tratados, a lei penosamente teorizada, como fruto da melhor razão humana, se viram, de súbito, reduzidos a farrapos de papel, a uma literatura ociosa, tão distante da realidade terrena, em alguns aspectos, como os anéis de Saturno.

As ditaduras, as multinacionais, os terroristas, as superpotências, bem como a polícia secreta, a granada de mão, o canhão atômico e os mísseis intercontinentais fizeram do Direito uma ficção e da Força um demônio. Uma declaração de guerra entre Estados, segundo os cânones do Direito Internacional, é, para os costumes da crise presente, algo tão obsoleto quanto o *impeachment* de um Presidente da República nos sistemas constitucionais das repúblicas latino-americanas.

Onde entra unicamente a força e o seqüestro, a invasão armada e o desrespeito às imunidades internacionais, o bombardeio súbito de populações indefesas, o Direito das Gentes é ilusão, texto de metafísica política, verdade divorciada dos fatos.

Tristes reflexões estas que nos suscita a tragédia dos embaixadores seqüestrados! O Direito Internacional e o Direito Constitucional do Ocidente parecem afogar-se, pois, numa crise teórica, em que seus princípios mais humanos e sagrados estão sendo destroçados pela insensibilidade à Justiça e ao Direito. A miséria e o terror compõem nas sociedades subdesenvolvidas do terceiro mundo um drama de pseudolibertação nacional conduzida pela falsa via da perversão ideológica e do sangue de reféns inocentes. Em rigor, não há idéia que entre no coração do homem ou na consciência do povo pela bala de um fuzil assassino ou pelo seqüestro fatal da liberdade.

5.24 O destino da Polônia

A Polônia é uma tragédia geográfica, histórica, ideológica. Geográfica, por situar-se entre dois gigantes: o russo e o alemão, ocupando o espaço onde se têm travado as batalhas do Ocidente com o Oriente; histórica, pelos sofrimentos que já padeceu e pelos sacrifícios de que foi vítima para manter a sobrevivência nacional sempre em busca das garantias de um estatuto independente e, enfim, ideológica, compelida que tem sido ela, a mais ocidentalizada das nacionalidades eslavas, a abraçar uma ideologia – a do comunismo – em manifesto antagonismo com os valores da fé católica, arrimo de sua identidade como povo e de seu futuro como nação.

Esse país mais uma vez se acha na encruzilhada do destino. Dezenas de poderosas divisões estrangeiras se movem militarmente nas suas fronteiras em preparativos de invasão. Na esfera interna, um movimento operário brotou espontâneo contra o modelo túmido de organização sindical, atado a um peleguismo partidário e estatal, que burocratizava com o ópio ideológico e paralisava com a asfixia centralizadora os legítimos interesses da classe trabalhadora.

O pluralismo social, tantas vezes reprimido, se manifestou agora na Polônia com toda a intensidade na fonte geradora mais insuspeita que é a do trabalho organizado. Se fora mera dissidência político-partidária de agentes contra-revolucionários, fácil seria logo sufocá-la com os instrumentos de repressão da ditadura socialista, que nunca hesitou em empregá-los com todo o rigor em matéria de segurança do regime. Mas a singular rebelião polonesa denota algo mais profundo: o inconformismo de uma sociedade que não se sente livre e anseia pela reforma institucional volvida para as liberdades democráticas universais, aquelas que não precisam de ser ensinadas com a palmatória do poder ou do regime como pretendem determinados sistemas ideológicos ao transferirem indefinidamente para o futuro o dia da emancipação, porquanto todos as sentimos, nomeadamente quando delas nos vemos carentes, numa privação que acende em cada ânimo a chama da resistência e faz do ser humano um gigante cuja multiplicação apavora as opressões.

Foi o caso polonês o estopim da Segunda Grande Guerra Mundial. No corredor de Dantzig, o Ocidente disse a última palavra do não ou do basta à expansão imperialista do Reich. Munique não se repetiria e realmente não se repetiu. Hoje sobre o solo dessa nação mártir, tantas vezes retalhada no passado por obra de egoísmos e ambições dinásticas ou expansões injustas de impérios limítrofes, adensam-se as sombras de uma nova ameaça, a mais grave de todas visto que traz para o gênero humano o pesadelo de um holocausto nuclear.

A desintegração do socialismo polonês, ao que tudo indica, não será admitida pelos interesses estratégicos da Rússia e estes parecem colocar-se acima da questão ideológica mesma, da propagação do mau exemplo aos vizinhos da comunidade oriental, pois faltando a Polônia, cairia em ruías o Pacto de Varsóvia e a União Soviética veria quebrado o elo e a ponte militar para o espaço alemão, o território da República Democrática Alemã, que se lhe afigura de importância vital na pendência com os Estados da OTAN.

Os exércitos soviéticos, sem a lealdade polonesa, seriam obrigados a um refluxo para as fronteiras russas, ficando assim desestabilizado todo o *status quo* estratégico sobre o qual repousam os planos do sobredito Pacto. Mas a força dos acontecimentos, a imperatividade reivindicativa dos operários e camponeses insatisfeitos toma tamanha intensidade que duvidamos possa a Polônia emergir da presente crise com suas fronteiras intactas, sem passar pelo transe da Hungria e da Tchecoslováquia, quando ensaiaram outrora movimentos análogos e viram a abertura e a descompressão do regime convertido num sonho rapidamente desfeito.

5.25 O *"Times" de Londres*

De todos os órgãos da imprensa mundial, o mais célebre por tradição, ancianidade, prestígio e influência é indubitavelmente o *Times* de Londres. Pela segunda vez corre ele porém risco de cerrar suas portas. Aquela folha, durante os últimos vinte anos, entrou em decadência irremediável. Não faz muito uma crise interna, de feição trabalhista, quase o deixou a pique de desaparecer. Seu estado de crise se prolonga desde o dia em que mudou de dono. Essa transferência já fora em si mesma um rude golpe na autoridade da velha folha que representava, segundo Eça de Queiroz, "a própria consciência da Inglaterra posta em letra redonda", um monumento do caráter inglês, um dos traços mais impenetráveis com que o bretão sempre procurou se distanciar da vulgaridade e das mudanças vertiginosas.

O culto conservador da sociedade inglesa se entrincheirava nas páginas daquele diário. Sua fisionomia e austeridade traziam ainda o cunho da ascendência política da Inglaterra no século da Rainha Vitória, quando a esquadra inglesa solene singrava todos os mares e oceanos, conduzindo em seu pavilhão símbolo de um poder universal – o poder do maior império da Idade Moderna.

A agonia do *Times* teve princípio exatamente no dia em que ele não soube morrer; quando se curvou aos capitais de um magnata australiano, cujo poderio lhe deu essa sobrevida, a um passo já de seu melancólico fim.

O destino do *Times*, a meu ver, tem larga analogia com o do império inglês. Em verdade, a espécie de sociedade de que ele foi símbolo e espelho já não existe e é impossível ressuscitá-la. Desapareceu também o público da grande fase elitista e aristocrática, apagada com a liberalização e a socialização do parlamento pelos trabalhistas do século XX.

O *Times* encarnava o trono constitucional dos "lordes" e não a força democratizadora e socializante dos "comuns", em cuja câmara se operou a profunda e pacífica revolução das instituições da Inglaterra. Era quando muito um jornal feito para a sociedade do liberalismo, para idéias que já não vingam, para princípios que se tornaram incompatíveis e contraditórios com os axiomas de um poder arredado do privilégio e da rigidez social. Constituía ele um pedaço da Inglaterra e de seu passado saudoso e romântico, um estandarte do Império Britânico e da sociedade que se extinguiu com a organização imperial. De modo que, debaixo de seu nome, caso não venha a fechar-se, como tudo indica, haverá outro órgão, outra opinião, outra linha editorial, em suma, outro diário, jamais aquele deliciosamente retratado por Eça de Queiroz nas *Cartas de Inglaterra*. Deste só ficarão as reminiscências.

5.26 As armas da morte

Uma das coisas mais trágicas do século XX é paradoxalmente, o descrédito do pacifismo. Ninguém o leva a sério e o pacifista acaba por se tornar ridículo com sua pregação num mundo de ferócia e antagonismo, onde o constante confisco da paz o transforma nisso que aí se desenha: um mundo em cujo semblante parece estar impresso o traço da violência institucionalizada.

As grandes cidades se converteram em formigueiros do desespero. Como se não bastassem os problemas cruciais de condições de vida e necessidades que as megalópoles nem sempre preenchem e, por isso mesmo, fazem neurotizante a existência nesses vastos conglomerados, a insegurança entrou a fazer parte também do cotidiano. De sorte que o habitante da selva urbana, o membro da superfina civilização tecnológica, reduzido psicologicamente à rudeza dos primatas, talvez inveje a despreocupação social e a imobilidade de classes das velhas e primitivas sociedades orientais, onde a religião dava segurança à alma, certeza ao destino, paz à convivência.

Quando reflexões desse teor se manifestam é certo que a liberdade já está correndo graves perigos, porquanto a sociedade, comprometida a sobrevivência de seus valores existenciais mínimos, para evitar a dissolução, há de reagir e o fará em nome da segurança, com medidas repressoras conducentes a abalar, pelo lado oposto, garantias fundamentais que resguardam direitos humanos.

Nessa tormenta todos perdem: o indivíduo, o grupo, a sociedade, a nação. A violência se converte, assim, na maior contradição da liberdade, em arma que facilmente a malícia dos governantes poderá instrumentalizar para a perpetuidade de desígnios em nada coincidentes com os interesses do bem comum: haja vista a esse respeito a convulsão da sociedade Italiana, sob o guante do crime, do terror ideológico, do seqüestro e da máfia. Bons frutos o mundo não colhe desses espasmos.

Na década de 1920, a inflação torrencial e galopante desintegrava a economia alemã, produzindo Hitler. A inflação era a violência econômica e, como toda inflação, um assaltante invisível, que tira a poupança do povo e leva os frutos do trabalho, gerando a insegurança social. Na mesma década a península itálica já engendrara outro monstro: o fascismo, um fantasma que novamente ronda o país das artes como se fora uma resposta à desagregação. Mas nem a experiência de um e outro, nascida de uma das guerras que mais ensangüentaram o gênero humano e fizeram, com o avanço da tecnologia de extermínio, a humanidade refletir sobre a impossibilidade de outras guerras, parece haver desviado a história dos rumos sombrios que ela vem tomando, e, de todo, visíveis, nesse processo em que tanto interna como externamente se decompõem valores e princípios sagrados de coexistência de indivíduos e nações.

Ontem, ouvíamos o comentarista de uma estação de rádio estrangeira declinar esse dado estatístico assombroso: diariamente são gastos, com indústria de armamentos, dois bilhões de marcos, correspondentes, em moeda brasileira, a cerca de oitenta bilhões de cruzeiros, quantia que empregada em favor dos países subdesenvolvidos talvez fosse equivalente ao valor da construção de usinas do porte aproximado da gigantesca Itaipu.

Como se vê, uma Itaipu arremessada, quase todos os dias, ao insaciável Moloch belicista, cuja fogueira reduz a cinzas ou a nada tudo quanto deriva da inteligência criadora, do trabalho, da poupança e do sacrifício do contribuinte onerado. Enfim, uma riqueza para a morte, para a construção de armas e artefatos que, em 24 horas, podem converter a "aldeia global" do saudoso McLuhan no cemitério da humanidade, dando-nos assim o mesmo destino das espécies extintas, vítimas já do desastre ecológico.

Enquanto, com sacrifício do bem-estar das parcelas mais laboriosas de suas populações ou do nível geral de seu progresso, as nações se armam para a destruição, em nome da segurança e da paz universal – os canhões e as ogivas nucleares, as bombas policiais de gás lacrimogêneo e os foguetes que vão ao espaço sideral em nada contribuíram, na estreita faixa de nosso universo terráqueo, a conjurar as guerras da Coréia, do Vietnã, do Camboja e do Oriente Médio ou a fazer o homem das praias de Copacabana, Ipanema e Leblon, da 5ª Avenida de Nova Iorque ou dos *boulevards* parisienses sentir-se mais seguro e menos sujeito ao punhal ou à bala do delinqüente que assalta para matar e roubar.

Quanto à paz entre os povos, aí estão as apreensões e angústias da crise do Golfo Pérsico, do Afeganistão e da Polônia. Os dois bilhões de marcos despendidos cada dia com armas produziriam mais segurança se a razão e não a estupidez humana os gerisse; ao invés de canhões e explosivos atômicos o mundo teria menos favelas e menos cortiços e mais universidades e tetos para instruir e abrigar os desgraçados, que passam pela vida como se fossem destinos perdidos ou sombras errantes.

5.27 O Estado social e os fundamentos da liberdade

Das mãos honradas de V. Excelência, Senhor Governador Virgílio Távora, recebo a Medalha da Abolição, a mais alta insígnia do Governo do Ceará aos que nesta terra estudam, trabalham ou produzem. Venho da classe intelectual, da mesa de redação, da cátedra, ou seja, da imprensa e do magistério, duas tribunas do diálogo da sociedade com a nação, duas instituições formadoras e renovadoras do corpo social, duas alavancas do desenvolvimento e da civilização.

Recebo a distinção como um poderoso estímulo ao prosseguimento de uma carreira cultural e universitária, encetada com ardor e determinação. As obras que publiquei no campo da Ciência Política e do Direito Constitucional não exprimem uma atitude teórica de indiferença aos valores políticos. Devo confessar – e a tanto me ajuda o grau solene desta cerimônia – que jamais as teria escrito se não representassem uma definição de confiança ideológica nos princípios da democracia e na tábua dos direitos humanos, assentados sobre a liberdade do povo e a vontade da nação.

Não há ciência política neutra: todos os que escrevem acerca das instituições do poder, todos os que se ocupam do fenômeno da autoridade, todos os que discorrem sobre o comportamento de governantes e governados exercitam uma função crítica de análise a valores sociais, partindo sempre de uma cosmovisão subjetiva, ou de um entendimento estimativo prévio. Aí se reflete com freqüência a dimensão da personalidade, a consciência da época, a involuntária limitação das faculdades do observador. Quem investiga matéria política e social faz necessariamente análise interessada e comprometida. Mente a si mesmo o cientista político ou social que alardeia a neutralidade na esfera dos temas sociais.

Desde muito fiz minha profissão de fé. Encetei a carreira universitária há cerca de 30 anos com uma tese de cátedra que me abriu na Universidade Federal do Ceará, em sua histórica Faculdade de Direito, as portas do magistério superior. Tinha essa tese por título *Do Estado Liberal ao Estado Social*. Como reflexão sobre os fundamentos da liberdade levantava esse ensaio o debate acerca dos rumos da democracia, cuja sobrevivência se fizera impossível segundo o modelo liberal-burguês inspirado pelo egoísmo individualista do século XIX, fomentador das profundas contradições do sistema capitalista. Fazia-se mister a criação de um Estado ativo e participante, conciliado com as grandes tarefas da sociedade, das quais a ideologia do liberalismo o apartara; um Estado onde a preocupação com os problemas da justiça e da igualdade engendrasse uma nova base de segurança para os cidadãos e as classes sociais; um Estado que, sem sacrificar o valor da liberdade, fosse uma expressão humana e conjugada de solidariedade e alforria econômica; enfim, um Estado pluralista onde a Constituição, sendo o cimento da ordem jurídica, a lei seria a ferramenta da mudança e da renovação.

A esse Estado social demos nossa preferência. Agora quando a abertura democrática alcança seus níveis mais altos, devendo culminar no ato eleitoral de novembro, temos fundadas esperanças de vê-lo concretizar-se em breve por via de um modelo de congraçamento das classes, com a audiência da nação, titular legítima do poder constituinte.

A sociedade brasileira é democrática de sentimento e tradição ao passo que o Estado tem sido autoritário e oligárquico, havendo assim um descompasso ou contradição que só o povo, com o tempo e a educação nas urnas, poderá remover, fazendo dos poderes representativos o órgão de sua vontade. Creio, Senhor Governador, que é nesse sentido que se orienta o quadro político do País, com a nação retornando aos comícios, com os partidos exercitando em clima de ordem e liberdade o aliciamento de uma maioria eleitoral, com as tribunas do debate e do diálogo franqueado ao cidadão, com o Presidente da República cumprindo ao pé da letra a promessa redemocratizadora.

Marchamos, pois, para um sistema aberto e para uma profunda reconciliação da sociedade brasileira. V. Excelência, como Governador, deputado, senador, dirigente partidário sempre cultivou nas cadeiras da administração ou nas duas Casas do Congresso as virtudes da coerência, da moderação e da concórdia; nunca se inclinou para as posições radicais da ditadura e sempre foi na vida pública um homem do caminho constitucional, da crença no poder civil, da vocação parlamentar. Por todos estes predicados que ornam a personalidade de V. Excelência é que sobe de ponto a honra da condecoração ora conferida. Distinguido com tão alta dignidade por um governante do quilate de V. Excelência, que duas vezes administrou o Ceará com saltos cronológicos de avanço e progresso, devo confessar que este título me desvanece e esta Medalha produz em meu espírito um sentimento de gratidão especial. Muito obrigado a V. Excelência, Governador Virgílio Távora.

5.28 A abertura econômico-financeira

Depois de 15 de novembro veio o dilúvio das finanças nacionais, com a capitulação do Tesouro brasileiro ao Fundo Monetário Internacional, que desde muito já nos rondava como um fantasma e que acabou se materializando na série de medidas impostas direta e indiretamente à sacrificada economia nacional, vítima de um desastre tecnocrático sem precedentes.

A imprevisão do que ia acontecer e acabou acontecendo e que sempre se dissera nas esferas da administração financeira que nunca aconteceria, constitui a última pá de terra sobre a confiança depositada no estamento tecnocrático, cuja política é responsável pelo estado a que chegamos. Agora, a nação percebe que há necessidade de outra abertura tão importante quanto a abertura política, a saber, a abertura econômico-financeira. O pagamento da dívida externa põe a nu a real situação do País, com traços lúgubres relativos ao futuro da economia nacional, surpreendida já com a queda vertiginosa da taxa de crescimento. É uma dívida cujo montante ninguém sabe precisar com certeza, em razão da desinformação geral reinante, sendo pelos mais pessimistas estimada em cerca de noventa bilhões de dólares.

A abertura pleiteada na esfera econômico-financeira consentirá à nação inteirar-se daquilo que se passa no fechado círculo decisório da tecnocracia, cujas medidas, discutíveis, levantam manifestas suspeitas de ilegitimidade, em virtude da não-audiência dos milhões de destinatários. São eles toda a sociedade brasileira, excluída das salas e dos gabinetes enclausurados onde, em reuniões secretas, a cúpula tecnocrática tem debatido os acordos do FMI. Seus resultados se projetam como a maior intervenção branca estrangeira que já houve no Brasil desde que D. João VI, fugindo aos canhões de Junot e Massena, e colocado sob a "fraternal" coação da esquadra inglesa e de seus almirantes protetores, decretou em litoral baiano, se não nos enganamos, a abertura dos portos brasileiros à bandeira das nações amigas, um eufemismo na época igual ao do FMI; ali, a Inglaterra, aqui, os Estados Unidos; ontem, a libraesterlina, hoje o dólar, produzindo sempre formas de dependência de que ainda não nos desatamos. É de deplorar suceda tudo isso quando já havíamos transposto mais da metade do caminho para alcançar a maioridade do desenvolvimento.

A abertura econômica se configura, pois, de necessidade tão urgente quanto aquela que a fadiga do arbítrio determinou em termos políticos, salvando a honra liberal da sociedade brasileira, uma honra tão intrinsecamente característica da índole nacional. As decisões econômico-financeiras mais recentes, sobre consubstanciarem uma política que dilata seus efeitos a outras gerações, envolvem os altos interesses da soberania, não podendo ficar cometidas a um círculo fechado de tecnocratas, cujas negociações, nas mesas do FMI, se fazem sem audiência da nação e do Congresso. A área econômica é hoje a área dos fatos consumados, onde, por exemplo, em matéria tributária, se costumam perpetrar graves e freqüentes atentados à ordem constitucional, com expedição de decretos-leis e portarias ministeriais não raro eivados de máculas jurídicas insanáveis.

A abertura política ficará incompleta, e breve se mostrará ineficaz, caso perdure a ascendência tecnocrática na direção da economia e das finanças nacionais. Quando uma sociedade geme sob o peso de cargas tributárias sufocantes e confiscatórias, como aconteceu na França das monarquias absolutas, durante o reinado dos seus últimos monarcas, a paz política e a estabilidade das instituições correm graves riscos.

A história da Inglaterra é também riquíssima de ensinamentos a esse respeito. Ali a abertura política da época (século XVII) consistiu na ascensão soberana do Parlamento, em determinados assuntos de governo, provocada por controvérsias tributárias entre o trono e a representação dos súditos oprimidos. O mesmo ocorreu nas possessões de além-mar, quando os colonos americanos, já freqüentando a escola dos direitos humanos, entraram a questionar a legalidade de certos tributos e a encabeçar os primeiros motins, anteriores à intervenção libertadora dos exércitos de George Washington.

A abertura política não deve, por conseguinte, permanecer bloqueada pelos tecnocratas em pontos capitais, como os da ordem econômica, onde se demandam sacrifícios que excedem o fôlego de uma geração e se alongam sobre o futuro como sombras de erro e inépcia.

Faz parte da abertura política, em suas implicações econômicas, a adoção de um controle mais efetivo do poder legislativo sobre a forma como se traça e executa a política financeira do País, numa hora de crise que estanca o progresso da nação e deprime todas as atividades empresariais, em proporções recessivas jamais vistas. A hora é de exceção, mas é também de abertura econômica para debelar os perniciosos efeitos de uma política até hoje hermética, conduzida por tecnocratas, de cuja competência a nação principia a duvidar.

O Presidente da República, que teve tanta sensibilidade e compreensão para restaurar o processo democrático, concretizado com tão feliz êxito, não será decerto indiferente aos clamores e à impaciência da sociedade, que somente se sentirá segura caso tenham seus representantes voz e peso para exercitar influxo sobre matérias do campo econômico e financeiro.

Afastar os tecnocratas e acercar-se do Congresso, casa da legitimidade, é o dever mais urgente da política oficial tocante às finanças do País, depois da explosão da dívida externa. Vivemos sob a ameaça de ver a nação convertida num feudo do Fundo Monetário Internacional, posição nada invejável, a que, possivelmente, já chegaram o México, Cuba e Argentina.

5.29 Duas baixas no Senado

Ao termo da presente legislatura se despedem do Congresso Nacional dois senadores com relevantes serviços feitos ao País: um, das forças oposicionistas, o Senador Paulo Brossard de Sousa Pinto, o outro, do partido do Governo, o Senador Jarbas Passarinho.

Uma análise à composição intelectual das duas Casas do Poder Legislativo evidenciaria sem dúvida seu declínio nesta fase da história republicana, em que já sentimos a falta do antigo parlamento dos bacharéis, característico de outras épocas constitucionais, quando o Estado liberal se achava no apogeu.

Paulo Brossard, jurista e orador, deixa erma uma tribuna onde o brilho quase lendário de sua palavra fazia a Câmara alta reviver os grandes momentos da eloqüência parlamentar do Império e da Primeira República. Sua passagem pelo Senado se liga a episódios marcantes da batalha que ali se feriu também em prol da redemocratização do País. Passarinho foi igualmente homem de oratória cintilante. Com a partida de tão ilustres personalidades, ficam vazias duas cadeiras que o talento verbal dos homens públicos tão cedo não preencherá.

Os quadros do poder se enriquecem porém com a inteligência de Roberto Campos e os da Oposição com a capacidade de Fernando Henrique Cardoso. Apesar disso, levanta-se uma objeção: o Congresso não está precisando tanto de economistas e sociólogos como de constitucionalistas. Estes sim fazem falta. E nesse ponto é que Paulo Brossard não encontra de imediato um substituto, não se compreendendo tão pouco estejam ausentes também do Congresso um Afonso Arinos ou um Josaphat Marinho, cujos lugares políticos são ali, combatendo a crise institucional que ainda perdura, pois a nação aguarda se definam as soluções democráticas permanentes e se trace para a sociedade brasileira um perfil de estabilidade.

O déficit de letras jurídicas patenteia o descompasso entre a presente geração de deputados e senadores e aquela dos parlamentares-juristas da terceira República constitucional do Brasil, a de 1946. Quando passamos uma vista sobre a relação dos constituintes que assinaram a carta democrática de 18 de setembro daquele ano, deparam-se-nos figuras como as de Agamenon Magalhães, Prado Kelly, Aliomar Baleeiro, Milton Campos, Hermes Lima, Olavo Oliveira, Barbosa Lima Sobrinho, Plínio Barreto, Raul Pilla, Acúrcio Torres, Gustavo Capanema, Vieira de Melo, Brochado da Rocha, José Augusto, Marcondes Filho e Ataliba Nogueira, entre muitos outros que formavam uma densa camada de juristas excepcionais. A idade constitucional então inaugurada receberia depois o reforço de Afonso Arinos, que fez subir o debate constitucional no parlamento brasileiro a pontos culminantes, raramente vistos em toda a história republicana. Se o Brasil chegar nos anos vindouros à convocação de uma assembléia nacional constituinte, como se faz imperativo, para debelar de forma definitiva a crise crônica das instituições, poderá acaso congregar novamente uma plêiade de juristas tão brilhantes quanto os que há pouco nomeamos? Cremos que não. As razões são as mesmas que nos levam agora a lamentar a carência de juristas nas atuais fileiras do Congresso Nacional. Dentre essas razões, três se nos afiguram decisivas.

A primeira consiste na mudança havida na formação intelectual. Colhem-se hoje os frutos da reação pós-1930, que fulminou no Brasil o prestígio das humanidades e introduziu nos próprios estudos jurídicos o imediatismo profissionalizante, erradicando as bases de uma preparação clássica, feita com muita diligência, muito estudo, muita leitura prévia. Todo bacharel fora primeiro um literato potencial, fizera versos, discursara em grêmios literários, rascunhara contos e romances, cultivara a arte da palavra e exercitara o argumento nas assembléias estudantis.

A segunda razão resulta do advento de certa mentalidade pragmatista das esferas dirigentes, com o poder se transferindo do bacharel para o tecnocrata, nos moldes de um positivismo desastroso e pseudocientífico. Fazendo todas as reformas nacionais no conforto das mordomias, à distancia dos sofrimentos urbanos e das angústias rurais, o tecnocrata traz sempre soluções falsas. E não só ignora as verdades sociais mais profundas como exclui o povo da participação que lhe é devida. O bacharel, ao contrário, com mais luzes e sensibilidade para o debate social, demonstra aptidão administrativa superior e vocação mais genuína para a carreira política.

Finalmente, o ocaso cultural e jurídico dos parlamentos decorre também do influxo avassalador dos poderes econômicos. Viciando o processo eleitoral, fazendo cada vez mais dispendiosas as campanhas, corrompendo a vontade do eleitor, eles afastam do legislativo os políticos vocacionais componentes de uma elite substituída. Razões todas são estas que determinam, pois, a rarefação de personalidades comparáveis àquelas que facilmente apontamos num ligeiro exame à Constituinte de 1946. Juristas de peso, como se vê, já não recebem mandato e isso nos obriga a lamentar, com sobressalto e pessimismo, a perda de um Brossard ou mais recuadamente de um Josaphat Marinho. São quadros que não se renovam. A democracia mesma faz a pergunta preocupante: Como serão os parlamentos do futuro?

5.30 Compreensão para as mãos estendidas

Em recente entrevista concedida à imprensa do Sul do País o escritor paraibano Horácio de Almeida, um ensaísta sempre volvido para os temas históricos da Região sobre os quais está vazada toda a sua obra, pediu se restaurasse o nome da Capital de seu Estado, voltando a chamar-se Paraíba e não João Pessoa, como veio a ser rebatizada há mais de cinqüenta anos com a homenagem da província ao Presidente revolucionário que se rebelou contra o Poder Central e foi assassinado no Recife pelo braço das oligarquias.

Ao redor do cadáver do governador dissidente, a nação se levantou em armas para derrubar o regime da primeira Constituição republicana. Hoje a Revolução de 1930 parece haver sido um grande equívoco nacional, pois quase todos os seus princípios políticos implantados na ordem institucional têm sido revogados com o retrocesso da vida pública brasileira dentro do quadro da chamada democracia possível. E para que aquele movimento se apague ainda mais da lembrança dos nordestinos só faltava mesmo a sugestão esdrúxula do insigne historiador.

Com efeito, que resta ainda da Revolução de 1930 e seus ideais? A grande queixa que se fazia contra Washington Luís, honrado Presidente da Pátria velha carcomida, era sua interferência no processo sucessório. O "nego" de João Pessoa, divisa da bandeira paraibana, como a "ordem e progresso" o é do pavilhão nacional, simbolizou naqueles dias o moralismo político da Revolução que se iria deflagrar, o grito purificador das instituições, o fim da tutela que promanava do Calote, o reencontro das urnas com a verdade do sistema representativo. A rebelião tenentista de 1930, intrinsecamente popular e antioligárquica no seu pensamento, foi depois de vitoriosa uma página de idealismo que se desviou de seu próprio texto.

Que pretendiam os homens do lenço vermelho? Um processo eleitoral limpo sem a ingerência do poder, a renovação da vida política com uma democracia de liberais em toda a sua plenitude constitucional, a nação se governando por si mesma. Os instrumentos formais de apoio a esse programa – a representação proporcional, o voto secreto, a justiça eleitoral – deveriam executar a mudança revolucionária nos costumes, produzindo instituições renovadas pela vontade, participação e capacidade de todas as correntes sociais.

Desgraçadamente, a experiência democrática que a partir daí se intentou levar a cabo foi comprometida por circunstâncias históricas fáceis de identificar, tais como: a ditadura convertida no poder pessoal de Vargas, em 1930 e 1937; os movimentos ideológicos da década de 1930 que deitaram a sombra de uma radicalização permanente sobre a ordem institucional; a reativação privilegiada dos quadros oligárquicos; a sobrevivência feudal nas relações agrárias; a descrença do povo nas lideranças e, sobretudo, o despreparo político dos cidadãos, oriundo sem dúvida do próprio estado das estruturas sociais, enfim, a falta de estadistas para conduzir o País e o regime a uma democracia de base social.

A Constituição de 1946, com todos os seus percalços, foi o interregno mais brilhante da participação livre, sem o pesadelo das leis repressivas. Depois veio 1964, carregado de boas intenções, que acabaram porém no inferno do AI-5 e na aversão do Estado de Direito. De último, a ação de dois Presidentes revolucionários, em seqüência coerente, logrou restituir a nação aos comícios e àquilo que esperamos seja a prevalência soberana da vontade popular como a grande força inspiradora dos programas e métodos de governo. Mas a abertura em curso padece ainda de um grave vício: o temor do povo. Em função desse temor, afloram os casuísmos instrumentais que retiram à consulta democrática o elemento de legitimidade contido no consenso.

Sabemos da lentidão e das dificuldades inerentes ao processo atual que é uma luta com o passado e com a sua triste herança. Cumpre porém reconhecer o esforço histórico de restauração democrática. Basta lembrar que nenhuma sociedade e nenhum País encontram mais dificuldade em estabelecer as vias representativas do regime do que em ocasiões de turbulência econômica considerável. São elas sempre propícias, pelos abalos e desequilíbrios sociais, a fornecer pretexto à aparição dos ditadores carismáticos e das ditaduras messiânicas, tangidas pelos grandes descontentamentos populares e que tomam o poder de braços dados com a demagogia.

Precisamente nessa conjuntura adversa de profunda crise nacional e internacional, cujos reflexos indesejáveis se dilatam a todas as frentes do esforço coletivo por uma sociedade estável, os dois últimos Presidentes assumiram um compromisso com a liberdade. Esse compromisso está sendo cumprido à risca, sem embargo dos casuísmos e distorções até agora evidenciados e a que já nos reportamos. Urge portanto compreensão para as mãos estendidas que pedem, numa súplica democrática de humildade e boa-fé, a reconciliação nacional. A palavra definitiva caberá porém aos eleitores de 15 de novembro, juízes soberanos dos homens e das instituições que nos governam.

5.31 A Alemanha

A Alemanha é um só povo, uma só Nação, politicamente dividida por fronteiras ideológicas. Esse povo já conheceu no passado outras divisões, mas essas divisões não puderam nunca se perpetuar. Veio um dia na história em que o relógio marcou a hora da unificação, durante o século XIX, com Bismarck. Desgraçadamente, duas guerras mundiais, de último, dilaceraram o Estado alemão e sua unidade chegou a um fim trágico sobre as ruínas do nacional-socialismo. Mas como não se divide a alma de um povo ou o coração de uma sociedade nacional, as duas Alemanhas, hoje separadas no atlas da Europa, mais cedo ou mais tarde volverão a ter uma única superfície política.

Quem reflete com mais empenho e aferro sobre a liberdade humana percebe a dificuldade de fazê-la nascer ou conservá-la, em meio a um mundo retalhado de ódios políticos e incompreensões sociais. Principalmente na Alemanha. Antes de haver nazistas, havia a língua alemã, o povo alemão, a cultura alemã, vários séculos de filosofia e cerca de dois milênios de história germânica.

Afigura-se-nos estúpida a identificação da ideologia nacional-socialista com o passado daquela Nação. Mais absurda ainda a condenação, de plano, do seu instrumento de comunicação cultural, por excelência: o idioma. O juízo desfavorável e preconcebido contra a Alemanha e os alemães decorre de sua história mais recente, confundida sempre com a guerra, a expansão colonial, o militarismo, o prussianismo, a desforra, o autoritarismo.

Duguit nos seus tratados políticos opunha ao conceito de Estado – força dos alemães o de Estado – direito e cooperação dos franceses, como se o Reno fora uma fronteira líquida, que separava irremediavelmente o mundo da liberdade do mundo da autoridade.

Entre autores brasileiros, o grande clássico de nosso direito político, que foi Rui Barbosa, escreveu a primeira Constituição republicana do País debaixo do influxo de leituras inglesas e americanas, reproduzindo, em cópia quase servil, as instituições e a técnica dos constituintes de Filadélfia. É de apavorar seu antigermanismo. Nunca perdoou a Lauro Mueller, ministro de Relações Exteriores, a ascendência alemã. Enfim, a eloqüência política de Rui vibrava da tribuna golpes duros e devastadores contra a cooperação cultural do Brasil com a Alemanha.

No entanto, publicistas como Duguit e Rui referiam unicamente o lado recentíssimo, moderno, e realmente patológico, a olhos estrangeiros, da história política alemã: suas lutas militares na Europa Central, conflagrada de antagonismos mórbidos; sua medição de forças nas guerras européias com as potências do Ocidente. Não se recordavam todavia os casos em que essas guerras se fizeram para sustentar a unidade alemã, objeto de desafio de outros Estados.

O esquecimento maior porém foi relativo a dois mil anos de história alemã, antecedente à unificação de 1870, quando os povos germânicos ensinaram ao mundo ocidental o princípio de Liberdade, exibido modernamente como conquista de anglo-americanos ou latinos. Tácito, o escritor romano, antevendo já a decadência do Império Romano, exortava os cidadãos da velha *civitas* a se inclinarem para o exemplo social das tribos germânicas. A liberdade habitava as florestas do Norte. De um chefe bárbaro, capitão de hostes germânicas, escreveu Emílio Castelar: "O triunfo de Odoacro é o triunfo da civilização moderna, rude em seu berço, sobre a civilização antiga, apodrecida em seu sepulcro".

O cristianismo não teria sido possível se a liberdade germânica, base de organização política da Sociedade, não houvesse se associado à tradição de autoridade do gênio romano. Debaixo do cimento moral da idéia cristã, criaram ambos – romanos e germânicos – o mundo medievo, precursor da sociedade moderna. Disse Hegel que o Oriente foi a liberdade de um só, a Grécia e Roma a liberdade de alguns e só o mundo germânico viria a ser a liberdade de todos. A Alemanha gerou filósofos, juristas, escritores, artistas. Quando Napoleão talava o solo alemão em incursões invasoras, Goethe, em carta a Hoederlin, deplorava amargamente a sorte da liberdade da Alemanha e o trágico destino nacional de seu povo, sacrificado ao mais penoso idealismo.

Aquele mesmo pensador, que escreveu o *Fausto*, repartiu também a história do gênero humano em desdobramentos sucessivos: épocas de crença e épocas de descrença. Só as idades de fé, segundo ele, são construtivas. Quando as crenças se abalam, seguem-se períodos de desintegração, decompõe-se a ordem dos valores, a humanidade mergulha fundo no pessimismo e a sociedade se acerca da ruína e autodestruição.

O mundo, ao que tudo indica, vive hoje intensa fase de negação. Mas nos consola descobrir entre os bons autores alemães um universo inédito de riqueza espiritual, patrocinando uma cultura livre, que não estanca ante os preconceitos e só se compromete com o livre exame, a razão humana e a liberdade. Se a Alemanha não houvesse existido, um imenso legado de valores não teria chegado à civilização ocidental. O mundo seria menos rico de idéias e o Ocidente mais parco de sentimentos de liberdade.

5.32 "O Ano do Nego"

As memórias de José Américo de Almeida, aguardadas com tanta ansiedade tiveram já iniciada sua publicação com *O Ano do Nego*, saído dos prelos da "Gráfica Record Editora". Em alguns Estados do Nordeste existem homens de uma representatividade simbólica. Em Pernambuco, Gilberto Freyre; no Rio Grande do Norte, Câmara Cascudo; no Ceará, Jáder de Carvalho, sucedendo a Thomaz Pompeu, e na Paraíba, inquestionavelmente, o Sr. José Américo de Almeida, que à sombra dos coqueirais da Praia de Tambaú, personifica meio século de história, repartida entre a província e a metrópole federal, entre as letras e a política, com dominante influxo em ambas as esferas, onde deixou cair sempre o acento de superioridade de suas contribuições.

Com a *Bagaceira* principia ele o ciclo do romance social no Nordeste e emancipa a velha prosa brasileira, dando-lhe um sopro de renovação que abala as escolas literárias, do mesmo passo que revela a potencialidade criadora do gênio nacional. De temas meramente regionais, extrai certos traços de universalidade, mediante os quais o homem e a terra, comunicando-se pelo diálogo do desespero, patenteiam sua dimensão trágica numa sociedade de fome e infortúnio.

Administrador, levanta a parede de inumeráveis açudes públicos e faz das obras contra as secas um programa precursor da futura política de redenção econômica do Nordeste. Político, candidata-se à Presidência da República e com uma plataforma de governo que surpreende já pela nota de progresso e reformismo, anuncia melhores dias para o Brasil. A ditadura barra-lhe o acesso ao poder supremo, mas a desforra vem oito anos depois com a célebre entrevista ao *Correio da Manhã*, derretendo em menos de 24 horas, as algemas que faziam cativos os pulsos dos jornalistas livres.

Reconcilia-se com Vargas ao termo do segundo governo constitucional do estadista gaúcho, volvendo à pasta da Viação, após transitar pelo Governo da Paraíba e pelo Senado da República. Encerra afinal sua carreira política no recolhimento literário às areias da praia querida, onde já se plantou como um monumento vivo da história paraibana e um pedaço incandescente da política de liberdade e progresso do nosso povo, tomando dimensão verdadeiramente nacional.

Suas memórias políticas, de último aparecidas, espargem luz sobre acontecimentos decisivos, desenrolados na Paraíba, principal foco do movimento revolucionário da Aliança Liberal. Quem conhece a índole ardente e combativa do Sr. José Américo, a sua natureza polêmica, o fio de lâmina de seu verbo aforismático, aposto na frase dura e cortante, ao ler-lhe as presentes memórias se encanta com a serenidade daquelas reminiscências, com a suave ironia do escritor. São juízos sóbrios reconstituindo perfis de homens e acontecimento, que historiadores agressivos, servidos de passional emotividade, haviam deploravelmente desfigurado.

Confesso que de um camiliano como o Sr. José Américo de Almeida, ator assíduo em trinta anos de tragédia política e social na existência brasileira, um depoimento como esse do *Ano do Nego* me comove pelo que ali se me depara de exemplar imparcialidade. Não são os ódios do memorialista que viveu entre paixões dificilmente adormecidas pelo tempo, mas o interesse maior e superior do cronista que deseja ser fiel à exposição dos fatos para abrangê-los todos num quadro destinado à perpetuidade histórica. Quadro que pela sua veracidade não fique sujeito a impugnações fáceis.

José Pereira de Princesa não é o coronel cangaceiro dos ódios oficiais da campanha de 1930, sublevando os sertões com desmedidas ambições de mando; os Dantas são quase omitidos no cenário daquela tragédia ou mansamente referidos sem o preconcebimento de acusações libelistas; o General Lavanère Wanderley, imolado na resistência de sangue durante o assalto ao quartel legalista, sai das páginas isentas do escritor brilhante com o porte de uma dignidade rara, que é a coroa do seu martírio, tombando, como ele efetivamente tombou, em nome da causa legal e de princípios inerentes ao seu caráter e formação. O mesmo se pode dizer de Álvaro de Carvalho, a quem coube, durante a fase intensamente pré-revolucionária, a investidura do poder, sucedendo a João Pessoa, o herói morto pelas balas do fanatismo. Esse Álvaro de Carvalho de quem José Américo foi Secretário de Segurança, acabou deposto, após viver o drama de consciência que lhe não consentiu na hora da opção suprema definir-se pela causa da Revolução. Mas o seu retrato, feito agora pelo memorialista de 1930, nos comunica forte impressão de simpatia, transparecendo nesse homem singularmente desambicioso e moralmente puro uma individualidade das mais raras da história paraibana. Morreu pobre e obscuro, mas honrado, lecionando nos educandários paulistas.

O *Ano do Nego* é de leitura corrente e o Autor corrobora, à beira dos 80 anos de sua idade, o talento de frase que fez de sua prosa uma das mais ricas, amenas e sedutoras da literatura brasileira. No entanto esse livro é tão-somente o fragmento das *Memórias* e estas se estenderão por vários volumes, um dos quais necessariamente há de trazer a crítica social do escritor da *Bagaceira* a todo o drama do homem nordestino, cuja índole ele retratou literariamente em lugares de sabor clássico, mas ainda não representou nas largas dimensões sociológicas, como lhe cumpre fazê-lo. Ninguém tanto quanto ele, elevado às eminentes alturas do poder, viveu através da observação e tirocínio de governo as mais prementes necessidades sociais e econômicas das populações nordestinas flageladas pelo subdesenvolvimento secular.

José Américo sociólogo deverá suceder, pois, no decurso desse extenso depoimento a José Américo historiador, José Américo memorialista e – por que não dizer? – José Américo poeta, visto que em algumas partes do *Ano do Nego* há orações inteiras que são obra de arte da melhor poesia em prosa, excertos dignos de irem diretamente para as antologias, como a *História de um Beijo*, episódio relativo ao General Juarez Távora. Se amanhã não encontrarmos porém essa face social na obra do escritor, suas Memórias ficarão incompletas, omissas, inacabadas.

5.33 A palavra do Cardeal

Uma das posições mais firmes e ao mesmo passo mais moderadas na crítica social que se tem feito ao Governo por parte do episcopado brasileiro é indubitavelmente a do cardeal Dom Aloísio Lorscheider, cujas declarações são sempre ouvidas e acatadas com o maior respeito, pelo sentido de ajuda construtiva e colaboração que sempre trazem a uma retomada de rumos em proveito do bem comum.

Dotado das mais altas virtudes sacerdotais e de uma dedicação sem par à sua comunidade de fiéis, o insigne prelado nunca se distanciou da análise aos problemas nacionais, entendendo essa análise, a nosso ver, menos como uma forma diletante de participação do que como um dever inerente ao múnus da Igreja, cujas encíclicas, desde Leão XIII, atualizam o pensamento da cristandade com as graves questões do século XX. Constituem a cada passo o sermão do gênero humano. É trilhando a linha reafirmada em Medelim, na Colômbia, e Puebla, no México, que o nosso Cardeal tem feito admiráveis intervenções, de profunda ressonância no País.

Hoje, separar a Sociedade do Estado é tão absurdo quanto seria nos séculos do absolutismo e das monarquias teocráticas pretender a separação entre a Igreja e o Estado, o trono e o altar, que somente se veio a consumar com o progresso das teses liberais, a laicização do poder por obra da filosofia racionalista e a reestruturação das classes, determinada pelo triunfo do "terceiro estado" (a burguesia). Do Estado liberal transitamos porém para o Estado social e do Estado alheio à economia para o Estado agressivamente intervencionista, empresarial, tecnocrático, que fez da Sociedade o campo de batalha dos interesses de grupos e classes, manipulando nas organizações sociais rudimentares uma lei em crise, carente cada vez mais de legitimidade, em razão do quebrantamento dos vínculos do poder com a vontade democrática, base social de toda a soberania.

Uma Igreja indiferente a esse quadro de lutas, vivendo nas regiões abstratas de uma fé interior, sem vínculos com o mundo e a Sociedade, não teria a misericórdia que João Paulo II preconiza em sua mais recente carta pastoral como luz para guiar as vistas do rebanho e pauta humana para fazer menos áspera a vontade dos governantes. Afigura-se-nos, por conseguinte, legítima a preocupação da Igreja com os problemas sociais, sendo essa uma das formas mais elevadas de preencher o grêmio católico suas funções na espécie de sociedade surgida com o advento da idade tecnológica e de sucessivas revoluções industriais que a tem caracterizado.

O ponto mais agudo da entrevista do Cardeal foi a extrema perspicuidade revelada ao asseverar que o modelo corrente faz do nosso subdesenvolvimento um fenômeno transitório, fruto talvez de uma inadequada expansão dos meios produtivos. Continuam estes porém a crescer no País enquanto paralelamente crescem com maior velocidade as condições sociais negativas em que vive o homem brasileiro. Ora, segundo se deduz dos conceitos expendidos por aquela autoridade eclesiástica, desenvolvimento e subdesenvolvimento são noções qualitativas, não podendo conter-se na visão quantitativista de "um sistema pecaminoso, antievangélico, necessitando de uma profunda transformação", como é, no entender de D. Lorscheider, o atual sistema sócio-econômico-político adotado no Brasil por seus dirigentes.

O temor do Cardeal é que o País cresça e se industrialize (hoje já somos o oitavo PIB do mundo) e o subdesenvolvimento social, constituído de favelados, migrantes e "bóias frias", permaneça inalterado, fazendo dos campos e das cidades a imagem mesma da injustiça e da indignidade da vida.

Nesse quadro de profundo desequilíbrio social convive a privilegiada opulência de poucos com a absoluta pobreza de muitos, caracterizando-se assim a continuidade do subdesenvolvimento como "fenômeno por sua natureza permanente, porque é produto de determinadas situações e estruturas econômicas, sociais e políticas", situações e estruturas que fazem um milhão e seiscentos mil seres humanos apodrecerem nas favelas do Rio de Janeiro, conforme dado estatístico denunciado num recente editorial do jornal *O Globo*, ao ocupar-se do crime e da violência urbana na ex-metrópole brasileira.

A cruzada reformista da Igreja vem assim em socorro da Sociedade contra o abuso de poder e as formas de dominação que oprimem a liberdade dos cidadãos.

O pensamento lapidar de Montesquieu, posto que não haja sido declinado, emerge dos conceitos que emite o Cardeal acerca do poder.

Todo aquele que o detém pela natureza das causas é levado a abusar desse mesmo poder. O Estado, gerenciando todos os poderes, estará ou não com a Sociedade; com a Sociedade como poder consentido, contra a Sociedade como poder imposto.

As declarações de Dom Lorscheider merecem lidas e meditadas, porquanto delas se extrai um pensamento coerente com as atitudes renovadoras de uma grande força institucional cujo prestígio sobre as consciências deriva da mensagem de humanismo evangélico e do apoio carreado às causas do povo contra o privilégio e a desnacionalização. A imparcialidade política do clero, agora tão suspeita aos sistemas autoritários e antidemocráticos, está no fundo da luta sindical polonesa tanto quanto em nossas comunidades eclesiais de base: em toda a parte, a aliança do poder divino é com a Sociedade, cujas aspirações ela reflete, e não com o Estado, cujo sistema ela repulsa.

5.34 O universo humano das cartas

As cartas trocadas entre Thomas Mann e Hermann Hesse – os dois gigantes da literatura alemã no século XX – constituem um valioso subsídio para a compreensão dos valores existenciais afirmados ou impugnados pelas correntes ideológicas de nosso tempo, que fizeram do homem um simples reflexo de suas posições.

A amizade desses dois gênios deixou nas cartas, há pouco divulgadas, uma lição de atitude espiritual das mais corajosas, diante de valores em mudança, dificuldades imprevisíveis, desafios inumeráveis. Perpassa toda essa correspondência um tom de angústia dissimulada, subjacente àquela privacidade de primeiro plano patenteada no diálogo ameno, em que o comentário às coisas mais simples envolve não raro um toque de ironia cujo teor crítico potencial não escapa ao leitor atento e arguto. Esses dois escritores são sobejamente conhecidos de um vasto público deste País pela qualidade da ficção literária que sua obra, já quase toda traduzida, representa.

Thomas Mann, Prêmio Nobel da literatura na década de 1920, trazia as veias regadas do sangue brasileiro de sua avó, circunstância que a tradutora da correspondência não ressaltou devidamente ao traçar-lhe os dados biográficos. Foi o ídolo literário da República de Weimar, o príncipe da prosa alemã mais festejado e lido durante aquela fase em que o Estado da burguesia ocidental, tão bem assinalado em suas páginas, desquitava-se dos valores individualistas peculiares às tradições do liberalismo clássico. Mann, romancista de uma sociedade decadente, teve um estilo pessoal de vida que o fez fruir, durante aqueles anos, todo o requinte mundano das formas existenciais burguesas.

Como intelectual, ele se abria ao mundo em suas conferências, ao passo que Hesse, temperamento oposto, se fechava no isolamento de um retiro quase inacessível, de onde podia, solitário, acompanhar a tempestade e protestar em nome do humanismo contra os atentados à dignidade dos seres livres. Com o advento do nacional-socialismo a obra de Mann foi banida da Alemanha; duas gerações quase o ignoraram, o mesmo sucedendo a Hesse, desde muito sumido no exílio voluntário espiritual que só a Suíça lhe proporcionava.

Muito se aprende como lição de vida com os conceitos expendidos na prosa epistolar, tão forte e instrutiva quanto os depoimentos autobiográficos colhidos em memórias de homens que fizeram o passado. Tem um lugar distintíssimo no gênero a correspondência de Cícero e Plínio, Savigné e Voltaire, Schiller e Goethe, Castilho e Camilo, Monteiro Lobato e Godofredo Rangel e na velha literatura portuguesa as duas ou três mil cartas que do cárcere escreveu o desventurado D. Francisco Manuel de Melo, o clássico das *Epanáforas* e dos *Diálogos Apologais*, só excedido talvez em primor e concisão de forma pelo gênio literário de Vieira.

A carta tem sido, pois, na pena de alguns escritores que não pressentiram a indiscrição da posteridade, o veículo mais adequado às expansões da alma, servindo, quando repreende ou louva com a sinceridade dos sentimentos mais genuínos, a uma amizade atada por laços profundos de confiança. Toma nesse caso a feição de crítica que não se suborna ao cálculo, à necessidade ou ao interesse. Camilo Castelo Branco não seria nunca compreendido em toda a extensão e valor artístico de sua obra se não perquiríssemos as raízes emocionais mais íntimas do drama pessoal vivido pelo escritor e externado com a sinopse do gênio em algumas confissões epistolares de extrema amargura. Assim nas cartas a Castilho e Vieira de Castro. Numa delas afirma: "Tenho sofrido muito. Faço amanhã quarenta e dois anos. São oitenta e quatro na alma". Noutras, a veia panfletária não poupa escritores da envergadura de José Agostinho, Teófilo Braga e Alexandre Herculano. Do primeiro escreve: "A meu parecer, o José Agostinho deixava sempre o bom português na sacristia, quando ia para o púlpito". De Herculano promete servir-se de sua obra para malquistar os filhos com o estudo da história. A alusão está assim vazada: "Começo a pedir à Providência que me faça bem brutos os meus filhos. No intento de os fazer odiar as letras, logo que eles saiam da escola, tenciono dar-lhes para se instruírem, os livros do João Felix Pereira, as odes modernas e o enxacoco da Paquita. Para enraivá-los contra a história, dou-lhes os quatro volumes de A. Herculano". Lastimando que as *Georgiacas* de Virgílio, apresentadas em elegante e vernácula tradução por A. F. de Castilho, ficassem apodrecendo na "lama da Alfândega", escreveu Camilo: "Muito couce leva a gente, meu Deus. Quando se fará ao menos inodora esta cloaca de Portugal?".

Costumes, crítica, fatos, comentários, observações puramente pessoais sobre homens e coisas, negócios da época, acontecimentos históricos são repassados com espontaneidade nessas admiráveis cartas de escritores que se revelam insuspeitos e surpreendentes na face oculta da personalidade, em que não entra a mão retificadora do biógrafo, desfazendo, às vezes, com caridoso afeto as cores maculadas do gênio, como se este não crescesse também pelo contraste de luz e sombra, que o revela em toda sua inteireza

5.35 O controle das multinacionais

Ontem, quando se falava em *trust* ou ação espoliativa de grupos capitalistas internacionais, logo se levantava a suspeita de que a crítica provinha de comunistas; era linguagem esquerdizante de correntes já identificadas pela contumaz e desacreditada oposição ao poder e às instituições: O silêncio liberal contribuía também para a ausência de um reexame neutro e sereno da ação econômica e política do capital estrangeiro.

Os *trustes* das décadas de 1930, 1940 e 1950 existiam efetivamente, dominando o mercado internacional, o comércio de matérias-primas. Mas a dominação da economia do país subdesenvolvido se fazia à distância, como se fora uma opressão externa, suave, indefinida, cujos efeitos todos sentiam, sem que ninguém lhe determinasse com clareza a verdadeira fonte. Parecia ela invisível, impalpável, e como tal se mantinha, atenuando resistências ou removendo obstáculos, isto é, dando razão na aparência àqueles que diziam tratar-se de um fantasma criado pelo comunismo internacional.

A seguir, com o advento dos tecnocratas, um clima de confiança e euforia dominou as regiões do poder, de onde o Estado puxaria a alavanca do desenvolvimento, criando o modelo econômico que abriria o País aos capitais estrangeiros. Embarcamos assim numa *joint venture* dos destinos nacionais, de que dificilmente podemos retroceder.

No entendimento de seus promotores, essa "segunda abertura dos portos" deveria marcar a economia industrial do Brasil assim como o ato de D. João VI marcara a economia colonial, desatando-a dos laços da dependência metropolitana (uma substituição progressista de senhores a que os súditos ficariam agradecidos). A partir de 1964, uma política de mão estendida inaugurou-se com entusiasmo e frenesi de participação e aplausos, não só de governantes como de dirigentes empresariais brasileiros, ansiosos de arrebatar também uma fatia do bolo desenvolvimentista.

Caíram desse modo velhos escrúpulos, ruíram inveterados preconceitos, que se alimentavam de *slogans* soprados do lado daqueles que nos empurravam para as vias suspeitas e comprometidas de um nacionalismo xenófobo. Afinal de contas, afirmava-se, o dinheiro dos investimentos não viria dos cofres do Tesouro americano nem da caixa-forte dos governos de Londres, Paris ou Bonn, salvo parcelas medíocres e inferiores, mas principalmente – numa vazão torrencial – de um organismo empresarial novo, que não arvorava a bandeira de nenhum país: a multinacional, último capítulo da grande novela do poder no capitalismo do século XX.

A esfinge do capital estrangeiro daquelas empresas tivera, pois, desvendado o seu segredo. Não tinham elas pátria nem quaisquer vínculos afetivos de nacionalidade. Combatiam-nas, ou pelo menos intentavam, em dadas circunstâncias, reprimir-lhes a ação ou submetê-las a controle, os próprios países onde tinham seus domicílios. A Fiat instalava-se na União Soviética, a Coca-Cola atravessava as fronteiras da China. Até mesmo os países socialistas mais passionais na luta contra o capitalismo pareciam ceder com simpatia à atividade desses gigantescos conglomerados empresariais, cujo fim supremo se cifra unicamente no lucro.

A "despolitização" do capital consentiria, portanto, o ingresso inofensivo daquela massa de capitais em qualquer economia, sem consideração de sistema político ou ideologia. A fome de recursos compelia a semelhante raciocínio que anistiava todo o lado negativo que ainda se pudesse invocar para deter a penetração da multinacional no espaço de qualquer nação.

Após algumas décadas de convivência com tais gigantes, o mundo extraiu mais ou menos esta conclusão: sem capitais, não se faz desenvolvimento, e a multinacional, que possui capitais até de sobra, pode converter-se num poderoso agente desenvolvimentista. Acarreta ela, porém, uma grave ameaça aos interesses essenciais da soberania, se sua presença não for resguardada por uma legislação que lhe discipline a conduta e que não seja um simples código de ética, impotente para tolher a concorrência desleal, o abuso de poder econômico, a intromissão nos assuntos internos do País, o sacrifício do interesse nacional, em suma, todo modo de proceder eventualmente contrário aos fundamentos sociais e culturais da nação.

Sabe-se que, sem cautelas elementares de controle e fiscalização, a coletividade nacional subdesenvolvida ou em desenvolvimento – se converteria, pela ocupação de sua economia, num espaço tão desapossado de poder soberano quanto o território de uma colônia, a que decerto estaria regredindo. A Exxon (ou Esso) movimenta cem bilhões de dólares anuais de produto bruto de suas vendas nos mercados internacionais; mais do que toda a dívida externa do Brasil somada à receita de exportações previstas para o corrente ano. Um gigante de tamanho porte vale mais financeiramente do que toda a América Central ou possui peso econômico superior ao de vinte ou trinta nações tribais da África "livre". Em razão desses fatos e a par dessas reflexões, o conceito de soberania só toma sentido quando o país anfitrião da multinacional dispuser de instrumentos legais de fiscalização, que preservem a face positiva do capital estrangeiro associado aos programas nacionais de desenvolvimento. Daqui, portanto, nossos aplausos ao anteprojeto de lei do ex-prefeito de São Paulo, engenheiro Olavo Setúbal, que institui a fiscalização democrática das empresas multinacionais.

5.36 A crise no ensino jurídico

Os excessos reformistas da década de 1960 atingiram de cheio o ensino superior, sendo a universidade brasileira a principal vítima daquele processo veloz e irreflexivo que arruinou estruturas cujo funcionamento pedia tão-somente adaptações e não uma substituição de base, como aconteceu.

O modelo universitário brasileiro se tornou o alvo preferencial de reformistas desprovidos de consciência humanística, os quais, movidos unicamente de irreprimíveis pendores tecnocráticos, aderiam ao furor de legislar, como se a realidade e a natureza das coisas fossem alteráveis com tinta e papel nas mãos de leguleios e tecnocratas, ao improviso de suas portarias e decretos-leis.

O desastre aí está, sentido por todos, num descontentamento geral. As reformas de Francisco Campos e Gustavo Capanema prometiam menos e ofereciam mais. O complexo colonialista imperou porém na última mudança, inspirada de todo em esdrúxulos modelos americanos, mal traduzidos, mal aplicados e mal assimilados, violentando a realidade brasileira. Tomou a reforma a aparência de uma conspiração desagregadora, tanto para o ensino propriamente dito como para os elementos de organicidade e convivência estudantil, dantes despertada com diretórios acadêmicos ao redor da reflexão e do debate sobre temas fundamentais ao meio social, ao futuro do País, à noção de poder, ao advento de uma sociedade livre e democrática. Das controvérsias reprimidas surgiam igualmente caminhos de idéias e posições que feriam interesses dissimulados, bem como frentes de combate em prol da renovação e modernidade das instituições.

Cremos que a Universidade Federal do Ceará apareceu como a primeira em embarcar na reforma facultativa, mas não será decerto a última a desfazer-se dos malogrados e compressivos esquemas de sua concretização.

Veja-se o caso da Faculdade de Direito, acerca do qual mais de uma vez já nos reportamos destas colunas. A reforma entrou ali como o presidencialismo no Brasil: de súbito, na ponta dos pés, sem ser pressentido, em meio a uma crise que paralisava ou dividia o seu corpo docente. Não houve um debate profundo, uma crítica estimativa dos prós e contras, nem um grito contra o veneno que se infiltrou no organismo desprotegido. Não houve entusiasmo nem participação. Tudo se desenrolou na passividade, na indiferença, na apatia, tanto de estudantes como de professores. A palavra "reforma", partida do autoritarismo dirigente, intimidava. E quem podia protestar não protestou.

Em outros Estados houve porém reações imediatas, enérgicas, justas. Recife, Bahia, Belo Horizonte, Rio de Janeiro, São Paulo e algumas outras preservaram suas faculdades de Direito. O braço do tecnocrata não pôde vencer a resistência das congregações, a vontade dos colegiados vigilantes. Não conseguiram os açodados reformistas abolir a matrícula seriada, nem pulverizar com o regime de créditos a unidade da aprendizagem, decompondo pela heterogeneidade o sistema de turmas. A flexibilidade permissiva não fez ali da sala de aulas o ponto de encontro físico e espacial de presenças humanas constantemente movediças, fragmentárias, solitárias, sem o elo de um valor, de uma preocupação mais elevada ou de um interesse intelectual comum.

Já na Universidade reformada os recintos acadêmicos se viram de repente convertidos em vastos espaços, onde se poderia congregar uma multidão, jamais uma comunidade. Nunca o individualismo, o egoísmo, o personalismo, o solitarismo, o desagregacionismo foram tão impulsados como nas escolas da reforma, onde esses "ismos" têm sido mais danosos, pela distância com que apartam o estudante do mundo onde viverá e do universo circunjacente, que todos os "ismos" das ideologias, cuja repressão aliás se busca ocultamente nos interstícios da reforma, por vias inadequadas e de ridículo teor alienante.

O estudante de Direito tem sido um dos mais sacrificados com a mudança instaurada. Atomizou-se a convivência acadêmica. A classe já não acolhe a figura do colega, do interlocutor, do companheiro de estudos e debates. Desapareceu o velho sentido de camaradagem cultivado com o tempo e com a união fraterna das turmas. Tudo isso praticamente se extinguiu, aumentando entre os recém-formados o desconhecimento mútuo, a solidão, o abandono, o desencorajamento, a angústia diante da profissão, a insegurança do conhecimento adquirido, a fuga à concorrência feroz. Os filhos da última reforma são também os rebentos da crise.

Em 1963, a escola que forma os atuais bacharéis do Ceará completará oitenta anos de existência. Como serão as comemorações desse evento? Festejaremos, nesse ano, a existência de uma Faculdade de Direito diluída num mero curso apêndice de um Centro de Estudos Sociais Aplicados, ou restauraremos, na terra de Clóvis Beviláqua, a casa por onde passaram algumas gerações de mestres famosos desde um Thomás Pompeu a um Dolor Barreira, um Olavo Oliveira, um Heribaldo Dias da Costa, um José Martins Rodrigues, um Edigar de Arruda, um Perboyre e Silva e tantos outros?

A volta da velha faculdade e sua congregação constitui, a nosso ver, ato imperativo de sobrevivência para o prestígio da cultura jurídica cearense, despedaçada pela insensatez da última reforma universitária. Não se trata de separar a Faculdade da Universidade, mas evitar que a milícia dos tecnocratas ocupe a casa dos humanistas. A crise do século XX mostrou um quarto estado que Augusto Comte não pôde prever: o que trouxe de volta o bacharel como positivador da ordem jurídica no Estado social e democrático em substituição do tecnocrata, produzido pelas vaidades de uma ciência cega aos valores, mas felizmente já ultrapassada.

5.37 A crise do ensino é crise social

Durante a meia década do "milagre", o Brasil se impressionou com as estatísticas. O argumento do progresso constava em tudo de quantidade, espaço e número. A Transamazônica nasceu desse delírio de faraó, a ponte Rio-Niterói também. Brasília fora um ato de arrojo e dera certo. Em razão disso, a fértil imaginação desenvolvimentista, sem o gênio de Juscelino, se mostrou indiferente às grandes prioridades nacionais, mas se esmerou em projetos que a tecnocracia festejava por antecipação, demonstrando como era fácil crescer vertiginosamente no papel e na ilusão dos gabinetes.

Até mesmo à política chegaram os reflexos dessa mania de grandeza: foi o que aconteceu durante a época do bipartidarismo quando a Arena se jactava de ser o maior partido político do Ocidente! Mas onde os resultados devastadores desse ufanismo que não brincava com poesia e sonho, como o do conde de Afonso Celso e por isso era inofensivo, senão com matéria concreta, com recursos financeiros do País, se fizeram sentir de forma mais desastrada foi no campo da educação, nomeadamente da educação superior.

Uma política educacional frouxa, massificante, utópica, fez o País pupular de faculdades de letras, filosofia, direito, ciências sociais etc. A rede privada e pública do ensino universitário fora estimulada a expandir-se sem limites. Durante largo espaço de tempo vimos brotar com extrema facilidade escolas e universidades, sem que se obedecesse a uma ordem de conveniências, ou houvesse um mais acurado exame de viabilidade dos estabelecimentos fundados ou autorizados a funcionar.

Disso resultou a proliferação de faculdades de fim de semana que se converteram em fábricas de diplomas, conferindo uma sobejidão de títulos profissionais a centenas de milhares de bacharéis, professores, médicos e engenheiros, saturando o País de pessoas frustradas no campo da competição profissional: ou porque o mercado de trabalho não as absorvia ou por carecerem de preparo adequado, impossível de obter-se em cursos deficientes e escolas mal aparelhadas. Neste último caso, formou-se o triângulo do fracasso, que mina muitos centros de ensino: o despreparo do aluno, a incompetência do professor combinada ao desestímulo da profissão e a penúria da escola, desfalcada de bibliotecas e laboratórios.

Mas a indústria docente prosperou em termos quantitativos e o quadro que ora se oferece foi revelado numa estatística há pouco divulgada pelo Ministério de Educação e Cultura: em dez anos o Brasil formou 12 milhões de profissionais. De suas faculdades de Direito saem anualmente 20 mil bacharéis, enquanto as faculdades de Medicina o ano passado formaram oito mil médicos. Eleva-se o número de cursos superiores a cerca de dois mil e o de estabelecimentos de ensino superior a 863.

Todos esses dados seriam altamente confortadores se revelassem qualidade e harmonia com as necessidades sociais e não quantidade e desequilíbrio, gerando o desemprego, o ressentimento, o malogro. A Sociedade brasileira está em crise e a Universidade que se desagrega é sua maior vítima. A crise do ensino é crise social. Enquanto houver inflação, desespero salarial, injustiça tributária, concentração maciça de renda em faixas privilegiadas haverá também desassossego nas universidades e protestos na palavra de mestres e alunos.

5.38 A crise das técnicas de representação

O tumulto de nossa estrutura partidária acompanha de perto a desorientação de toda a política brasileira em matéria institucional. Fazemos a esse respeito um jogo de amadores em que alguém, a seu alvedrio, dita e altera a cada passo as regras da competição, tornando casuístico e incerto o sistema político de participação.

Como se já não pesasse o fator negativo de uma base institucional frágil, movediça e até certo ponto inexistente por falta de legitimidade, exercita o País a vida política sujeito a surpresas, a desígnios pendentes, a planos que estão no ar, que se podem consumar hoje, amanhã, depois ou até mesmo nunca, contanto que permaneça a caprichosa atmosfera de indecisões, qual aquela que rodeia a sublegenda, o voto distrital, a eleição presidencial direta e outras determinações políticas do processo em marcha, de manifesta interferência sobre o funcionamento dos partidos e o comportamento eleitoral nos anos vindouros.

A instabilidade ínsita a esse quadro enfraquece deveras o esforço de consolidação democrática, patenteando fragilidades e recuos de nosso avanço rumo à normalidade institucional. Há uma incongruência inspirando a tomada das posições teóricas que conduzem o processo. Vejamos como ela se reflete na prática.

A esta altura, o bipartidarismo e a fidelidade partidária parecem causas do passado. Quando devíamos ter introduzido o sistema majoritário a par do voto distrital, conforme demandava a estrutura partidária dantes adotada, ficamos contraditoriamente abraçados à representação proporcional, e agora que a reforma pluralista desintegrou o sistema bipartidário, pulverizando as oposições, conserva-se a sublegenda e fala-se no voto distrital.

A técnica de representação proporcional é a mais democrática que existe porquanto confere ao voto uma dimensão igualitária e uma eficácia desconhecida a outros modelos. Consente ao analista colher a radiografia ideológica da sociedade política, uma vez que se inclina de natureza a multiplicar partidos e fazê-los o fiel reflexo das distintas correntes de idéias, interesses, opiniões e valores que circulam e competem no meio social. Numa sociedade de classes e de grupos, define ela com clareza, através do espelho parlamentar, a imagem das categorias intermediárias politizadas, protegendo as minorias e assegurando-lhes uma fatia de participação eficaz, que o rolo majoritário suprimiria.

Mas será isso uma vantagem? Sim e não, conforne o estado da sociedade e o grau de sua educação política e de sua consciência democrática. Facilitando a proliferação partidária, até mesmo fomentando-a, como tem acontecido em alguns países, a proporcionalidade faz no entanto frágil o sistema pela quantidade de agremiações políticas e impotente o partido pela impossibilidade em que o coloca de eleger maioria efetiva de representantes. Disso resultam governos fracos, minoritários, sem estabilidade, carentes de apoio parlamentar sólido – indispensável à ação contínua e firme de qualquer programa administrativo – e principalmente sujeitos aos contratempos e à frouxidão das alianças e coligações de partidos, componentes da base oscilante do poder.

Não seriam assim os parlamentos nascidos da representação proporcional que fariam fortes os governos legítimos para que estes conjurassem as crises no século da contestação ideológica ou enfrentassem os desafios na era da sociedade industrial. Com o presidencialismo a desagregação partidária paralisaria perigosamente, na eventualidade de crise, as relações entre o executivo e o legislativo, conforme o exemplo brasileiro da época do suicídio de Vargas e com o parlamentarismo transformaria numa aventura a mudança dos governos e dos ministérios, minando o regime e desmoralizando as instituições, como na Alemanha de Weimar, em cujo caldo de cultura o nacional-socialismo fermentou.

Mas isso só acontece quando a representação proporcional não vem escoltada de corretivos adequados ou de freios racionais à expansão desordenada dos partidos. No mais, é a forma menos frustrante de participação popular, aquela a que adere um maior teor de representatividade.

Quanto à representação majoritária, tende a ignorar, afastar ou eliminar do processo competitivo ou participativo as minorias, estabelecendo uma homogeneidade superficial, aparente, não raro imposta, que esconde, sem anulá-los ou abrir-lhes válvulas escapatórias suficientes, os elementos de pressão, geradores dos mais profundos dissídios sociais, acumulados ou contidos até explodirem, inflamados pelo combustível ideológico.

O Brasil não é uma sociedade igualitária: ao contrário, possui desequilíbrios materiais gravíssimos que ainda o apartam consideravelmente da democracia social. Sendo uma sociedade dividida por obra de muitos fatores, a representação política que lhe convêm talvez seja a proporcional, não obstante as nuvens de crise erguidas na linha do horizonte.

O Estado social brasileiro estremece hoje no pior abalo deflagrado desde sua implantação a partir da Revolução de 1930. Há descontentamento social em camadas significativas da vontade nacional como são os sacerdotes, os trabalhadores, os advogados, os professores, os empresários e os estudantes. Sendo eles um ponderável extrato da sociedade parecem sentir, todavia, o governo, o Estado e os agentes do poder distanciar-se de seus interesses. Produz-se, em conseqüência, um conflito que a inflação e os erros de ambas as partes estão a conduzir ao paroxismo. Urge reatar os sólidos laços do passado entre governantes e governados. O caminho da identidade é a plenitude democrática, o congraçamento das classes com o poder, da Sociedade com o Estado, refazendo pontes, abrindo portas e descerrando janelas para a comunicação e o colóquio.

Obras de
PAULO BONAVIDES
pela Malheiros Editores

Ciência Política (17ª ed., 2010)

A Constituição Aberta (Temas políticos e constitucionais da atualidade, com ênfase no Federalismo das Regiões) (3ª ed., 2004)

Constituição e Democracia. Estudos em Homenagem ao Prof. J. J. Gomes Canotilho (com Francisco Gérson Marques de Lima e Fayga Silveira Bedê, coords.) (2006)

Curso de Direito Constitucional (24ª ed., 2ª tir., 2009)

Do Estado Liberal ao Estado Social (9ª ed., 2009)

Do País Constitucional ao País Neocolonial (A derrubada da Constituição e a recolonização pelo golpe de estado institucional) (4ª ed., 2009)

Os Poderes Desarmados (À margem da ciência política, do direito constitucional e da história – Figuras do passado e do presente) (2002)

Reflexões – Política e Direito (3ª ed., 1998)

Teoria Constitucional da Democracia Participativa (Por um Direito Constitucional de luta e resistência. Por uma nova Hermenêutica. Por uma repolitização da legitimidade) (3ª ed., 2008)

Teoria do Estado (7ª ed., 2008)

01355

GRÁFICA PAYM
Tel. (011) 4392-3344
paym@terra.com.br